U0822163

中国古代体育图录

Illustrated Book of Traditional Chinese Sport

中华民族五千多年的悠久历史，创造了灿烂辉煌的体育文化。古代体育作为社会生活和文化的组成部分，呈现出以下特点：力量型、运动技能型的对抗性团队体育相对较少，个人技巧型游戏较多；博弈类、智力类、文字类高度发达和盛行；形成了独特的宴饮体育。这些特点构成了我国古代体育鲜明的“文化性格”。

中國古代體育圖錄

Illustrated Book of Traditional Chinese Sport

孙麒麟　毛丽娟　李重申　著

读者出版传媒股份有限公司
甘 肃 教 育 出 版 社

图书在版编目（CIP）数据

中国古代体育图录 / 孙麒麟，毛丽娟，李重申著
. -- 兰州 ：甘肃教育出版社，2014.9
ISBN 978-7-5423-3242-4

Ⅰ. ①中… Ⅱ. ①孙… ②毛… ③李… Ⅲ. ①古代体育－中国－图录 Ⅳ. ①G812.92-64

中国版本图书馆CIP数据核字(2014)第220156号

责任编辑 刘正东

封面题字 启 功

英文翻译 张艳梅 武琼芳

藏书票创作 徐晋林

晋林设计工作室
书籍设计 徐晋林 电脑制作 张小乐

中国古代体育图录

孙麒麟 毛丽娟 李重申 著

甘肃教育出版社出版发行

（730030 兰州市读者大道568号）

www.gseph.com 0931-8773056

深圳市国际彩印有限公司

开本 889毫米×1194毫米 1/16 印张 35 字数 600千

2015年5月第1版 2015年5月第1次印刷

印数：1～1 500

ISBN 978-7-5423-3242-4 定价：298.00元

中国古代体育是世界体育文化形态的重要组成部分，凝聚着特定的华夏民族文化特征和内容。而《中国古代体育图录》一书正是显现了中国体育文化的悠久历史和绚丽多彩。此书不仅透视出中国体育对世界体育发展曾做出的伟大贡献，而且具有推进人类文明进步的现实意义。

我认为，此书也充分展示了中国古代人民创造的身体文化，并阐述了体育是全世界人民共有的文化，也是人类共同享用和受益的载体。

我衷心祝贺此书的面世，确切地说，这是一本中国古代体育艺术审美的范本，是一本弥足珍贵的学术史籍文献，一定能让全世界人民更加了解和认识中国的传统文化及体育的发展历史。

国际体育运动史学会主席　安妮特·霍夫曼

Traditional Chinese sport is one of the key components of the world sport culture. Traditional Chinese sport embodies the cultural characteristics of Chinese nation. The coming book *Illustrated Book of Traditional Chinese Sport* reveals the long marvelous history of the traditional Chinese sport. This book not only shows its significant contributions to the development of sport in a world context, but also it will be a good illustration for promoting the progress of human civilization.

Personally, I think this book demonstrates the body culture in ancient China and elaborates that sport is a common legacy which benefits all the people in the world.

On behalf of the ISHPES (International Society for the History of Physical Education and Sport), I take this opportunity to extend the best wishes to the book. To be specific, this book is also a sample from the aesthetics perspective of traditional Chinese sport, which contributes to the knowledge of sport history in the world. I strongly believe that it will provide for much richer understanding of the development of the traditional culture and sport in China.

Prof. Annette R.Hofmann

ISHPES president

Annette R. Hofmann

September 23, 2014

Illustrated Book of Traditional Chinese Sport

Illustrated Book of Traditional Chinese Sport

前言

在中华文明的长河中，体育文化只不过是一条小溪。但是，月印百川，这溪流照样以其特有的魅力映射着中华文明之光。数千年来，它灿烂辉煌的内容与形式被认为是最具中华民族特色的瑰宝之一。它又是属于全世界的，因为与世界各民族的文明史皆有交会。地球上各个文化圈的人都可以感性地接受它，尽管还不能够充分地理解它。如果充分理解，自然将会在更高的文化层面上去接受它。

体育无疑是人生的一种精神载体、心灵的一种寄托。任何一个民族的体育，显然都是这个民族的文化的凝聚和精神的外化。或者说，体育本质上乃是这个民族灵魂的感性化的寄托与展示，也是探寻民族特征的一条伟大线索。而中国古代体育作为一个历经数千年生生不息的文化和教育形式，曾经是先民们感性生活的寄托与情感的沉醉之所。在其孕育、萌芽、生长、成熟过程中，体育吸纳了游戏、娱乐、竞技和养生等体育文化的因子，在本体、狩猎、礼乐、宗教、宴饮等文化的哺育下，形成了形态独具、广泛包容的体育样式。其影响所及，往往使得人们整个身心都浸润其中而乐此不疲。体育，既关乎人类的物质文化，也关乎人类的精神文化。它还与中国传统文化的诸多方面都有着密切的关联，例如一定社会的宗教礼仪、政治制度、经济条件、生活情趣、民族风尚，等等。可以说，正是在这诸多的关联中，体育凸显出自身的文化属性和精神品格。体育的本体、体育的根在于身体，在于人类这个有感性、有意识的身体。追寻中国古代体育的本体，正是对体育的一种正本清源、一种文化寻根，也就是对于体育的“本质”“本源”以及其“存在”的价值和意义进行具体的论证。以往单一的体育产生于劳动之说，不仅掩盖了中国体育生成发展的重要事实，而且造成了中国体育理论与实践之间的龃龉，带来体育本体的巨大遮蔽与模糊。应该说，体育源于图腾、巫术、娱乐、竞技等中介环节，并与人类的物质生产活动互相交织、融合在一起，形成原始体育发生的合力，亦关涉人类的心理活动、生命意志的意欲活动。它从物质生产实践和本能的游戏升华到有组织、有规则，而非功利性的竞技运动，不仅无须观众，更无须得到他人的认可，只需满足自身的愉悦和给日常生活带来快乐的体验，并以此为生活和生命创造价值。由此，中国古代体育从本体到形态，从意象到样式，从人类生命的一种存在方式到游戏、娱乐、竞技和养生过程，无疑都体现出人文理性和传统文化的智慧。它包括忘忧清乐的精神情怀、阴阳相生的生成之道、天人合一的理想之境、岁时节令的娱神娱人风俗、迎神赛社的竞技角逐，等等。它彰显了鲜明的民族、民间、民俗特色，既深受儒家文化的浸染，又表现出对佛、道境界的追求。它还创造了丰富的体育人生哲理，如精、气、神三位一体的生命观，“阴阳和谐”的健康机理，“节阴阳，调刚柔”的练功法则，“以和为贵”的竞搏之争，“内静外动”的养生之道，等等。这说明，中国古代不仅有体育运动，而且还有丰富的体育人文精神。

体育作为一个能够集中展示身体的领域，链接了人类历史的过去与现代，人的生物性与自然性。正如古人所云：“树有根，水有源。”树再高也不会告别根本，水再长也不会告别源头。不告别根本，才有千姿百态的树木和青翠欲滴的枝叶；不告别源头，才会有奔腾不息的江河。流不离源，历史把人与体育的生生之源始终紧密地联系在一起。

中国体育的源流有如江湖大海，滥觞虽微，而涵容力极强，随着时空的延展，流经之地，必汇聚众流，以成浩荡之势。中国体育长河的众流之源：一是歌舞，一是游戏，一是娱乐，一是竞技。各个源头汇聚综合成中国体育文化，这里体育既是一种文化的镜像，也是一种文化的修辞。而源头既与射猎、角抵、百戏、鞠戏、水嬉、歌舞等有关，又汲取百艺竞陈、迎神赛社、岁时节令等世俗文化元素，在这种同源分流的诸种文化元素的影响下，加之体育自身吸附了本体观念、礼乐文化、宗教信仰、意象理论，或者说，与特殊的文化符号相结合，成为特定的民族、地域或时代的文化精神的象征，从而构成了体育产生与发展的动力。

沉默多时的中国古代体育史，决不因某些人对它的忽视而羞于显示出自己有过的辉煌存在。如果用历史学的眼光审视古代体育文化序列，你便会从中清晰地看到一条以游戏、娱乐、竞技为特征的特定的人类生命线索。今天，我们从中国传统文化的背景中来审视体育，就更不应该忽视体育所体现的一种“古代”的精神品格。这里，“古代”确乎是相对于“现代”而言的。“古代”正是在“现代”的历史文化语境中得以显现；“现代”也正是基于一种历史的演进而表现出对于“古代”的超越。如果说，一种文明代表着一种体育文化模式，那么这种体育文化模式的形成就必然有其足以称之为“古代”的积累与遗存。尤其是那些古代的体育文化，它的形态、价值及其发展程度，并不是以其他文化为尺度所能衡量的，而必然表现出其自身独特的“古代”的精神特质，而且在当今世界理所当然地拥有它自己的位置。因此，进一步认识中国古代体育的源流，更深刻地揭示体育在人类文明生活中既不可缺少又为人类一切其他活动不能取代的功能和价值，并以历久弥新的中国优秀体育文化去影响世界，从而实现既是体育强国又是体育大国之梦！

历史文化，贵乎溯源。源头无误，流派可稽。由于体育的渊源和形成，是体育史不能逃避的问题。而图腾崇拜、祭祀仪式和神话，都是人类生命的一种需要。从体育史的角度来看，这个以图腾、仪式、神话为人类文化标志的时代，正是一个史前体育的时代。我国先秦至明清这个时期，随着城市的形成和繁荣，文化和经济的发展，体育在历史态势中历经不断地嬗变，逐步迈向成熟，形成了形式各异的绰约风姿、精神与物质统一的品格，步入了文化自觉的境地。由于中国体育历经漫长数千年的文明史，渊邃浩瀚，是长远的研究对象，有取之不尽的研究题材。尤其是近几十年来，随着现代科学的发展，文物考古发掘收获越来越丰富。出土的古文字材料，如甲骨文、简牍、简帛等为研究体育史提供了重要的新材料、新成果。考古发现的石窟与墓葬壁画、砖画等也为研究体育史提供了大量形象真实的图像，还有大量古籍文献，著录了非常丰富的体育史料，足供学者继续探索阐发。但是，古文献不是唯一的史料源泉，特别是时代愈古，流传至今的文献愈少，有些难免经后人修改，不能全面反映当时体育文化面貌。而图像学的成果，对这些缺憾是必要的补充。因此，考古发掘的实物、古文字的考释、文献的记述、图像的展现，在体育史的研究中互相印证，彼此补充，从而丰富人们对古代体育文化的认识，了解古人怎样看待体育，体育在他们的思想和生活里占据什么样的地位。

但是，当体育在中国传统文化的土壤中悄悄萌生的时候，人们或许并未注意它的来历，也不关心它的去向。只有当它成了气候，以其光彩夺目的风姿摇曳于中华文化体育园林中的时候，才有人怀着好奇的心理，想问一问它从哪里来。也便有人寻踪觅迹，凭着自己的观察力和想象力，各自发表自己的见解。这种现代探索大约始自 20 世纪的 30 年代，前辈时贤罗香玉、向达、阴法鲁、郝更生、唐豪等对体育文化的认知，使体育史研究跻身学术之林，并从此开启“中国体育史”研究之门。如今，根据考古学的成果深入探讨中国古代体育的条件已经成熟。经过不懈的努力，重新展现中国古代灿烂辉煌的体育，这不仅在学术上有非常重要的价值，而且对于社会主义精神文明建设和实现体育强国的梦想也有重大的意义。

多年来，我们不辞辛劳，查阅了大量文献史料，并从考古发现的岩画、石球、陶球、彩陶、青铜器、甲骨文、秦简、汉简、墓葬画像砖、石刻、石窟壁画、墓葬壁画、帛绢画、雕塑等遗物和遗迹中寻觅古代体育的踪影，并对各种与体育相关的图像进行全面搜罗，将图像作为史料进入体育史研究的视野，解释由图像材料流露出的时代体育语境，让我们能更加生动地去想象中国体育的过去。我们以对体育敏锐的感受力和精细的分析思辨力来确定图像本身的意义。深挖形成这些图像的民族精神和心理特征，然后把这种从历史的长河中涌现出来的凝固的、静止的体育文物，通过视觉图像的符号去破译其隐含的文化内质和象征意义。也就是说，我们在图像和话语的相互关系中探讨中国古代体育形成和发展的主体因素和生态环境，了解图像在历史情境中的含义，追索其内在的理路，并借此对体育史文化之于中国体育学术之意义进行省思，期望不仅拓展体育史学、体育人类学、体育社会学、身体运动学诸领域之疆界，亦有助于推进中国与世界体育学术史的研究。

我们所撰著的《中国古代体育图录》，即在持守上述理念之前提下，首先对所存在的问题逐一做探讨和研究，以为准备工作。而其中最根本且主要之问题，诚如以上所云，莫过于体育的渊源，它的孕育、萌芽、生成、成熟，又如何流播与发展的过程。我们需要对古代体育所含藏的种种道理和功能，做深入的研究，做彼此关联的探讨，才能完全认识和充分了解。其次，由于影响体育发展的因素实在太多太复杂，如果只执一端，只是"就体育论体育"，则必不能知"体育"，好比坐井观天、盲人摸象。因此，必须具备宽广的学术视野和扎实的跨学科功底，可以说非博学者难以从事。由此，我们进行了较长一段时间的读书，广泛涉猎考古学、人类学、社会学、美学等知识，对于新理论和新史料，孜孜以求，试图做整体思考和探究，以兼收并蓄的学科视野，去建构《中国古代体育图录》的撰写框架。同时，把图像作为另一种文本性证据使用，解释由图像材料所蕴含的古代体育文化。既可以从中看出体育发展的纵剖面，也可以看出其横断面，更可以看出其整体的运作与发展。因而，在体例上，主要着眼于一种新的理论体系的建构，同时也十分注重一些具体的文本分析，以求言之有据，且言之成理。

本书是上海交通大学基金会资助项目。书名由已故国学大师启功先生于本世纪初题写。中华书局柴剑虹先生曾多次审阅和修改书稿，付出了不少心血。读者出版传媒股份有限公司甘肃教育出版社王光辉社长、徐晋林先生、刘正东编辑为本书的具体出版付出了辛勤的劳动。敦煌研究院张艳梅、武琼芳女士在书稿的图注翻译方面给予了帮助。林春为本书图片的拍摄和整理费尽了心血。在此一并表示诚挚的谢意！

《中国古代体育图录》实为我们对于中国体育史研究与撰著的理念和构想的一种实践，作为运用图文互证方法的一种尝试，既有成熟研究的思考，也不乏浅尝辄止的论说，同时用图像为体育史研究提供文献中缺佚的新材料。上述想法，聊作本书前言，尚祈读者不吝指正。

目　录
Contents

第一篇　史前体育的发生
Chapter 1 Occurrence of Prehistoric Sports

第二篇　中国古代的休闲娱乐与游戏
Chapter 2 Leisure Entertainments and Games in Ancient China

第三篇 益智游戏

Chapter 3 Puzzle Games

第四篇 中国古代的竞技体育

Chapter 4 Competitive Sports in Ancient China

第五篇 中国民族、民间、民俗中的武术
Chapter 5 Martial Arts among Ethnic Chinese, Common People and Their Folk Customs

第六篇 中国传统运动养生术
Chapter 6 Traditional Chinese Health Preservation through Exercise

第七篇 中国古代妇女体育
Chapter 7 Women's Sports in Ancient China

第八篇 中国古代儿童体育

Chapter 8 Children's Sports in Ancient China

Illustrated Book of Traditional Chinese Sport

第一篇 史前体育的发生

史前是人类心智和认知成长的时期，他们筚路蓝缕，对各种各样的事物不断探索、不断认识，并不断沉积下来、固化起来，萌发出人类的“人文”精神，炎帝、黄帝、蚩尤时代是华夏文明的源头。论述中国文化，从文明源头开始，这符合历史事实。而中国史前体育也发端于炎帝、黄帝、蚩尤时代，他们通过在生存中与自然环境、气候条件、飞禽走兽的斗争以及人与人之间为了争夺猎物而采取的种种搏打行动，经过长期积累，形成了一种本能的行为，并通过模仿、玩耍、游戏来学习生存的技能。

史前是人类心智和认知成长的时期，他们筚路蓝缕，对各种各样的事物不断探索、不断认识，并不断沉积下来、固化起来，萌发出人类的“人文”精神，炎帝、黄帝、蚩尤时代是华夏文明的源头。论述中国文化，从文明源头开始，这符合历史事实。而中国史前体育也发端于炎帝、黄帝、蚩尤时代，他们通过在生存中与自然环境、气候条件、飞禽走兽的斗争以及人与人之间为了争夺猎物而采取的种种搏打行动，经过长期积累，形成了一种本能的行为，并通过模仿、玩耍、游戏来学习生存的技能。通过战争逐步形成双方应遵守的严格秩序；通过岁时节庆来愉悦身心；通过养生来面对生、老、病、死。由于战争带有一定的竞技性，也更接近游戏的特征，玩耍、游戏、竞技、娱乐、养生也更是人类和谐、亲近相处的关键，它贯穿人的一生，是生活的重要组成部分，并得到社会的承认。

追溯体育的起源，应该运用发生学的视角从最初的元素里去寻找，而不能以现代体育的概念作为框范。原始人类的体育创造并不具备体育的自觉，而是出于宗教信仰的目的。原始人类为了维护生命的存在，通过长期的共同采集和狩猎活动，逐渐产生了共有的万物有灵的神秘感应，在这种蒙昧思维对于灵的理解和影响下，导致了交感巫术信仰的诞生，时间在距今五六万年以前的旧石器时代晚期。据近代人类学家考察表明，原始人常常通过模仿狩猎与战争的行为，来求取狩猎和战争的胜利，其模仿过程贯穿着行为模拟和带有强烈节奏的仪式歌舞表演。例如，在我国许多地区先后发现的旧石器至青铜器时代的岩画中，有着大量生动的围猎、射猎、格斗、战争模拟和舞蹈、竞技等表演。青海省大通县孙有寨和青海省同德县宗日遗址出土了新石器时代的多人连臂舞蹈纹彩陶盆，甘肃省临夏回族自治州马家窑文化遗址出土了舞蹈纹彩陶盆、狩猎四耳罐等。

随着祭祀巫术和图腾崇拜的日益频繁，社会需要一些专门从事和组织巫术、图腾活动的人。这时，被视为人神之间的使者，垄断了通神降神活动的专职巫觋便应运而生，女的称巫，男的称觋。每当巫觋在主持祭祀或图腾崇拜时，他们装扮成神，且歌且舞，娱神也娱人。由于年代久远，巫觋活动的情况也失之尘埃，很难为今人所了解。但在华夏文化所留存的一些古籍文献中，却透示出原始祈神扮饰的影子，尽管它们见于记载的时代过晚，例如屈原《九歌》中的拟神表演。《尚书》《吕氏春秋》均载："帝曰：'夔，命汝典乐。'夔曰：'于，予击石拊石，百兽率舞。'"这是尧舜时期图腾礼仪中的歌舞表演。今天在一些上古岩画、陶器、铜鼓上看到的鸟兽扮饰，伴随着有节奏的人体动作形象，都是原始图腾祭祀活动的反映。

中国原始体育的状貌早已在历史长河中湮没无存。但在典籍文献、岩画、陶器和青铜器中，我们还是不难窥见原始体育的身影。原始人在集体采集和狩猎等劳动中，出于身心需要引发的本能的随意性的身体活动，即身体运动变化（手舞足蹈、搏斗和跑、跳、投、攀爬、滚翻等）；原始体育中图腾崇拜的信息；钩稽图腾歌舞中的体育因子。这些多元因素，为人类原始体育的发生提供了契机。这也说明，原始人以身体运动方式进行非功利性活动，以此为生活和生命价值。它存在于原始人的神圣祭祀和图腾崇拜及世俗生活之中，融合游戏、娱乐、竞技、舞蹈、杂技等各种身体活动的因素，故又可称之为原始体育。

总之，原始体育发生的根本动因在于原始人类的物质生产实践，但体育作为一种复杂的精神创造活动又不能与劳动本身画等号，不应忽视由物质生产活动到体育活动之间的中介环节，如原始宗教以及包含其中的图腾、巫术等宗教崇拜和仪式活动中感情、模仿、游戏、娱乐、竞技和养生的需要。体育发生的中介环节与原始人类的物质生产活动互相交织、融合在一起，形成了原始体育发生的合力，共同影响和促进原始体育的产生与发展。但仅仅以物质生产活动到体育活动之间的中介环节来解释体育发生的根源是不够的，应以一种包含着原始体育发生的深层心理根源和外观的形式表现的复合图式，来揭示体育发生的某些原因和必然规律，从而发现体育的发生与生命意志活动有关。例如，狩猎是原始人最早的体育形式之一。狩猎的特点在于运用身体的力量和动作来表现一种生命活动。而这种生命活动是原始人根据生存需要，将身体的耐力、速度、力量加以协调配合，表现出跑、跳、投、搏等形式，于是原始体育便产生了。狩猎这种由人的身体来与野兽竞搏，充分体现了原始人旺盛的生命力。因此，体育不仅是原始人生命意志的外观形式，而且它本身就构成了生命活动有机的重要部分。

一、原始人的"竞"与"技"

要追溯体育竞技的历史渊源，必须把眼光透视到远古时代，这是因为"竞"

与"技"的起源问题必定与原始人的生存、劳动、游戏和娱乐密切相关。可以说，竞技的历史与人类的历史一样悠久，它应该是人类文化体系的重要组成部分。

原始人的生存环境极其恶劣，面对各种凶恶的野兽和各种对人类造成严重威胁的自然灾祸，为了获取衣食住行的狩猎活动，为了抵抗强悍民族的侵害进行的征战等，原始人学会了走、跑、跳、投、攀、登、爬、越、翻、滚、跌、扑及游泳、搏斗技能，从而大大增强了原始人的体能、体力和体质，提高了原始人的速度、力量、耐力、跳跃、柔韧等身体素质，展现了原始人最基本的"竞"与"技"的能力。

竞技只是原始人在自身肢体运动中感受生命的真实。所以，原始的"竞"与"技"是在人类生存发展的目标刺激下，身体素质最直接、最强烈、最充分的表现。其实，原始人创造的体育并不是激烈的竞争，而是以游戏、娱乐、休闲和养生等形式出现，它虽无"竞技"之名，却有"竞技"之实。原始人在生产劳动之后的闲暇时间里，创造了摔跤、跳越、奔跑、投掷、赛马、骑射、踢球、叠罗汉、弄丸、攀登等竞技形式，并作为一种社会文化现象不断传承、变化和发展，最终演绎成现代意义的竞技体育。纵观对"竞"与"技"的解释，可以得知，竞技源自游戏，是从游戏中衍生出来的具有体育性质和内涵的身体与文化活动。

二、原始体育的特征

原始体育是一项具有生产、生活和游戏特征的身体运动，是以其本身运动或与他人竞争为形式的体力、耐力等活动。不仅是人类自主地在特定时空内进行的非功利性的竞争类游戏，而且也是人类的一种实践活动，并表现出宗教性、世俗性、娱乐性、公平性、智慧性、审美性和以数字量化的争胜赢等特征。

三、原始体育的文化遗产

中国是世界上著名的文明古国之一，地上地下保存的文化遗产极为丰富。在这些丰富的实物资料中，原始体育的遗产更是弥足珍贵。

原始体育的下限，可以定在夏代之前，即距今 4000 年前。这表明原始体育有其特定的内涵，即指文字出现之前的史前体育。这是因为在公元前 2000 余年，我国已步入历史时期，这已被考古发现所证实。体育是人类社会发展到一定阶段的产物，它起源于劳动生产与生活，而且，不同种类的体育有着不同的渊源。因此，体育的起源是多元的，这除了在大量文化遗存中得到印证之外，另从生物演化的角度看，人类的玩耍、游戏、娱乐、竞技、养生的历史甚至比人类的历史更长。因为不仅人类游戏，高等动物也游戏，游戏是生物进化过程中出现的现象。它绝不是有人类一出现就具备的，而是人类历经长期的劳动和生活实践及劳动生产工具的制作和使用，随着人脑的不断进化和人类从各类劳动生产工具的使用中所产生的肌体动作技能的方法，从而具备了创造体育的思维能力，以及感官随着大脑进化而日臻完善，具备了身体活动感受能力和人类对身心愉悦需求而产生的原始体育形态，如石球、陀螺、秋千、击壤等。因此，原始体育并不等同于生产劳动或实际生活本身。应该说它是一种独立存在的具有“文化性”的活动，其表现形式可以从历史遗存的石球、岩画、雕刻、彩陶、青铜器中找到，从而可以窥视中国传统文化的产生和发展轨迹。

（一）石球、陶球与陀螺

据科学推测，人类使用打制的石器工具已有300万年。石器的形制有旧石器时代的刮削器、砍砸器、石锤、石刀、石球、石矛等，新石器时代的斧、铲、锄、锯、戈、刀、匕首、护臂等。这些不同形制的劳动工具，构成了石器时代人类生活内容的主要部分。但是，工具作为一种物质形式，它又为不同文化形态的发展提供了丰富的活动手段，尤其是以身体活动为主要特征的原始形态体育的形成提供了条件。

1.石球

早在几十年前，我国考古工作者在原始人生活和居住的遗址发掘出大量的人类曾作为劳动工具的石球。在距今约70万年的陕西省蓝田遗址中就有发现，但器形比较完整的石球，主要见于山西匼河、丁村遗址和许家窑遗址，1976年考古发掘出土的石球数以千计。根据民族学资料研究，这些石球广泛应用于原始人的投掷狩猎，其重量可以使被投掷的动物当场毙命。也有专家推断认为，石球是原始人信奉原始宗教而雕刻的

石球
狩猎工具，陕西南郑县梁山出土，旧石器时代
Stone Ball, Hunting Tool, excavated from Shaanxi Province, paleolithic period

石球

狩猎工具，新疆托克逊县小草湖遗址出土

Stone Ball, Hunting Tool, excavated from Xiao Cao Hu site, Xinjiang Province

石球

狩猎工具，陕西西安市半坡出土，新石器时代

Stone Ball, Hunting Tool, excavated from Shaanxi Province, Neolithic period

陶弹丸、石弹丸

狩猎工具，大地湾文化，距今 8000-7000 年，甘肃秦安大地湾出土

Hunting Tools, the Dadiwan culture, 8000-7000 years ago, excavated from Qinan of Gansu Province

刻花石球

新疆破城子出土，唐

Carved Stone Ball, excavated from Po Cheng Zi site, Xinjiang Province

星神或祭品。1960年，在西安市东郊半坡遗址（距今约5000—7000年）出土了数百件大小不一的石球。陕西南郑县梁山、甘肃镇原县姜家湾、青海寺沟口及新疆吐鲁番阿斯塔那三堡村、喀什地区的阿克塔拉、托克逊县小草湖遗址也先后出土了石球。这些石球主要用于敲击和狩猎。据考古研究，认为当时石球的使用方法有三种：一是以手握球直接投击猎物，二是绊兽索，三是飞石索。石球引索而出，可以击倒较远的猎兽。石球的使用，从最初的用手投掷，到利用绳索来延长力臂，以增加射程和投掷的速度、力量，从而更有效地杀伤猎物。原始人运用石球进行狩猎的过程中，不断总结石球与投掷力量、技巧的协调配合，从而为掷矛射猎和后世投掷运动的出现奠定了基础。

2.陶球

在我国的许多新石器时代遗址中，先后出土了一批陶球。它可以分为实心和空心两种，并大小不等，有红、黑之不同颜色，有的镂空，摇之有声。1960年，在西安半坡152号墓葬的发掘中，出土了三个磨制十分精致的陶球。这三个陶球质脆、易碎，肯定不是狩猎的工具，也许是儿童戏耍的球。而作为随葬品，应是墓主人的一种寄托，它象征着他死后也能像生前那样玩陶球游戏。这也意味着，作为狩猎工具的陶球已经脱离生产劳动，成为人们娱乐游戏的玩具。

红陶球

大溪文化，重庆巫山县大溪遗址出土，现藏四川博物院

Red Pottery Ball, the Daxi culture, now in Sichuan Museum

3.陀螺

在西安半坡152号墓中，除出土的陶球，还发现了一个陀螺。再如河姆渡文化遗址、常州圩墩新石器时代遗址、山西夏县西阴村遗址也出土了陀螺。从出土情况看，这些陀螺都出

自儿童墓葬，应当是他们生前所玩之物。这说明，在四五千年前的氏族公社时代，随着人类生活水平的改善，满足儿童心理需求的游戏活动也迅速发展起来，陀螺就是原始人最早的玩具。

（二）石镞、石矛与鱼钩

原始人为求得生存，创造了各种不同类型的劳动生产工具。随着人类自身的不断进化，人类的各种感觉与意识逐步变得越来越丰富，劳动生产工具的器形出现了显著变化，从而增强了人们改造自然和自身的能力，也为丰富人们的各类身体练习形式和原始体育活动提供了条件。

1.石镞

1972 年，在山西峙峪旧石器时代遗址，出土了距今 28000 余年前的石镞。之后在山西沁水下川遗址、内蒙古萨拉乌苏河遗址和宁夏灵武水洞沟遗址中也均有发现。这说明，原始人已经能将物体的弹力和人的臂力结合起来，创造了弓箭和拉弓时为防止磨手的扳指。这从考古发现中得以印证。

2.石矛

从山东藤县北辛、陕西西安半坡、浙江余姚河姆渡、江苏常州圩墩等遗址中，皆发现了不少矛的制品。石矛是一种底部平整或凹入，一头呈尖形的投射器。使用时将石矛接在木棒上，手握木棒，瞄准猎物，以手臂后引石矛，全身用力将石矛投射出去。这反映了原始人使用石矛这一狩猎工具进行投掷，以提高狩猎效率，同时也表现出原始人已掌握了投掷的技巧。这为标枪投掷的形成和日后演化为竞技体育运动项目创造了契机。

3.鱼钩

原始人在渔猎活动中，通过不断实践制作出一种系线凹槽的鱼钩。在考古发现的大汶口文化遗址、西安半坡遗址均出土有骨制鱼钩。这意味着原始人在渔猎活动中，已用垂钩进行捕鱼。这也为后来体育运动中垂钓项目的形成奠定了基础。

除此之外，原始人在劳动生产中创造的工具还有弹弓、弋射、刀、戈、斧、踢房，等等。人类在长年累月使用工具的实践中，对不同器类的不同使用方法和不同的着力点，总结出运用不同器类所需要的不同身体动作技能。于是，那些曾是训练劳动生产技能的活动便以原始体育的形式再现出来，追逐演变为赛跑，攀登演变为秋千，弓箭从狩猎走向礼仪教育和运动竞技，与野兽的搏斗逐步演化为摔跤，石球演化为各种球戏活动，刀、戈、矛、斧演化为战争的兵器和武术的雏形，等等。

（三）岩画

岩画，泛指人类绘制或镌刻在山体崖壁或田野岩石上的画，因其载体是岩石，故称为岩画。岩画始于原始社会，是远古先祖描绘生产劳动和生活，进行自我表述的一种文化形式。它记载了人类基本的生存信息，在没有文字的原始社会，岩画就是人类传承文明的工具，是人类的图画文字和符号，是人类生存活动的真实写照，承载着许多鲜为人知的信息和密码。岩画是人类文化的活化石，也是人类最早造型艺术的滥觞，它开创了原始体育的先河。

我国是世界岩画的发祥地之一，古文献《韩非子》《水经注》均有关于岩画的记载。中国岩画的分布十分广泛，主要包括内蒙古、宁夏、甘肃、青海、新疆、西藏、四川、云南、贵州、广西、广东、福建、安徽、江苏、黑龙江等20个省区。其环境特征是崇山峻岭、大漠戈壁、江畔崖壁、山地丘陵、草原牧区等人迹罕至之处。从岩画所反映的内容和岩画地点来看，与其社会、民族和人文历史有关，亦与原始人的生活和赖以生存的生态环境有关，不同的地域、不同的民族，岩画的风格也不同。西部北方，以阴山、贺兰山、阿尔泰山、天山等地区为代表的岩画，其内容主要为狩猎游牧、操练格斗、音乐舞蹈、生殖崇拜、杂要嬉戏、骑木滑雪等。云南沧源、广西花山、四川珙县僰人悬棺岩画，贵州关岭布依族苗族自治县的花江岩画、牛角井岩画等是原始社会各农耕民族生产、生活、宗教、军事、娱乐等内容的画卷。还有位于东南沿海各省的以岩刻为主的岩画，体现出海洋文化与农耕文化相融合。全国70%以上的岩画，主要分布于西部北方的山脉、草原、戈壁和江畔崖壁。

这些凝固在岩石上的体育文化，记载了人类基本的生存信息，反映出狩猎、军事操练、格斗、跳跃、奔跑、攀登、舞蹈、摔跤、百戏、滑冰、赛马等与体育形成的关系。原始人在长期的狩猎实践活动中，不仅创造了弓箭，还积累了使用弓箭的技法。随着生产力的提高、社会的进步和人类本性的自然表现，弓箭又逐渐向社

围猎图

内蒙古巴彦淖尔市阴山岩画

Hunting, rock painting in Yin Mountain of Inner Mongolia Province

狩猎图

内蒙古巴彦淖尔市阴山岩画

Hunting, rock painting in Yin Mountain of Inner Mongolia Province-4

放牧与狩猎
位于内蒙古乌拉特中旗呼勒斯太苏木地里哈日
Grazing and Hunting, from Inner Mongolia Province

会化功能转化，使弓箭变为游离于狩猎和军事功能之外的竞赛活动和教育手段。这就为我们提供了一个佐证，即狩猎文化在传统民族文化的不断影响下演变为射箭运动文化的轨迹。同时，也为我们提供了由狩猎走向射箭比赛，是体育射箭活动由发生、形成到成熟的过程，是原始走向文明，是兽性走向人性、古代走向现代、生理走向心理、感性走向理性（生产走向体育）的过程。

战争是社会和人类发展史上的重要现象，也是武技、力量、体能、体力和智勇表现的重要载体。原始社会各氏族、部落之间为了争夺水草牧场，以及血亲复仇等，战争连绵不断，这在岩画上有形象的描绘，如武士手持弓箭、矛、戟、盾或骑马或徒步与敌方进行厮杀、对射或追射、格斗等。岩画所展现的征战场面和兵器形制等不仅传达了关于远古时期的战争信息，也为日后的手搏、角力、武技等的发生与形成创造了条件。

游戏是一种古老的社会文化现象，它应该是人类的一种天性，一种行为，它在时空的界限之内，以某种可见的秩序，按规则进行，亦使人达到心理的满足，并给人们带来了无穷的愉悦。游戏伴随着人类的成长与进步而不断地发展，它作为娱乐的一种形式，根植于民族生产方式、生活方式、风俗习惯和民族意识，张扬着民族的性格和精神。原始人把日常生活中所创造的游戏凿刻于岩画，造就了许多原始体育的雏形。

例如抛接石球、踢石球、飞石索、摔跤、奔跑、跳跃、攀登、赛马等。

原始人为了庆贺丰收，为了求得神对部族的庇护，产生了祭祀活动。原始人在这种敬神、娱神的巫术化的宗教仪式之中，又在拟形拟态的娱人舞蹈之中，以无比虔诚的各种节奏性较强的身体肢体动作来展现人对自然的模仿，以及对心理的满足，它渗透着浓郁的人本意识。在我国发现的岩画中有大量表现原始人独舞、双人舞、三人舞和集体舞的画面。

在岩画表述的内容中，还有原始人表演百戏的图像，如叠罗汉、马术、杂技，等等。这些弥足珍贵的古老百戏形态，为深入研究百戏的源流和向体操技巧等的嬗变提供了新的信息和新的思考。

原始人在石壁上凿刻和绘制的体育形态，与今天的体育运动有着较大的差异。岩画上的原始体育只是体现了人类特定发展阶段的一些共同心理现象和文化现象，反映了体育伴随生产、生活发展的合理性与必然性。

狩猎图
内蒙古巴彦淖尔市阴山岩画
Hunting, rock painting in Yin Mountain of Inner Mongolia Province

狩猎图
宁夏贺兰山岩画
Shooting, rock paintings in Helan Mountain, Ningxia Province

狩猎图
宁夏贺兰山岩画
Shooting, rock paintings in Helan Mountain, Ningxia Province

狩猎图
宁夏贺兰山岩画
Shooting, rock paintings in Helan Mountain, Ningxia Province

围猎与放牧

位于内蒙古乌拉特中旗昂根苏木几公海勒斯太

Hunting and Grazing, from Inner Mongolia Province

狩猎图

宁夏大麦地岩画

Hunting, from rock painting in Da-mai-di, Ningxia Province

骑者与狩猎

宁夏大麦地岩画

Rider's Hunting,from rock painting in Da-mai-di, Ningxia Province

射猎图

宁夏大麦地岩画

Hunting with Bows and Arrows,from rock painting in Da-mai-di, Ningxia Province

射猎图

宁夏大麦地岩画

Hunting with Bows and Arrows, from rock painting in Da-mai-di, Ningxia Province

狩猎图

新疆多拉特岩画

Hunting, from rock paintings in Duo-la-te, Xinjiang Province

围猎

位于甘肃省嘉峪关市黑山四道鼓心沟

Hunting, from Jia Yu Pass of Gansu Province

围猎

位于宁夏中卫市东园乡北山大麦地

Hunting, rock painting in Da Mai Di, Ningxia Province

狩猎图

新疆多拉特岩画

Hunting, rock painting in Duo La Te, Xinjiang Province

猎牦牛

位于青海海北藏族自治州刚察县舍布齐沟

Hunting Yak, From She Bu Qi ditch of Gangcha County, Qinhai Province

骏马

位于新疆哈密地区巴里坤哈萨克自治县八墙子村

Horse, From Ba Qiang Zi village of Hami, Xinjiang Province

狩猎图

新疆哈密岩画

Hunting, rock painting in Hami City, Xinjiang Province

狩猎图

新疆哈密岩画

Hunting, rock painting in Hami City, Xinjiang Province

争战图

新疆哈密市泌城乡头工村岩画，公元 9 世纪

Warring, rock painting in Tou Gong village of Hami City, Xinjiang Province

双人舞图

宁夏贺兰山岩画

Dance for Two People, rock painting in Helan Mountain, Ningxia Province

庆丰收图

宁夏大麦地岩画

Harvest Celebration, rock painting in Da Mai Di, Ningxia Province

舞蹈图

位于甘肃省嘉峪关市黑山四道鼓心沟

Dancing, From Black Mountain, Jiayu Pass City of Gansu Province

连臂舞蹈图

宁夏贺兰山岩画

Dancing, rock painting in Helan Mountain, Ningxia Province

攀登岩画

宁夏贺兰山岩画

Climbing, rock paintings in Helan Mountain, Ningxia Province

舞人图

云南沧源岩画

Dancer, rock painting in Cangyuan, Yunnan Province

鸟首面具舞图

西藏日土岩画

Dancers with Bird Head Mask, rock painting in Ritu, Tibet

云南元江岩画

Rock painting in yuan river,Yunnan Province

舞蹈图

甘肃黑山岩画

Dancing, rock painting in Black Mountain, Gansu Province

男女对舞图

西藏日土岩画

Dancing Man and Woman, rock painting in Ritu, Tibet

舞蹈图

新疆阿尔泰富蕴县唐巴拉塔斯彩绘岩画

Dancing, rock painting in Tang-balatasi, Xinjiang Province

祈祷战争胜利舞图

广西花山岩画

Dancing for Praying the Victory of the War, rock painting of Hua Shan in Guangxi Province

百戏图

新疆阿勒泰市喇嘛昭乡雀儿沟岩画,公元前5世纪

Acrobatics, rock painting in Que Er Gou, Xinjiang Province, 5th century BC

舞蹈图(局部)

新疆呼图壁县康家石门子天山崖壁岩画,公元前 10 世纪

Dancing (part), rock painting in Tianshan Mountain, Xinjiang Province, 10th century BC

摔跤

中卫市北山大麦地，凿刻制作

Wrestling, Da Mai Di, Zhongwei City of Ningxia Province

骑木滑行图

新疆阿勒泰五指神泉岩画

Sliding on Wood, rock painting in Altay, Xinjiang Province

摔跤

中卫市香山暖圈沟，凿刻制作

Wrestling, Nuan Quan Gou, Zhongwei City of Ningxia Province

群舞

福建省华安县沙建乡仙字潭

Group Dance, Xianzitan in Hua An County of Fujian Province

叠罗汉

中宁县贺兰山南端余脉黄羊山黄羊湾，凿刻制作

Arhats Piling One by Another, from Helan Mountain of Ningxia Province

骑木滑行图

新疆阿勒泰五指神泉岩画

Sliding on Wood, rock painting in Altay, Xinjiang Province

岩画

阴山岩画中的摔跤场景

Rock painting,Wrestling, rock painting in Yinshan

岩画

珙县麻塘坝

Rock painting,Small reservoir, Gongxian

赛马图

宁夏贺兰山岩画

Horse Racing, rock painting in Helan Mountain, Ningxia Province

(四)彩陶

彩陶，是指一种带有色彩的陶器，主要由器型和纹饰构成。在我国的黄河流域、长江流域、华南地区和北方的沙漠、草原，又有若干的“文化”系统，如庙底沟文化、崧泽文化、仰韶文化、马家窑文化、裴李岗文化、大汶口文化、良渚文化、河姆渡文化、屈家岭文化、大溪文化、红山文化等，这些“文化”系统，都出现了彩陶，尤其是甘肃出土的彩陶涉及文化类型多、数量大，被称为“彩陶之乡”。

作为史前体育的重要组成部分，中国彩陶既是体育源头的重要资料，也是原始文化的重要物证。它为我们推测原始人曾经有过怎样的物质生活和精神生活提供了证据，也打开了人们的想象空间。尤其是在陕西、甘肃、青海、宁夏、新疆、内蒙古、西藏、四川、云南、贵州、江苏等地区的文化遗址，出土了一大批彩陶，其中不乏与体育相关的。例如，青海省大通县上孙家寨原始社会遗址出土了一件 5 人组合的舞蹈纹彩陶盆，它属于新石器时代马家窑文化类型，距今约 5000 年。在盆内壁有原始人连臂跳舞的画面，舞人动作活泼欢乐，具有舞蹈之美，表现了原始人的生活情趣。之后，又在青海省同德县宗日遗址第 157 号墓葬和甘肃酒泉、武威、会宁、临洮等地的马家窑文化遗址中也相继出土了11 人和 9 人组合的舞蹈纹彩陶盆和罐，其画面构图、人物形象、器具形状与青海大通县出土的舞蹈纹彩陶盆十分相似。其画面生动形象并充满动感，给人留下了无限的遐想与美感。

1981—1989 年，在甘肃天水秦安县大地湾遗址出土了一件仰韶文化晚期

乐舞纹彩陶罐

甘肃省永昌县鸳鸯池出土

Painted Pot with Music and Dance Pattern, excavated from Yuanyang chi in Gansu Province

的斗犬纹彩陶罐。1985 年在甘肃临夏回族自治州东乡族自治县那勒寺乡郭泥沟村出土了一件狩猎四耳罐，高 26.6 厘米，口径 11 厘米，罐体一侧绘有动物和人的狩猎场面。另外，还出土了一件彩陶罐，其瓶颈绘有一猎人持弓射猎，此罐现藏于临夏博物馆。1975 年甘肃永昌县鸳鸯池和甘肃酒泉干骨崖出土了新石器时代的舞蹈纹双耳彩陶罐。

中国彩陶作为原始文化和史前体育的珍贵遗存，具有特殊的不可代替的历史地位和意义，它代表一个相对独立的包含发生学和体育本体论意义的“体育阶段”。彩陶作为史前体育的遗物，有自己的特征，它不仅体现着人类的必然与自由，而且以其特有的原始性体现着体育对于人性本原的接近。当我们欣赏绘有舞蹈纹、狩猎纹的彩陶时，好比触摸祖先的心灵，通过与彩陶对话，领略原始体育的风采，体悟体育的娱乐精神和审美意识。可以说，彩陶不仅为人类早期的物质文明保存了珍贵的实物证据，而且也为中国古代体育史的研究提供了最早期的信息。

舞蹈纹彩陶盆(残碎)

新石器时代，甘肃武威出土

Painted Pottery Basin with Dancing Pattern (broken), excavated in Wuwei City of Gansu Province, Neolithic period

舞蹈纹彩陶罐

甘肃省酒泉市干骨崖出土，新石器时代

Painted Pottery Basin with Dancing Pattern, excavated in Jiuquan City of Gansu Province, Neolithic period

舞蹈纹彩陶盆

甘肃会宁出土，新石器时代

Painted Pottery Basin with Dancing Pattern, excavated in Huining County of Gansu Province, Neolithic period

舞蹈纹高颈壶

青海出土，新石器时代

Painted Pot with Dance Pattern, excavated from Qinghai Province, Neolithic period

舞蹈纹彩陶盆（流失海外）

甘肃会宁县出土，新石器时代

Painted Pottery Basin with Dancing Pattern, excavated in Huining County of Gansu Province, Neolithic period

舞蹈纹盆

马家窑文化类型

Dance and Music, Basin with dance pattern, Majiayao culture

狩猎纹四耳罐

1985 年甘肃东乡县征集

Painted Pot with Hunting Pattern, collected from Dongxiang in Gansu Province in 1985

堆塑裸体人形行气彩陶壶

青海柳湾出土，现藏中国国家博物馆

Heap Plastic Humanoid Painted Pot, excavated in Liuwan of Qinhai Province, National Museum collection

舞蹈纹杯

酒泉，夏商（四坝文化）

Cup with Dancing Pattern, Jiuquan City, Xia and Shang Dynasty

乐舞双耳罐

马家窑文化

Dance and Music, binaural pot, Majiayao culture

猎狗纹彩陶罐

甘肃秦安县大地湾出土，仰韶文化晚期

Painted Pottery Basin with Hunting Dog Pattern, excavated in Dadiwan of Gansu Province, the late Yangshao culture

舞蹈纹彩陶盆

青海大通县出土，新石器时代

Painted Pottery Basin with Dancing Pattern, excavated in Datong County, Qinghai Province, Neolithic Period

舞蹈纹彩陶盆

青海同德县宗日遗址出土，新石器时代

Painted Pottery Basin with Dancing Pattern, excavated in Zongri site, Qinghai Province, Neolithic Period

(五)青铜器

我国自20世纪40年代以来，先后在甘肃、陕西、内蒙古、新疆、山东、河南、云南、四川、西藏等地区，考古发掘了大批的青铜器，其中甘肃东乡林家马家窑文化遗址出土了一把距今约有5000年的中国最早的青铜刀。1975年秦兵马俑坑出土了4万余件青铜兵器。依其用途可分为剑、矛、戈、戟、钺、弓、弩、镞等。1963—1998年，四川省文物考古队在三星堆进行了数次发掘，出土了大量的青铜器人物雕像、兵器、摇钱树等。中国的青铜器个性鲜明，造型生动，风格繁缛华丽，气魄雄浑博大，诡怪神秘，蕴含着狞丽之美。尤其是各类独特精美的纹饰，如兽面纹类、龙纹类、凤鸟类、各种动物纹、各种兽体变形纹、火纹、狩猎纹、百戏纹、蹴鞠纹、马球纹、六博纹，等等。1965年，四川成都百花潭出土了一把春秋战国时期的"嵌错宴乐攻战纹铜壶"。巴黎吉美国立亚洲艺术博物馆藏有一件"宴乐习射纹铜壶"。我国故宫博物院藏有一件春秋战国时期的"宴乐渔猎攻战纹铜壶"。在这些铜壶的壶身上镶嵌了习射、弋射、水陆攻战、狩猎、游泳、划船等图案。1965年，陕西长安县客省庄出土了一件战国时期的"透雕角抵图铜饰牌"，画面描绘两人赤裸上身，搂腰抱腿正在进行摔跤。1978年，湖北随县擂鼓墩曾侯乙墓出土了一件"擎钟架青铜力士"，力士腰际佩剑，双臂弯曲上举，承托着重达2500多公斤的大型编钟的横梁，展示了力举千斤的气势。1972年，甘肃灵台县西屯乡白草坡村㶏伯墓出土了一件人头形銎戟。1969年，甘肃武威雷台汉墓出土了铜武士骑马俑，武士皆左手执辔，右手执兵器，威武雄壮地骑在马上。另外，在甘肃博物馆曾藏有一件汉代青铜铸成的

百花潭宴乐渔猎攻战纹铜壶

四川成都出土，战国

Fishing and hunting pattern bronze Pot, excavated in Chengdu Sichuan Province, The Warring States Period

宴乐渔猎攻战纹铜壶

现藏北京故宫博物院，战国

Fishing and hunting pattern, Beijing palace museum collection, The Warring States Period

“摇钱树”，通体插在一个半球状的绿釉底座上，高约1米。有主干和若干分枝，呈树状造型。各个分枝以当时流行的货币图案和人物、鸟兽等有机地连接起来，其结构十分精妙。在人物造型上有舞蹈，有击剑、对刀、斗杖等武术形象，是一件罕见的古代体育文物。

从我国遗存的青铜艺术精品中，可以看到原始体育的痕迹。尤其是青铜纹饰所显示的各类与体育有关的图像，对研究我国最早期体育的发展演变具有十分重要的价值。

总之，中国原始体育体现了人类对生命的敬畏，表达了对自然的钟爱和对人类生命的执着，表现了对生命本质之动态过程的审美意识，凝聚着生命观念。尤其是我们对原始体育本体的寻求，正是对原始体育文化的一种正本清源，一种文化寻根。原始体育从劳动生产中脱胎而出，它应当是人的活动目的和动机的改变。应当说，较之于“本能论”和“劳动起源说”，“享乐说”更能说明人类原始体育的本质。这也就是对于原始体育作为中国传统文化形式的“本质”“本源”，作为一种独特的文化“存在”的价值和意义进行具体的论证。

由此可见，中国遗存的原始体育资料从一定程度上对中国原始体育某些断裂空白处做了有益的弥缝与连缀，也为探寻和梳理中国古代体育文化的发展脉络，提供了宝贵的资料，从而大大推进了对中国古代体育文化的认识和重构，并为中国体育文化研究开拓了广阔的新领域。

矛
青铜器
Spearhead, Bronze ware

卷首长铜刀
现藏灵台县博物馆，西周
Bronze Sword, Western Zhou Dynasty, Lingtai County Museum collection

镂空蛇纹鞘青铜短剑
1972 年灵台县白草坡 2 号墓出土 ，现藏甘肃省博物馆，西周
Bronze Dagger, excavated from Baicaopo tomb No.2 in Lingtai in 1972, Western Zhou Dynasty, Gansu Museum collection

熊首青铜刀

和静县察吾呼沟出土，现存新疆文物考古研究所

Bronze Knife with a Bear Head, excavated from Chawu Hugou of Xinjiang Province, Xinjiang Museum collection

头饰铜匕

西周，1972 年灵台县白草坡 2 号墓出土，现藏甘肃省博物馆

Bronze Dagger, excavated from Baicaopo tomb No.2 in Lingtai in 1973, Western Zhou Dynasty, Gansu Museum collection

铜弩机

曹魏正始三年(242年)

Bronze Crossbow, the Wei and Jin dynasties, 242A.D.

弩机

陕西省咸阳市汉阳陵南区从葬坑出土

Crossbow, excavated from Xianyang Shaanxi Province

Illustrated Book of Traditional Chinese Sport

第二篇 中国古代的休闲娱乐与游戏

游戏是伴随人类成长而出现的，它在人类的整个生存空间，特别是精神的、心理的、体育的活动空间，不仅给人类带来了力量的快感和感情的愉悦，而且也给人类带来了身心的健康，同时渗透出浓郁的人本意识。游戏也是人类体育史上一种十分重要的文化，从中可以看到人类体育形成的路径和发展的印迹，由此可以证实体育的发生与游戏密切相关。游戏也是体育的历史起点，体育从它发生之时便包含着隶属于游戏所特有的全部精神因素。不难看出，体育起源于游戏，是从游戏中抽象出来的具有游戏性质和文化内涵的身体活动。

游戏是伴随人类成长而出现的，它在人类的整个生存空间，特别是精神的、心理的、体育的活动空间，不仅给人类带来了力量的快感和感情的愉悦，而且也给人类带来了身心的健康，同时也渗透出浓郁的人本意识。游戏也是人类体育史上一种十分重要的文化，从中可以看到人类体育形成的路径和发展的印迹，由此可以证实体育的发生与游戏密切相关。人类在游戏冲动时，能沟通人的感性冲动和理性冲动，并以此求得人性的完整而自由的发展。游戏也是体育的历史起点，体育从它发生之时便包含着隶属于游戏所特有的全部精神因素，如天性、嬉戏、玩耍、愉悦、消遣、休闲、审美、节奏、勇敢、智慧、敏捷，等等。不难看出，体育起源于游戏，是从游戏中抽象出来的具有游戏性质和文化内涵的身体活动。

一、古代游戏概述

在社会文化的视野下考察古代的游戏，其基本出发点是把它们看作是一种文化现象。作为一种社会现象，游戏跨越古人不同"文化圈"而普遍存在。古人的游戏既具有共同的"类"特征，也因受到不同文化的影响而表现出不同的文化特征或"文化性格"。游戏是人类丰富多彩的历史文化生活的重要内容。作为个人文化的产物，游戏保存和积淀着人类社会丰富的文化历史经验，是人类社会文化传承的重要途径之一。

游戏实际上就是玩耍，而我国古人历来是穷思竭虑地将自然界的物引入自己的生活圈以使生活环境充满人文与自然互补互映的情趣。从玩耍之风兴起后，所玩之物日益增多，人们对玩的意识也越来越强，并逐渐形成了一种十分重要的文化趋向。古人以玩的意识来推动着人们以艺术的眼光去观照一切，一切皆可玩，只看你有没有那种精神境界，能否玩得出味来。善玩者即使对简单的击壤、秋千、纸鸢等也能品悟出无穷的乐趣，获得人生哲理。"道存万物，唯智者能识之"，于是，万物皆可为师矣，这种“玩”带有浓重的理性色彩，不仅能缓解社会的紧张，而且还能启迪神志，化解心灵的烦闷，释放生活中受到的压抑，使人们陶然忘忧、自得其乐。

根据王文宝先生的《中国民间游戏》，将游戏分为：“手的游戏、脚的游戏、嘴的游戏、看的游戏、藏捉的游戏、棋牌游戏、综合游戏、其他游戏；从游戏的性质来看，可分为智力游戏、体力游戏、技巧游戏、制作游戏、观赏游戏、娱乐游戏等。”人们从研究的视角，依据考古资料、古籍文献、出土的遗物等，结合社会学、人类学、民族学、民俗学和民间学等学科，对我国古代的游戏，依据游戏的特征、形式和方法等分为竞技游戏、益智游戏、岁时游戏、宴饮游戏、祭祀游戏、儿童游戏、妇女游戏等。（详见下表）

这些不同于平常生活的游戏或狂欢的体验驱使着人们重复着这种令人快乐的活动，游戏因而从劳动或实用生活的母体中脱胎而出，开始了独立于劳动的文化发展历程。由此，古人也开始了在游戏中进一步创作自身文化的历

游戏的分类	游戏项目	主要文献
祭祀游戏	踏舞、角抵戏、驱傩、泼寒胡戏、百兽率舞、大武舞、百戏、印沙、行象、迎神赛社、赛驼马神、跳钟馗	《二十四史》《帆亡记》《后汉书·礼仪志》《酉阳杂俎》《论语》《吕氏春秋》《西京杂记》等。
宴饮游戏	斗鸡、斗鹅鸭、投壶、六博、划拳、弄丸、宴射、宴飨百戏、游宴	《吕氏春秋》《史记》《太平御览》《周礼》《春秋左传》《唐语林》《中国风俗通史》等。
益智游戏	六博、樗蒲、双陆、握槊、弹棋、蹙融、围棋、象棋、骰子戏、叶子戏、升官图、麻将	《艺文类聚》《演繁露》《汉书》《朝野佥载》《全唐诗》《资治通鉴》。
岁时游戏	导引、五禽戏、八段锦、吐纳行气术、拔河、鹰猎、舞龙、舞狮、曲水流觞、踏青、登高、滑沙、垂钓、马术、鱼龙曼延、走索	《四库全书》《太平广记》《封氏闻见记》《全唐文》《乐府杂录》《中国古代养生四书》《周易参同契》《黄帝内经》《遵生八笺》《千金翟方》《吴山行》等。
竞技游戏	射术、宴射、御车、蹴鞠、击鞠、步打、冲狭、燕濯、拔距、曲踊、龙舟、水嬉、冰嬉、击壤、相扑、木射、投石、贵由赤、摔跤、赛马、翘关、举鼎、骑射、竿技、水秋千、弄潮、剑器、斗兽、拳术	《端午考》《荆楚岁时记》《汉书》《史记》《鞠城铭》《古今图书集成》《西京赋》《洛阳伽蓝记》《全唐诗》《文苑英华》《册府元龟》《三才图会》《武林旧事》《角力记》《述异记》《梦粱录》《宋史》《宋词》《元曲》等。
儿童游戏	石球、骑竹马、风筝、弹弓、陀螺、叠罗汉、造花树、空竹、踏绳、跳房子、玩沙土、捉迷藏、滑梯	《事物纪原》《弹薮》《燕京岁时记》《宛署杂记》《百戏竹枝词》《东京梦华录》《清稗类钞》《帝京岁时纪胜》《清嘉录》《扬州画舫录》《全唐诗》等。
妇女游戏	秋千、藏钩、乐舞、斗草、斗花、走桥、捶丸、游泳、拿顶、走百病、胡旋舞、风筝、扑蝴蝶、调鹦鹉、养鸣虫、投壶、驴鞠、相扑、踢毽子、游泳、斗虫、乞巧、斗花、弈棋、赏月、赏雪、抛球、泛舟、采莲、采菱	《汉代乐赋》《全唐诗》《宋词》《元曲》《梦溪笔谈》《宛署杂记》《帝京景物录》《艺文类聚》《岁时广记》《花底拾遗》《弄谱百咏》《五杂俎》《新唐书》等。

史，从而致使中国古代的游戏长盛不衰，并以其鲜明的特征在中国古代体育史上占有一席之地。透过古代游戏这个“窗口”极目远眺，虽然古人曾经流连玩味的生之乐趣，正在一步步远离我们的视野，但在今天我们的现实生活中仍能见到它影影绰绰的身影，有些甚至至今还影响着我们的生活。通过古代传统文化和民间习俗，寻绎古代游戏的发生发展，从中体会作为人之本能的游戏带给人们的愉悦，会让现代人更进一步地理解休闲娱乐可提高人类的生活质量，带来幸福的感觉。

二、踏青、踏歌、登高、拔河、垂钓、游宴、投壶、弄丸、绳伎

(一)踏青

踏青是清明这一时间节点上必不可少的习俗。每当春光明媚、万物复苏、百花盛开、草木吐绿的清明时节，人们往往围绕着寒食扫墓、祭奠祖先为主要内容而形成一系列民俗活动。祖先最早的户外活动是顺应天时，它有助于吸纳大自然的纯阳之气，驱散积郁的寒气。这些活动大大增添了人们的生活情趣，因此清明节又有踏青节之称。《岁华纪丽》卷一《寒食》记载：“寒食，禁火之辰，游春之月。”《酉阳杂俎》中记载了会昌二年(842)寒食节，“荆州百姓郝惟谅”等人，结伴“游于郊外”的情景。唐人来

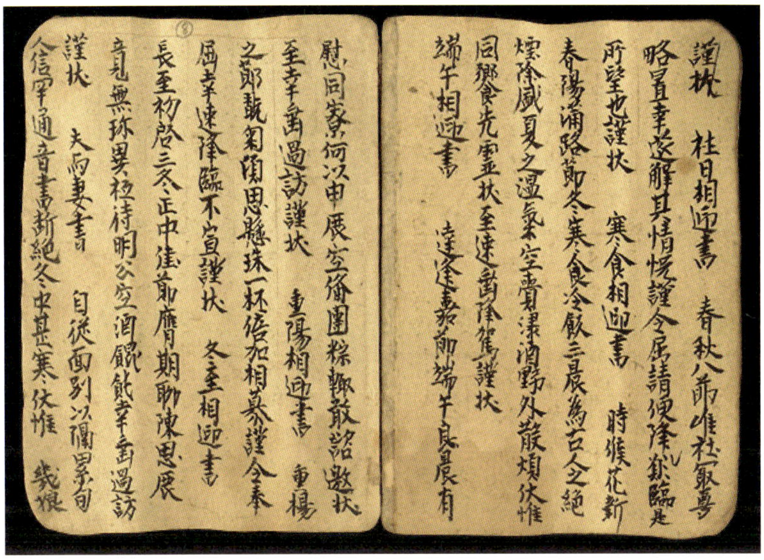

书仪

打球会、社日相迎书、寒食相迎书、端午相迎书、重阳相迎书，敦煌文献 S.5636，现藏英国国家博物馆

Polo, Dunhuang Manuscript S.5636, British Museum collection

鹄的《清明日与龙人游玉粒塘庄》载：“几宿春山逐陆耶，清明时节好风光……醉踏残花屐齿香。风急岭云飘迥野，雨馀田水落万塘。不堪吟罢东回首，满耳蛙声正夕阳。”杜甫的“江边踏青罢，回首见旌旗”，孟浩然的“岁岁春草生，踏青二三月”。胡曾的《寒食都门作》、杨巨源的《清明日后土祠送田彻》等都描述了唐人在清明时节竞相出游郊外踏青的盛况。踏青自唐代开始已十分盛行，

游骑图卷(局部)

现藏北京故宫博物院，唐

The Spring Outing, part, Beijing palace museum collection, Tang Dynasty

游骑图卷(局部)

现藏北京故宫博物院,唐

The Spring Outing,part, Beijing palace museum collection, Tang Dynasty

并形成了一种习俗。据《旧唐书》记载,唐代宗李豫在大历二年二月壬午(767年二月初二),曾到昆明池踏青。到了唐德宗李适年间,游玩风气更盛。到了宋代,清明踏青习俗沿袭了下来,苏辙的《踏青》载:"江上冰销岸青青,三三五五踏青行。"尤其是著名画家张择端的风俗画《清明上河图》,生动地再现了宋都汴京以汴河为中心的清明时节盛况。明清时期,清明节风俗已普及大江南北。明代田汝成的《西湖游览志余·熙朝乐事》记载了扫墓活动中穿插的大量娱乐游戏。清代的《清嘉录》也记载了清明节日的各种祭扫风俗。人们将清明祭奠祖先的追思活动与郊游踏青活动有机地结合起来,从而使清明节变为一种全民参与的综合性的游艺节日。这种踏青形式一直沿传至今,并成为中国人养生健体的手段之一和户外运动的重要内容。

以上描述,万象纷呈地再现了古人特有的人文情怀、思维状态及生活理念,触摸到他们感悟生命、敬畏生命的心脉。尤其是以孝道为中心的观念通过祭祖扫墓活动深深地内化为一代代中国人的道德意识和行为习惯。这为我们深入探索和研究古人的清明习俗活动,把握岁时节日的内涵及价值意义,提供了丰富的体育民俗学资料。

游园图壁画

章怀太子墓后室东壁北铺,唐

Tomb Wall Painting of a Garden Party, Tang Dynasty

东丹王出行图(局部)

绢本设色,美国波士顿艺术博物馆,五代　李赞华绘

Prince's Travel,part,Museum of Fine Arts Boston collection,Five dynasties

八达游春图

绢本设色，现藏台北故宫博物院，五代赵喦绘

The spring outing, Taipei National Palace Museum collection, Five dynasties

杏园雅集图

现藏江苏省镇江市博物馆（此图另有一本现藏美国纽约大都会博物馆），明　谢环绘

Gathering in the Garden, Museum of Zhengjiang, Jiangsu Province collection, Ming Dynasty

张萱虢国夫人游春图

现藏辽宁省博物馆，北宋　赵佶摹

The Spring Outing, Museum of Liaoning Province collection, The Northern Song Dynasty

仕女图

现藏北京故宫博物院，清　焦秉贞绘

Portrait of a Lady, Beijing Palace Museum collection, Qing Dynasty

明宣宗行乐图

现藏北京故宫博物院，明　商喜绘

Emporer Enjoying Pleasure of Life, Beijing Palace Museum collection, Ming Dynasty

（二）踏歌

踏歌是一种“相抱聚蹈”“踏地为节”的集体歌舞活动，它的特点是用踏步来加强歌拍，反复歌唱一调或以鼓乐伴奏协调。它也是古代非常盛行的一种民间歌舞，自娱性很强。《资治通鉴》有注：“踏歌者，连手而歌，踏地为节。”从很多史料和出土文物可窥见踏舞之风貌。例如，《吕氏春秋》载：“三个人执牛尾，踏足为节，载歌载舞。”1973 年，在青海大通县上孙家寨马家窑类型墓葬发掘时发现一件距今 5000 年的舞蹈纹彩陶盆。陶盆主题纹饰为三组舞蹈人物，每组 5 人，手拉手，面向一致跳舞的画面。1995 年，青海同德县宗日遗址第 157 号墓葬中出土了 11 人、13 人的舞蹈彩盆。还有甘肃武威磨嘴子、临夏、会宁等地遗址也相继出土了 9 人和 11 人的舞蹈彩盆。到了汉唐时期，踏舞已是人们岁时节庆中最常见的娱乐手段。据文献《后汉书》记载：“昼夜酒会，群聚歌舞，舞辄数十人相随，踏地为节。”在唐代，经常能看到踏舞。张祜的《正月十五夜灯》载：“三百内人连袖舞，一时天上着词声。”《朝野佥载》卷三记载：“睿宗先天二年（713）正月十五、十六夜于京师安福门外制作灯轮……又从长安（今西安）、万年（今临潼）两地选来美女千余人，于灯轮下踏歌三天三夜，欢乐之极，前所未有。”另外，《宣和书谱》卷五载：“（唐文宗）大和中，进士文萧客寓钟陵。南方风俗，中秋夜，妇人相持踏歌，婆娑月影中，最为盛集。”唐代的文学作品《全唐诗》中也有对踏歌生动描绘的诗句。例如，诗人刘禹锡的《踏歌行》载：“春江月出大堤平，堤上女郎连袂行。唱尽新词欢不见，红霞映树鹧鸪鸣。……新词婉转递相传，振袖倾风露前。月落乌啼云雨散，游童陌上拾花钿。”顾况的《听山鹧鸪》载：“夜宿桃花村，踏歌按天晓。”储光羲的《蔷薇》载：“连袂踏歌从此去，风吹香气逐人归。”以及李白的《赠汪伦》等，这些唐诗为人们描绘了一幅幅踏歌的欢乐情景。宋代，每逢元宵、中秋等节庆日子都要举行盛大的踏歌活动，到了元朝，踏歌仍然广为流行。

踏歌图（局部）
立轴，水墨绢本，现藏北京故宫博物院，宋　马远绘
Singing(part), Song Dynasty, painted by Mayuan, The Palace Museum collection

踏歌
彝族树下踏歌图
Singing, the Yi nationality people singing under trees

踏舞图

敦煌莫高窟第 156 窟壁画，晚唐

Dancing,wall painting of Mogao Cave No.156, Dunhuang of Gansu Province, Late Tang Dynasty

踏歌以自娱为主，其主要特点是歌唱、踏地与舞袖。其中“踏”即和着歌声以足踏地，踏出鲜明的节奏，并与人的心理情感融合，激发出情绪。另外，踏歌虽是“连袂而行”，但并非只是手拉手的连臂踏节，还需配合衣袖的舞动，边歌边舞，这种歌舞活动令人陶醉，使人流连忘返。民间的踏歌保持着敬祭神灵、祛瘟避邪、驱灾免祸、寄托祝愿和节日自娱的原貌，体现了人们衣食住行的状况。踏歌所凝聚的民族精神和顽强的生命力，所表现出的民族生命的浪漫情调，使其在民间广为流传。

高山族风俗图（局部）

现藏中国国家博物馆，清

Folk Custom of Gaoshan Nationality, part, Qing dyansty, The National Museum of China collection

登山图

甘肃敦煌莫高窟第 14 窟壁画，主室南壁,唐

Mountain Climbing, wall painting of Mogao Cave No.14, South wall of main chamber, Dunhuang of Gansu Province, Late Tang Dynasty

（三）登高

登高是重阳节习俗的核心，敬老是重阳节习俗的关键。古人以九为阳数，日月逢九，两阳相重，故名“重阳”。据屈原的《远游》载：“集重阳入帝宫兮，造旬始而观清都。”句中的“重阳”就是佐证。最迟从汉代开始民间就有佩茱萸、赏菊、饮菊花酒、登高、竞射、食蓬饵（豆糕）之俗，其意是避邪远祸、驱疫长寿，并一直沿传到现代。

自汉魏以来，重阳节就已经成为当时最重要的节日之一。《临海记》载：“郡北四十里有湖山，山形平正，可容数百人坐。民俗极重九日，每菊酒之辰，宴会于此山者，常至三四百人，登之见邑屋悉委，江海分明。”《南齐书·武帝纪》载：齐武帝专门指定孙陵冈为登高之所，在其上建商飙馆，每逢重九日，即登此冈大宴群臣，故后世称之为“九日台”。到了唐代，重阳节被列为法定节日。登高是重阳节一项标志性的民俗体育活动。唐代著名医学家孙思邈将重阳登高列为一项重要的养生运动，他在《太平御览》卷三二《九月九日》中载：“重阳之日，必以糕、酒登高远眺，为时宴之游赏，以畅秋志。酒必采茱萸、甘菊以泛之，既醉而归。”王维的《九月九日忆山东兄弟》：“独在异乡为异客，每逢佳节倍思亲。遥知兄弟登高处，遍插茱萸少一人。”唐中宗李显也曾在重阳节登上临渭亭，并作五言诗《九月九日幸临渭亭登高得秋字》。另外，宋代的《梦粱录》《干淳岁时记》，明代的《五杂俎》，清代的《燕京岁时记》《清嘉录》等，都详细记载了重阳这一传统节日。

登高乐游图

古代风俗百图，唐

Mountain Climbing, Ancient custom images, Tang Dynasty

九月九日人们在登高望远时所抒发的一种怀念故乡、故人的情怀已经成为我国古代重阳节的重要风俗。由于重阳节以登高、健身、长寿为主题，这个节日历经千余年的发展和传承，今天已经成为我国人民一个以尊老、敬老、爱老、助老为主要内容的老年节日。

登高图

甘肃敦煌莫高窟第 61 窟壁画，西壁，五代

Mountain Climbing, wall painting of Mogao Cave No.61, West Wall, Dunhuang of Gansu |Province, Five Dynasty

彩绘登高图（瓷板画）

清

Mountain Climbing painted by colored, Qing Dynasty

登高图

现藏北京故宫博物院

Mountain Climbing,Beijing Palace Museum collection

登高图

《雍正皇帝十二月令行乐图》中的登高图（局部），清

Mountain Climbing, "Yongzheng emperor enjoy life in 12 months" (part), Qing Dynasty

观梅图

现藏北京故宫博物院，清　禹之鼎

Watching Prunus Mume, Beijing palace museum collection, Qing Dynasty

杜甫《陪王侍御同登东山最高顶，宴姚通泉，晚携酒泛江》
现藏北京故宫博物院，明　金琮绘
Accompanying Offcial, Beijing palace museum collection, Ming Dynasty

（四）拔河

拔河在古代又称“牵钩”“拖钩”或“拔绖”。其源于春秋战国时期，楚国与吴、越两国水军交战时，用以将对方战船拖住或推开的一种战争工具。由于士兵使用牵钩必须具备极强的力量，因此，楚国人用一条粗大的竹索，将士兵分作两队，各拉竹索的一端，互相较力，以提高军队水上作战的能力。汉魏之后，此项军事训练活动逐渐演化为民间的一种游戏，并赋予了禳灾祈福，以求丰年的含义。其流传甚广，至今仍为广大群众喜爱的一项具有体育锻炼性质的集体性游戏。晋代宗懔的《荆楚岁时记》载：“为施钩之戏，以绠作篾缆相罥，绵亘数里，鸣鼓牵之。”《隋书》卷三一《地理志》载：“二郡又有牵钩之戏，云从讲武所出，楚将伐吴，以为教战，流迁不改，习以相传。钩初发动，皆有鼓节，群噪歌谣，震惊远近，俗云以此厌胜，用致丰穰。其事亦传至它郡。”到了唐代，“牵钩”游戏改称为拔河，并且在宫廷和民间广为流行。据《封氏见闻记》卷六《拔河》载：“拔河，古谓之牵钩。襄、汉风俗，常以正月望日为之。相传楚将伐吴，以为教战。梁简文临雍部，禁之而不能绝。”

唐玄宗多次在宫中举行千人拔河比赛。《封氏见闻记校注》卷六《拔河》载：“喧呼动地，蕃客士庶观者，莫不震骇。”进士薛胜曾目睹了这场盛大的千人拔河比赛，即兴写下了一篇著名的《拔河赋》，赋中对拔河的目的、规则及当时拔河的场景做了生动的描写。

唐玄宗在《观拔河俗戏》诗序中述：“俗传此戏，必致丰年，故命北军，以求岁稔。”这不仅反映了在唐代拔河非常盛行，而且还包含有祈求风调雨顺、五谷丰登的含义。

晚唐之后，拔河仍在民间广为流行，一般是十几人或几十人为一队，像动辄千人的大型拔河比赛已十分少见。但在甘肃临潭县（古称洮州）冶力关镇，每年元宵节举行“洮州万人扯绳（拔河）”比赛，其历史悠久，600余年来一直盛行不衰。清光绪年间编撰的《洮州府志》卷二《风俗》载：“每岁正月元旦及岁时各节，皆无异俗。唯正月初五日午后，扯有绳之戏。其俗在城门外河滩，以大麻绳作两股，长数丈。另将小绳挂在大绳之末，分上下两股。两钩齐，少壮牵绳首，极力扯之。老弱旁观，鼓噪声可撼岳。以东西城门为界，按城南和城北居住地分队，上下齐扯，凡家居上者上扯，家居下者则下扯。胜者踊跃欢呼，负者颇为失意。”

以上文献记述了当时拔河的情景。可以说明，拔河是我国古代的一项体育游戏，它深受广大民众的喜爱。

（五）垂钓

垂钓在我国具有悠久的历史，是一种极为古老的捕鱼方法。据考古发掘，陕西西安半坡村遗址出土了骨制鱼钩，此外黑龙江宁安遗址、河北唐山大城山遗址、内蒙古包头阿拉善遗址等，亦发

垂钓画像石

现藏四川省乐山市崖墓博物馆，东汉

Sculpture of Fishing, Museum of Leshan, Sichuan Province collection, The Eastern Han Dynasty

现了许多骨制鱼钩，距今已有五六千年的历史。随着捕鱼方式的改进，捕鱼工具以叉网等为主。于是，垂钓渐渐成为一种娱乐消遣的游戏。古往今来，那些垂钓者伫立于湖滨礁石、红蓼滩头，或安坐于青林古岸、白石溪边，或于舴艋船艄手持钓竿，进行钓鱼。

据史书记载，商纣统治时期，民间有太公姜子牙钓鱼的传说，它开了后世沽名钓誉之端。《诗经·季风》载有“竹竿，以钩于淇”的诗句。唐宋之间有不少文人泼墨描绘了当时垂钓的情景。如唐代陆龟蒙的《甫里集》。诗人李白的《行路难》云：“闲来垂钓碧溪上，忽复乘舟梦日边。”杜甫也在他的诗作《江村》中云：“清江一曲抱村流，长夏江村事事幽。自去自来梁上燕，相亲相近水中鸥。老妻划纸作棋局，稚子敲针作钓钩。”柳宗元在他的诗作《江雪》中云：“千山鸟飞绝，万径人踪灭。孤舟蓑笠翁，独钓寒江雪。”诗人张志和隐居江湖，自号“烟波钓徒”。他把隐居时对休闲生活的感受融注于诗歌之中，写了一首流传千古的《渔歌子》：“西塞山前白鹭飞，桃花流水鳜鱼肥。青箬笠，绿蓑衣，斜风细雨不须归。”南唐李煜也曾为卫贤的《春江钓叟图》题写了两首《渔父》词，其一：“浪花有意千重雪，桃李无言一队春。一壶酒，一竿纶，世上如侬有几人？”其二：“一棹春风一叶舟，一纶茧缕一轻钩。花满渚，酒满瓯，万顷波中得自由。”在唐代，各种钓鱼工具已十分齐全，据陆龟蒙的《渔具》载，渔具包括钓竿、钓线、钓车、漂子、坠子、钓钩、签箸等。宋代著名哲学家邵雍撰写的《渔樵问答》一书中，对钓竿、渔具作了详细的描述：“钓者六物：竿也，线也，浮也，沉也，钩也，饵也。一不具，则鱼不可得。”此六物，至今仍是垂钓者所必备的基本用具。

垂钓起源于上古先民的生产活动，随着岁月的积淀，它逐渐由捕鱼谋生的手段，变为一项有益于人们身心健康的游戏娱乐活动。人们在蜿蜒澄澈的江河湖畔，通过垂钓来领悟玄妙的隐逸生活，以潺潺不息的流水，浸润着人们平静的心灵。垂钓赋予了深厚的文化意蕴，成为培养古人高雅情操、智慧生活的休闲体育活动。

钓鱼图

内蒙古清水河塔尔梁墓壁画，墓室西北壁，五代

Fishing, Tomb Wall painting, Five dynasties

渔父图

现藏北京故宫博物院，元　吴镇

Fisherman, Beijing palace museum collection, Yuan Dynasty

寒江独钓图

宋　马远

Fishing, Hanjiang Dudiao Tu, Song Dynasty, painted by Mayuan

松溪钓艇图

现藏北京故宫博物院，元　赵雍

Fishing Boat on Songxi Brook, painted by Zhao Yong, Yuan Dynasty, H30cm, W52.8cm, The Palace Museum collection.

钓鱼仕女图

清

Lady Fishing, Qing Dynasty

秋江垂钓图

绢本、设色,现藏上海博物馆,元　盛懋

Fishing, Shanghai Museum collection, Yuan Dynasty

渔夫图

明　吴伟

Fishing, "Fisherman", Ming Dynasty, painted by Wuwei

唐诗画谱

明万历晚期集雅斋原刻,后世多有翻刻

Drawings for Tang Dynasty's Poems, Ming Dynasty

垂钓图

现藏上海博物院，明　尤求

Fishing, Shanghai Museum collection, Ming Dynasty

丙炎杏溪垂钓图

现藏北京故宫博物院，清　禹之鼎绘

Fishing on Xingxi Brook, painted by Yu Zhiding scroll painting, Qing Dynasty, The Palace Museum collection

沈麟元封山钓徒图

现藏北京故宫博物院，清　虚谷绘

Shen Linyuan Fishing Apprentice in Mountain, painted by Xu Gu, scroll painting, Qing Dynasty, The Palace Museum collection

垂钓
清
Fishing, Qing Dynasty

（六）游宴

游宴是古代贵族阶层闲暇生活的重要内容，它是一种带有游戏性质的宴会，即人们在风景优美的地方举行宴会，一边享受美食佳肴，一边欣赏自然风光，一边进行游戏娱乐活动，使得美食、美景和游戏三者融为一体。三国时期的曹操、曹丕、曹植等，关于游宴都曾留下脍炙人口的诗句。如曹丕的诗作《与吴质书》《朝游高台观》《善哉行》《于樵作诗》《芙蓉池作诗》《夏日诗》等。

除王公贵族开展游宴，民间也十分流行游宴活动，他们往往择选岁时节庆举行。如宗懔的《南朝梁》记述了荆楚地区"九月九日，四民并籍野宴饮"，成为重阳节期间的一种游宴形式。李昉《太平御览》卷三二引《临海记》述："郡北四十里有湖山，山形平正，可容数百人坐。民俗极重九日，每菊酒之辰，宴会于此山者，常至三四百人。登之见邑屋悉委，江海分明。"荆楚一带岁时节庆的游宴活动还选择在江河水边进行，如"三月三日，士民并出江渚池沼间，为流杯曲水之饮"，以及"元日至于月晦，并为酺聚饮食。士女泛舟，或临水宴乐"，即荆楚一带每年从正月初一到正月底，家家备丰盛的酒菜，聚会宴乐。青年男女则驾舟游玩，或以大江、小河、池沼边的曲水作渠，流杯饮酒。

游宴自秦汉魏晋一直流传至今。人们通过游宴，表达了适性游乐、愉悦心志、追求长寿的思想感情，流露出一种平实而又乐观的人生态度。而今天人们所流行的野外露餐与古人的游宴一脉相承，它同样是现代人接触大自然、愉悦心境的一项休闲娱乐活动。

宴乐
西汉墓壁画
Banquet, tomb wall painting, The Western Han Dynasty

饮酒画像石

现藏日本滋贺县 MIHO 博物馆，北齐

Drinking, stone relief, Northern Qi Dynasty, preserved in MIHO museum in Japan now

宴享妓乐图壁画

1976 年山东省嘉祥县杨楼村发掘，隋开皇四年（公元 584 年）徐敏行墓壁画

Wall painting of Banquet, Sui Dynasty A.D.584

卓歇图（局部）

现藏北京故宫博物院，五代 胡瓌绘

Zhuo Xie Tu (part), painted by Hu Gui, Five Dynasty, The Palace Museum collection

投壶

源于《杏园雅集图》,明 谢环

Throwing, part of Xingyuan Yaji Tu,painted by Xiehuan, Ming Dynasty (1368-1644)

（七）投壶

投壶最初是从“六艺”中的“射礼”演变而来的。其玩法是投壶者站在离壶有一定的距离(5—9 步)处,把箭投向壶中来计算筹(得分)的多少以决胜负的一种君子之争的娱乐活动。

投壶早在先秦时期就十分流行,当时的投壶是作为一种礼仪来举行的,渗透着儒家的“礼”,表现出一套较为复杂的规矩。投壶规则要求:必须将矢的尖头投入壶内方算投中;宾主双方交替投矢,一方不得连续投;比赛分成两队,宾客为一队,在右边投,主人为一队,在左边投;每人四支矢,每投中一矢可得一“算”,四矢全部投完称为一局,得“算”多者可得一“马”;如果一局当中双方均未能投中,称为“败壶”,必须重来;如此一共进行三局,得“马”多者为胜,输者须饮酒。

秦汉之后,废除射礼,投壶便成为一种宴宾的娱乐,减少了揖让之类的礼节,并在壶的两边增设了双耳孔，这不仅增加了投壶的难度，而且由此创造出不少新的投壶花样，使投壶的娱乐性和观赏性不断增强。据《西京杂记》卷五记载,这一时期投壶所用之矢已由木矢改为竹矢,使之更富有弹性。而壶内也不再填充小豆，这样矢在壶中能弹出来用手接住后,可以继续再投,一连可投百余次,谓之“骁”。《艺文类聚》卷七四《巧艺部·投壶》详细地描绘了汉代投壶的场景。现存于南阳汉画馆的画像砖《投壶图》,可以清晰地看到当时投壶的情景。

魏晋南北朝时,随着投壶的广泛流行,投壶的技巧也有了较大的发展。比如可以闭着眼投壶，隔着屏风投壶,还可以将壶背在身后，由身前反着投掷。据晋光禄大夫虞潭撰写的《投壶道》载,把投箭入壶耳使之呈佩剑状称作“带

投壶图

五代周文矩绘《重屏会棋图》,现藏北京故宫博物院

Throwing, painted by Zhou Wenju, Five Dynasty, preserved in the Palace Museum

投壶图

《宣宗行乐图》卷局部

Throwing, part of Xuanzong Xingle Tu, Ming Dynasty (1368-1644)

铜投壶

清代

Copper Throwing, Qing Dynasty

剑”，把投箭入壶使其靠在左右呈狼尾状称作“倚”，使箭在壶口圆转称作“狼壶”。此外，还有“豹尾”“龙首”“莲花骁”等投壶技巧。南北朝颜之推在其著作《颜氏家训》卷七《杂艺》中，对当时投壶的技巧和名目做了详细的记载。另外，《淮南子》中有“投高壶”的记载。《后汉书》卷二〇《祭遵传》载：“遵为将军，取士皆用儒术，对酒设乐，必雅歌投壶。”《献帝春秋》中有袁绍投壶的记载。《魏略》、《王弼别传》、《三国志》卷五二《吴书·诸葛融传》也有关于投壶的记载。

隋唐五代的投壶活动，仍主要见于宫中和文人雅士之间。王勃的《梓潼南江泛舟序》载：“于是间以投壶，酬以妙论，亦有嘉肴旨酒，鸣弦朗笛，以补寻幽之致焉。”孙逖的《伯乐川记》载：“歌蔓草之相遇，笑投壶之失辞。”何延之的《兰亭始末记》载：“围棋抚琴，投壶握槊。”《新唐书》卷一三〇《裴宽传》载：“宽性通敏，工骑射、弹棋、投壶。”《大唐新语》卷一〇载：“(卢)藏用博学，工文章，善草隶、投壶、弹棋，莫不尽妙。”张说的《大唐中散大夫行淄州司马郑府君神道碑》载：“其人善击剑，好投壶，尽五射之妙巧，究六书之体势。”韩愈的《郑公神道碑文》载：“公与宾客朋游，饮酒必极醉，投壶博弈，穷日夜，若乐而不厌。”司马图的《复安南碑》载：“麾下从容，每投壶而讲礼。”唐代还有不少文人雅士写下了传颂千古的投壶诗篇。

由于隋唐五代时期投壶极为盛行，并积累了丰富的经验，由此出现了一些专门研究投壶的著作。如《新唐书》卷五九《艺文志三》有上官仪著的《投壶经》一卷，《隋书》卷三四《经籍志三》有《投壶经》四卷、《投壶变》一卷。

宋辽金元时期，投壶仍是宫廷和民间广泛流行的宴饮游戏活动。如宋人王辟之著《渑水燕谈录》卷八《事志》载，北宋著名学者司马光居洛阳时，“每对客，赋诗谈文，或投壶以娱宾”。江少虞辑《宋朝事实类苑·杨文公》卷四〇载，文人杨大年亦雅好此艺，相传他“每欲作

投壶图
清 任渭长绘
Throwing, painted by Ren Weichang, Qing Dynasty

文，则与门人宾客饮博、投壶、弈棋，语笑喧哗而不妨构思”。《宋史·岳飞传》载，抗金英雄岳飞，也十分喜爱投壶游戏，“览经史，雅歌投壶，恂恂如书生”。南宋晚期的周密，著有《癸辛杂志》一书，描述了当时在临安癸辛街上的投壶活动。再如，元无名氏的《百花亭》第一折载：“（小二云）他便是风流王焕。据此生世上聪明，今时独步。围棋递相，打马投壶，撇擶竹……九流三教事都通。”《太平乐府》卷九无名氏散套《要孩儿·拘刷行院》载：“不会投壶打马，则惯拨麦看牛。”

明代的投壶游戏更加突出了它的游戏性和娱乐性，而且在玩法上有了更多的新花样。明人徐应秋辑《玉芝堂谈荟》卷三一《投壶百娇》载：“今则以跃为贵，谓之骁有倚竿、带剑、狼壶、豹尾、龙首之名，奇妙者有莲花骁。……今之投壶，名最多，听琴、倒插、卷帘、雁衔芦、翻胡等项，不下三十余种。”陆容《菽园杂记》卷一一载：“投壶，射礼之变也，虽主宾乐，而观德之意焉。……近时投壶者，则淫巧百出，略无古意。”嘉靖间汪禔所著《投壶仪节》载：“近时好事者，又有秋千壶之制，又有丈二壶之制，或二耳，或四耳，俱能运转。若乌龙入海，白

投壶图
Throwing, Qing Dynasty

云归洞之类，即秋千壶。”明末侯珦的《投壶奏矢》载，当时投法有140余种。还有朱权的《贯经》、李元的《投壶谱》、丁宴的《投壶原考》等。可见当时的投壶技术有了很大的发展。

清代之后，由于社会文明的进步和文化的多元化发展，致使人们的生活习俗、游戏娱乐兴趣等发生了较大的变化。投壶已不再是宴集的娱乐游戏，而代之以戏曲、杂技等艺术形式。

（八）弄丸

弄丸，也称“跳丸”“抛丸”，与跳剑都是抛接类游戏。玩者需要将两件以上的东西连续抛向空中，边抛边接，使物不坠地。为了增加抛接的观赏性，有的玩者在抛掷的小球上凿有小孔，因受气流影响，小球在空中会发出悦耳的哨声，因此称为“丸铃”，也有人称之为“跳

弄丸画像砖

成都市羊子山出土，现藏四川博物馆，东汉

Playing Balls, painted brick, Sichuan Museum clection, Eastern Han Dynasty

铃”。抛接可采用单手，也可以是双手，但必须练就熟练的手感和时空感。

春秋时期，与跳丸类似的抛接杂耍还有“弄剑”。《列子·说符篇》载：“宋有兰子者……弄七剑迭而跃之，五剑常在空中。元君大惊，立赐金帛。”兰子一次能耍七把剑，并踩着跷，充分说明杂耍技巧在春秋时期已达到了极高的难度。

秦汉三国两晋南北朝时期，弄丸表演得到了更大的发展，已从单纯用手抛接发展到兼用臂、肩、臀、足背、足跟及膝抛接的地步，花样不断翻新，技艺更加扣人心弦。张衡的《西京赋》中有“跳丸剑之挥霍”的描述，李尤在《平乐观赋》也描述了“飞丸跳剑”的场景。《三国志》卷二一记载有曹植亲自化装表演跳丸、击剑。傅玄在《正都赋》中描述了西晋百戏节目有“跳丸”“飞剑”的表演。南朝梁陈时期的百戏节目中有“跳铃伎”“跳剑伎”。考古出土的汉墓画像石上有许多反映当时弄丸、跳剑的画面，形象地印证了文献的记载。

隋唐五代时期，弄丸和弄剑这门技艺的形式更为丰富。《唐会要》卷三四中就提到“跳铃、掷剑”等是百戏表演的主要内容。著名诗人白居易的《立部伎》载：“立部伎，鼓笛喧。舞双剑，跳七丸。”元稹在《西凉伎》中提到弄丸和跳剑还是劳军宴乐的表演节目：“歌舒开府设高宴，八珍九酝当前头。前头百戏竞撩乱，丸剑跳踯霜雪浮。”晚唐时，长安城南郊的曲江池畔成为天子每年二月初一中和节之时，举行弄丸、弄剑杂技百戏表演的场所，由此员岘在《安心赋》中认为观赏伶人弄丸、弄剑“实为天下之乐事”。据文献记载，当时的弄丸、弄剑还与舞马、绳伎同时表演。如薛曜的《舞马篇》载：“随歌鼓而电惊，逐丸剑而飙驰。”诗人刘言史的《观绳伎》载：“两边丸剑渐相迎，侧身交步何轻盈。”这种将弄丸、弄剑与其他杂耍相结合，难度更大，更显得惊险。古代的弄丸和弄剑一直沿袭至今，并成为一项世界性的杂技项目。

弄丸画像砖

四川彭州市太平乡出土，现藏四川博物馆，东汉

Playing Balls, painted brick, Sichuan Museum cllection, Eastern Han Dynasty

墓室东壁壁画

吉林省集安市洞沟古墓群禹山墓区中部角抵墓，原址保存，高句丽（4 世纪中叶）

Tomb Wall painting, 400A.D.

抛丸图

1960 年河南省新密市打虎亭村西 2 号墓出土，原址保存，东汉

Throw balls,excavated from DaHuting, in Xinmi City of Hannan Province in NO.2 cave in 1960, Northern Han Dynasty

弄丸铃石棺浮雕图

山西省榆社出土，北魏

Playing Balls, stone relief on coffin, excavated from Yushe in Shaanxi Province, Northern Wei Dynasty

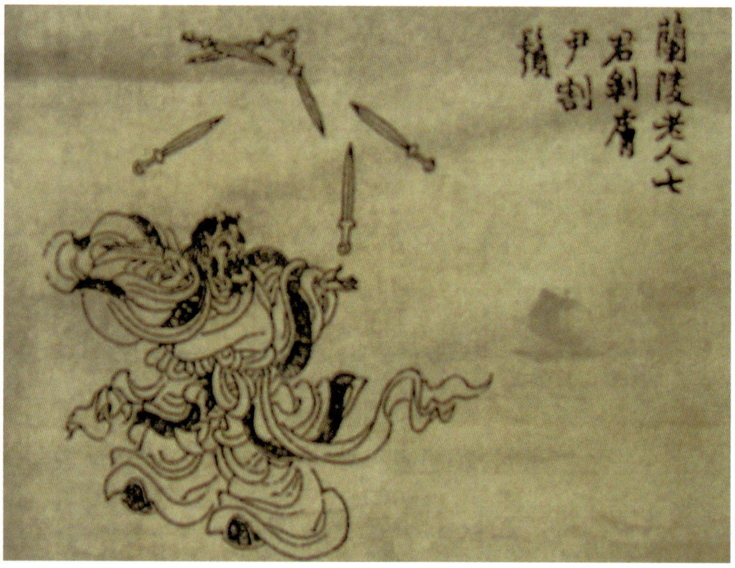

杂技

清刊本《剑侠传》中的兰陵老人飞剑图

Acrobatics, illustration of "Jian Xia Zhuan", Qing Dynasty

(九)绳伎

绳伎又有“高絙”“舞絙”“戏绳”“踏绳”“履索”“走索”等之称。绳伎早在汉代就开始盛行,据《后汉·礼仪志》注引蔡质《汉仪》载:“以两大丝绳系两柱(中头)间,相去数丈,两倡女对舞,行于绳上,对面道逢,切肩不倾。”张衡的《西京赋》载:“走索上而相逢。”李尤在《平乐观赋》中记述了绳上进行舞蹈,“陵高履索,踊跃旋舞”。在山东沂南北寨村出土的画像石上,有一幅《走索图》,画面表现了在一个拉紧的绳索架上,有三人在走索,左端一位手执橦竿前进,中间一人在绳上拿大顶,右端持双橦者跳跃,绳下插有四把尖刀,显得十分惊险。

魏晋南北朝时期,绳伎的难度和形式都有了更大的发展,出现了“履斜绳”的技艺。山东邹县城关出土的画像石上就绘有一幅在斜绳上走索的图像。表演“履斜绳”时,还与长竿技艺以及弄丸、乐舞等结合,展示其更高的观赏性。

到了隋唐时期,绳伎在继承传统的基础上继续盛行。每逢岁时节庆或朝会,朝廷通常都要举行一系列的百戏表演,而绳伎是其中较受欢迎的节目。封演在《封氏闻见记》卷六《绳伎》中有形象的描写。在高达数丈的绳子上,伎人合着鼓点的节奏在绳索上做各种动作,其中有倒立、筋斗、叠罗汉、踩高跷、穿木履倒行、跳丸、跳剑等。表演时,一般都有音乐伴奏。如此高难度的表演,反映了隋唐绳伎的高超水平。

走索

选自《三才图会》,明

Wirewalking, Ming Dynasty

关于绳伎的具体表演形式,刘言史的《观绳伎》、胡嘉隐的《绳伎赋》《杜阳杂编》、张楚金的《楼下观绳伎赋》等都有详细的描述。

绳伎由汉代一直流传至今,并成为现代杂技的重要表演项目之一。其设施

走索

清代《清人风俗图》中的履索表演

Wirewalking, Qing Dynasty

由绳索变为钢索，木结构的走索架变为金属结构的固定架。表演的技巧难度也越来越高，甚至还能在百余米的高空进行各种表演。如被誉为高空王子的新疆籍艺人阿迪力，曾五次成功打破高空行走世界纪录，成功跨越长达1399.6米的钢丝，创造了无保险高空走钢丝世界最长的吉尼斯世界纪录。2013年，阿迪力还蒙着双眼，以高空走钢丝的方式成功横穿四川剑门关关楼上空。

三、斗鸡、斗鸭、斗鹅、斗鸟、斗兽、舞狮、舞龙、舞马、舞象与舞犀

人与动物之间的关系缠绕复杂，渊源深厚。斗禽、斗虫、斗兽以及驯兽表演，是一类比较特殊的游戏娱乐活动，它是通过对动物的驯养、赏玩、竞斗、表演等活动来达到休闲娱乐的目的。此项活动在我国自先秦至今一直流行，深受广大民众的喜爱。这些动物经过人的专门驯养，使其能在安全、卫生、舒适的环境中，与人和谐相处，培养感情。人们根据动物的习性，因势利导、循循善诱，调动动物的潜质，发挥动物的才智，让它们在自我娱乐的同时也娱乐人类。

（一）斗鸡

斗鸡是一种通过训练动物来进行竞技的活动，它也是一项世界性的游戏娱乐项目。我国早在先秦时期就开始流行。最早的斗鸡活动见于《庄子·达生篇》的记载："纪渻子为王养斗鸡。"《列子》亦记述纪渻子是为周宣王（前827—前780）养斗鸡的。这说明早在西周时期就流行斗鸡游戏，同时还出现了专门驯养斗鸡的技师。

春秋战国时，斗鸡有了较大的发展。据《左传·昭公二十五年》载："季、郈之鸡斗。季氏介其鸡，郈氏为之金距。平子怒，益宫于郈氏，且让之。"这里所说的"介"和"金距"，据有关学者诠释，"介"应解释为盔甲，即鸡的头部或胸部戴的护具，而"金距"指的是鸡腿上所缚的一种进攻性的金属利器。"介鸡"即"芥鸡"，是在鸡翅膀上撒了芥末，以使两鸡相斗时，能以辛辣的芥粉眯乱对方的眼睛。另外，《庄子》载，斗鸡时"以狸膏涂其头"，在鸡头上涂抹狸膏，

鸡画像石
河南登封市少室山东麓少室东阙北面出土，东汉
Cockfighting, stone relief from Dengfeng of Henan Province, East Han Dynasty

鸡犬图

2007 年山东省东平县物资局 1 号墓出土，现藏山东博物馆，东汉初

Chicken and Dog, excavated in Shandong Province, Shandong Museum collection, East Han Dynasty

让对方闻到狸的味道而产生恐惧感。这意味着，当时的斗鸡活动已使用了专门的技术。

秦汉时期，斗鸡游戏更是在社会各阶层广泛流行。汉朝的武帝、宣帝、成帝都有斗鸡的爱好。当时在宫中还建有专供帝后观赏斗鸡的斗鸡台。许多宗室贵戚、大臣也十分喜欢斗鸡，如《史记·袁盎晁错列传》就记载有袁盎因病免官家居时与闾里常斗鸡走狗。汉宣帝岳父王奉光喜好斗鸡，《汉书》卷九七上《外戚·孝宣皇后传》载："奉光少时好斗鸡，宣帝在民间数与奉光会，相识。……"汉代的斗鸡不仅有文献记载，而且在考古出土的汉画像石上也有形象的斗鸡画面，如河南密县、郑州、南阳出土的画像石上就绘有生动的斗鸡场面。

魏晋南北朝时期，斗鸡这一习俗更为风行。魏文帝、魏明帝都爱好斗鸡，并建有斗鸡台。激烈的斗鸡场面，给人们带来了极大的视觉享受，同时斗鸡花费也越来越高。如南齐郁林王萧昭业，"好斗鸡，密买鸡至数千价"。由于斗鸡已成为当时社会的一种时尚，不少文人士大夫创作了许多脍炙人口的有关斗鸡的文学作品。如三国时期刘桢的《斗鸡诗》、应场的《斗鸡》、曹植的《斗鸡诗》，西晋傅玄的《斗鸡赋》，南朝梁简文帝的《鸡鸣篇》，南朝陈褚玠的

拜槲、斗鸡壁画

山东东平 M1 东汉墓

Wall painting of Cockfighting, Eastern Han Dynasty

斗鸡图

甘肃敦煌莫高窟第285窟壁画，南壁，西魏

Cockfighting, wall painting form the Mogao Cave No.285, south wall, Dunhuang of Gansu Province, Western Wei Dynasty

《斗鸡东郊道诗》，北周王褒的《看斗鸡诗》等。

到了唐代，从太宗、中宗、玄宗、代宗、穆宗、文宗以至僖宗，都喜好斗鸡。为此，帝王们在宫内专设鸡坊，由宦官担任“护鸡坊中谒者”，统领鸡坊，还设有“鸡坊小儿”“衣食右龙武军”，管理驯养斗鸡。另外在大明宫九仙门外专门建有斗鸡楼。此外，唐玄宗在华清宫观风楼南建有斗鸡殿。唐代诗人郑嵎的《津阳门诗》载：“此时初创观风楼，檐高百尺堆华榱。楼南更起斗鸡殿，晨光山影相参差。”斗鸡殿遗址尚存于西安临潼华清宫。

唐代文人陈鸿创作的《东城老父传》载：“上之好之，民风尤盛，诸王世家，倾帑破产，市鸡以偿鸡值，都中男女以弄鸡为事。……”详细描述了当时斗鸡活动的盛况及有关鸡坊的职能。还有其他文人士大夫写下关于斗鸡的诗文。如杜淹的《吟寒食斗鸡应秦王教》、韩愈的《斗鸡联句》、李白的《古风》、王维的《偶然作》、杜甫的《斗鸡》、于鹄的《公子行》、白居易的《鸡距笔赋》、韦庄的《鸡公幘》等。

宋元明清时期，斗鸡活动承汉唐遗风，得到了更为广泛的普及，主要表现在斗鸡流行地域不断扩大和参与者越来越多。北宋诗人梅尧臣的《晚泊观斗鸡》、南宋周密的《武林旧事》、孟元老的《东京梦华录》、元末文学家高启的《书博鸡者事》、明代文学家张岱的《陶庵梦忆》等都精彩地描述了当时斗鸡的场景。其中南宋的周去非撰写的《岭外代答》卷九《斗鸡篇》详细阐述了古人驯鸡、斗鸡的全貌。明代文人袁宏道的《山居斗鸡记》，把一个斗鸡场面描写得活灵活现。

除文献记载，在河南郑州、登封和山东等地考古挖掘的汉墓中，发现有斗鸡画面的画像石。陕西临潼章怀太子墓的墓道壁画中绘有一幅斗鸡图，敦煌莫高窟西魏第285窟南壁亦绘有一幅形象生动的斗鸡图。

总之，斗鸡在我国有着悠久的历史，公元前517年北方的鲁国就已流行这项游戏活动。中国的斗鸡活动跟寒食节、清明节有关。因为清明是中国传统文化节日中唯一的阳历节日，而公鸡也一直被看作是具有阳气，且勇敢的象征。另外，在历史上斗鸡常与纨绔子弟、游侠联系在一起，这类人多无视一般的社会礼节，坚持具有个性的生活方式。斗鸡是超越社会阶层的活动，不同社会地位的人有时也一起参与比赛。这也意味着斗鸡比赛具有促进社会融合的作用。

斗鸡图

陕西乾县章怀太子墓壁画，甬道东壁，唐

Cockfighting, wall painting of prince Zhagnhuai tomb, Shaanxi Province, Tang Dynasty

斗鸡图（摹本）

1943年辽宁省辽阳市北园1号墓出土，原址保存，现藏辽宁省博物馆

Cockfighting, Liaoning Museum collection

斗鸡

宋

Cockfighting, Song Dynasty

斗鸡

吉林省集安市洞沟古墓群禹山墓区中部舞踊墓，原址保存，高句丽（4 世纪中叶）

Cockfighting, unearthed from Ji An Koguryo tomb in Jilin Province, 4th century

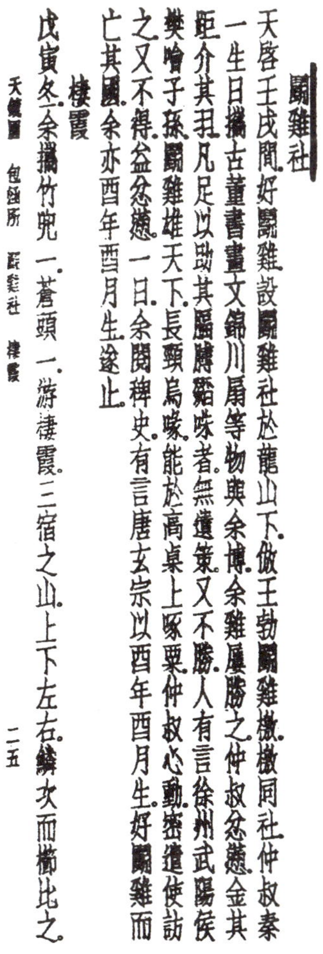

鬪雞社

天啓壬戌間。好鬪雞。設鬪雞社於龍山下。倣王勃鬪雞檄。檄同社仲叔秦一生日攜古董書畫文錦川扇等物與余博。余雞屢勝之。仲叔忿懣。金其距。介其羽。凡足以助其腷膊𪇰咮者。無遺策。又不勝。人有言徐州武陽侯樊噲子孫。鬪雞雄天下。長頸烏喙。能於高桌上啄粟。仲叔心動。密遣使訪之。又不得。益忿懣。一日。余閱稗史。有言唐玄宗以酉年酉月生。好鬪雞而亡其國。余亦酉年酉月生。遂止。

棲霞

戊寅冬。余攜竹兜一。蒼頭一。游棲霞。三宿之。山上下左右。鱗次而櫛比之。

天籟閣 包函所 鬪雞社 棲霞 二五

《陶庵梦忆 斗鸡社》书影

明 张岱

Introduction of book, Ming Dynasty

明皇斗鸡图

现藏美国波士顿美术博物馆

Ming Emperor Cockfighting Figure, preserved in Boston's Museum of Fine Arts now, USA

粉彩瓷盘

中国江西景德镇，现藏大英博物馆，清

Painted procelain Plate, Made in Jingdezhen of Jiangxi Province, Qing Dynasty, preserved in British Museum now

婴戏图瓷枕

宋

Porcelain Pillow with Children at Play Design, Song Dynasty

婴戏图瓷枕

宋

Porcelain Pillow with Children at Play Design, Song Dynasty

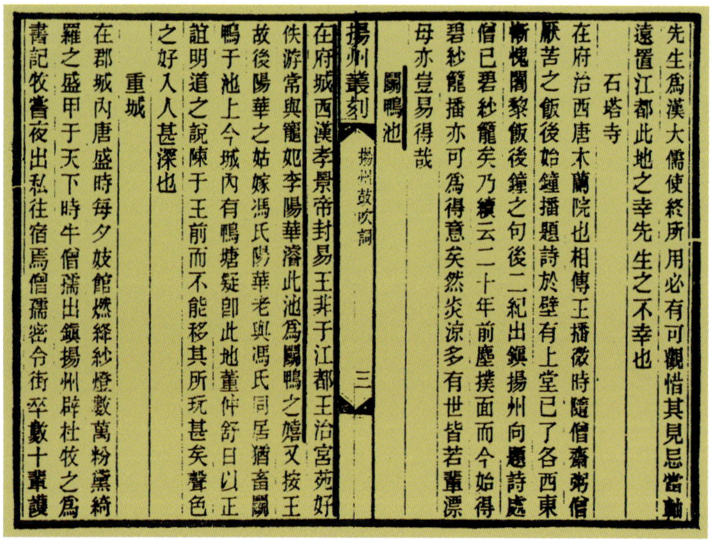

先生為漢大儒使終所用必有可觀惜其見忌當軸
遠置江都此地之幸先生之不幸也

石塔寺

在府治西唐木蘭院也相傳王播微時隨僧齋粥僧
厭苦之飯後始鐘播題詩於壁有上堂已了各西東
慚愧闍黎飯後鐘之句後二紀出鎮揚州向題詩處
僧已碧紗籠矣乃續云二十年前塵撲面而今始得
碧紗籠播亦可為得意矣然炎涼多有世皆若輩漂
母亦豈易得哉

鬬鴨池

揚州叢刻　揚州鼓吹詞　三

在府城西漢孝景帝封易王非于江都王治宮苑好
佚游常與寵妃李陽華濬此池為鬬鴨之嬉又按王
故後陽華之姑嫁馮氏陽華老與馮氏同居猶畜鬬
鴨于池上今城內有鴨塘疑即此地董仲舒日以正
誼明道之說陳于王前而不能移其所玩甚矣聲色
之好入人甚深也

重城

在郡城內唐盛時每夕妓館燃絳紗燈數萬粉黛綺
羅之盛甲于天下時牛僧孺出鎮揚州辟杜牧之為
書記牧嘗夜出私往宿焉僧孺密令街卒數十輩護

《扬州鼓吹词 斗鸭池》书影

清　吴绮绘

Introduction of book, Qing Dynasty

（二）斗鸭

斗鸭是从汉至唐宋间，在江南水乡较为流行的一种游戏。魏晋南北朝时期，南方地区就驯育出斗鸭，《三国志》卷四七《吴书·吴主孙权传》记载了魏文帝喜好斗鸭，曾派人向孙吴索要鸭子。《吴书·陆逊传》载：“时健康侯孙虑，于堂前作斗鸭栏，颇施小巧。”晋人葛洪的《西京杂记》载：“鲁恭王好斗鸡鸭及鹅雁……”西晋蔡洪的《斗凫赋》载：“嘉干黄之散授，何气化之有灵？产羽虫之丽鸟，惟斗鸭之最精。”《宋书》卷七五《王僧达传》记述了南朝刘宋太子舍人王僧达告病在家休养，却到杨列桥观斗鸭，结果被人告之。到了唐代，斗鸭仍然非常流行，《新唐书》卷八〇《太宗诸子·庶人佑传》载：“佑喜养斗鸭。”《唐语林》卷七《补遗》载：“僖宗好蹴球、斗鸭为乐。”由于古代文献对斗鸭的具体情形没有记载，只能从一些诗赋中稍作钩沉。两晋蔡洪曾作《斗凫赋》，描述了斗鸭的精彩场景。唐代李邕作有著名的《斗鸭赋》，生动形象地描写了南方一带的王公贵族斗鸭的精彩激烈场面。此外，张籍的《寄友人诗》载：“采茶寻远涧，斗鸭向春池。”张说的《同赵侍御巴陵早春作》载：“水苔共绕留乌石，花鸟争开斗鸭栏。”宋代毛滂的《生查子》载：“斗鸭玉阑旁，扑兽金炉畔。”反映的都是当时的斗鸭游戏。

戏鸭图

唐出于陕西礼泉县李震墓第三过洞东壁，现藏陕西昭陵博物馆，唐

Duck Fighting, wall painting of Li Zheng tomb in Liquan County of Shaanxi Province, H100cm, W4cm, Tang Dynasty, preserved in Shaoling Museum of Shaanxi Province now.

(三)斗鹅

斗鹅在两汉时期已在社会上出现，南朝宋著名画家顾景秀和南朝梁江僧宝都绘有《小儿戏鹅图》。《新唐书》卷二八〇《宦者下·田令孜传》载：“帝冲呆，喜斗鹅走马，数幸六王宅、兴庆池与诸王斗鹅，一鹅至五十万钱。” 徐铉的《稽神录》中记述了五代后周世宗显德二年(955)，海陵举行的一场盛大的斗鹅活动。

(四)斗鸟

斗鸟一直是民间广为流行的一种斗禽游戏。鸟类的品种较多，有画眉、鹌鹑、鹤、孔雀等。其斗法有两种：一种是隔笼相斗，通常是在一个鸟笼里放两只鸟，中间隔开，二鸟进行相斗，经过几个回合，败者不鸣，胜者鸣叫；另一种是把两鸟放在一个笼内，中间不隔，任二鸟相斗。

《山海经》里就有“鸾鸟自歌，凤鸟自舞”的记载。《史记》卷五《秦本记》中也记载，早在虞舜时期，秦国的祖先就是驯鸟兽师，“佑舜驯鸟兽，鸟兽多驯服”，以至当时出现了“百兽率舞”“凤凰来仪”等娱乐活动。隋代的百戏表演中就有禽戏，薛道衡的《和许给事善心戏场转韵诗》载：“抑扬百兽舞，盘跚五禽戏。”到了唐代，出现了专门养鸟的机构，称为“五坊使”。当时养鸟、驯鸟和斗鸟的记载较多，是研究古代禽戏的珍贵史料。

1.斗鹌鹑

斗鹌鹑，又名“冬兴”“鹌鹑圈”。唐代始行，一直到清代仍有。斗鹌鹑的游戏一般都在冬季举行。唐时期，玄宗喜爱此项游戏，每年由西凉人献鹌鹑，能在金鼓鸣奏下进行斗鹌鹑游戏，宫中还设专人驯养，后流入民间。清代，光绪的《川沙厅志》载：“每于秋末冬初斗鹌鹑，曰‘冬兴’，又曰‘鹌鹑圈’。”葛元煦的《沪游杂记》载：“沪人霜降后斗鹌鹑。……斗时，贴标头分筹马，每斗一次谓之

儿童骑竹马

《长春百子》(局部)中的儿童骑竹马情景，选自台北故宫博物院编《婴戏图》，宋　苏汉臣绘

Hundred Children Playing in Spring, painted by Su Hanchen, Song Dynasty (part) (excerpted from the Taipei Palace Museum. Painting of Children at Play)

逗鸟

敦煌莫高窟第 9 窟，晚唐

Playing with bird, wall painting of Mogao Cave No.9, Dunhuang of Gansu Province, Late Tang Dynasty

斗鹌鹑

现藏中国国家图书馆，明代版画

Quail Fighting,wood engraving, Ming Dynasty, National Library of China collection

一圈。”清人李绿园的《歧路灯》，其中有描述斗鹌鹑的情节。

2.斗画眉

斗画眉是我国侗族喜欢的一项娱乐游戏，流行于今湖南、贵州、广西一带。一般雄性的画眉善斗，每当农闲时节举行斗画眉比赛。比赛时，将两只画眉放在一个笼内相斗，经过多次比赛，最终获胜者被奉为“鸟王”。

3.斗鹤

关于斗鹤最早的文字记载，可见《左传·闵公二年》：“丑懿公好鹤，鹤有乘轩者。”此戏历经千年，一直在民间流行。

(五)斗兽

早在先秦时期，我国文献中就有“手格猛兽”的记载，但大多是对狩猎活动中人与兽斗的描述。至汉代后，人兽相斗逐渐从狩猎中游离出来，成为一项独立的搏击表演项目，专门供人观赏。之后，又出现了“象人斗兽”的化装表演。这种表演已非一般的斗兽，而是由

蟋蟀图

现藏北京故宫博物院

Cricket, Beijing Palace Museum collection

东宁陈氏番俗图

现藏中国国家博物馆，陈氏俊 绘

Folk Custom of Dongning, National Museum collection

人装扮成兽相斗的游戏。

斗牛、斗虎、斗熊、斗豺狼、斗蛇等人兽相斗的表演，由于充满了惊险与刺激，自先秦以来一来深受欢迎。皇家宗室一般都修建有专门的兽圈用来圈养猛兽。据《三辅黄图》卷六载："秦王怒，使置亥于兽圈中。"兽圈畜养的各种野兽主要是供人观赏和用于人兽之间的搏斗。

1.斗牛

斗牛，又名"操牛""操犅"，让两牛相斗，决一胜负。早在先秦时期，斗牛就是人们喜欢观赏的一项极富有刺激感的游戏。在斗牛仪式上，打彩旗，载牛鞍，锣鼓齐鸣。两牛相遇后，交角搏斗，以决胜负。山东邹城郭里乡黄路屯村出土的画像石中，就刻绘有两牛相斗的场景。文献《北梦琐言》卷四载："雀侍中安潜好看斗牛。"《角力记》载："是日，必命僚属登楼而宴，及潮头已过，即斗牛。"《成都记》中述，川西平原发生了水灾，蜀郡太守李冰为治蛟龙，化牛与蛟龙搏

斗兽图

汉代画像石

Animal fighting, Painted Stone, Han Dynasty

斗牛图

唐　戴嵩

Bullfight, painted by Dai Song, Tang Dynasty

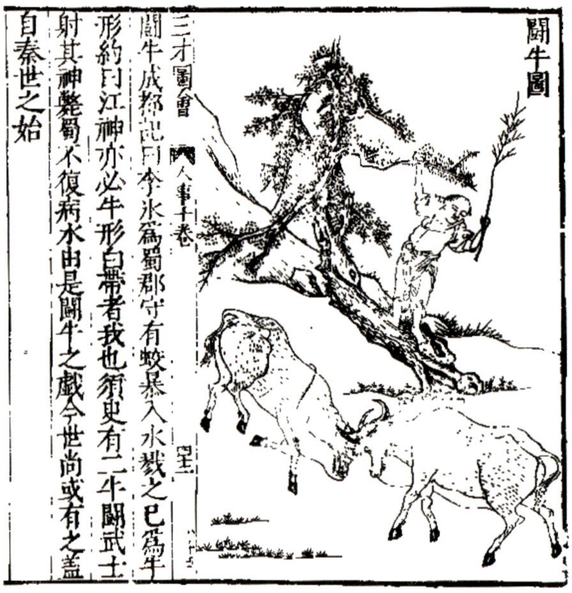

斗牛图

选自明代王圻《三才图会》

Bullfight, Ming Dynasty

斗牛图

现藏云南省博物馆，明

Bullfight, Anonymous painter, Ming Dynasty, preserved in Yunnan museum

白苗斗牛图

传出自李宗昉《黔苗图说》，现藏湖南省博物馆

Bullfight, Hunan Museum collection

斗，并战胜了蛟龙。当地老百姓于每年“春冬设有斗牛之戏”，以纪念李冰。

人牛相斗，在文献中很早就有记载。高承的《事物原始》载：“斗牛之戏……盖自秦世之始也。”《帝王世纪》载：“帝纣能倒曳九牛。”《三国志》卷一八《魏书·许褚传》载，魏晋时期，有位叫许褚的力士，其容貌雄毅，力大无穷。在一次以牛与贼易食时，牛突然疯奔，许褚却能一手逆曳牛尾，行百余步。众贼惊呆，不敢取牛而走之。崔鸿的《前秦录》载：“张蚝本姓弓，上党泫氏人也，膂力过人，能却曳牛走。”另外还有《太平御览》卷四三六、《朝野佥载》卷六、《东城老父传》、《酉阳杂俎》续集卷二等文献都有人牛相斗的记载。

训豹图

1971 年陕西省乾县懿德太子墓第一过洞东壁，唐中宗神龙二年（706 年）

Training a Leopard, wall painting of Prince Yide's tomb in Qian County of Shaanxi Province, Tang Dynasty. Height 201cm, wide 363cm.

2.斗虎

春秋时期涌现出不少的斗兽勇士，如《太平御览》卷三八六载，晋国中行穆伯勇武非凡，他曾空手与老虎搏戏；中黄伯余“左执太行之獶，右搏雕虎”。《晏子》载：“殷之衰也，有费仲、恶来，足走千里，手制兕虎。”《孟子·尽心下》载：“晋人有冯妇者，善搏虎，卒为善士。”唐人钟传，“以斗虎之名，为众所服”。曹操之子曹彰十分骁勇，能曳虎尾以绕臂。

3.斗熊

殷商时期，为了寻求视觉的更大享受，斗兽表演选择了体形庞大的狗熊。据《史记·律书》记载，大臣飞廉、恶来也是斗兽勇士，他们“力角犀兕，勇搏熊虎”。《西京杂记》卷三载：“汉武帝之子广陵王胥有勇力，常于别囿学格熊。后遂能空手搏之，莫不绝脰。”汉光帝在建昭元年（前 38 年），在一次观赏斗兽时，熊跑出圈笼走向殿上，左右丞惊慌逃跑。此

猎虎图

山西沂州九原岗北朝壁画墓

北朝

Hunting a Tiger, wall painting of Jiu-yuan-gang's Northern Dynasty tomb in Shanxi Province, Northern Dynasty

女史箴图(局部)
现藏大英博物馆,汉
Admonitions of the Court Instructress to Palace Ladies, part, British Museum collection

时,冯婕妤直前当熊而立,左右格杀熊。西汉孔臧的《练格虎赋》就提到"格虎与其廷……以此为至乐"。

4.斗豺狼

《史记》卷二五《律书》载:"夏桀殷纣,手搏豺狼,足追四马,勇非微也。"

5.斗蛇

蛇文化在中国有着悠久的历,中国的伏羲女娲则直接为人首蛇身。中国的三皇五帝也几乎都是人首蛇身。斗蛇游戏历史悠久,传说秦末东海黄公,"能制龙(蛇)御虎"。后人专门编成一出《东海黄公》歌舞戏,在汉代的百戏中经常演出。斗蛇在我国南方一直比较盛行,并传承至今。

6.斗羊

斗羊据《北史》记载:"正月,乡人买雄羊,各赴场相角决胜负,至群殴,不能禁,围观者千数。"到了唐代,玄宗喜好斗羊,宰相张说上表讽谏:"获此斗羊,远生越嶲。……觕天场,却鼓怒以作气,前踯躅以奋击。趺若奔云之交触,碎如转石之相印,裂骨赌胜,溅血争雄,敢亲见而冲冠,鸷狠闻而击节。"从张说的这份谏表可见斗羊是一种非常精彩的观赏游戏。

自古以来,每逢节庆日便有斗羊之戏。斗羊时,把参斗的两只公羊牵进斗场内,使其自由相斗。然后,由羊主人进入赛场,将各自的羊拉开距离,重新驱羊再斗。两羊用角相撞一次为一个回合,如此反复几个回合,直到其中的一只战败为止。当时人们把善斗的羊冠以"虎鼻鹰头""铁角黑旋风""白眼豹"等称号。斗羊之时,观者如山,万人空巷,呐喊助威气氛热烈,盛况空前。

流民图
现藏美国檀香山博物馆,
明　周臣
The refugees, The Honolulu Museum collection, Ming Dynasty

山鬼图

现藏北京故宫博物院，清 罗聘

Ghost, Beijing Palace Museum collection, Qing Dynasty

洗象图

现藏北京故宫博物院，清 丁观鹏

Washing elephant, Beijing Palace Museum collection, Qing Dynasty

刺熊图

现藏北京故宫博物院，清　金廷标

Bear, Beijing Palace Museum collection, Qing Dynasty

斗鹤图

现藏北京故宫博物院，清　华喦

Cranes, Beijing Palace Museum collection, Qing Dynasty

（六）舞狮

舞狮、舞龙、舞马、舞象、舞犀等兽类表演，都是一种拟兽舞蹈，即由人装扮模拟动物的形象而进行的舞蹈表演。

从晋到隋，舞狮风俗随着佛教的盛行而普及民间。据说舞狮是由印度随佛教传入中国，印度至今在民间的赛会里仍有舞狮子表演。我国本来没有狮子，有关狮子的一切知识都是由印度传来的，就连狮子的名称也是根据大食人读音转译的。到了唐代，舞狮被列入宫廷《太平乐》，即“五方狮子舞”，表演者分披青、红、白、黑、黄五色缀毛狮皮，位于东、南、西、北、中五方。“五头狮子”在头扎红巾，身穿彩衣，手执红拂子，一身西域装束的引狮郎的逗引下“俯仰驯狎”，表现出各种姿态。同时，另有一百四十人高唱《太平乐》，边唱边舞，颂大唐兴盛，场面壮观，气势磅礴，呈现出威武之姿、祥瑞之兆。中唐以后，在民间流行“凉州狮子”的表演形式。另外，在《乐府杂录·鼓架部》中还提到“九头狮子”，其组成的狮舞，场面更为壮观。同时，当时的军中也流行以狮子舞来犒军，白居易的《西凉伎》可以引证在军中流行舞狮。舞狮习俗历史悠久，自汉代的“象人”、北魏的“辟邪狮子”、唐代的“五方狮子”和“凉州狮子”、宋代的“狮子戏球”、明代的“滚球狮子卧倒”、清代的“大小狮舞”，至近代的“高台狮子”“高跷狮子”“狮子灯”“狮子踩球”“罗汉戏狮”，等等。随着时间的推移，舞狮经历了由西域到中国、由宫廷到民间、由河西到中原的发展历程，经过代代传承与提炼，形成了以长江为界的北狮和南狮流派，并逐渐演变为具有多元化物证的传统演艺，成为我国传统民俗体育的优秀文化遗产。

黄釉胡人戏狮圆扁壶

山西太原市玉门沟出土，现藏山西博物馆，唐

Flat Kettle with Hu People Playing with Lion Design, Tang Dynasty, Shaanxi museum collection

训狮图浮雕

内蒙古呼和浩特出土，辽

Training Lion, stone relief, excavated from Huhehaote City, Inner Mongolia, Liao Dynasty

从这些年考古发掘的出土文物，及

百子嬉春图

现藏北京故宫博物院，宋

Hundred Children Play at Spring, anonymous painter, Song Dynasty, The Palace Museum collection

遗存的壁画、画作、敦煌文献，生动地反映了我国古代各个时期的舞狮习俗。

1956年，陕西西安八府庄出土一件唐代狮纹金花银盘，高6.7厘米、口径40厘米。新疆吐鲁番阿斯塔那唐墓出土一件彩绘舞狮泥俑，泥俑高12厘米、长10厘米。

敦煌莫高窟中唐第159窟文殊菩萨图中狮奴赤膊卷发，肤色黝黑，即所谓的“昆仑奴”。他绳挽臂上，手中持训狮所用的狮头杖。莫高窟藏经洞第17窟出土了一幅晚唐时的狮子图，长42.8厘米、宽29.8厘米，1907年被斯坦因窃去，现藏于英国大英博物馆。莫高窟晚唐第9窟南壁，绘有狮子搏牛图。莫高窟晚唐第16窟佛坛南侧，绘有双狮图。瓜州榆林窟中唐第25窟，绘有文殊坐狮图。

故宫博物院收藏的清代《万寿山过会图》、宋代《百子戏春图》，均绘有舞狮的场景。

敦煌文献P.2634、P.2058、P.3566等卷的《二月八日逾城文》中有舞狮表演的记载。

庆典乐舞壁画

西藏古格王国遗址白殿，公元15—16世纪

Dancing, White palace of the site of Guge kingdom, Tibet, 15th-16th century

寿山走会图中的舞狮

The Lion Dance

辽东狮舞

清 吴友如

Lion Dance in Liao Dong, painted by Wu Youru, Qing Dynasty

瓷器纹样舞狮子

清

Lion Dance, procelain pattern, Qing Dynasty

狮子

位于北京法海寺大雄宝殿扇面墙背面东部，文殊菩萨左下部，明

Lion, located in the great buddha's hall of Fahai Temple, Beijing, Ming Dynasty

百子闹元宵

木雕

Hundred of Children at Play in Lantern festival, wooden relief

迎春图(舞狮)

现藏首都博物馆，清 黄瑞鹤

Lion Dance, painted by Huang Ruihe, Qing Dynasty, The Captial Museum of China collection

舞狮图

16 世纪舞狮图(西藏古格王国宫中壁画)

Lion Dance in 16th centry A.D., Palace wall painting, Guge Kingdom, Tibet

(七)舞龙

舞龙是一项流行于我国各地的民间竞技性舞蹈。每逢岁时节庆或盛大庆典,都以舞龙来表示庆贺。

舞龙是在远古龙图腾的基础上演变而成的。据文献记载,舞龙的习俗源自殷周时期的“祭天”遗风。考古出土的商、殷、周时代的青铜器中,就刻有龙形图案。汉代王充的《论衡·明雩篇》载,舞龙是一种多人在渡河时所表演的像长龙一样的行列舞蹈。一般在暮春时分举行的祭礼中,舞龙表现出龙图腾崇拜及祈雨等多种含义。舞龙自汉代开始在民间广泛流行,并演变成耍龙灯的形式,将龙的千姿百态活灵活现地表现出来,深受人们喜爱。

舞龙

清代年画中的舞龙图

Dragon Dance in New Year's Picture of Qing Dynasty

唐宋时期的“社火”“舞队”表演中,舞龙已是常见的一种表演形式。宋代吴自牧的《梦粱录》记载,南宋都城临安(今杭州)“元宵之夜……单缚成龙,用青幕遮草上,密置灯烛万盏,望之蜿蜒如双龙之状”。到了明清时期,舞龙便以其丰富的文化内涵和独特的风韵出现在年节的民间娱乐活动之中。龙的制作风格和舞龙的方法也因时代和地区的不同而千变万化,其中有竹篾或钢丝扎成龙的身架,再饰以丝纱,里面置有灯烛,通体明亮。另外,还有用长条板凳作架,装饰成龙形,人们双手持板凳腿而舞动的板凳龙以及用草扎成的草龙等。舞龙的动作花样也十分繁多,如“蛟龙漫游”“摆尾脱皮”“双龙戏珠”“龙蟠九叠”“蛟龙过桥”“单龙戏珠”“龙头钻裆子”“头尾齐钻”等。但无论表演哪种花样,舞龙者都得用碎步起跑。引龙人手持红色宝珠,做各种翻腾动作。龙追逐着宝珠飞腾跳跃,忽而高耸,似飞冲云端,忽而低下,像入海破浪,蜿蜒腾挪,场面热闹非凡。

在古代,人们把龙作为吉祥的化身,代表着风调雨顺的愿望,因此,以舞龙祈求神龙的保佑,求得四季丰收。千百年来,这一颇具特色的民俗体育娱乐活动代代相传,并已被列入我国非物质文化遗产,成为中国象征性的民俗传统文化走向世界。

童子舞龙

Dragon Dance by kids

粉彩凸雕婴戏纹螭耳瓶

现藏北京故宫博物院，清　嘉庆

Bottle with Children at Play Design, Qing Dynasty, the Palce Musem collection

粉彩婴戏纹瓶

现藏北京故宫博物院，清　乾隆

Bottle with Children at Play Design, Qing Dynasty, the Palce Musem collection

粉彩婴戏图如意口瓶

清　乾隆

Bottle with Children at Play Design, Qing Dynasty

青花婴戏图将军罐

清　乾隆

Pot with painting of Children at play (a pair), Qing Dynasty

(八)舞马

舞马属于马戏的一种，唐人称之为“蹀马”。据西汉桓宽的《盐铁论·散不足篇》载:“戏弄蒲人杂妇,百兽、马戏、斗虎。”古代的“马戏”是指驯马表演和马伎表演两种,而舞马就是驯马表演的一种。

舞马，最早见于徐州一带的汉墓，其中的画像石上就刻绘有马举足行礼、马作舞步等动作。到三国时期,曹植在《献文帝马表》中就提到舞马:“臣于先武皇帝世,得大宛紫骍马一匹。形法应图,善持头尾,教令习拜,今辄已能,又能行与鼓节相应,谨以奉献。”据文献记载,舞马由西域传入。《太平御览》卷八九六《兽部八·马四》引《凉州记》述:“疏勒王献火浣布,善舞马。”自魏晋至宋以来,西域一带的国家和青海的吐谷浑部族曾多次进献舞马。由于舞马表演的观赏性较强,成了历代文人作赋吟诗骋怀的雅事,也为我们留下了不可多得的古代马戏风俗实录。如《梁书》卷三二《张率传》中的《舞马赋》载:“河南又献赤龙驹,有奇貌绝足,能拜善舞。……”唐代诗人薛曜的《舞马篇》、钱起的《千秋节勤政楼下观舞马赋》、张说的《舞马词》六首和《舞马千秋万岁乐府词》三首、陆龟蒙的《舞马》,还有《宋书》卷八五《谢

鎏金舞马衔杯纹银壶

银器,陕西西安何家村出土,现藏陕西历史博物馆,唐

Horse Dance, Gold plating silver pot with horse dance pattern, Tang Dynasty, preserved in Shaanxi History Museum now

陶驯马俑和马

现藏中国国家博物馆,唐

Earthenware Horse and Trainer, China National Museum collection, Tang Dynasty

汴京宣德楼前演象图

现藏故宫博物院

Training Elephants, Song Dynasty, The Palace Museum collection

庄传》中的《舞马赋》等，都十分精彩地描绘了舞马时贵妍多姿的风采。

唐时期，宫廷舞马盛极一时。如《新唐书·礼乐志》载："玄宗尝命教舞马四百蹄，各为左右分部目，衣以文绣，络以金珠，每千秋节舞于勤政楼下。赐宴设酺，其曲数十叠，马闻声奋首鼓尾，纵横应节。又施三层板床，乘马而上，抃转如飞。或命壮士举榻，马舞其上，岁以为常。"可见唐玄宗时舞马备受重视，每当玄宗生日时（千岁节），就在兴庆宫勤政殿前，大宴百官，以舞马助兴。所谓"舞马四百蹄"就是指由100匹马组成的大型舞马表演。唐玄宗还创造了多种舞马形式。除了在地面舞蹈，还有登高而舞的形式。一种是由壮士将画榻举起，马在上面旋转如飞，做出各种惊险的动作。另一种是由人乘马在三层相叠的画榻上舞蹈。段安节的《乐府杂录·舞工》载："马舞者，拢马人着彩衣，执鞭，于床上舞蹀躞，蹄皆应节奏也。"其中的"于床上舞蹀躞"是一种难度较大的舞马表演。《景龙文馆记》"蹀马戏"条载，唐中宗景龙年间（707—710），"宴士蕃，使蹀马之戏，皆五色彩丝，金具装于鞍，上加麟首飞翅。乐作，马皆随音蹀足，宛转中节。胡人大骇"。将宫廷的舞马表演描绘得活灵活现，使人们对舞马的妙态赞叹不绝。

（九）舞象与舞犀

舞象与舞犀是由驯象和驯犀发展形成的动物舞蹈表演。驯象最早出现在出土的汉代画像石中，犀牛据说是在西汉平帝元始二年春，黄支国献犀牛。《三国志》卷六〇《吴书·贺齐传》载："孙权出祖道，作乐舞象。"象和犀牛都由域外进献而来，这在文献中均有记载。唐时期，域外向中原进献的大象和犀牛越来越多，据史籍记载，仅天宝八载(749)，林邑王卢陀罗派遣使臣就献来驯养的大象20头。唐代宫廷经常在各种朝会及宴饮活动中举行舞象和舞犀的表演活动。《新唐书》卷二二《礼乐志十二》载："每千秋节，舞于勤政楼下……五坊使引象、犀，入场拜舞。"《贺文单国进驯象表》《奉和圣制麟德殿宴百僚应制》《放训象赋》，以及白居易的《训犀》、李商隐的《送从翁从东川弘农尚书幕》、李德裕的《寒食日三殿侍宴奉进诗一首》、刘恂的《岭表录异》等著作均生动形象地描写了舞象、舞犀的盛大场面和精彩表演。另外，在西藏桑鸢寺、敦煌莫高窟、新疆克孜尔石窟的洞穴中都绘有驯象的壁画。

太子走象奔马图壁画摹本
山西省太原市崇善寺大雄宝殿两掖长廊壁，明
Prince Riding Elephant and Horse, copy of wall painting on the Chongshan Temple in Taiyuan City of Shanxi Province, Ming Dynasty

四、百兽率舞、冲狭燕濯、逆行连倒、夸父逐日、距跃曲踊、矩游为乐、百戏竞技、鱼龙曼延、泼胡乞寒、迎神赛社

古人在长期的生活实践中，按照自己的心理需求和情趣，创造出许多具有一定竞技特征的游戏，反映了古人追求竞技刺激的心态。

(一)百兽率舞

中国最初出现的舞蹈与狩猎有着密切的关系。《穆天子传》《尚书》《吕氏春秋》等文化典籍为后人留下了夏商周及秦时期人们心目中原始舞蹈的历史影子。《尚书·益稷》载："夔曰：戛击鸣球，搏拊琴瑟以咏……下管鼗鼓，合止柷敔，笙镛以间。鸟兽跄跄，箫韶九成，凤凰来仪。夔曰：於，予击石拊石，百兽率舞，庶尹允谐。"这段文字是关于竞技舞蹈最早的记载。可以推测，在尧舜之世以前，原始狩猎者披熊皮戴鹿角，扮演成各种兽类，敲击石块树枝，手之舞之，足之蹈之。而恰恰是这种原始的"扮演"，为现代体育的形成奠定了基础。

"百兽率舞"是原始人模仿兽类的同时进行的一定程度原始美的创造。它应该是在狩猎文化背景下的一种舞蹈，它既作鹤舞，又作象舞，还作其他鸟兽之类的舞。在不断模仿心态支配下的“扮演”最终形成了一种“虚拟”性的兽类舞蹈表演,即“百兽率舞”。

(二)冲狭燕濯

冲狭，顾名思义是从一个窄狭的空间穿越而过,它与现代杂技中钻圈之类的表演类似,现代称之为“穿活”。东汉张衡的《西京赋》里载有“冲狭燕濯,胸突铦锋”的描述。三国时薛综在《西京赋》注曰:“卷簟席以矛插其中,伎儿以身投,从中过。燕濯,以盘水置前,坐其后,踊身张手跳前,以足偶节逾水,复却坐,如燕之浴也。”冲狭是从一个插着矛的卷席筒中鱼跃而过,燕濯是表演者如燕子掠水似的越过水盘而水不沾衣。文献《列子·说符篇》载:“(宋)又有兰子能燕戏,闻之,复以干玄君。”认为“燕戏”即是跳跃穿越的表演。唐代还出现了“透剑门戏”“透飞梯”等节目。《文献通考》卷一四七《乐考二十·散乐百戏》、《旧唐书》卷二九《音乐志二》等都提到“燕戏”,表明“燕戏”在唐代非常盛行。

(三)逆行连倒

逆行连倒是古代百戏表演的内容之一。所谓“逆行”,指倒立行走,“连倒”则是接连不断地向后翻跟斗,即今日体操技巧中的“小翻”(后手翻)。山东、河南等地的汉代画像石形象地展示了“逆行连倒”的表演场面。

崔令钦的《教坊记》有这样的记载:“汉武帝时,小儿翻筋斗绝伦,能缘竿倒立。”由于跟斗在中国具有悠久的历史,并于清代形成了一门绝技,即“中国毯子功”。中国跟斗高、漂、帅、稳的特点和方法被戏曲、舞蹈、杂技、体操、跳水、蹦床、街舞、花样滑冰等运动项目所借鉴,如今中国跟斗绝技已享誉世界,“中国毯子功”已成为一项优秀的非物质文化遗产。

(四)夸父逐日

夸父逐日的神话反映了原始人生活的艰辛与对奔跑能力的赞颂。先秦时期,战车是主要的作战装备,而对护卫战车的士兵有着较高的奔跑能力的要求,士兵必须具备充沛的耐力。《楚辞》载:“步及骤处兮,诱骋先,抑骛若通兮,引车右还。”车马前行走的士兵称之为“先马走”,春秋战国时,“先马走”称之为“虎贲”或“旅贲”,秦汉时又称“伍伯”。四川彭州和德阳出土的画像石中有多幅《伍伯图》,画面形象地展现了前后奔跑的士兵护卫车马的景象。

(五)距跃曲踊

先秦时期,就有与今天的田径运动相似的跳跃项目,如“逾高”就是跳高,“曲踊”就是跪跳,“距跃”就是向上跳,“超距” 就是跳远。《左传·僖公二十八年》载:“曲踊三百。”杜预注:“曲踊,跳踊也。”古代士兵从坐的防御姿势到站立起来进攻,起身太慢,为了使这一动作能迅速完成，采用由跪坐直接跳起,称“跪跳起”。当时作战靠战车,要登上较高的战车，士兵必须具备强有力的腿部力量。因此，为适应战争的需要，把距跃、曲踊作为训练士兵的重要手段。

(六)矩游为乐

北京故宫博物院藏有一件春秋战国时期的“宴乐渔猎攻战纹铜壶”，其壶身上镶嵌了水陆攻战训练的图案，形象地展现了《六韬》所记述的：“奇技者，所以越深水渡江河也；强弩长兵者，所以逾水战也。”船下有三个士兵正在深水中进行提高水性的训练，训练往往采取“矩游为乐”的形式。据《管子》记载，管仲献上了“水豫方”的方策，建议“君请遏原流，大夫立沼池，令以矩游为乐……能游者赐千金”“齐民之游水，不避吴越”。这说明，管仲在春秋战国时期，就“立沼池”，以训练士兵驾舟楫和游泳的技能，从而大大提高了齐国的水战能力。

(七)百戏竞技

“百戏”最初叫“角抵戏”，是由先秦时的“讲武之礼”发展而来的。据《文献通考》记载，秦并天下，罢“讲武之礼”的角抵。西汉时期，角抵深受欢迎，并吸收了西域各国和南方地区的乐舞杂技内容，“角抵戏”成为文化艺术、运动竞技无所不包的综合竞技表演形式，东汉后称之为“百戏”。东汉张衡在《二京赋》中用他那汪洋恣肆的文笔，为后人留下了京都演出“百戏”的壮观景象。

“百戏”从原始巫术祭祀礼仪中发展而来，从祈福禳灾到歌功颂德、娱乐君王并进而在勾栏瓦肆里蔓延，逐渐形成丰富多彩的百戏竞技以娱乐大众。从神巫之乐、庙堂之乐，发展到世俗之乐，一直保持着一种综合表演的特质。“百戏”所凝聚的民族精神和顽强生命力，以及它所表现出的民族生命的盎然情调，使其千百年来在民众中流传、发展。

(八)鱼龙曼延

鱼龙曼延是我国汉唐以来一项重要的综合表演项目。“鱼龙”又称“黄龙变”，是一种精彩的幻术表演。据《汉典》卷七〇《礼典·嘉礼》载：“舍利兽从西方来，戏于庭极，乃毕入殿前，游水化成比目鱼，跳跃漱水作雾障日。毕，化为黄龙，长八丈，出水遨游，于庭炫耀。”从描述中可以得知，鱼龙变是由瑞兽出场戏乐，然后到殿前激水，瑞兽化作一条比目鱼，忽然又变成一条八丈长的黄龙，从水中游出。因此，鱼龙表演是由兽变鱼、鱼变龙等几个幻术构成。

曼延，也称“漫衍”“蔓延”，也是由各种鸟兽变幻组成的综合性表演项目。《汉书》卷五七上《司马相如传》有“蟃蜒貙豻”的记载。张衡在《西京赋》中写道：“巨兽百寻，是为曼延。……海鳞变而成龙，状蜿蜿以蝹蝹。含(舍)利飏飏，化为仙车。骊驾四鹿，芝盖九葩。蟾蜍与龟，水人弄蛇。奇幻倏忽，易貌分形。”这说明，“曼延”如同“鱼龙”表演，都是鸟兽鱼龙变幻动作，所以通常把两种表演合在一起，称之为鱼龙曼延。

鱼龙曼延自西汉开始在宫廷盛行。《资治通鉴》卷二一中有生动描述。到了隋唐时期，鱼龙曼延之戏的表演场面更加宏大，表演内容更加丰富。唐代大诗人杨炯、韦元旦、崔国辅、令狐楚、李商隐等对当时的鱼龙曼延，都作诗描绘了此戏表演时的精彩场景。

（九）泼胡乞寒

泼胡乞寒是南北朝时由西域和中亚一带经丝绸之路传入中国的一种群舞表演。它带有浓重的“胡风”色彩，每年寒冬腊月，戏者头戴面具，赤身裸体，击鼓歌唱，互相追逐泼水，为乞寒之戏。唐代宰相张说所写的多首《苏莫遮》，详细地描绘了泼胡乞寒的场面。景云三年(712)，右拾遗韩朝宗向睿宗上书进谏说：“今之乞寒，滥觞胡俗，伏乞三思，筹其所以。”张说也曾向玄宗进谏说：“且泼寒胡未闻典故，裸体跳足，盛德何观；挥水投泥，失容斯甚。”以上文献记载说明，唐时期的泼胡乞寒活动在来华的胡人或汉人中已非常流行。但遗憾的是，当时有不少大臣认为，此戏不符合汉民族的风俗习惯，对其大肆批评，朝廷也禁止此项活动，致使泼胡乞寒逐渐衰亡，直至失传。

（十）迎神赛社

“赛社”，是古代遍及城乡的民间娱乐活动。祭祀和敬天酬神的仪式是“赛社”的主要内容，但究其实质，“赛社”更像是娱神旗帜下的万民同乐。尤其是其中一些体育活动并不单纯是岁时节日、迎神赛社文化的衍生或共生现象，更不是依附于宗教活动的可有可无的弘法宣教装点，而是相对独立、特色鲜明，自成体系的。

在古代中国，为了把体育变为一种全民的欢娱活动，人们有意识地将它逐渐与宗教节日相融合，这样，就使人们在事“神”的名义下获得休闲机会。在每年正月至十二月举行的各类“赛社”活动中，人们或踏舞设乐，或骑马表演，相扑（角抵）、百戏、马球、花样举重，以及棋弈、养生、登山、踏青等等，各有人好，皆有场地。虽然其中有些活动、表演并不直接关系到体育的主题，但它在风格和意趣上都接近体育，甚至还能从某个角度去“补偿”体育。而正是在这种热闹非凡的“赛社”活动中，原本独立的体育便顺理成章地以“神圣”的迎神仪式的组成部分而存在了。

在“赛社”活动中，“争”“胜”“赢”的结果诉求带给人们动力、刺激和快乐。“赛社”逐渐形成寓竞技性、表演性、游戏性、艺术性和观赏性于一体的综合运动形式，并具有较完善的竞技性质和规则。但在中国传统文化中，人们崇尚“中庸之道”，讲究“和为贵”，主站安贫乐道、与世无争，这样就又使中国古代体育呈现出以宽厚、礼让、平和为特征的价值取向。

中国古代“赛社”蕴含着非常丰富的人文精神，既讲求“争”更讲求“礼”，其中的体育表演和赛事既是一种身体竞技，更是一种道德体验，注重体魄和心性的统一和和谐，具有哲学的意蕴。这意味着中国古代不但有体育精神，而且要比古希腊“更高、更快、更强”的体育精神更加深刻。

第三篇　益智游戏

中国的博弈文化不是一种简单的游戏，而是一种非常复杂的逻辑思维游戏。博弈文化也是中国文化的重要组成部分，自古以来，一直都是社会各阶层的一项休闲娱乐游戏。各种博弈形式不仅参与了人类生活机制的调节，而且与政治、军事、文化、习俗、信仰等有着一定的联系，有力地影响了人们的道德观念、行为准则、思维逻辑、审美情趣等。尤其是博弈把寓于其中的中国传统哲学，以一种雅俗文化形式普及于全民之中。它不仅可以培养民族的坚毅精神和不屈性格，而且能启迪智慧、愉悦身心

中国的博弈文化不是一种简单的游戏，而是一种非常复杂的逻辑思维游戏。这是因为，不论是博戏还是弈棋，都在其发展、演变过程中，汲取了华夏文化的精华，蕴含了《易经》的太极整体论、阴阳辩证论、八封生成论、河图洛书等象数逻辑思想，从而创造了以“变”为核心的各种博弈形式。

博弈文化也是中国文化的重要组成部分，自古以来，一直都是社会各阶层的一项休闲娱乐游戏。各种博弈形式不仅参与了人类生活机制的调节，而且与政治、军事、文化、习俗、信仰等有着一定的联系，有力地影响了人们的道德观念、行为准则、思维逻辑、审美情趣等。尤其是博弈把寓于其中的中国传统哲学，如天人合一整体论、天圆地方的宇宙论、象数比拟的逻辑论、禅定坐忘的顿悟论、自知之明的人生论等，以一种雅俗文化形式普及于全民之中。它不仅可以培养民族的坚毅精神和不屈性格，而且能启迪智慧、愉悦身心。

一、六博、樗蒲、弹棋、骰子、双陆、握槊、长行、波罗塞戏

(一)六博

六博，是因为博戏中的一种掷具“箸”而得名。六博具有悠久的历史，是先秦时期最为盛行的一种局戏，到魏晋南北朝时已很少有人懂得六博的玩法。但我们可以根据许多考古发掘出土的文物及遗存的文献来考证六博的形制和博法。《论语》《左传》《庄子》《战国策》《楚辞》《史记》《汉书·五行志》《汉书·游侠传》《后汉书·列女

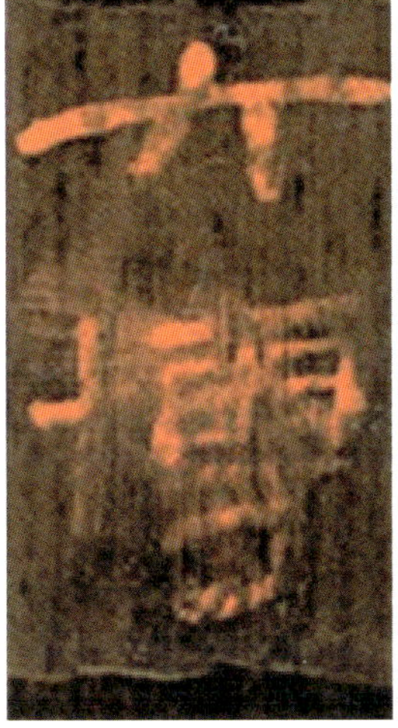

六博汉简

北大藏

Six-throwing-chopsticks, Peking University collection

六博图

汉

Six-throwing-chopsticks Board Game

传》《后汉书·王允传》等文献中均有不少关于六博的记载，内容涉及君王、诸侯、贵族、士大夫和平民各个阶层。

自20世纪初以来，考古挖掘出大量的博具。1957年在湖北云梦县睡虎地秦墓中发现两件博局。1954年在江苏江都的一座西汉墓中出土一件木制博局。1953年在广州先烈路4013号发现一座东汉墓，出土了一件木制博局，呈方形。1973年在湖北江陵凤凰山的8号西汉墓出土木制博局一件。1973年在湖南长沙马王堆3号西汉墓出土一件方形木博局，局面用红漆绘方框，12个曲道纹和4个圆点，局的四个侧面绘有几何纹、植物纹图案。1972年在甘肃武威磨嘴子48号墓出土了一件六博俑和局。甘肃天水放马滩秦墓出土一块六博木版画、甘肃灵台傅家沟西汉墓出土一套铜制4人博戏俑。广西西林县的一座西汉墓出土一件铜制博局，贵县罗泊湾汉墓出土木制博局一件。1974年在河北平山三汲的战国墓葬中出土一件石六博局。1974年在北京市大葆台出土西汉六博棋子。以上出土的博局大多为木制，虽大小略有差异，但形状基本相同，只是局上的装饰不同而已。此外，在河南南阳地区发现了六博画像石，四川成都彭州出土了六博画像石，河南灵宝张家湾东汉墓出土了一件绿釉博戏俑。另外故宫博物院收藏有规矩纹铜镜，美国纽约收藏有汉代六博俑。

秦代六博局图案

甘肃省天水市秦墓出土

Six-throwing-chopsticks Board Game Pattern, excavated from Tianshui Qin tomb, Qin Dynasty

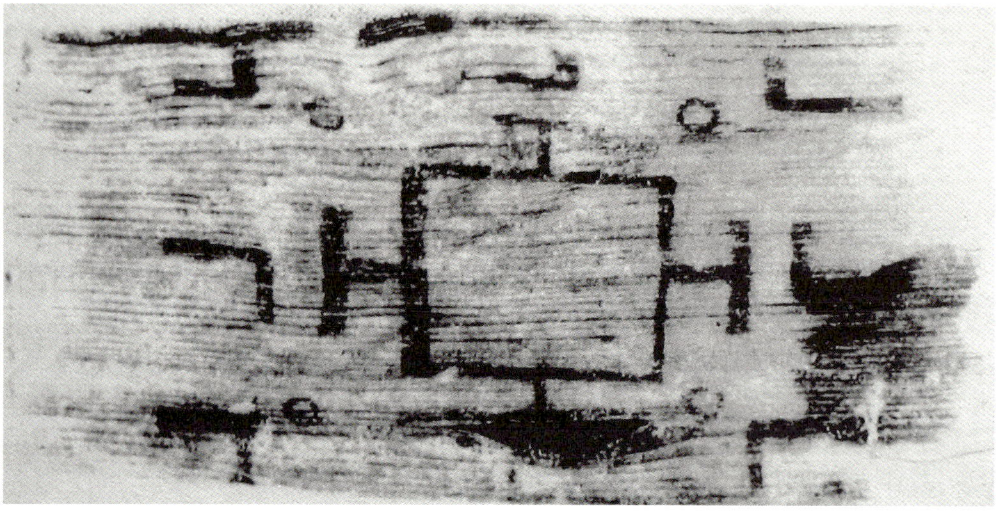

在秦汉时期，随着博戏的盛行，还出现了不少专门研究博术的人，并撰有著作。如西汉初许博昌撰《大博经》，东汉亦有人撰写博经。这些有关博术的论著，隋唐时还能见到，如《隋书·经籍志》载有《大

小博经》一卷，《唐书·经籍志》载有《大博经行棋戏法》两卷。此外，《淮南子》《汉书》《后汉书》等文献中，也有不少论及博术的内容。可惜绝大部分已失传，留下的只是零散的文字资料。

六博的发展演变过程中，还与占卜、射猎、投壶、骰子等有着密切的联系。例如，1993年江苏东海县尹湾6号汉墓出土的西汉简牍《日书》中有“博局占”图形和文字表述。图形似同规矩纹，占卜事项有婚嫁、命运、问病、囚犯、亡者。2009年北京大学获得了一批从海外回归的汉简，其中有六博简49枚，在第3支简的背面用朱笔题写了“六博”二字。篇首为“博局图”，图中列六十甲子，其后按“亡人”“行”“系及会论”“病”“取妇”等占卜事项罗列占辞。中间还穿插有关于占卜方法和“入宫”“财(裁)衣”

六博画像砖

东汉

Six-throwing-chopsticks Board Game, painted brick, Eastern Han Dynasty

西汉牙质六博棋子

北京市大葆台出土

Six-throwing-chopsticks Board Game pieces, excavated in Beijing , Wastern Han Dynasty

宜忌的说明。但北大六博简的内容，如六博占法的介绍、博道名称、占辞形式和占卜事项均与江苏尹湾汉墓出土的“博局占”木牍有显著的差异。这些差异说明了汉代博局占术和博戏方法具有多样性。

博戏自战国至隋唐，流行两千余年，博局、博法变化较大。但从1993年，江苏东海县尹湾汉代6号墓出土的博戏占卜材料中的占辞可以看出，其提纲挈领的是“方”“廉”“楬”“道”“张”“曲”“诎”“长”“高”9字，它与《西京杂记》所记西汉许博昌所创的六博口诀单字一样。同时，六博口诀还被《太平御览》《格致镜原》《通雅》《陕西通志》《楚辞余论》等文献征引。在此列表对比。

六博口诀中的“方”“廉”“楬”“道”“张”“曲”“诎”“长”“高”9字是指棋道，它涵盖博局内所有的线段。口诀的“方”字其实含东、南、西、北四方，应为四道；口诀的其他字各含一道，共十二道。这就是《古博经》所述的“博法，二人对坐，向局，局分十二道”。六博棋盘上刻有“T”字形和“厂”字形的棋道。在游戏时，谁先抢占有利的棋道，谁就有取胜的可能。正所谓“狭路相逢勇者胜”。因此，六博不仅讲究战略战术，也要有胆略勇气。

文献名称	口诀对比				备注
（宋）李昉《太平御览》(1)	方畔楬道张		玄究屈高	玄屈张	文渊阁四库本
（汉）刘歆《西京杂记》(1)	方畔楬道张	张畔楬道方	张究屈玄高	高玄屈究张	文渊阁四库本
（清）陈元龙《格致镜原》	方畔楬道张	张畔楬道方	张究屈玄高	高玄屈究张	文渊阁四库本
（明）方以智《通雅》	方畔楬道张		张究屈玄高		文渊阁四库本
《陕西通志》	方畔楬道张	张畔楬道方	张究屈元高	高元屈究张	文渊阁四库本
（清）蒋骥《楚辞余论》	方畔楬道张	张畔楬道方	张究屈元高	高元屈究张	文渊阁四库本
（汉）刘歆《西京杂记》(2)	方畔楬道张	方畔楬道张	张究屈玄高	高玄屈究张	文渊阁四库本
（宋）李昉《太平御览》(2)	方畔楬道张	方畔楬道张	究屈玄高	高屈究张	文渊阁四库本
《六博行棋位置要素》	方畔楬道张		究屈玄高		
《博局占占卜位置要素》	方畔楬道张		曲诎长高		

六博宴饮图

出于河南偃师市辛村壁画墓中室西壁北部，西汉

Six-throwing-chopsticks Board Game during Banquet, wall painting of Xin village of Henan Yanshi, Western Han Dynasty

彩绘木六博佣

1972 年甘肃省武威市磨嘴子 48 号墓出土，现藏甘肃省博物馆，西汉

Color painted wooden game Figurines, excavated in Gansu Province 1972, Gansu Province Museum collection, Western Han Dynasty

西汉彩绘六博俑

现藏陕西省汉阳陵博物馆

Color painted wooden game Figurines, Hanyang Tomb Museum collection, Shaanxi Province

长沙马王堆汉墓出土六博棋具

现藏湖南省博物馆

Six-throwing-chopsticks Board Game Set, Hunan Province Museum collection

铜四人博戏俑

广西西林县普驮粮站出土，现藏广西壮族自治区博物馆，西汉

Copper Four Figures Gambling, Western Han Dynasty, Guangxi Museum collection

仙人六博画像砖(局部)

东汉

Six-throwing-chopsticks Board Game, painted brick, Eastern Han Dynasty

错金银四神博局纹镜

现藏北京故宫博物院，东汉

Immortals playing Chess design Mirror, Beijing Palace Museum collection, Eastern Han Dynasty

神人驯兽博棋乐舞画像镜

现藏北京故宫博物院，东汉

Immortals Traing, Playing Chess, Dancing Design Mirror, Beijing Palace Museum collection, Eastern Han Dynasty

陶质六博俑

美国纽约莉莲·斯卡露丝收藏，汉

Six-throwing-chopsticks Board Game,Pottery figure, Han Dynasty, privated collection, New York City of USA

绿釉陶六博俑

1972 年河南灵宝市张湾村 3 号墓出土，现藏河南博物馆，东汉

Six-throwing-chopsticks Board Game,Pottery figure, H24.2cm, Eastern Han Dynasty, Henna museum collection

东汉绿釉六博棋俑

河南灵宝市出土

Chess playing Figurines, Excavated in Lingbao City, Henan Province

铜六博棋盘

西汉

Bronze checkerboard, Western Han Dynasty

六博画像砖

东汉

Six-throwing-chopsticks Board Game, painted brick, Eastern Han Dynasty

仙人六博画像砖

东汉

Six-throwing-chopsticks Board Game, painted brick, Eastern Han Dynasty

仙人六博画像石

四川新津县崖墓出土，原石棺已毁，东汉

Six-throwing-chopsticks Board Game, stone relief, Eastern Han Dynasty, excavated from Sichuan

六博画像石

江苏省铜山县台上村征集，现藏江苏省徐州汉画像石艺术馆，东汉

Six-throwing-chopsticks Board Game, Eastern Han dynasty, Xuzhou Han Stone Engravings Gallery

汉代六博画像石拓本

陕西省绥德县出土，汉

Stone rubbing paint of Six-throwing-chopsticks Board Game,Excavated in Suide Shaanxi Province, Han Dynasty

六博画像砖

东汉

Six-throwing-chopsticks Board Game, painted brick, Eastern Han Dynasty

（二）樗蒲

现存最早关于樗蒲的论述是马融撰写的《樗蒲赋》，从中可知，樗蒲的博具有“枰”“杯”“矢”“马”“五木”等，其中“五木”与“齿采”“荚数”有关，这在宋人程大昌的《演繁露》中有记载。根据唐代李翱的《李文公集》卷一八所收的《五木经·元节注》、唐代李肇的《唐国史补》卷五所收的崔师本《樗蒲法》，“五木”是5个两面平、俯视形如杏仁的木制物。这5个木制物正反两面分别涂上黑白两色，其中的两枚白面画雉（小鸟），黑面画犊（小牛），另三枚保持黑白面。这样，黑白两色搭配种类为2的5次方，即32种组合形式，并以“卢”“雉”“犊”“白”“黑”为“王采”（也称贵采），其余为“氓采”。其玩法是2人至5人对“枰”而坐，“枰”上摆着由40枚石子组成的矢阵三个，三阵中间的两个空当处为“关”，“关”前后各有一矢为“坑”“堑”。“枰”旁边放杯盆，中盛“五木”。5人玩的话，每人有色泽不同的4个棋子“马”，严阵以待。开局时，摇杯投出“五木”，视“采”的“荚数”行“马”。“马”入矢阵后，必须掷出“王采”方可越“关”出坑，以决输赢。

博弈图

甘肃莫高窟第159窟壁画，东壁门侧，唐

Playing Chess, wall painting of Mogao Cave No.156, Dunhuang of Gansu Province, Tang Dynasty

樗蒲自汉至唐一直非常流行，广为社会各阶层所喜好，上至帝王将相、文人士大夫，下至普通百姓，甚至妇女儿童都喜爱这种博戏。《朝野佥》卷六记载：“王无㝠好博戏。文武圣皇帝微时，与无㝠蒲戏争彩，有李阳之宿憾焉。”据繁饮的《威仪箴》载：“其有退朝，偃息闲居，操榄弄棋，文局樗蒲，言不及义，胜负自图。”描写了樗蒲是官员在退朝后，闲暇之时的一种娱乐游戏。唐时期的唐

太宗、武则天、唐玄宗等也十分喜欢樗蒲，当时不少文人写下了许多咏樗蒲的诗文，如郑嵎的《津阳门诗》，岑参的《玉门关盖将军歌》《送费子归武昌》，韦应物的《逢杨开府》，殷晓藩的《旅行》，薛能的《并州》，郑谷的《永日有怀》等。他们在诗中，生动地描写了当时的士大夫痴迷樗蒲游戏的心态。另外，在敦煌莫高窟第 17 窟藏经洞出土的文献中也有不少对樗蒲的记载，如敦煌文献 P.2418《父母恩重经讲经文》、S.525 和 S.6022《搜神记》、P.3266《王梵志诗残卷》等。更为珍贵的是在甘肃河西一带的魏晋古墓群中发现了绘有樗蒲图像的墓葬彩绘砖画。1973 年，嘉峪关文物清理小组与甘肃省博物馆合作，在新城乡以西发掘清理了 13 座墓葬，其中在第 7 号墓的中室东壁第一层第五块砖上绘有一幅彩绘樗蒲图像。2001 年，甘肃省高台

彩绘樗蒲砖画

甘肃省嘉峪关魏晋 7 号墓，位于中室东壁第一层第五块砖，1973 年清理发掘，M7 出土，魏晋

Chupu, wall painting of Wei and Jin Dynasty's tomb of Jiayuguan City's No.7, Wei and Jin Dynasty (220-420)

铜博茕(博具)

1968 年河北满城汉墓出土

Gambling Tools, excavated from Mancheng City Han Dynasty tomb in 1968, Hebei Province

彩绘樗蒲砖画
甘肃高台县许三湾魏晋墓
Painted brick with Chupu Design, Xusanwan tomb in Gaotai County of Gansu Province

彩绘樗蒲砖画
甘肃高台县许三湾魏晋墓
Painted brick with Chupu Design, Xusanwan tomb in Gaotai County of Gansu Province

县发掘的魏晋墓室壁画砖上绘有两幅博戏图，画面表现了两位分别身着红色和白色长袍、头戴元宝帽的男子，跪坐在棋局的两侧，一博者掷出“五木”，两人全神贯注地盯着掷采的结果。另一座墓室中也有一幅彩绘樗蒲图像，画面表现了两人对“枰”跪坐，左侧一人身着红袍，左手高举，右手前伸，右侧一人着白袍，右手伸向棋局，“枰”呈方形，下侧布有石子。据有关文献记载的樗蒲着法，一般“枰”上有40枚至120枚石子，组成三个矢阵，“马”入矢阵后，数矢而隅之，可俘获矢卒以得筹。

从甘肃河西一带考古挖掘魏晋古墓所发现的樗蒲彩绘砖画，可以清晰地看到古人樗蒲时，神情紧张、呼卢喝雉、热闹非凡的生动情景。从文献记载发现，樗蒲与饮酒相结合，边饮边博，有时还与“打论”(蹴鞠)结合。这充分反映了古人丰富多彩的休闲生活，同时也为研究博戏的演变提供了资料。

樗蒲至宋代后，逐渐失传，取而代之的是打马戏。我们从文献所载的打马戏或其他博戏中仍然可以看到汉唐樗蒲的一些影子。

(三)弹棋

在古代的博戏中，弹棋应为最高雅的一种。由于它不以争胜为目的，淡泊自如，喻以修身，故被称作“仙家之戏”。 弹棋源于何时，尚无一致结论。据北宋陆游的《老学庵笔记》中记载，大名龙兴寺佛殿有魏宫玉石弹棋局。这说明，弹棋最迟在曹魏初年或更早一点就已流行。又据《世说新语·巧艺第二十一》记载：“弹棋始自魏宫内用妆奁戏。文帝于此戏特妙，用手巾角拂之，无不中。有客自云能，帝使为之。客著葛中角，低头拂棋，妙逾于帝。”魏文帝曹丕酷爱弹棋，不仅作有《弹棋赋》(见《全三国文》卷四)，而且技艺精湛，能以手巾角拂之。曹丕在《典论·自叙》中述：“戏弄之事少所喜，唯弹棋吃力尽其妙，少时常为之赋……” 邯郸淳在《艺经》中述：“弹棋，二人对局，黑白棋各六枚。先列棋相当。下呼，上击之。”梁元帝的《谢东宫赐弹棋局启》，北周王褒的《弹棋》等，足见弹棋风靡于魏晋南北朝。直到唐代，弹棋依然盛行，并开始流行一种二十四子的弹棋。这在柳宗元的《弹棋序》和佛经《梵网戒本疏日珠钞》中都有较为详细的记载。唐代精通弹棋的人很多，《太平御览》卷七五五《工艺部·弹棋》、《新唐书》卷一三〇《裴宽传》、《唐国史补》卷下、《唐语林》卷三、《唐律疏仪》卷一〇《职制》等都对当时的弹棋高手和弹棋在社会上的流行情况做了记载。尤其是当时不少诗人，如杜甫、白居易、李贺、韦应物、王建、王涯等都十分喜爱弹棋，写下了不少美妙诗句。弹棋在北宋时期已经非常少见，濒临失传，到南宋初年，弹棋基本消亡。因此，目前国内几乎没有留下有关弹棋局、谱的实物或图式，只在《隋书》卷三四《经籍志三》中还记载有徐广撰写的《弹棋谱》一卷，可惜也早已失传。不过，结合汉、魏和唐以来的有关记载，我们大致还可对弹棋的着法有个基本的了解。

弹棋是古代一项高雅的游戏，从宫廷到民间、从权贵到士人对这种高雅的游戏十分喜爱。弹棋虽已失传，但从现代流行的台球、沙弧球等体育游戏中仍可以找到它的踪迹。

（四）骰子

骰子戏是一种世界性的文化、社会现象，从古至今，它一直活跃在人们的生活中。

据说，西汉时期的博戏是由秦代六博棋发展而来，但增加了博具——骰子，当时称之为“茕”“琼”。在我国保留至今的古代文献、墓葬砖画、石窟壁画中有许多关于骰子戏的记载和图像。许多先秦文献，如《论语》《左传》《庄子》《战国策》《楚辞》《史记》等都有关于博戏的记载。另外在《唐诗》《红楼梦》《金瓶梅》《水浒传》等文学作品中也有对古代骰子戏的描述。我国著名艺术考古学家常任侠先生曾对骰子戏的流传有深入研究。近年来，在考古发掘墓葬时，出土了一些骰子。1976 年在陕西临潼秦皇陵发现一枚秦代十四面体的石制骰子。1968 年在河北满城的一座西汉墓中出土一枚铜骰，为二十二面体，除刻一至二十的数字，另两面一为“骄”，一为“酒来”。据考证，“骄”有取胜之意，二十二面体骰子，一般用来掷采行酒令。1981 年，在江苏泰州市大冯乡红光村的一座唐墓中出土了三枚骰子，其中两枚是六面体，尺寸为 2.1 厘米 × 2.3 厘米，六个面分别刻有一、二、三、四、五、六个圆点，与现代骰子很相似。第三枚是十八面圆形骰子，这种十八面体的骰子约是秦汉时期所流行，魏晋以后，六面体骰子取代了十四面体或十八面体骰子。1974 年，湖南长沙马王堆 3 号墓出土骰子一枚。骰子为球形十八面体，木质，涂深褐色漆，直径为 4.5 厘米。从这些文献和出土文物，为我们深入研究骰子戏的发展提供了依据。

骰子又称“色子”“浑花”“撒家”“投琼”“彩战” 等，有十几种别名。它在中国的博弈史上有着比较显要的地位，许多博戏都需要用骰子来做辅助工具，如六博、樗蒲、双陆、打马、彩选、状元

博戏图

选自布达拉宫 清

Gambling Game, from the Potala Palace, Qing Dynasty

象牙雕双陆棋子

唐

Chess Pieces Made of Ivory, Tang Dynasty

筹、升官图、麻将等。因此，骰子在当时被称之为“博戏之魂”。它不仅用于赌博，而且还用于占卜、行酒令或游戏等。骰子最早产生时形状各异，后来统一为方形，六面分别刻有一至六的点数，骰子的点穴上涂黑色。唐以后出现了涂红，其中一、四涂红色，其他涂黑色。唐代诗人温庭筠曾作诗云：“玲珑骰子安红豆，入骨相思知不知。”

秦汉时期，骰子一般都是一种十八面形状的小球体，直到魏晋时，骰子逐渐演变为六面体。到了唐代，出现了骨制正方形六面有红黑点数的骰子，当时也称“色子”。六面体骰子的出现是博戏史上的重大飞跃，它将“六箸”“五木”黑白标记改为点数标记，把十八面体的“茕”改进为正六面体，不仅简化了投掷的程序，也使点数的组合数目适宜，便于博戏者记忆和掌握。它继承了“五木”的“采数”，使得规则简单、机会均等，给博戏者增添了无穷的乐趣。因此，六面体骰子很快从樗蒲、双陆等博戏中脱离出来，自成一宗。

（五）双陆

双陆，也称“双六”，因对局双方各有六枚棋子而得名，双陆也是中国古代的一种棋盘游戏，隋唐五代时期已广为盛行。据《资治通鉴》卷一六二载：“陈思王（曹植）制双六局，置骰子二。”由此可见，双陆早在三国时已出现。唐代李肇的《唐国史补》、宋代高承的《事物纪原》、元代陶宗仪的《说郛》、明代谢肇淛的《五杂组》、清代孔继涵的《长行经》，都对当时流行的双陆游戏的棋法、布阵等做了描述。20世纪70年代以来，陆续考古发现一些实物资料。1973年在新疆吐鲁番阿斯塔那唐墓中出土了一件镶嵌螺钿的木制双陆局；1977年在江苏江阴发掘明初夏颧墓出土了30枚双陆棋子；1980年在甘肃武威南营乡青嘴湾弘化公主墓出土了涂彩象牙双陆棋子，表面刻有各色花朵、飞鸟等。另外还有一些流落海外，日本正仓院藏两件唐代木制双陆局，美国费城艺术博物馆藏明清之际的黄花梨双陆桌。

在古代双陆还是文人士大夫创作

双陆木棋盘

新疆吐鲁番县阿斯塔那第206号古墓出土，公元7至10世纪

Chess Borad, excavated from Aatana Tomb No. 206 in Xinjiang Province, 7th - 10th century

的源泉。如王建的《宫词》载："分朋闲坐赌樱桃，收却投壶玉腕劳。各把沉香双陆子，局中斗累阿谁高。"敦煌文献P.2718《王梵志诗一卷》载："双陆智人戏，围棋出专能。解时终不恶，久后与仙通。"朱湾的《咏双陆骰子》和李贞白的《咏罂粟子》均对双陆骰子的形制与作用做了的描述。除过诗作，唐代的民间传说、俗讲变文中也有对双陆游戏的描写。如张鷟在《游仙窟》中描写了他与十娘等诗书相酬、宴饮娱乐的故事。其中就有双陆的情节："十娘笑曰：'莫相弄！且取双六局来，共少府共赌酒。'……"敦煌变文P.2999《太子成道经》载："是时净饭大王，为宫中无太子，优(忧)闷寻常不乐。或于一日，作一梦，(梦见)双陆频输者。明日(即)问大臣是何意旨？大臣答曰：陛下梦见双陆频输者，为宫中无太子，所以频输。"敦煌变文P.3883《孔子项托相问书》载："夫子曰：'吾车中有双陆局，共汝博戏如何？'小儿答曰：'吾不博也。天子好博，风雨无；诸侯好博，国事不治；吏人好博，文案稽迟；农人好博，耕种失事；学生好博，忘读书诗；小儿好博，笞挞及之。此是无益之事，何用学之！'"

木制漆涂双陆

辽

Painted Wooden Chess, Liao Dynasty

双陆盛行于唐代，到了宋代更加普及，甚至在茶馆酒楼专门设局供客人游戏。至元代，双陆似乎变成了一种雅戏。《事林广记》所载的元刻双陆图，两人隔局坐榻，又有两人托帽伺候，博者神情典雅。诗人谢宗可、柳贯、袁桷等都留下了咏双陆的诗作。还有元代剧作家关汉卿的[南吕·一枝花]《不伏老》、王实甫的杂剧《四丞相高会丽春堂》、李寿卿的杂剧《月明和尚度柳翠》、周德清的套数[越调·斗鹌鹑]《双陆》等都以曲的形式生动、形象地描述了打双陆。可见，元时的双陆游戏在人们心目中，不仅是汉民族文化的象征，而且"会双陆"成为品评士人文化素质和修养的标准之一。至明代，双陆仍然十分流行，《金瓶梅》和《警世通言》都有关于双陆的描写。清初之后双陆基本绝迹。

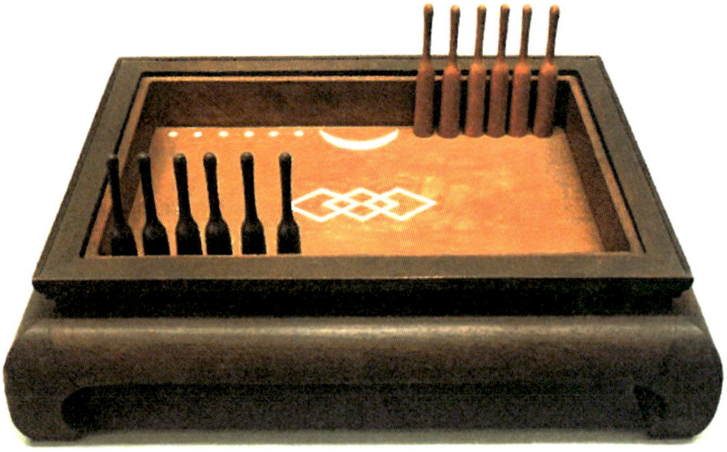

紫檀双陆棋盘与棋子

现藏内蒙古博物院，辽

Wooden Chess Board and Pieces, Inner Mongolia Province Museum collection, Liao Dynasty

内人双陆图

绢本、设色，现藏台北故宫博物院，唐 周昉(传)

Playing Chess, Taipei Palace Museum collection, Tang

弈双陆图

甘肃敦煌莫高窟第 7 窟壁画，东壁门南，唐

Playing Chess, wall painting of Mogao Cave No.7, Dunhuang of Gansu Province, Tang Dynasty

(六)握槊

握槊之名最早可见于《魏书》卷九一《蒋少游传》。据孔继涵的《长行经》考证，握槊在6世纪初由印度传入中国。南北朝时,握槊开始盛行。三国时的李邵有“曹植作长行局，胡王作握槊”之说。宋祝穆的《古今事文类·聚前集》卷四三、唐刘禹锡的《观博》载:“握槊时,必须投掷骰齿,其骨质制成,觚形四棱，均镂刻有点并施以红色、黑色。博时必投掷,互相博投,视博齿停后,依点行棋争道。”对棋具、骰子、行棋规则等都有描述。《太平广记》卷二五八《高敖曹》、《资治通鉴》卷一五七、《北齐书》卷五〇等文献亦有关于握槊的许多记录。魏晋南北朝时,宫廷近臣沉溺于握槊,有的因握槊而贻误国事,有的因擅长握槊而被视为宠臣，充分说明握槊是深受宫廷权贵喜爱的一种游戏。

到了唐代握槊也称“长行”,太宗、德宗、文宗都善于握槊,形成了当时社会的一种时尚。刘禹锡的《论书》载,早在魏、晋、宋、齐之时,就已经流行握槊,“至有君臣争名,父子不让”。而且还有握槊弈棋居下品者，会被人嘲讽之说。可见握槊在人们生活中的地位和影响。

(七)长行

长行与握槊是同一种游戏的不同称呼。从文献记载可以了解到,古代的握槊、双陆、长行大同小异,都是一种博戏。唐人邢宇的《握槊赋》载:“握槊,今人谓之长行。”李肇的《唐国史补》卷下,还对长行的着法和行棋规则等做了描述,认为长行也是双人对局,每方棋子各为十五枚，开局时先掷两枚骰子,每枚六面共二十一点，其中四点为红色，骰子的作用是掷采行马。

(八)波罗塞戏

“波罗塞戏”之名最早见于后秦释道朗的《涅槃经·现病器第六》。之后,《天台菩萨戒疏》中述:“波罗塞戏者西国兵戏。二人各使二十玉象。此方亦有画版为道。以牙为子,诤得要路即为胜也。”《梵网经菩萨戒本·疏》第六述:“波罗塞戏是西域兵戏法，二人各执二十余小玉,乘象或乘马,于局道争得要路以为胜。”从这些文献可以得知,波罗塞戏自西域传入。此戏有局,局中有道,二人对博,各有二十余枚用玉石雕刻成“象”或“马”的立体棋子,“争得要路”为胜。从玉石棋子、格道式棋盘等特征来看，波罗塞戏是中国象棋中“象”“马”“车”等棋子的起源之一，同时它还对唐代的八八象棋产生了重要影响。因此,波罗塞戏这一西域的博弈文化,不仅在象棋史上、中西文化交流史上占有重要的地位，而且对世界博弈文化的发展做出了重要的贡献。

二、蹙融、叶子戏、麻将、围棋、象棋

(一)蹙融

蹙融，又称“蹙戎”，也是古代的一种棋类游戏。据唐人段成式《酉阳杂俎》续集卷四《贬误》记载：“小戏中，于弈局一枰，各布五子，角迟速，名蹙融。”《唐语林》卷八《补遗》也记载：“今有弈局，共取一道，人行五棋，谓之‘蹙融’。‘融’宜作‘戎’，此戏生于黄帝蹙鞠，意在军戎也，殊非‘圆融’之义。庾元规著《座右方》，所言‘蹙融’是也。”由此可见，这是一种受蹙鞠影响而形成的棋类游戏。唐时期，不少王公贵族沉溺于此游戏，一度成为当时颇受欢迎的一项博弈活动。但是，由于历史的原因，此种游戏早已失传，其行棋方法和规则也已佚失，今无从可考。

(二)叶子戏

叶子戏，也称“叶子格”，是我国最早出现的纸牌游戏。宋人王闭之在《渑水燕谈录·杂录》中，把叶子戏的发明归于唐代的一行和尚：“唐太宗问一行世数，禅师制叶子格进之，‘叶子’言二十世李也。”后句是谶言，意思是比喻唐代江山可保二十世。此游戏名为“叶子格”与佛教经典用“贝叶”抄之不无关系。

欧阳修的《归田录》卷二载：“唐人藏书，皆作卷轴，其后有叶子，其制似今策子。凡文字有备检用者，卷轴难数卷舒，故以叶子写之……骰子格本备检用，故亦以叶子写之，因以为名尔。唐世士人宴聚，盛行叶子格，五代国初犹然，后渐废不传。今其格，世或有之，而人无知者。”这意味着，“叶子”刚开始只不过是玩骰子格时记录输赢数值的纸片。后来，“叶子”逐渐脱离骰子格而发展成为纸牌游戏。

随着社会的发展，叶子戏的内容也各不相同。唐宋时期的叶子戏在纸叶上画的是“升官图”“选仙图”等，故唐宋“采选”有叶子之名。明代却在纸叶上“以《水浒》人分配者”，指的是马吊纸牌，虽都名“叶子”，但一为采选，一为马吊。

到五代时期，叶子戏更为盛行，并涌现出许多记载叶子戏的书籍，如南唐后主李煜妃周氏的《遍金叶子格》《新定遍金叶子格》《击蒙小叶子格》。

清代之后，叶子戏、马吊、骰子戏、骨牌等相互融合，形成了至今仍十分盛行的麻将。

(三)麻将

麻将，又称“马将牌”“麻雀牌”“雀牌”等。它源于唐代的“叶子格”，并一直与文人酒令并举。到了北宋末年，“叶子格”分化出“宣和牌”一支。这种饮酒叶子进一步发展，出现了多种“酒牌”，如明代画家陈洪绶的《水浒叶子》，他根据

麻将图

选自布达拉宫(局部) 清

Mahjong, from the Potala Palace, Qing Dynasty

小说《水浒传》的描写,选择了四十位梁山好汉,采用白描的形式绘制而成的版刻绣像作品,共计四十张,每张上书有人物的题名及赞语,并标有钱数。除此之外,还有任渭长的《列仙酒牌》,以及《博古叶子》《数钱叶子》等。与此同时,叶子戏本身也在不断演变,摆脱了仅是佐酒侍宴、会诗作文的限制,出现了许多种玩法。直至明代万历年间,社会上开始流行一种由叶子戏发展而来的马吊。

麻将是清代逐渐发展形成的一种牌戏。其中“宣和牌”用牙、骨雕刻,而这时的马吊、纸牌也变为骨制,加之两枚骰子的参与,最终成了麻将游戏。它以特有的游戏方式,用“筒”代替了纸牌中的“文钱”,改“空汤”“枝花”“万万贯”为“中”“发”“白”,另外又增添了东、南、西、北四“风”,每“风”四张,共计一百三十六张牌。后来又添置了八张花牌,总数为一百四十四张。牌数的增多加大了赢牌分数,也使组合方式更为变化多端。打牌由四人入局,每人取牌十三张, 依次摸取余牌一张进行组牌,以先组成四套一对者为胜,称作“和”。

麻将自清朝形成至今,打麻将的风气在民间越来越炽。与其他骨牌形式相比,麻将的玩法最为复杂有趣,它的基本打法简单,容易上手,但其中变化又极多,搭配组合因人而异,因此成为中国历史上一种最能吸引人的博戏形式之一。

(四)围棋

围棋,在古代称之为“弈”“烂柯”等,《左传》《论语》《孟子》中都有记载。围棋以“围”字概括了它的性质和特征,围与反包围始终是双方斗胜的焦点,从古至今不变。围棋多为两人对局,开局后，双方在棋盘的交叉点轮流下子，一步棋只准下一子，下定后不再移动位置。围棋的着法和规则十分复杂，它主要是通过做眼、点眼、打劫、围、断等多种技术和战术吃子和占有空位，制胜对方。它的棋法、棋理较为深邃，对它的思维往往要与政治、哲学、军事、文学、美学、天文、地理等联系在一起。因此，它一直是我国重要的传统技艺之一，并被视作文化修养的必习雅艺。围棋的圆形棋子代表天，方形棋盘代表地，黑白棋子分别代表阴阳。围棋盘上的“天元”代表着方位坐标的中心；分布在棋盘上的八个“星”分别代表了东、南、西、北、东北、东南、西北、西南八个方位；四个角上的“星”和“天元”，代表了“五岳”；四个“角星”则体现春、夏、秋、冬四季中最有特征的那一天。这些规则设置反映了古人对地域方位和季节的认识等。

关于围棋的起源，《世本·作篇》有“尧造围棋”之说，《博物志》载“舜以子商均愚，故作围棋以教之”，《潜确类书》载“夏人乌曹作围棋”。春秋战国时期，《左传·襄公二十五年》《论语·阳货》等

弈围棋图

甘肃敦煌莫高窟第 454 窟壁画，东壁，宋

Weiqi, wall painting of the Mgao Cave No.454, east wall, Dunhuang of Gansu Province, Song Dynasty

典籍都提到围棋。除此之外，在甘肃永昌县鸳鸯池考古出土的陶罐（属马家窑文化，约公元前3300—前2050年）上有9×9、10×10、13×13线的棋盘图案。因此，从文献记载所提到的“弈”“博弈”和甘肃出土的陶罐是春秋战国时期已有的博弈的铁证。

汉景帝喜爱下围棋，在其阳陵（今西安市郊）南阙门遗址发现一具已残的围棋盘；西安咸阳6号西汉墓出土了铁足石棋盘；河北望都县所药村东发掘的东汉1号墓出土了一件石制的围棋盘；安徽亳州市曹腾墓也出土了石制围棋盘。另据汉代文学家扬雄的《杨子法言》载：“围棋击剑，反目眩形，亦皆自然也。”又在《方言》卷五提到：“围棋谓之弈，自关而东，齐鲁之间皆谓之弈。”这些考古出土的围棋盘实物和文献记载，说明了西汉晚期之前已出现围棋。

魏晋时期，有不少士大夫不以棋艺显名，而以围棋论著、棋赋闻名。如北周的抄卷《敦煌棋经》，现存英国画家图书馆，编号是S.5574号。原文写在一卷佛

围棋石盘

陕西咸阳市汉阳陵出土

Stone Weiqi Board, exvacated from Hanyang tomb in Xianyang City, Shaanxi Province

白釉围棋盘

河南安阳市张盛墓出土，现藏河北博物院，隋

Chess Board, Zhangsheng tomb in Anyang City of Henan Province, Sui Dynasty, preserved in Hebei Museum now

陶棋盘与蚌棋子

现藏西北大学博物馆藏，唐

Pottery Chess Board and Pieces, Northwestern University Museum collection ,Tang Dynasty

木围棋盘

新疆吐鲁番阿斯塔那第206号古墓出土，公元7—10世纪

Wooden Chess Board, excavated from Aatana Tomb No. 206 in Xinjiang Province, 7th - 10th century

棋几
现藏日本正仓院
Chess Table, Shosoin collection, Japan

经的背面，无撰者姓名。卷首已残缺三五行。卷末题“碁经一卷”，另有藏文题记一行。现存经文总计160行。《碁经》是骈文的文体，处处可见对偶式的四六句子，全文不分段。内容可分正文和附录两部分。还有蔡洪的《围棋赋》、马朗的《围棋势》二十九卷、范汪的《棋九品序录》、沈敞的《棋势》七卷、袁遵的《棋后九品序》一卷，以及梁武帝萧衍的《围棋品》《围棋赋》《棋评》。魏晋南北朝时期，围棋出现了许多雅号，如“坐隐”“手谈”“忘忧”和“烂柯”等。“坐隐”是说下棋须凝神静气、全神贯注，坐在棋盘前就好像遁世隐居一样。“手谈”是两人不必开口，通过下棋来逞能斗智，交流思想，就像用手交谈一样。“忘忧”出自于成语“闻鸡起舞”中英雄祖逖的哥哥祖纳之口。祖纳喜好围棋，有人劝他珍惜时光，祖纳回答：“我亦忘忧耳。”

唐朝是我国围棋发展的高峰时期，随着“棋待诏”制度的实行，这一时期不仅高手辈出，而且棋理思维达到了前所未有的高度。到宋朝时，围棋在民间得到了更广泛的开展，出现了民间的围棋组织和棋会，以及《棋经十三篇》《棋经》《棋诀》《清乐忘忧集》等棋谱，标志着围棋进入实战性和技术性的发展道路。宋代的民间棋手，只要棋艺高深，就有可能通过考试博取翰林“棋待诏”一职，充分体现了“棋待诏”制度的公平竞争性。

元朝是我国围棋的衰退时期，不仅国家废除了“棋待诏”制度，而且有关围棋的记载也比较少。其中除由严德甫著的《玄玄棋经》，还有一些元曲杂剧对此有所反映。李文蔚的杂剧《破苻坚将神灵应》第二折中的《谢安论棋》，俨然是一部精彩的棋经。该剧深入浅出，富有哲理，反映了元人对围棋的喜好程度和当时的围棋水平。

明朝时围棋又出现了一个高峰。明初宫廷内盛行围棋，朱元璋、朱棣、朱权等都喜爱围棋。明代还出现了许多著名的棋手，并形成了三大流派，如永嘉棋派，徽州新安派以及京师派。棋派的出现，反映了明代围棋繁荣的景象。明代棋坛霸主过百龄（1587—1657），不仅棋艺高，棋德也高。他通过实践积累，先后著有《官子谱》《三子谱》《四子谱》等，对当时围棋棋艺的发展做出了突出的贡献。

清代是围棋发展的鼎盛时期，高手如云，如黄龙士、徐远、范西屏、施定庵、陈子仙等，都是棋坛上称雄一时的霸主，棋艺也达到了前所未有的水平。

烂柯图

绘于荷叶形磁盘，宋

Lanke Tu, painted on the plate,Song Dynasty

荷亭对弈图

现藏北京故宫博物院，南宋

Heting Duiyi Tu, Southern Song Dynasty, H22.5cm, W23.8cm, The Palace Museum collection

银茶具

1987 年 4 月陕西省扶风县法门寺塔基地宫出土，现藏法门寺博物馆，唐

Silver Tea Service, Tang Dynasty, Famen Temple Museum collection

十八学士图(局部)
中国古代名家仇英作品
Eighteen Scholars (part), painted by Qiu Ying

弈围棋图

甘肃瓜州榆林石窟第 32 窟壁画，北壁，五代

Weiqi, wall painting of the Yulin Cave No.32, north wall, Guazhou of Gansu Province, Five Dynasty

十八学士图

现藏台北故宫博物院，宋

Eighteen Scholars, L173.6cm, W103.1cm, Song Dynasty, Taipei Palace Museum collection

书画图

绢本、设色，现藏日本东京国立博物馆，元 任仁发(传)

Painting and calligraphy, painted by Ren Renfa , painting on silk, Yuan Dynasty,Tokyo National Museum collection

重屏会棋图

绢本、设色，现藏北京故宫博物院，五代　周文矩（传）

Playing Chess, painted by Zhou Wenju, painting on silk, Five Dynasty, The Palace Museum collection

临宋人画

现藏上海博物馆，明　仇英

Copy of Song Dynasty's Painting, painted by Qiu Ying, Ming Dynasty, H27.2cm, 25.5cm, Shanghai Museum collection

竹亭对棋图

现藏辽宁省博物馆，明　钱穀

230 Playing Chess in Bamboo Pavillion, painted by Qian Gou, Ming Dynasty, H62.1cm, W32.3cm, Liaoning Museum collection

荷亭消夏图（局部）
绢本、设色，宋 赵伯驹
Enjoying the Lotus Flowers in Summer, part, painted by Zhao Boju, painting on silk, Song Dynasty

三老对弈图
河北宣化张文藻墓，辽
Three Old Men Playing Chess, unearthed from Zhang wen-zao's tomb in Xuanhua of Hebei Province,Liao Dynasty

番王礼佛图
现藏北京故宫博物院，元
Minority Chief Worshiping Buddha, Yuan Dynasty, The Palace Museum collection

雑画

现藏上海博物馆，明　张路

Za Hua, painted by Zhang Lu, Ming Dynasty, H31.6cm, W58.3cm, Shanghai Museum collection

华山五老图

明

Five Honorabl Old Men of Huashan Mountain, Ming Dynasty

烂柯图

纸本、墨笔 现藏北京故宫博物院，明　徐渭

Chess Playing, painted on paper, Ming Dynasty, Beijing Palace Museum collection

弈棋图

现藏北京故宫博物院，清　任熊

Chess Playing, painted by Renxiong, Qing Dynasty, The Palace Museum collection

人物花鸟图

现藏北京故宫博物院，清　任颐

Figures, Flowers and Birds, painted by Ren Yi, Qing Dynasty, The Palace Museum collection

《坐隐先生精打捷径弈谱》插图

此图为《弈谱》卷前附图，六页连式，明万历三十七年（1609）环翠堂刊本，现藏中国国家图书馆

Illustration of Zuoyin Xiansheng Jingda Jiejing Yipu, Ming Dynasty, National Library of China collection

十八学士登瀛洲图（局部）

清　孙祜等

Scholars Ascending Yinzhou(part),painted by Sun Hu, Qing Dynasty

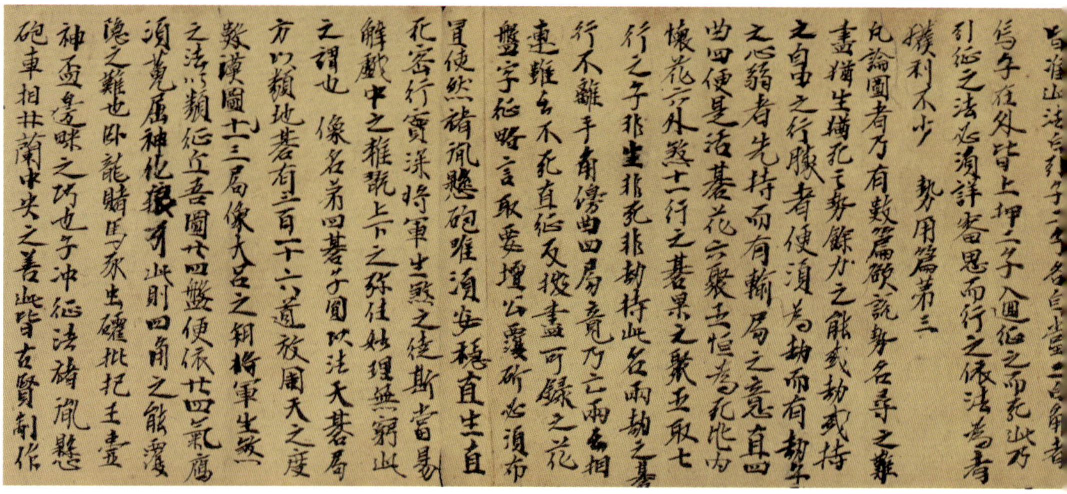

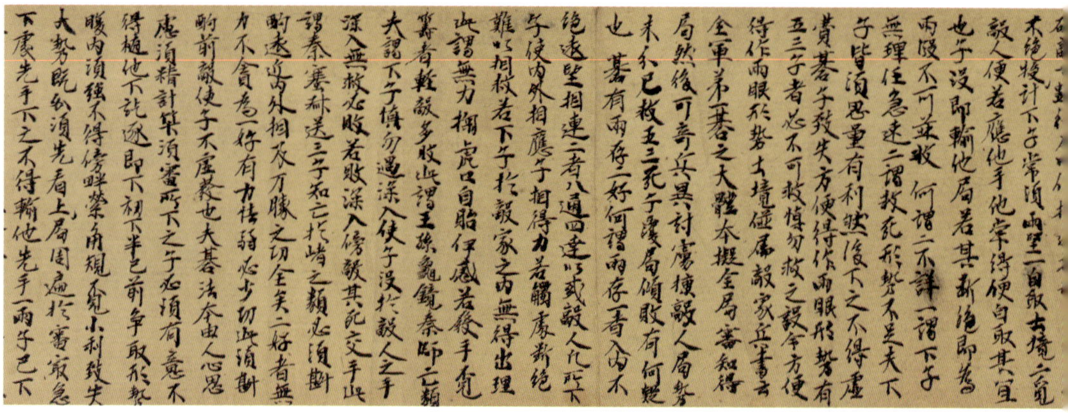

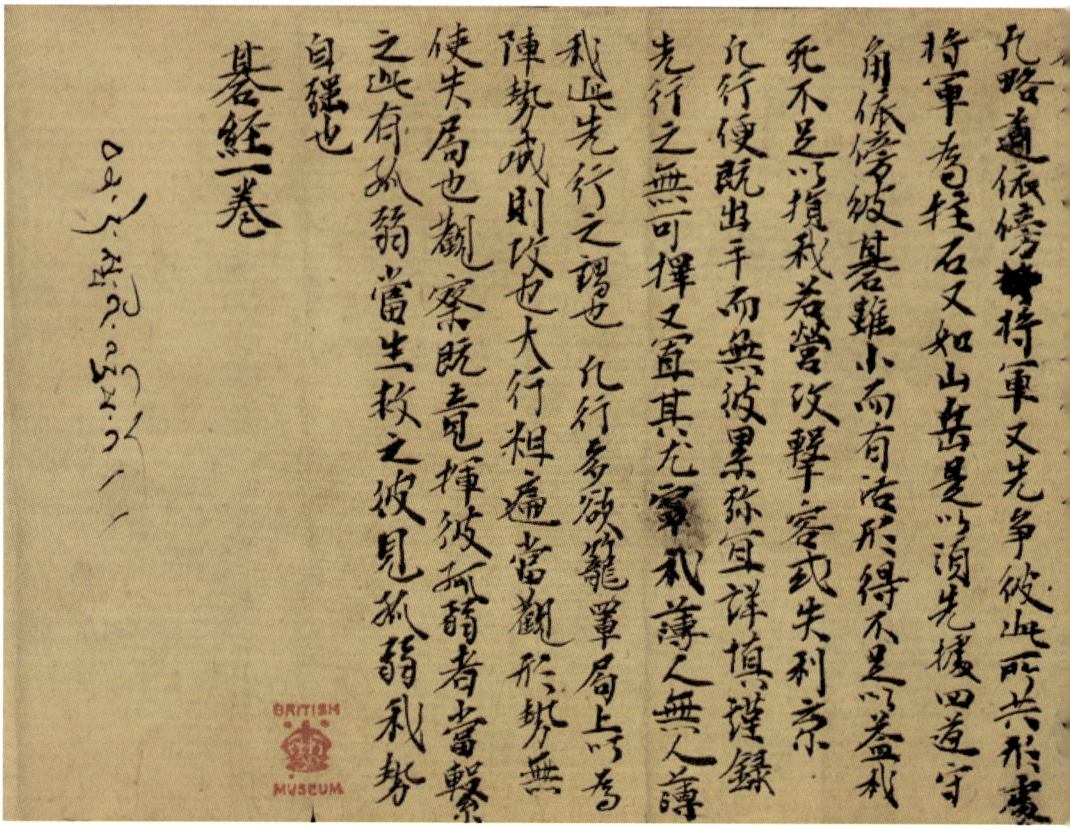

碁经

敦煌抄卷 S.5574，现藏大英博物馆，北周

Classics of Chess, Dunhuang Manuscript S.5574, Northern Zhou Dynasty, now in the British Museum

碁经 2

敦煌抄卷 S.5575，现藏大英博物馆，北周

Classics of Chess, Dunhuang Manuscript S.5575, Northern Zhou Dynasty, now in the British Museum

碁经 3

敦煌抄卷 S.5576，现藏大英博物馆，北周

Classics of Chess, Dunhuang Manuscript S.5576, Northern Zhou Dynasty, now in the British Museum

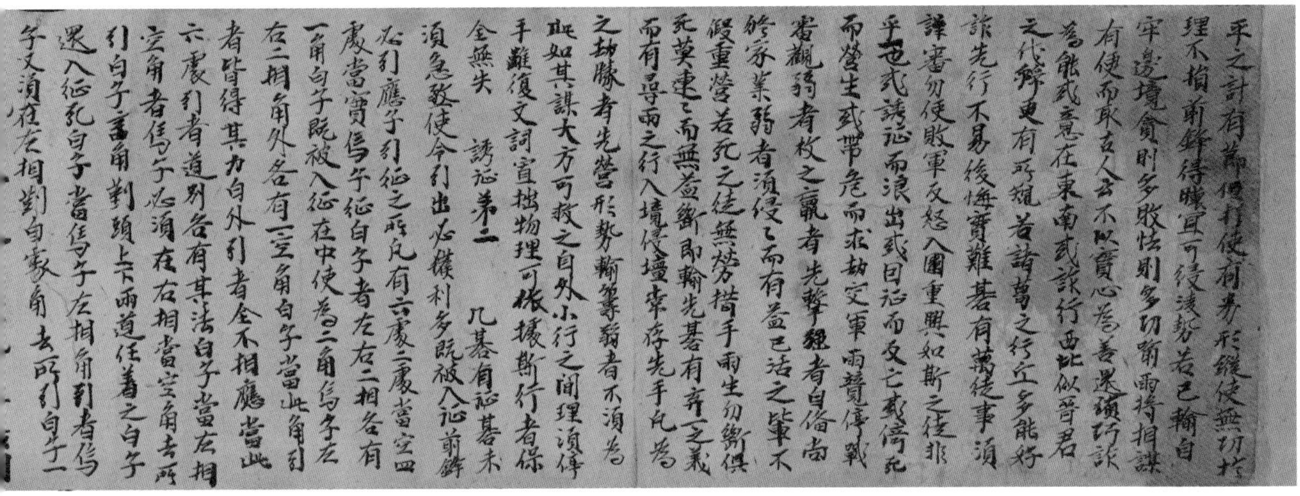

平之計有節便行使有形勢使無功於
理不指前鋒得曉宜可侵淩勢若已輸自
牢邊境貪則多敗怯則多功前兩將相謀
有使而取古人云不以貪心為善迷頑巧詐
為能或意在東南或詐行西北似晉君
之代虢更有所規若諸葛之行亡多能好
詐先行不易後悔實難棋有萬徒事須
諦審勿使敗軍反怨入圍重興如斯之徒非
乎也或誘征而浪出或因征而反亡或倚死
而營生或帶危而求劫定軍兩贊停戰
省觀弱者枚之贏者先擊强者自備尚
於家業弱者須侵之而有益已活之輩不
假重營若死之徒無勞措手兩生勿斷俱
死莫連之而無益斷即輸先棋有棄一之義
而有尋而之行入境侵壇牢存先手凡為
之劫勝者先營形勢輸籌弱者不須為
斑如其謀大方可救之自外小行之間理須停
手雖復文詞宜拙物理可依據斯行者保
全無失　誘征第二　凡棋有征棋未
須急發使令引出必饒利多既被入征前鋒
必引應子引征之所凡有六處二處當空四
處當實為子征白子者左右二相各有
一角白子既被入征在中使為二角為子左
右二相角外各有一空角白子當此角引
者皆得其力白外引者全不相應當此
六處引者道別各有其法白子當左相
空角者為子必須在右相當空角去所
引白子當角對頭上下兩道任着之白子
還入征死白子當為子左相角引者為
子又須在左相對白家角去所引白子一

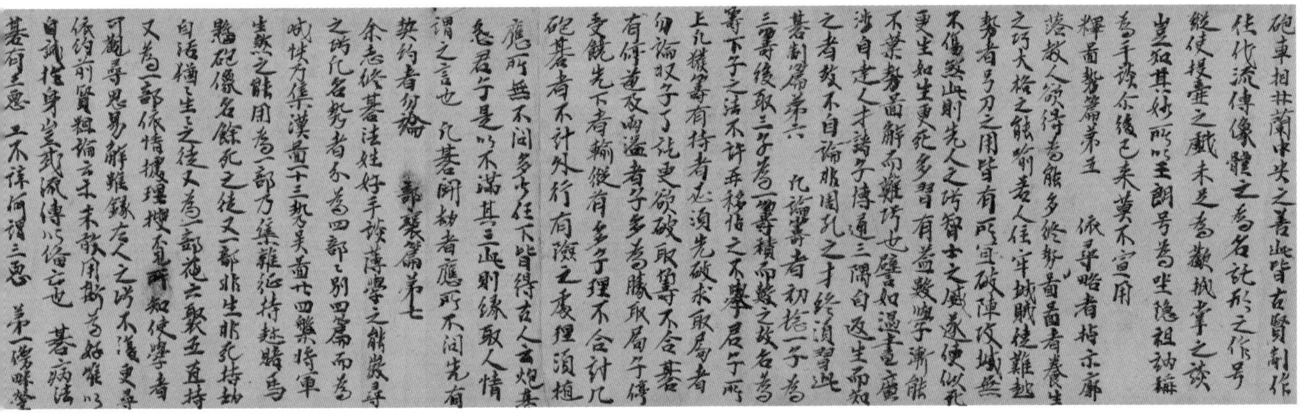

砲車相井蘭中央之善此皆古賢制作
代代流傳像體之為名託形之作號
縱使棋盤之戲未是為樹枫掌之談
豈知其妙所以王朗號為坐隱祖納稱
為手談尔後已來莫不宣用
權略勢篇第五　依尋略者精求廣
落效人欲得為能多終勢略者養生
之巧大格之能前者人任牢城賊徒難越
勢者弓刀之用皆有所宜破陣攻城無
不傷殘此則先人之巧智士之威遂使從死
更生如生更死多智有益數學漸能
不叢勢略解而難巧也譬如溫書廣
涉自達人才諸子博通三隅自返生而知
之者致不自論非閑孔之才終須習此
棋制篇第六　凡論籌者初捲一子為
三籌後取三子為一籌積而數之故名為
籌下子之法不許弃移指之不舉君子所
上凡獲籌有持者必須先破求取局者
自論收子了訖更欲破取籌不合棋
有停道及兩溢者子多為勝取局子停
受饒先下者輸從有多子理不合計凡
砲棋者不計外行有險之處理須植
應所無不問多少任下皆得古人云炮棋
急君子是以不滿其三此則緣取人情
謂之言也　凡棋所劫者應所不問先有
契約者勿論　部襲篇第七
余忝俗棋法娃好手談薄學之能嵌尋
之趣凡名勢者分為四部部別四篇而為
此狀方集漢圖十三勢吳圖廿四槃將軍
生殺之能周為一部乃集雜征持趁賭馬
點砲像名餘死之徒又一部非生非死持劫
自活獨生之徒又為一部花六聚五直持
又為一部依情據理撰所知使學者
可觀尋思易解難錄左人之巧不滿更尋
依約前賢粗論云未敢用斯為好雖以
自誡指身豈或流傳以備之也　棋病法
棋有三惡二不祥何謂三惡　第一傍畔營

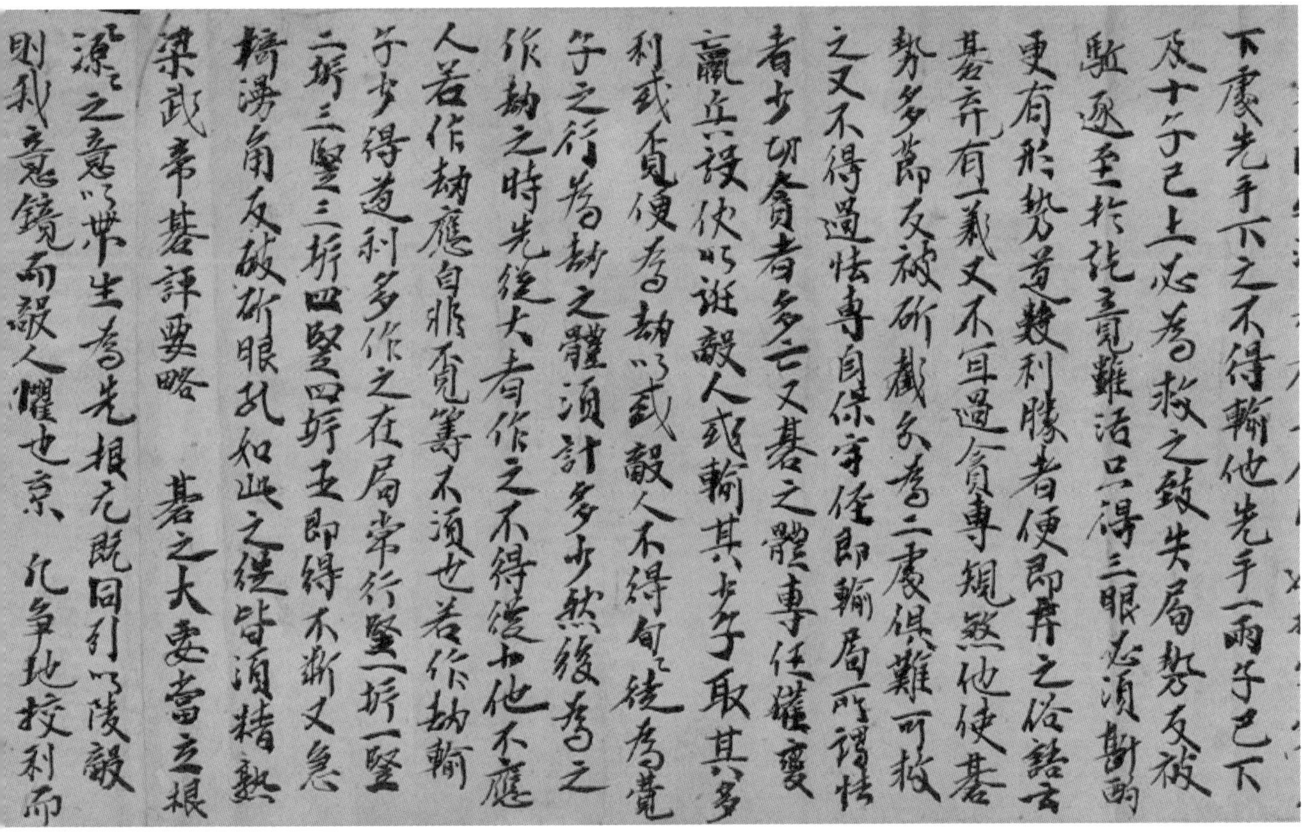

下處先手下之不得輸他先手一兩子已下
及十子已上必為救之致失局勢反被
駈逐至於死亡難活只得三眼必須斷兩
更有形勢道數利勝者便即棄之俗語云
棋棄有一義又不可過貪專規煞他使棋
勢多節反被所截分為二處俱難可救
之又不得過怯專自保守徑即輸局所謂怯
者少功貪者多亡又棋之體專任權變
贏在設伏以誑敵人或輸其少子取其多
利或負便為劫以惑敵人不得匆匆徒為覓
子之行為劫之體須計多少然後為之
作劫之時先從大者作之不得從小他不應
人若作劫應自非覓籌不須也若作劫輸
子少得道利多作之在局常行豎一折一豎
二折三豎三折四豎四折五即得不漸又急
騎湧角反破所眼孔知此之徒皆須精熟
梁武帝棋評要略　棋之大要當先立根
源之意以帶生為先根本既固則以陵敵
則我意思鏡而敵人懼也京　凡爭地校利而

西园雅集图

宋　马远

Meeting in West Garden,painted by Mayuan Song Dynasty

深山会棋图

绢本、设色，现藏天津市艺术博物馆，清　王云

Playing Chess in Mountain, painted by Wang Yun, painting on paper, Qing Dynasty,Tianjin Municipal Art Museum collection

屏风画

甘肃敦煌莫高窟第 454 窟壁画，清

Screen,wall painting of the Mgao Cave No.454, Dunhuang of Gansu Province, Qing Dynasty

东山报捷图

现藏广州美术馆，清

Reporting Good News in East Mountain, Qing Dynasty, Guangzhou Art Museum collection

松下对弈图

绢本、设色，清 郑岱

Playing Chess under the Tree, painted by Zheng-dai, painting on silk, Qing Dynasty

弈围棋图

瓷器，清

Weiqi, porcelain, Qing Dynasty

香山九老图

清　吴嘉猷

Nine Honorable Old Men in Xiangshan Mountain, painted by Wujiayou, Qing Dynasty

西园雅集图

清　华喦

Meeting in West Garden, painted by Huayan, Qing Dynasty

郑成功弈棋图

绢本、设色，现藏中国历史博物馆，清　黄梓

Chess, painted by Huang Zi, painting on silk, Qing Dynasty, Chinese History Museum collection

仕女弈棋图

粉彩瓷瓶画，清

Vase with Lady Play Chess Design, Qing Dynasty

松下弈棋图(残)

青花瓷盘，清

Playing Chess under the Tree,porcelain, Qing Dynasty

弈棋图

银提梁壶刻画，现藏北京故宫博物院，清　乾隆

Playing Chess , Qing Dynasty, The Palace Museum collection

对弈图

黄杨木雕笔筒，清　吴之璠

Chess, painted by Wuzhi fan, Qing Dynasty

弈棋

现藏广州美术馆，清　苏六朋

Playing Chess ,Painted by Suliu peng, Qing Dynasty, Guangzhou Art Museum collection

（五）象棋

古代象棋被赋予“象天则地，仁义备载，足堪法式”的崇高的社会功能和文化功能。古人通过象棋反映了他们对天地自然法则和人间社会法则的总的认识。有关学者考察发现，象棋的发明、演变及其设计思想，与中国传统的术数文化有着密切的关系。中国象棋反映的是阴阳六十四卦和九宫的思想，这在唐代的八八象棋中得以证明。因为，八八象棋的棋局为六十四卦阴阳路，这一传统文化特征是探讨象棋起源地的重要因素之一。象棋的术数文化思想恰恰是古人对自然界和人类社会包罗万象的总体认识。

象棋一名出现于战国，到唐为止，棋

铜质象棋子
宋
Bronze Pennants of Chess, Northern Song Dynasty

瓷质象棋子
南宋
Ceramic Pennants of Chess, Sourthern Song Dynasty

象棋
清
Chess,Qing Dynasty

铜象棋子
陕西出土，北宋
Bronze Pennants of Chess kept in Historical Museum of Shaanxi, Northern Song Dynasty

对弈

位于山西洪洞县水神庙明应王殿西壁北部上层，元

Playing Chess, Hongtong County of Shaanxi Province, Yuan Dynasty

中并无动物象的象形棋子。有人认为其得名于“象形的象棋子”或“象牙雕刻的棋子”，这都与有关史料不符。“象棋”一名，应得名于“象天则地”之象，它并非指今天的象棋。把博棋又称作“象棋”，是因为博棋中有“天象”“地象”“人伦之象”“卦爻之象”等。

有人认为现代象棋起源于印度，这是不正确的，因为象棋的祖型是中国术数文化的阴阳六十四卦局。它在“象天则地”和九宫、八卦术数的思想指导下，吸收了外来的游戏，如印度的“波罗塞戏”或“四角棋”，以及中国的“宝应象棋”“八八象棋” 等，最后形成了象棋。“八八阴阳棋局”形成于唐代中晚期，到了北宋晚期，在“河图洛书”思想的影响下，加“九宫”和“河界”，最终定型为中国象棋。

我国先后在江西、开封、洛阳、鹤壁、四川、安徽、北京、内蒙古、甘肃、山西、浙江等地，考古出土了宋、金、元、明、清时期的象棋棋子、棋局和壁画、绘

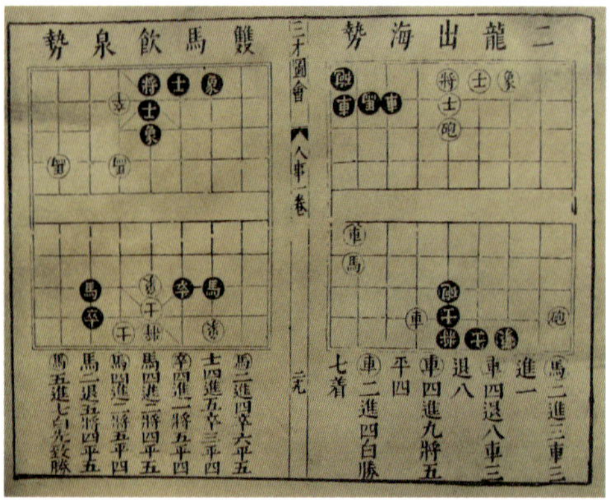

蒙古象棋
元
Mongolian Chess,Yuan Dynasty

《三才图会》中的象棋棋谱
明
Chinese Chess Manual, Ming Dynasty

象棋
现藏中国体育博物馆，清
Chinese Chess, Qing Dynasty, China sport museum collection

陶质象棋模型
广东省大埔县湖寮圩吴六奇墓出土，清
Chinese Chess, Pottery model from Wu liuqi tomb, Guangdong Province, Qing Dynasty

画等资料。唐、宋、元、明、清各朝代还遗存了许多关于象棋的文献资料，如唐代牛僧孺的《玄怪录》，宋代伊洙的《象戏格》、梅尧臣的《象戏》、司马光的《七国象戏》、程颢的《象戏》、宋徽宗韦妃的《象棋卜》、陈元靓的《棋诀》和《棋诗》、洪迈的《棋经论》、文天祥《玉层金鼎》和《单骑见虏》，元代山野居士的《游戏大全》，元曲无名氏小令［南吕·七贤过关］《四时恩情》、［双调·沉醉东风］《咏象棋》，明代的《象棋》《象棋势谱》《金滕七着》《梦入神机》《金鹏秘诀》《金鹏十八变》《适情雅趣》《橘中秘》，清代的《韬略玄机》《竹香斋象戏谱》《心武残编》《百局象棋谱》等。

象棋在历史上经历了南宋、明、清三个朝代的持续发展，不仅高手辈出，而且还出现了各种派别，充分反映了象棋在中国古代非常普及。无论街头巷尾、河滨柳荫，还是茶馆酒肆，随处可见捉对厮杀者和围观的人群。象棋是中华文化优秀传统的组成部分，在中华文化发展史上占有独特的地位，成为人们文化娱乐生活中不可或缺的重要内容之一。

第四篇 中国古代的竞技体育

远古时代，先民们的生存取决于身体的力量，所以奔跑、举石、投索和掷长矛等都是为了向大自然索取生活资料。随着时代的变迁、岁月的流逝，逐渐学会了专门的徒手搏斗技能，无意识地出现了“竞技”的雏形。另外，在原始社会，先民们为了争夺猎物而采取的种种搏打行动，逐步发展成一种战争。在这过程中又不断积累经验，形成了带有竞技性、规则性的军事活动。再则先民通过自然崇拜，乞求风调雨顺，祭祀天地神祇，希望通过载歌载舞以唤醒冥冥苍天的慈悯之心。可以说，原始社会的竞技游戏，都是为了一个外在性的祭天唤神的目的，而不是纯粹为了运动本身的快乐体验。

竞技游戏作为一个宽泛的概念，并不是随着个人意志转移的，它的产生与发展变化自有其一定的规律。从历史人类学的视角来看，竞技游戏的起源，与人们的生产活动有着密切的联系。远古时代，先民们的生存取决于身体的力量，所以奔跑、举石、投索和掷长矛等都是为了向大自然索取生活资料。闲暇时，则用嬉戏的形式再现这些活动，以互相传授经验和练习，它几乎是一种本能的冲动和旺盛生命力的体现。随着时代的变迁、岁月的流逝，先民在与大自然的地理环境抗争、与飞禽走兽搏斗的过程中，学会了专门的徒手搏斗技能，无意识地出现了“竞技”的雏形。另外，在原始社会，先民们为了争夺猎物而采取的种种搏打行为，逐步发展成一种战争。在这过程中又不断积累经验，形成了带有竞技性、规则性的军事活动。再则先民通过自然崇拜，乞求风调雨顺，祭祀天地神祇，希望通过载歌载舞以唤醒冥冥苍天的慈悯之心。原始社会的歌舞和各种杂耍表演，就是祭祀时的娱神活动，龙舟竞渡是图腾祭祖，游水弄潮是逆水迎神，角抵百戏是娱神又娱人。恰恰是宗教的祭祀哺育了竞技游戏的萌生，竞技游戏的内容、形式和功能都浸透了宗教意味。可以说，原始社会的竞技游戏，都是为了一个外在性的祭天唤神的目的，而不是纯粹为了运动本身的快乐体验！

一、射术、礼射、弩射、御术、击壤、投掷、竞走、跑步、跳跃

（一）射术

在新石器时代晚期，最早由狩猎工具转化为兵器的就是远射的弓箭。弓箭是原始社会的一项重要发明，是人类懂得利用机械储存能量的最早实例之一。弓箭的原始形态，是所谓的“弦木为弧，制木为矢”。最原始的弓，仅是用单片的木材或竹片弯曲制成。箭则是削尖的木

棍或是竹竿。后来为了增强箭的杀伤力，在前端加装更为坚硬锐利的箭头——镞，通常用兽骨、石材等制作。又为增强箭飞行的稳定性，在箭的尾部加装箭羽。这从山西境内考古出土的三万年前原始人用的石材打制的箭镞可以印证。

彩绘陶立射俑

陕西省咸阳市韩家湾狼家沟村出土，现藏陕西历史博物馆，西汉

Painted Pottery Figure, Shooting, Western Han Dynasty, Shaanxi History Museum collection

在古代我国北方地区曾经居住过匈奴、突厥、粟特、回鹘、党项、羌、月氏、鲜卑、吐蕃等诸多民族，他们以游牧狩猎为生，由养马与骑马形成了特殊的衣食住行的物质文化和精神文化，又在祭礼、狩猎、军事、娱乐、礼乐等活动中形成了弓箭文化。这些文化形态已凝固在岩画、石窟壁画、墓葬砖画、彩陶、简牍等载体上。古代使用弓弩进行的射击活动，有弓射、弩射、弹射、弋射等多种。早在原始社会即有弋射、弩射。在殷代甲骨文中有猎取飞鸟的射具“矰缴”和弩的象形文字。周代则以“射”为“六艺”教育之一，当时弓、弩、矢的制作已很精密，形状多样。中国古代优秀射手辈出，如春秋时期的养由基、汉代的李广、隋代的长孙晟等。

古人最早使用弓和箭，主要用于狩猎和战争。中国射箭技术之高，是闻名世界的。在汉字古文字中，“侯”字是一个会意字，画着一块布，也就是靶子；还有一个“矢”字，也就是箭。最早选军队领袖，是根据射艺水平的高低来决定的，射中者为“侯”。这就是“诸侯”的“侯”字的本义。夏朝有羿射九日的传说。春秋时期，楚国神射手养由基，能在百步之外射中柳叶，而且百发百中。这种以比赛为主的运动，在儒家思想的影响下，逐步演变为射礼，并制礼作乐，使礼乐教化与体育比赛完美地融为一体。

1.田猎

夏、商、周是我国奴隶社会形成与发展的重要时期，并孕育出内涵丰富的华夏文化。这一时期的田猎活动已脱离生产活动之外的军事训练、体质锻炼等,成为宫廷权贵消遣休闲的一种娱乐方式,但它的源头打着劳动的烙印。据文献《礼记》载:“天子易教于田猎以习五戎,班马政。”《甲骨文合集》载:“贞中子肱疾,呼田于凡。”这些文献记载说明,田猎是有准备并在一定时间之内举行。田猎的主要手段有追逐、射、弋击、设陷、围捕以及空手搏兽等。田猎时要绕到野兽的左方以便于射杀,田猎结束后凭割下的左耳数评功论赏,参加田猎者通过射箭比赛来决定猎物的分配。并且还认为,田猎活动有舒筋活血的养生保健功能。田猎至周代,根据不同季节有不同的称谓,如“春搜”“夏苗”“秋狝”“冬狩”。田猎完全是一种动物与人的身体竞赛,这种竞搏的形式对中国体育史的发展具有一定的影响。

绿釉狩猎纹陶壶

陕西省西安市郭家村出土,现藏中国国家博物馆,东汉

Pottery Pot with Hunting Pattern,unearthed from Guojia Village ,Xi'an, Shaanxi, China National Museum collection, Western Han Dynasty

2.狩猎

在狩猎中,除了田猎之外,还有犬猎、鹰猎、豹猎和猞猁猎等,它亦为宫廷贵族所喜爱。犬猎早在我国周代和春秋时期就有了,《诗经·小雅·巧言》载:“跃跃野兔,遇犬获之。”公元5—6世纪时,汉人和胡人集居的西北一带,人们普遍喜爱放鹰走狗。在汉魏时期,兔子是主要的食品,有“兔斯首,炰之燔之”之说。在我国汉魏画像砖庖厨画面中,有供烹饪用的兔。

在唐朝,这种驯鹰狩猎活动的风气更加炽盛,唐太宗和唐玄宗就是醉心于放鹰走狗的典范。皇宫中的大鹰坊紧邻狗坊,鹰坊里养四种猎鹰,其中最珍贵的是金雕。当时的西部边陲地区,专门驯养优秀的猎鹰作为贡品献给皇帝。据文献《北史·后妃上》记载,咸通七年(866),沙州(敦煌)节度使张义潮献“青骹鹰四联,吐蕃女子二人,马四匹”。在魏晋时期,鹰抓兔是猎兔的

狩猎壁画

陕西省西安市西安理工大学西汉壁画墓墓室东壁,西汉

Hunting, Wall painting of Western Han tomb, Located in Shaanxi University of Technology

人物升仙

骑射画像石，陕西省米脂县党家沟出土，现藏陕西省米脂县博物馆，东汉

Riding and Shooting, stone relief, Eastern Han Dynasty, Mizhi County Museum of Shaanxi Province

方法之一。在墓葬彩绘壁画砖中，既有猎人用鹰抓兔的场面，也有鹰抓兔的单个形象。从彩绘的壁画砖上，我们通过画面可以看到猎人放鹰抓兔的过程。猎人手臂或鹰架上的鹰，是专门用来捕捉飞禽走兽的，而这些鹰并非是野生的鹰，而是猎人专门喂养用来狩猎的鹰。在隋炀帝大业四年，曾"征天下鹰师悉集东京，至者万余人"，可见我国古代驯鹰非常盛行。汉墓出土的砖画、甘肃河西出土的魏晋彩绘砖画，以及唐、元、辽时期的墓葬壁画中存在许多形象逼真的鹰猎画面。

更值得注意的是，1991年在西安市灞桥区金乡县发掘的唐高祖李渊孙女的墓室中，出土了一系列狩猎陶俑，其中有两件彩绘骑马抱犬狩猎男胡俑、两件彩绘骑马架鹰狩猎男胡俑、一件彩绘带豹狩猎男胡俑、一件彩绘骑马带猞猁狩猎女俑。这些狩猎陶俑显示，猎师所带的犬、鹰、豹、猞猁等动物，都是经过专门训练用来辅助狩猎的。1960年，在陕西乾县永泰公主墓出土了一件彩绘骑马带豹狩猎胡俑；1971年，在懿德太子墓、章怀太子墓的墓葬壁画中绘有驯豹图和马背上蹲踞猞猁的图像。这反映了在当时狩猎时，除了传统的田猎、鹰猎、犬猎之外，豹猎和猞猁猎亦为宫廷权贵所喜爱。种种迹象表明，豹猎和猞猁猎在当时成为一种时尚，皇族男女皆醉心于此，所以在追赠的公主、太子墓随葬陶俑和墓室壁画中豹猎和猞猁猎占有很大的比例。

荷塘

渔猎画像砖，四川彭州市三界镇收集，现藏四川博物馆，东汉

Lotus Pond and Fishing, Painting on brick, Eastern Han Dynasty, Sichuan Museum collection

狩猎壁画

陕西省西安市西安理工大学西汉壁画墓墓室东壁，西汉

Hunting, Wall painting of Western Han tomb, Located in Shaanxi university of technology

狩猎壁画

陕西省西安市西安理工大学西汉壁画墓墓室东壁，西汉

Hunting, Wall painting of Western Han tomb, Located in Shaanxi university of technology

狩猎

车马出行彩绘画像石，陕西神木县大保当23墓出土，现藏陕西省考古研究所，东汉

Hunting, Stone relief, East Han Dynasty, Dabaodang tomb No. 23 of Shenmu County, Shaanxi Province

狩猎

车马出行彩绘画像石，陕西神木县大保当23墓出土，现藏陕西省考古研究所，东汉

Hunting, Stone relief, East Han Dynasty, Dabaodang tomb No. 23 of Shenmu County, Shaanxi Province

山水狩猎图

山西大同市智家堡村北魏墓，北魏

Hunting, excavated from Northern Wei Dynasty tomb in Zhijiapu village of Datong City, Shaanxi Province

豹猎和猞猁猎是古代西亚、北美经丝绸之路传入中国的。由于豹猎和猞猁猎在追逐野兽的过程中更富有刺激性和竞技性，所以人们狂热参与。据文献《新唐书》《册府元龟》《唐会要》记载，在唐代玄宗开元、天宝时期西域诸国进贡猎物，这种列入贡品的豹在西亚称之为“奇塔”(Cheetah)，进入我国后称之为“文豹”。猞猁同样来自西亚、北美地区。猞猁双耳直竖，耳尖各长一撮黑毛，其体格小于“文豹”，但十分凶猛，跳跃能力极强，向上跃起可高达 9 米以上，远达 18 米。由于它的蹿跳能力极强，故能捕捉到雁、鹤、鸨等飞禽。因此，西亚人通过训练猞猁用于狩猎。懿德太子、章怀太子、永泰公主、金乡县主墓中的壁画和彩绘陶俑，为我们展现了一幅生动的画面——“文豹”迅疾矫健、猞猁蹿跳入云、猎者狂热激动。

这说明了当时人们已驯化动物用于狩猎。猎人在骑马狩猎的过程中，迅捷矫健的鹰、犬、豹、猞猁等动物追逐猎物，猎人骑马紧追不舍。这些竞技性动作所产生的冲动，衍生出了骑马速度的较量，亦有马上击物游戏的痕迹。这为马术、赛马、马球运动的孕育和形成产生了影响。

射术自周代就开始盛行。由于在狩猎时，追逐猎物需要具备耐力、体能、速度等身体素质，并富于娱乐性和竞技性。因此，在古代一直是把射猎作为训练士兵的内容之一，同时也是王公贵族追求刺激、满足娱乐心理的消遣活动。

有关狩猎的资料十分丰富，不仅有考古发现的石窟壁画、汉代砖画、魏晋彩绘砖画、墓葬壁画中的弓射图像，还有大量的史书记载，这为考证弓箭文化提供了依据。

射猎图

敦煌莫高窟第 301 窟壁画，北周

Hunting,wall painting of the Mgao Cave No.301, Dunhuang of Gansu Province, Northern zhou Dynasty

弋射图

1992 年内蒙古鄂托克旗凤凰山 1 号墓出土，原址保存，东汉

Hunting, Eastern Han Dynasty, Unearthed in Fenghuang Mountain of Inner Mongolia Province in 1992

围猎图

1999 年内蒙古鄂托克旗凤凰山 1 号墓出土，原址保存，东汉

Hunting, Eastern Han Dynasty, Unearthed in Fenghuang Mountain of Inner Mongolia Province in 1999

李广射虎图

1995 年出土，现藏甘肃省文物考古研究所

Liguang Shoots the Tiger, Western Jin Dynasty, L31cm, W15.8cm, Archaeological Institute of Gansu Province collection

射熊图

新疆克孜尔石窟第 188 窟壁画，7 世纪

Shooting a Bear, wall paintging from Kizil Grottoes No.188, Xinjiang Province, 7th century

射象图

新疆克孜尔石窟第 206 窟，东甬道内侧壁

Shooting Elephants, wall paintging from Kizil Grottoes No.206, Xinjiang Province

射靶图

敦煌莫高窟 419 窟壁画，隋代

Shooting Target ,wall painting of Mogao Cave No.419, Dunhuang of Gansu Province, Sui Dynasty

猎羊图

甘肃省嘉峪关市新城 7 号墓前室东壁，西晋

Hawk, excavated from Xincheng tomb No.7 in Jiayuguan City of Gansu Province, Western Jin Dynasty

狩猎

吉林省集安市洞沟古墓群禹山墓区中部角抵墓，原址保存，高句丽（4 世纪中叶）

Hunting, wall painting of the Ji An Koguryo tomb in Jilin Province, 4th century

敕勒川狩猎图

内蒙古和林格尔县北魏壁画墓，北魏

Hunting, wall painting from Northern Wei tomb in Inner Mongolia Province, Northern Wei Dynasty

猎图

1970 年吉林省集安市洞沟古墓群长川墓区 1 号墓出土，原址保存，高句丽(6 世纪)

Hunting, wall painting of the Ji'an Koguryo tomb in Jilin Province, 4th century

狩猎图

山西忻州九原岗北朝壁画墓，北朝

Hunting,wall painting in Xinzhou City's JiuYuangang tomb in Shanxi Province,North Dynasty

狩猎图

山西忻州九原岗北朝壁画墓，北朝

Hunting,wall painting in Xinzhou City's JiuYuangang tomb in Shanxi Province,North Dynasty

猎鹿图

山西忻州九原岗北朝壁画墓，北朝

Hunting,wall painting in Xinzhou City's JiuYuangang tomb in Shanxi Province,North Dynasty

狩猎图

山西太原市晋源区王郭村虞弘墓石椁座后壁下栏，隋

Hunting, wall painting on a stone outter coffin, Sui Dynasty, Yuhong tomb in Shaanxi Province

石椁壁画狩猎图

山西太原市晋源区王郭村虞弘墓石椁座后壁，隋

Hunting, wall painting on a stone outter coffin, Sui Dynasty, Yuhong tomb in Shaanxi Province

骑射纹银杯

现藏巴黎吉美国立亚洲艺术博物馆,唐

Silver Cup with Shooting Design, H7.67cm, Tang Dynasty, Musée national des Arts asiatiques-Guimet, Paris

八瓣仕女狩猎纹银杯
唐
Silver Cup with the Picture of Court Ladies Shooting , Tang Dynasty

八角形狩猎纹镜银背
唐
Octagonal Mirror, Tang Dynasty

狩猎纹镜

现藏北京故宫博物院，唐

Hunting Profiling Mirrors, North Han Dynasty, Beijing Palace Museum collection

渔猎博局纹镜

现藏北京故宫博物院，东汉

Hunting Profiling Gambling Mirrors, North Han Dynasty, Beijing Palace Museum collection

狩猎图

陕西三原县李寿墓壁画，唐

Hunting,wall painting in Lishou's tomb in Shaanxi Province,Tang Dynasty

射猎图

敦煌莫高窟第 98 窟壁画，五代

Hunting, wall painting in the Mogao caves NO.98, Five Dynasty

彩绘木箭菔射虎图

公元 7 至 10 世纪

Shooting Tiger, 7th-10th century

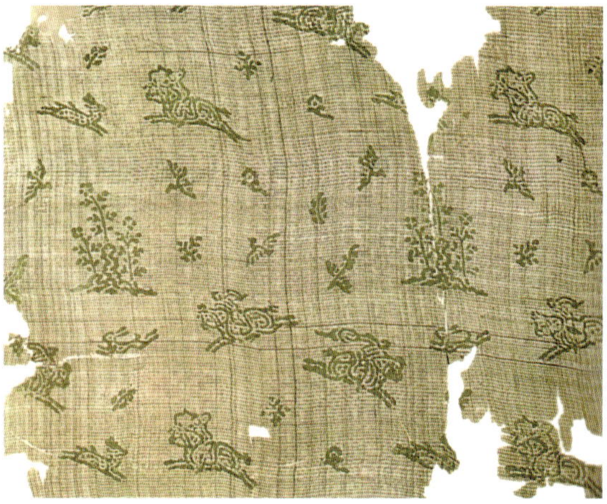

绿色狩猎纹印花纱

新疆吐鲁番阿斯塔那北区 105 号墓出土，现藏新疆维吾尔自治区博物馆，唐

Voile with printed Hunting Pattern, excavated from Astana Tomb No.105, Xinjiang Museum collection

骑马图

星宿图卷（南宋摹本），唐　梁令瓒

Riding,painted by lianglinzan ,Tang Dynasty

织金瑾

公元 8—10 世纪，鄯善县鲁克沁出土，现藏吐鲁番博物馆

Gilt Brocade, 8th-10th century, Tulufan Museum collection

备猎图

内蒙古敖汉旗贝子府镇喇嘛沟辽墓墓室西壁，辽

Hunting, wall painting of Lamagou tomb in Inner Mogolia, Liao Dynasty

射猎图

甘肃敦煌莫高窟第 346 窟壁画，南壁，五代

Hunting, wall painting of the Mogao Cave No.346, south wall, Dunhuang of Gansu Province, Five Dynasty

讲武习射

辽

Teaching Martial Art and Learning shooting, Liao Dynasty

出猎图(局部)

现藏台北故宫博物院,辽

Hunting(Part),Taipai Museum collection,Liao Dynasty

出猎图

现藏台北故宫博物院,辽

Hunting,Taipai Museum collection,Liao Dynasty

负箭持弓人物图

1989 年河北省宣化下八里二区辽墓 2 号出土,原址保存,辽

Injured Archer, In 1989 unearthed in Xuanhua Liao tomb NO.2 in Hebei Province, Liao Dynasty

弓箭图

1944 年内蒙古阿鲁科尔沁旗东沙布日台乡宝山村 1 号墓出土，原址保存，辽天赞二年(923)

Bow and arrow,in 1944 unearthed in A Lu KeErQing tomb NO.1 in Inner Mogolia, Liao Dynasty

骑射图

1995 年内蒙古敖汉旗玛尼罕乡七家村 1 号墓出土，现藏敖汉旗博物馆，辽

Shooting on horseback, in 1995 unearthed in AoHanQi tomb NO.1 in Inner Mogolia, AoHanQI Museum collection

骑士图

1995 年内蒙古敖汉旗玛尼罕乡七家村 1 号墓出土，现藏敖汉旗博物馆，辽

Rider, In 1995 unearthed in AoHanQi tomb NO.1 in Inner Mogolia, AoHanQI Museum collection

元世祖出猎图

现藏台北故宫博物院,元

Emporer Riding, Yuan Dynasty,

Taipai Palace Museum collection

骑射图

现藏台北故宫博物院，金

Riding and Shooting, Jin Dynasty, Taipai Palace Museum collection

二骏图

现藏北京故宫博物院，金　杨微

Two Horse, painted by Jinhui, Jin Dynasty, Beijing Palace Museum collection

狩猎图（摹本）

1982 年辽宁省朝阳市十二台营子乡袁台子村壁画墓出土，原址保存，摹本现藏辽宁省博物馆，前燕

Hunting(Facsimile), In 1982 unearthed in wall painting tomb in Chaoyang City of Liaoning Province, Liaoning Museum collection,Former Yan Dynasty

西岳降灵图

卷四(局部),现藏北京故宫博物院,北宋

Worshiping Fairy in Huashan Mountain,Northern Song Dynasty,Beijing Palace Museum collection

西岳降灵图

卷五(局部),现藏北京故宫博物院,北宋

Worshiping Fairy in Huashan Mountain, Beijing Palace Museum collection

清高宗丛薄围猎图

现藏北京故宫博物院

Emperor(Gaozong) Hunting,Beijing Palace Museum collection

乾隆帝射猎图

现藏北京故宫博物院

Hunting by Emperor Qianlong of Qing Dynasty,Beijing Palace Museum collection

明宣宗射猎图

现藏北京故宫博物院

Hunting by Emperor Xuanzong of Ming Dynasty, Beijing Palace Museum collection

木兰图卷

合围，现藏北京故宫博物院

Mulan Hunting Field, Beijing Palace Museum collection

宣宗马上像

明

Emperor Xuanzong on horse, Ming Dynasty

清人画弘历猎鹿横轴

现藏北京故宫博物院

Emperor Shooting Deer,painted in Qing Dynasty, Beijing Palace Museum collection

清人画弘历戈飞图

现藏北京故宫博物院

Emperor Dagger,painted in Qing Dynasty, Beijing Palace Museum collection

清人画弘历落雁图

现藏北京故宫博物院

Emperor Hunting Wild goose,painted in Qing Dynasty,Beijing Palace Museum collection

清人画弘历瑞虎图

现藏北京故宫博物院

Emperor Shooting Tiger,painted in Qing Dynasty,Beijing Palace Museum collection

清人画弘历南鹿图

现藏北京故宫博物院

Emperor ShootinDeer,painted in Qing Dynasty,Beijing Palace Museum collection

清人画弘历射狼图

现藏北京故宫博物院

Emperor Shooting Wolf,painted in Qing Dynasty,Beijing Palace Museum collection

清人画弘历射兔图

现藏北京故宫博物院

Emperor Shooting Rabbit,painted in Qing Dynasty,Beijing Palace Museum collection

驯马图
现藏北京故宫博物院
Training Horse, Beijing Palace Museum collection

乾隆帝一发双鹿图

现藏北京故宫博物院

Shooting two Deers with one Arrow by Emperor Qianlong of Qing Dynasty,Beijing Palace Museum collection

乾隆帝射箭图

现藏北京故宫博物院，清　王致诚绘

Archery by Emperor Qianlong of Qing Dynasty,Beijing Palace Museum collection

木兰围猎图

巴黎吉美国立亚洲艺术博物馆，清　郎世宁

Hunting in Mulan Hunting Field,painted by Langshining ,Qing Dynasty, Mus é e national des Arts asiatiques-Guimet collection

射九重铁鼓

位于山西省繁峙县岩山寺文殊殿西壁中部，金

Shooting Nine-Drums, wall painting in Yanshan Temple in Shaanxi Province ,Jin Dynasty

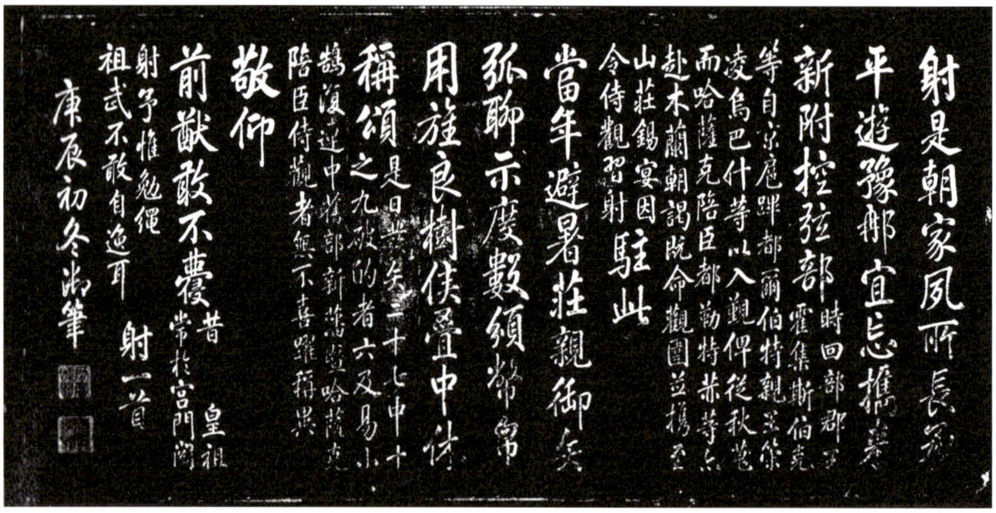

内午朝门《阅射》诗刻

Review Shooting in Inner Wuchao Door, stone relief

阿玉锡持矛荡寇图

现藏北京故宫博物院

Ayuxi Fighting the enemy with Spear, Beijing Palace Museum collection

彩绘陶骑马狩猎俑

陕西西安市灞桥区唐金乡县主墓出土，现藏陕西省西安市文物保护考古所，唐

Painted Pottery Hunting Figurines on Horseback, Tang Dynasty, Xianzhu tomb in Xi'an City, Shaanxi Province, Now in Xi'an Archaeology Institue

彩绘陶骑马狩猎俑

陕西西安市灞桥区唐金乡县主墓出土，现藏陕西省西安市文物保护考古所，唐

Painted Pottery Hunting Figurines on Horseback, Tang Dynasty, Xianzhu tomb in Xi'an City, Shaanxi Province, Now in Xi'an Archaeology Institue

彩绘陶猎骑胡俑

陕西乾县李仙蕙墓出土，现藏陕西历史博物馆，唐

Painted Pottery Hunting Figurines on Horseback, Tang Dynasty, Li Xianhui's tomb in Qian County, Shaanxi Province, Shaanxi history museum collection

箭俑

陕西乾县懿德太子李重润墓出土，现藏陕西历史博物馆，唐

Arrow Figurines,Tang Dynasty, Li Chongrong's tomb in Qian County, Shaanxi Province, Shaanxi History Museum collection

射铁猪

甘肃敦煌莫高窟第 61 窟壁画，西壁佛传故事，五代

Archery, wall painting of the Mogao Cave No.61, west wall, Dunhuang of Gansu Province, Five Dynasty

射鼓

甘肃敦煌莫高窟第 61 窟壁画，西壁佛传故事，五代

Shooting Drum, wall painting of the Mogao Cave No.61, west wall, Dunhuang of Gansu Province, Western Wei Dynasty

射鼓图

甘肃敦煌莫高窟第 290 窟壁画，窟顶西披，北周

Shooting Drum, wall painting of the Mogao Cave No.290, west slope of the ceiling, Dunhuang of Gansu Province, North Zhou Dynasty

蒙古国藏清代绘画中射箭比赛的场面

Archery Competition,painted in Qing Dynasty,Inner Mongolia Province collection

射箭

现藏俄罗斯圣彼得堡艾尔米塔什博物馆

Archery, Winter Palace Museum collection

鹰擒天鹅图

现藏南京博物院,明 殷偕

Hawk Catch Swan,painted by Yinxie ,Ming Dynasty, Nanjing Museum collection

架鹰驯鹞图

1971 年陕西省乾县乾陵懿德太子墓出土 现藏陕西历史博物馆，唐神龙二年

Falconry-hunting Training Harrier,Tang Dynasty, Lichongrong tomb in Qian County, Shaanxi Province, Shaanxi History Museum collection

枫鹰雉鸡图

现藏北京故宫博物院，南宋　李迪

Falconry-hunting Pheasant,painted by Lidi, Southern Song Dynasty, Beijing Palace Museum collection

架鹰图（摹本）

内蒙古库伦旗奈林稿公社前勿力布格村 6 号墓出土，壁画原址保存，摹本现藏通辽市博物馆，辽

Falconry-hunting,unearthed from tomb N0.6 of Kulun County Nailingao village ,Inner Mongolia,Liao Dynasty,Tongliao Museum collection

苍鹰逐兔图

绢本、设色，现藏南京博物院，明

Goshawk Chasing Rabbit, painting on silk, Ming Dynasty,Nanjing Museum collection

猎鹰图

敦煌莫高窟第 156 窟壁画，晚唐

Hunting Eagle,wall painting in Mogao cave NO.156 ,Dunhuang of Gansu Province, Late Tang Dynasty

春猎图

明

Hunting in Spring,Ming Dynasty

放鹰图

甘肃省嘉峪关市新城 6 号墓，西晋

Hawk, excavated from Xincheng tomb No.6 in Jiayuguan City of Gansu Province, Western Jin Dynasty

驾鹰图

2000 年甘肃省高台县骆驼城苦水口 1 号墓出土，现藏高台县博物馆，魏晋

Falconry-hunting,unearthed from tomb of Luotuocheng,Gaotai,Gansu,Wei-Jin Dynasty

鹰猎

白沙乡箭峡墓出土，现藏清水县博物馆

Falconry, From Jianxia Tomb, Qingshui County Museum

架鹰

白沙乡箭峡墓出土，现藏清水县博物馆

Falconry, From Jianxia Tomb, Qingshui County Museum

顾绣猎鹰图

现藏北京故宫博物院，清

Guxiu Falconry-hunting, Qing Dynasty, Beijing Palace Museum collection

（二）礼射

礼射按等级从上至下分为四类，即大射、宾射、燕射和乡射，兼有教育、社交和娱乐、竞技等功能。这意味着，早在2000多年前，我国已有“规则完善”的竞技体育。尤其是乡射，在每年春、秋两季，在我国中原地区各州、各乡都要举行“乡射礼”。乡射是乡大夫和士在乡学中行乡饮酒礼后举行的。乡射赛共进行三轮，称之为“三番射”。第一番射侧重教练，由司射挑选六名弟子，分为三组，称为“三耦”（上耦、次耦、下耦），每耦有上射、下射各一名；第二番射侧重于比赛，凡中靶者由专人记录成绩，分出胜负；第三番射要求射手按照乐曲的节奏和鼓点发射，以求得身心高度的和谐。

乡射礼所蕴含的人文精神非常丰富。乡射礼要求射手形体和心志的正直，做到“发而不中，反求诸己”，而不能怨天尤人，要从自己的修养上找原因。还要求射手把靶子当作自己的道德标准来瞄准，反思自己的行为。可见，乡射礼不仅仅是射箭比赛，更含有一种道德体验在里面，其基本精神，已经上升到人生的哲学层面。

西周时期已经把“射”列入“六艺”教育的内容之一。到了春秋末期，孔子将“射”和“御”作为体育教育的重要技能。他提出了“射以观德”的主张，认为在射箭比赛中最能反映出一个人的道德品质，强调将道德修养的培养贯穿于射箭教育的始终。基于此，孔子又提出：“君子无所争，必也射乎？揖让而升，下而饮，其争也君子。”意思是说，

春秋时期宫廷贵族举行射礼示意图

Aristocracy Holding Shooting Ceremony in Sping and Autumn Period(770BC-476BC)

秋射
居延出土，汉
Shooting in autum,unearthed in Juyan ,Han Dynasty

君子注重自身修养，不与人做无意义的竞争。如果一定要与人有所争的话，那么就是射箭比赛。但君子必须恭敬地与对手谦让，下来后一起饮酒，这是君子之争。这充分反映了当时人们对待竞赛的态度。

汉代时期，在西北边郡地区每年举行一种叫“秋射”的比赛。“秋射”，史书称“都试”，汉简多称“秋射”。自武帝太初以后形成制度，每年秋季举行一次射箭比赛，故名“秋射”。太守亲躬其事，各都尉具体负责。比赛之前，太守府先将时间、地点、规则、奖励等要求（与现代体育竞赛规程相似），以“府书”形式下达到各塞、部、亭、燧，令其做好准备，届时参加比赛。

（三）弩射

弩射是由弓箭发展而来，是东周以来中国古代军队中流行的远射兵器。弩多以青铜铸造，习称“弩机”，分为“臂张弩”和“蹶张弩”（用足蹬上弦）两种，它比弓的射程更远，杀伤力更强，命中率更高，对使用者的要求也比较低，是古代一种大威力的远距离杀伤武器。据《史记·苏秦列传》记载，当时韩国之弩“溪子、少府时力、距来者，皆射六百步之外。韩卒超足而射，百发不暇止，远者达胸，近者掩心”。这说明弩机能有效地阻挡密集的车阵进攻，攻击力极强。关于弩射技术，《吴越春秋》卷九《勾践阴谋外传》载:“夫射之道,射若戴板,头若激卵,左蹉右足横,左手若附枝,右手若抱儿,举弩望敌,翕心咽烟,与气俱发,得其和平,神定思去,去止分离,右手发机,左手不知,一身异教,岂况雄雌,此正持弩之道也。”这里讲述了使用弩机时,人体手足必须保持正确的姿势,发射动作还需要与呼吸配合。

射箭在中国有着久远的历史,可谓是中国古代体育项目的鼻祖,据考古发现,它在距今两万八千多年前就已经出现了。考古工作者在山西峙峪人文化遗址,曾经发现了一件两万八千年前的石箭头,这表明当时人类已经开始使用弓箭了,这是用石头磨制的箭头,绑在木杆上作为当时射箭的用具。弓箭的使用对于上古社会的进步起了极大的促进作用。由于弓箭具有强大的杀伤力,增强了人类征服自然的能力。

鹰、弩、拜谒图

2009年陕西省靖边县杨桥畔镇杨桥畔二村南侧渠树壕汉墓出土,现藏陕西省考古研究院,新朝(8—23)

Hawk, Crossbow and Paying Respects, unearthed from Qushuhaohan tomb in Jingbian village,Shaanxi Province, Xin Dynasty, Shaanxi Archaeology Institute collection

车马图

陕西咸阳市秦都 3 号宫殿遗址出土，现藏陕西咸阳市文物保护中心，秦

Horsemen, unearthed from Qindu NO.3 Tomb in Xianyang ,Shaanxi Province, Qin Dynasty, The Center of Xianyang Heritage Conservation collection

(四)御术

传说将车马相结合，创造出战车是黄帝所为，故而古人将这位祖先称作轩辕，轩辕者，车也。《史记·五帝本纪》载："帝晓彤乘白马"，说明当时的车马已进入人们的生活之中。1994 年，考古工作者在二里头遗址发现了双轮车的辙印；1935 年，在安阳殷墟的大规模发掘中，发现了六座车马坑，出土了不少车马，首次确定了双轮马车的存在。之后又相继在河南安阳发掘商代车马坑二十余座，在北京琉璃河等地发掘西周车马坑近二十座，在山西太原等地发掘春秋战国时期的车马坑十几座，在西安的秦陵、汉阳陵也发掘出车马坑。另外，在汉代墓葬砖画、壁画、甲骨文卜辞、汉简中也均有反映。从这些考古发现，说明殷商时期驭马驾车已较为普遍，车子结构也较为完整。车是人类生活中经常使用的工具，在我国的战争史上有着重要的历史地位。战车是用于陆上战斗的车辆。自从有了步兵，就有了战车。古代战车是一种

河南省安阳殷墟孝民屯南地 M7 号车马坑发掘现场及车马坑内的铜饰物

The excavation site and bronzes of horse tunnel in NO.M7 carriages of Anyang tomb in Henan Province

以马拉动的战斗车辆。而驾驭战车的技能在西周时期就被列为学校“六艺”教育的内容之一，称之为“御”，并与礼、乐之教相融合，成为当时我国体育教育的重要组成部分。因此，“御车”之技，包含丰富的体育思想和体育竞技特征。根据《周礼·地官·保氏》郑玄注的解释，五种驾车的技能包括：“鸣和鸾、逐曲水、过君表、舞衣衢、逐禽左。”它既要求御者熟悉马的性能，掌握御法，还要根据不同的情况交替使用各种御术。所以御车者需要具备一定的胆略、体力和腰臂力量等身体素质，才能熟练地驾控马车。此外，古代文献《左传·僖公三十三年》载，当时驾车士兵必须掌握一种跳车技能，充分展现出御车士兵的武勇和超乘技能。《六韬·大韬·均兵》载：“车者，军之羽翼也，所以陷坚阵，要强敌，遮走北也。”《武锋》载：“凡用兵之要，必有武车骁骑，驰阵选锋，可见则击之。”汉代的军队，“轻车”作为一种攻击兵种，直接参与车对车的交战。除“轻车”之外，还有“连弩车”“轺车”“方相车”“传车”“兵车”“鼓车”“战车”“戏车”等。

斧车图

汉画像砖

Axe Carriages, picture on brick,Han Dynasty

在春秋时期，对驾控技术的考核采用竞赛的形式，并逐渐演化为一种赛车活动。赛车这项活动的发展，不仅培养了人们顽强拼搏的意志，而且塑造了一个良好的心理素质。

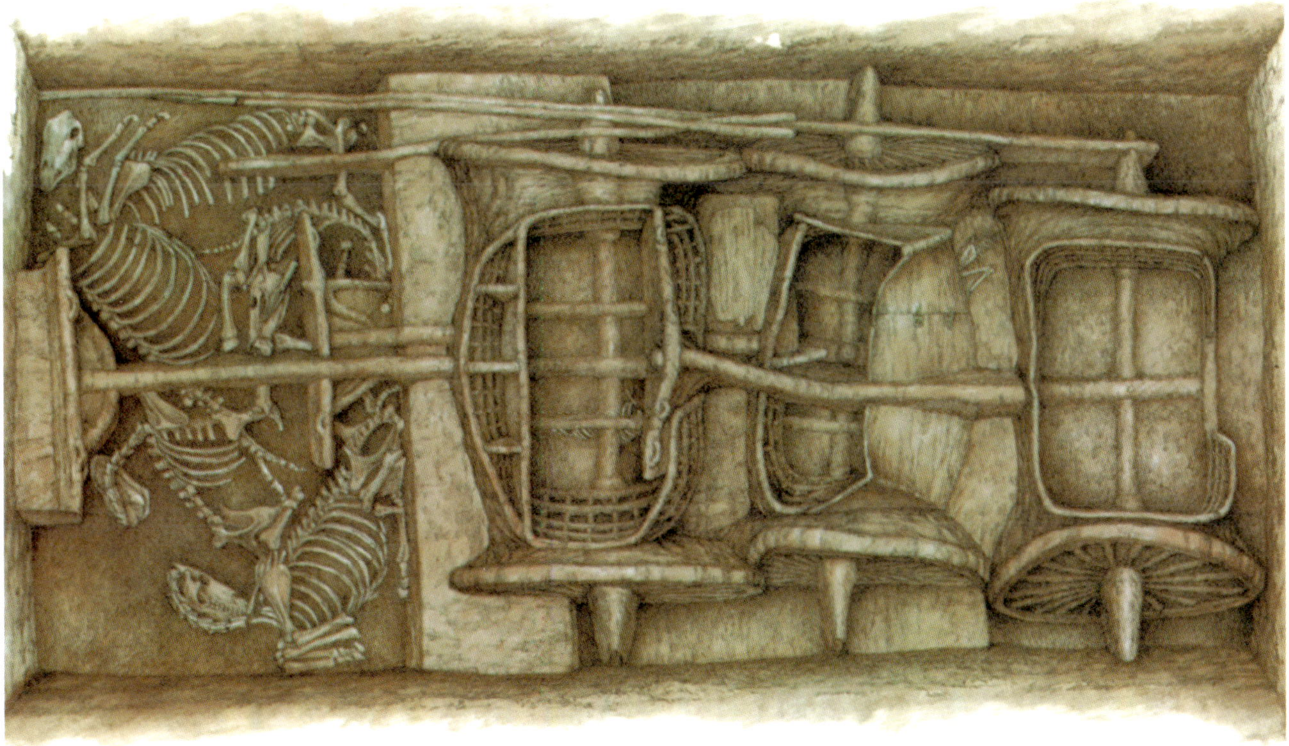

山西侯马上马墓地 3 号车马坑平面剖面图及出土的青铜器

A plan and Sectional view of the horse tunnel and unearthed bronzes in NO.3 tomb of Shanxi Marquis

皂盖朱左轓车图

河南荥阳苌村汉墓壁画

Light carriage vehicles with black Cover ,unearthed from Chang village tomb in Xingyang City

河南荥阳苌村汉墓出土

Unearthed from Chang village tomb in Xingyang City,Henan Province

白盖轺车图

河南荥阳苌村汉墓壁画

Light carriage vehicles with white Cover ,unearthed from Chang village tomb in Xingyang City,Henan Province

车马出行图

河南洛阳朱村东汉墓壁画

Horsemen Trip,wall painting of Eastern Han tomb in Luoyang ,Henan Province

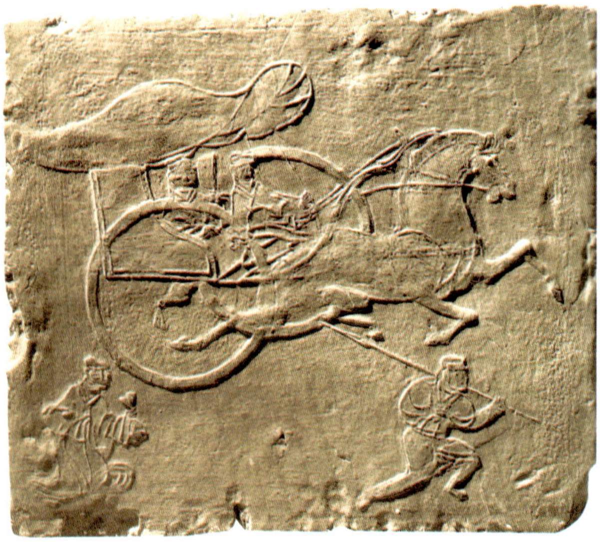

辎车画像砖

四川成都市曾家包汉墓出土，现藏四川省成都市博物馆，东汉

Carriages, stone relief, Eastern Han Dynasty, Chengdu Museum, Sichuan

战车侍从画像砖

四川成都出土，现藏四川博物院，东汉

Chariot and Attendants, stone relief, Eastern Han Dynasty, Sichuan Museum collection

辎车画像砖

四川成都市羊子山出土，现藏四川省成都市博物馆，东汉

Carriages, stone relief, Eastern Han Dynasty, Chengdu museum, Sichuan

水陵攻战

车骑画像石，出于山东嘉祥县武宅山村武氏祠，现藏山东省嘉祥县武氏祠文物管理所，东汉

Battle, stone relief, Eastern Han Dynasty, Management Unit of Wu-shi-ci Cultural Relics, Shandong Province

出行图

河北省安平逯家庄东汉壁画墓出土，原址保存，东汉熹平五年

Travelling,unearthed from wall painting tomb in Anping village,Hebei Province,Eastern Han Dynasty

出行图

河北省安平逯家庄东汉壁画墓出土，原址保存，东汉熹平五年

Trip,unearthed from wall painting in tomb in Anping County,Hebei Province,Eastern Han Dynasty

车马出行图

出于内蒙古鄂托克旗凤凰山 1 号墓墓室西壁左侧下部，东汉

Horsemen's Trip, Eastern Han Dynasty,unearthed from Feng huang Mountain tomb in E-tuokeqi ,Inner Mongolia Province

导车图

出于河南洛阳市朱村壁画墓墓室南壁中下部，三国

Guiding Carriage,unearthed from wall painting tomb in Zhu village of Luoyang,Henan Province, Three Kingdoms Dynasty

皂盖轺车图

出于河南荥阳市王村镇苌村汉墓前室壁画，东汉

Light Carriage Vehicles with Black Cover, unearthed from Chang village tomb in Xingyang City, Henan Province, Eastern Han Dynasty

牧马图

1972 年内蒙古和林格尔县新店子乡小板申村东汉壁画墓出土，原址保存，东汉

Wrangler,unearthed from wall painting tomb in Xindianzi village and inner Mogolia,Eastern Han Dynasty

车马出行图

1995 年河南荥阳市王村镇苌村汉墓出土，原址保存，东汉

Horsemen trip,unearthed from Chang village tomb in Xingyang City,Henan Province,Eastern Han Dynasty

马车图

出于陕西省定边县郝滩乡四十里铺村 1 号墓墓室东壁，现藏陕西省考古研究院，东汉

Horsemen,unearthed from Haotan NO.1 Tomb in Dingbian village ,Shaanxi Province,Eastern Han Dynasty, Shaanxi Archaeological Institute collection

出行图

彩绘砖画，嘉峪关魏晋古墓

Travelling,picture on brick,Jiayuguan, Gansu,period of the Wei-Jin Dynasties

出行图

1992 年内蒙古鄂托克旗凤凰山 1 号墓出土，原址保存，东汉

Horsemen's Trip, Eastern Han Dynasty,Unearthed from Fenghuang Mountain tomb in Etuokeqi ,Inner Mongolia Province

出行图

1992 年内蒙古鄂托克旗凤凰山 1 号墓出土，原址保存，东汉

Horsemen's Trip, Eastern Han Dynasty,unearthed from Fenghuang Mountain tomb in Etuokeqi ,Inner Mongolia Province

神人车马画像镜

现藏北京故宫博物院，东汉

God Chariots,Portrait Mirror, Eastern Han Dynasty,Beijing Palace Museum collection

御车图

现藏北京故宫博物院，东晋　顾恺之

Royal Carriage,painted by Gu Kaizhi, Eastern Jin Dynasty, Beijing Palace Museun collection

铜车马

现藏甘肃省博物馆，西晋

Bronze chariots, Western Jin Dynasty, Gansu Museum collection

击壤图

《三才图会》中的击壤图，明

Whipping a Top, Ming Dynasty

（五）击壤

击壤，又称“抛垛”，是一项有着悠久历史的古老投掷游戏。在原始社会弓箭尚未发明之前，人们主要以投击石块来捕获飞奔的禽兽。为了提高投掷的准确度，自然要进行专门的演练。古老的击壤游戏，很可能就是从这项远古的捕猎技艺演变而来。

据汉应邵《风俗通》及宋《太平御览》所引《艺经》《逸士传》《风土记》等文献记载，壤通常由木头制作，前宽后窄，长一尺四寸，宽约三寸，形状似古人穿的屐。击壤是以壤相击。参赛的人分为两组，然后在三四十步以外置一壤，轮流以手中的壤掷击，中者得分。三国时吴盛彦《击壤赋》载：“因风托势，罪一杀两。”《三才图会》所描述的“击壤图”可能是对“罪一杀两”击壤法的印证。击壤在秦汉以后是儿童和老人休闲娱乐的游戏，故后人称击壤为“野老之戏”。击壤经数千年的广泛流传，衍生出许多投掷游戏。

抛堶，也叫“飞堶”，是击壤衍生出的一种投掷游戏，“堶”就是砖石瓦块。明人杨慎的《俗言·抛堶》云：“宋世寒食有抛堶之戏。儿童飞瓦石之戏，若今之打瓦也。”宋人张侃的《代吴儿作小至后九九诗八解》云：“五五三三抛堶忺，柳

杨柳青年画

Picture for Celebrating Spring Festival Painted in Yang-liu-qing village of Tianjin City

隔城投象

位于山西繁峙县岩山寺文殊殿西壁中部，画面表现年轻的释迦牟尼力大无比，手托白象抛于城外的故事，金

Elephant Lifting, wall painting of Yanshan Temple, Fanzhi County of Shanxi Province, Jin Dynasty

丝深处映陂塘。”梅晓臣的《依韵和禁烟近事之什》云：“窈窕踏歌相把袂，轻浮赌胜各飞墇。”看来它同击壤的玩法没有多大区别，不过是以砖瓦替代了壤木而已。

到了清代，抛墇仍是一种流行的投掷游戏。史学家赵翼作诗《春兴》云：“自笑童心除未尽，拔河抛垛尚能嬉。”

北方少数民族地区也有类似击壤、抛墇的游戏，即契丹族、蒙古族的“打髀殖（石）”“赛布鲁”“嘎什哈”。

（六）投掷

在弓箭发明之前原始人以投石等形式进行狩猎。1976年，在山西阳高县许家窑发掘出近2000个制作粗糙的石球，距今十万年左右，属旧石器时期的遗物。这些石球是祖先的狩猎工具。原始社会先祖们是手持木棍、投标、石球等追逐各种野兽。尤其是投标、投石一直都是原始人狩猎的主要方式，几乎取物于百步之内，投无不中。为了能把标、石、棍等投得远、投得准，原始人还进行专门的练习，以提高狩猎技能。随着时间的流逝，投掷练习逐渐寓于游戏之中，并成为军事训练的内容。又历经千余年的发展，原始的投掷游戏演变为现

掷标图

甘肃敦煌莫高窟第61窟壁画，甬道南壁，五代

Javelin Throwing, wall painting on the south wall of the corridor of No.61 Cave in Mogao Grottoes in Dunhuang, Gansu Province, the Five Dynasties

太子举象图壁画摹本

山西省太原市崇善寺大雄宝殿两掖长廊壁画，明

Elephant Lifting, copy of wall painting of Chongshan Temple, Taiyuan City of Shanxi Province, Ming Dynasty

代体育中的标枪、铅球、铁饼，并成为奥运田径比赛和世界田径比赛的主要运动项目。

（七）竞走

“身执戈为吴王洗马”，是指一些手握兵器的士兵，做吴王的马前卒。春秋时期，著名的军事家孙武在协助吴王治军时，常向吴王阖闾建议，要他注意训练士兵的奔走能力。另一名魏国军事家吴起，亦十分重视士兵的奔走能力，对士兵进行武装竞走的训练，以提高士兵负重快速行军的能力。对于其中成绩达到优等的，奖励田宅。这种测试要求全副武装，带弩、箭、剑各种武器，备足3天口粮，每天疾走50公里，早晨出发，中午必须到达终点。

居延汉简自1930至1976年被考古学者发现后，挖掘出简牍3万余枚。其中有汉代边塞士卒步行传递文书的记载，反映了当时士卒轻足善走的能力。据《汉旧仪》载，汉代“十里一亭”，即一系列烽燧，每间隔一定距离则置一兼职传邮之烽燧，挑选“行者”竞相往来投递文书。秦代时，“近县令轻足地其书，远县令邮行之”，汉因秦制。“轻足”即快速走路之人。《说文》释“行”：“人之步、趋也，走，行也；趋，走也，二者一徐一疾，皆谓之行。”另释“走”：“趋也，疾行曰走。”可见，居延汉简和悬泉汉简中的“亭行”“次行”都是挑选善于快速行走之卒竞相往来投递文书，并且做出严格的行前要求和详细的行后记录，含有明显体育竞技性质的考核标准。

从居延汉简和悬泉汉简可以看出，具有竞走性质的“行书”活动，行者的“当行”速度规定为每小时五公里。“定行”速度原则上要求与“当行”速度一致，即每小时五公里。

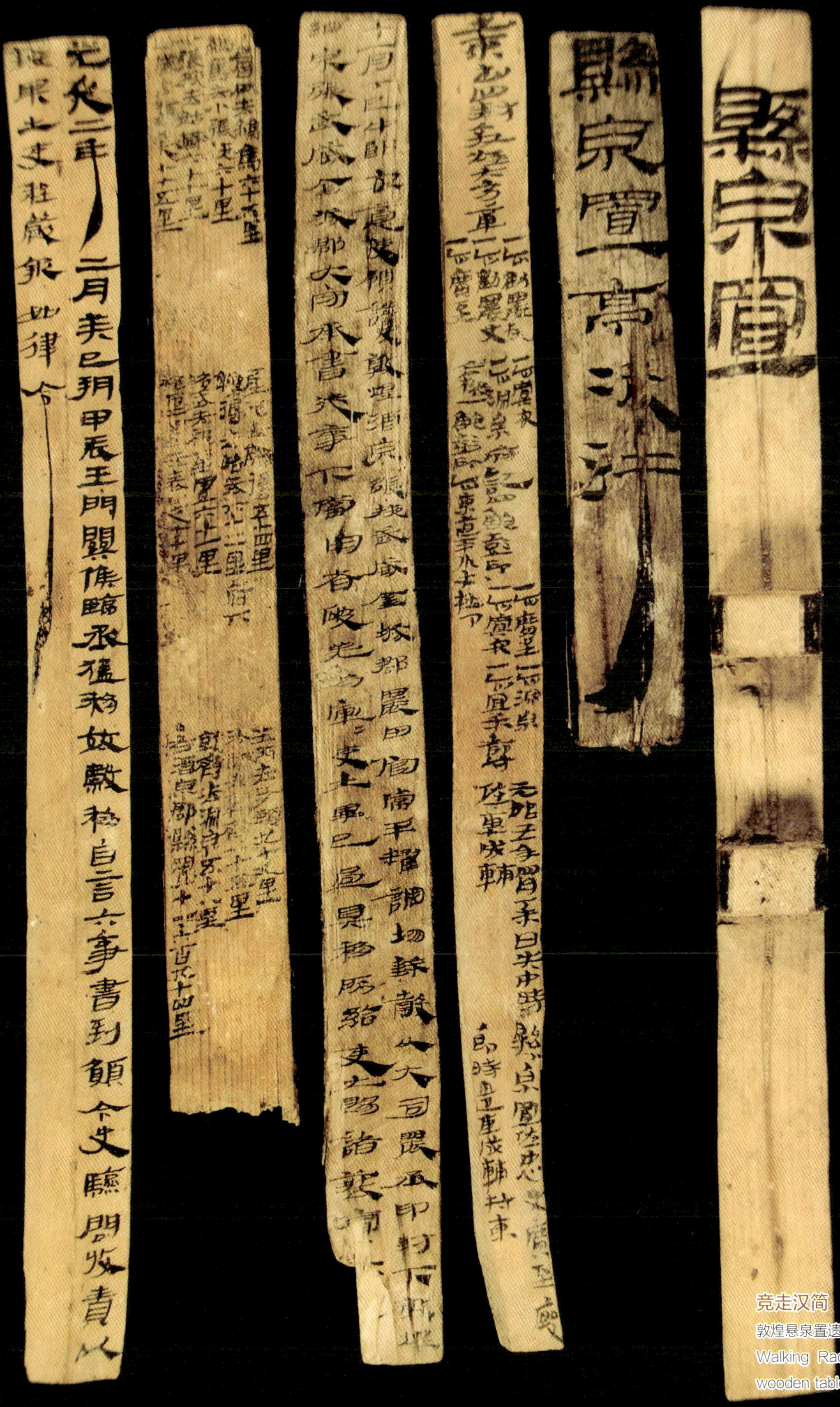

竞走汉简

敦煌悬泉置遗址出土

Walking Race, Han Dynasty wooden tablets

（八）跑步

我国的奔、走、驱、疾行、徐步等，都属于跑。这是在军事和田猎中必须具备的能力，“百夫罕旗为先驱”，是指周代每遇军队出征，由军中士卒扛着旗子跑在队伍前面开路。

跑步也是原始人生存的基本技能。《山海经·大荒北经》中有“夸父逐日”的神话故事，反映了古代先民与太阳竞跑来战胜大自然的困境，追求光明的美好愿望。先秦时期，战争的主要武器是战车，而护卫战车的士卒必须具备较好的耐力和奔跑速度。《淮南子·道应训》载：“越王勾践……亲执戈为吴兵先马走。”此处的“先马走”指马前行走的健卒。春秋战国时“先马走”也称“虎贲”或“旅贲”，秦汉时期又叫“伍伯”。汉代画像石形象生动地展现护车的士卒紧随着奔驰的马车奔跑。据文献《荀子·议兵篇》载，魏国选拔、训练士卒的方法是：“魏之武卒，以度取之，衣三属之甲，操十二石之弩，负服五十个，置戈其上，冠鞭带剑，赢三日粮，日中而趋百里。”这是一种体力、耐力与速度的综合素质训练。当时把善于长跑的士卒称为“轻足善走”或“利趾者”，其步速如飞，疾若奔马，用以冲锋陷阵。

古代的驿传邮递也练出无数个善跑能手。据汉简记载，古代的通信联络主要靠马递和步递两种。步递中的急脚递就是驿卒以奔跑的形式来传递官方文书，从而培养了一批“神行太保”。《唐六典》卷五记载“天下诸军有健儿”，是指长征健儿。敦煌文献 P.3018 的敦煌差科薄登记有“豆卢军健儿”，这里所提到的“健儿”指善行军的士兵。

元代时，曾出现了一种叫“贵由赤”的长跑竞赛。“贵由赤”，也称“贵赤”“放走”等，是蒙古语，意为快跑者。元代举行的“贵由赤”长跑，距离为 180 里，要求 6 小时跑完全程，并能获得较高的奖金。

元代曲子词对“贵由赤”有形象的描绘。张昱在其《辇下曲》云：“放教贵赤一齐行，平地风生有翅身。未解刻期争拜下，御前成个赏金银。”杨允孚的《滦京杂咏》卷上云：“健步儿郎似乐云，铃衣红帕照青春。一时脚力君休惜，先到金阶定赐银。”曲中所说的“铃衣红帕”是指参与赛跑者应以红帕包头，衣服上系铃，跑动时发出响声。

元代的“贵由赤”，长跑距离为现代马拉松赛的两倍，早于国际马拉松比赛约 600 年。因此，“贵由赤”这项长跑运动在我国古代体育史上有着特殊的地位。

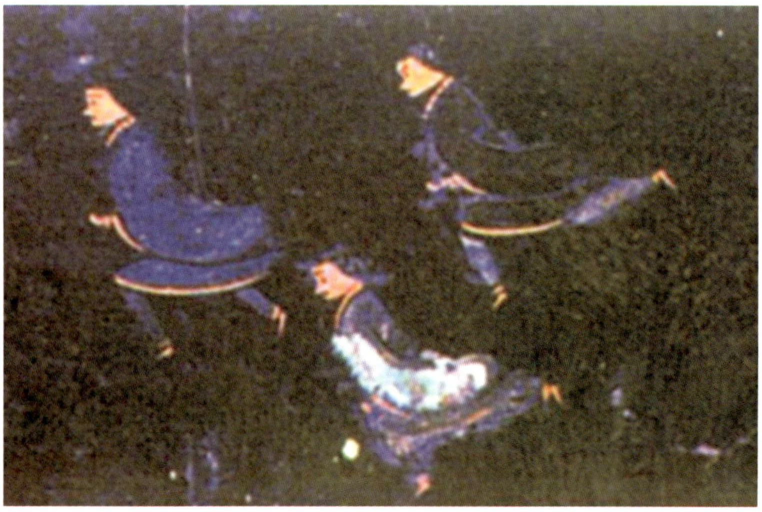

漆奁彩绘出行图局部

1987 年湖北省荆门市包山大冢出土，战国

Painted Box with Travel Figure Design, excavated from Jingmen City in Hubei Province, Warring States period

跳马图

甘肃敦煌莫高窟第61窟壁画，西壁下部，五代

Vaulting Horse, wall painting of Mogao Cave No. 61, Dunhuang, Five Dynasty

（九）跳跃

跳跃古代称“逾高”“曲踊”“距跃”“超距”“超乘”等。“逾高”就是跳高，“曲踊”就是跪跳，“距跃”就是向上跳，而“超距”就是跳远。春秋战国时期，在战争中士卒为了快速上下飞驰的战车必须具备较强的跳跃能力，故“曲踊”被列为训练士兵能力的重要项目。《左传·僖公二十八年》有“曲踊三百”的记载。古人把跪、坐作为一种生活习惯，而士卒为了迅速从跪、坐到站立起来进攻或防御，需要有较强的腿部力量。《左传·僖公二十八年》记载，晋文公大将魏犨违反军令，“欲杀之，而爱其材……魏犨束胸见使者，曰：‘以君之灵，不有宁也。’距跃三百，曲踊三百，乃舍之。” 这反映了魏犨具有特殊的跳跃能力，不仅在原地能向上跳三百次，而且还能跪跳三百次，为示其勇，因而晋文公没有杀他。

《左传·哀公八年》记载，鲁国大夫

微虎采用“三踊于庭前”，即以跳高的方式挑选士兵，想用选出的三百士兵夜袭吴国军队，其中有孔子的弟子冉有。《史记》载有秦楚作战时，士兵在休战时进行“投石超距”。东汉大将甘延寿也喜欢作“超距”练习。《管子·轻重》载，齐国农村青年男女，“扶挐推与，相睹树下，嬉笑超距，终日不归”。这说明我国自春秋时期就有跳高和跳远的运动项目了。

二、百戏、竞渡、弄潮、游泳、跳水、冰嬉、举重

（一）百戏

百戏，又称“散乐”，在我国不仅历史悠久，而且流传广泛，是民众喜欢的表演艺术形式。文献记载，角抵百戏于春秋战国时期兴起，到汉代蔚然成风。关于它的起源，历来有两种说法：一说是源于军中的“讲武之礼”，是在军队武术操演和竞技活动的基础上发展起来的；另一说认为起源于民间的蚩尤戏。百戏之“百”者，多也，可见其包含丰富。《后汉书·西域传》记载：“大秦国俗多奇幻，口中吐火，自缚自解，跳十二丸巧妙非常。”大秦国即古罗马帝国，今意大利。随着民族文化交流，中国的杂技艺术也传到了西方。从西方传入中国的杂技也甚为丰富，有“安息五案”，“安息”即今伊朗。爬竿杂技在春秋时称为“侏儒扶卢”，到汉代，称为“都卢寻橦”，“都卢”为南洋之国名，可以想见汉代的长竿技艺必然与都卢国有密切关系。还有“水人弄蛇”，弄蛇是印度人所擅长的杂技，很可能是从印度传来的。此外，西域传来的节目以幻术最多。西域技艺的东来，汉人兼收并蓄的态度，致使百戏日趋完善，并自成体系。

从东汉时期把角抵诸戏称为百戏。《后汉书·孝安帝纪》载，延平元年十二月“罢鱼龙蔓延百戏”，是百戏之名的最早记载。其盛况可以从张衡的《西京赋》窥见一斑。当时的百戏，有“乌获扛鼎”“都卢寻橦”“冲挟燕濯”“跳丸弄剑”“走索”“总会仙唱”“东海黄公”及“幻术驯兽”等。

《太平御览》《邺中记》《隋书·音乐志》《新唐书·百官志》《旧唐书·音乐志》《东京梦华录》等历史文献，均载有内容丰富的古代百戏盛况。百戏自秦汉以来，流行于宫廷、民间和军中。

河南新野出土汉代广场百戏画像砖
Acrobatics, stone relief, Eastern Han Dynasty,unearthed from Xinye County in Henan Province

贵族娱乐、竞技图

马鞍山朱然墓出土，汉代

Aristocratic Entertainment and Athletics, unearthed from Zhuran tomb in Ma'an Mountain, Han Dynasty

周中铭神人杂技乐舞画像镜

现藏北京故宫博物院，东汉

Mirror withAcrobatic Music and Dance Pattern,Eastern Han Dynasty, the Palace Museum collection

石棺浮雕乐舞百戏图

出于山西榆社，北魏

Dance and Acrobatics, stone relief on coffin, Yushe of Shaanxi Province, Northern Wei Dynasty

平索戏车

车骑出行画像砖，河南新野县樊集乡出土，现藏河南博物馆，东汉

Acrobatics, stone relief from Xinye County of Henan Province, Eastern Han Dynasty, Henan Museum collection

隋唐五代时期，百戏得到了更进一步的发展，内容更加丰富，并成为宫廷与民间庆典、宴饮活动中不可或缺的助兴娱乐节目。隋炀帝为了对外炫耀国力，十分重视百戏，宴请周边少数民族头领，往往以百戏娱乐。大业二年(606)，突厥国单于染干来朝洛阳宫，炀帝下诏“总追四方散乐大集东都”，举行盛大的百戏演出款待各国来宾。这场演出规模之大，使东汉时的演出也为之逊色。演出中配置以巨型幻术，巨龟大鲸在波涛滚滚中时隐时现。忽然，鱼又变成七八丈长的黄龙戏游水中，这就是有名的“黄龙变”。接着表演的，还有“绳技”“扛鼎”“舞车轮”“神鳌负山”“幻人吐火”等，令人眼花缭乱，目不暇接。在一旁观看的染干单于“大骇之”。

唐永徽二年(651)二月，高宗在御门楼观赏百戏。开元元年(713)太上皇睿宗与玄宗在御门楼观燃灯大酺，大合伎乐，尽夜相继一月之久。左拾遗严挺之上疏力谏，以为“损万人之力，营百戏之资，非所以光圣德美风化也”。唐开元、天宝年间，天下太平，百戏盛行。每酺宴，“大陈山车、旱船、寻橦、走索、丸剑、角抵、戏马、斗鸡”。自唐玄宗后，唐代其他皇帝亦十分爱看百戏表演。

五代十国，只有在宫廷和少数王府中才能见到百戏表演。这个时期亦有一些关于百戏的诗句。历仕后唐、后晋、后汉的和凝在《宫词百首》有云：“坐定两军呈百戏。”后蜀花蕊夫人有诗云：“三月金明柳絮飞，岸花堤草弄春时。楼船百戏催宣赐，御辇今年不上池。”

缘竿画像砖
东汉
Acrobatics, stone relief, Eastern Han Dynasty

百戏图

陕西省靖边县杨桥畔镇杨桥畔二村南侧渠树壕汉墓出土，现藏陕西省考古研究所，东汉

Acrobatics,unearthed from Hao-han Tomb in Jingbian County , Shaanxi Province,Eastern Han Dynasty, Shaanxi Archaeological Institute collection

1.橦技

汉代张衡于《西京赋》中所言“都卢寻橦”,“都卢”是国名(今缅甸),“寻橦”即长竿。《方言笺疏》云:“寻,长也。”“橦”在《后汉书·马融传》注:“旗之竿也。”汉代的橦,有短有长。从现存资料看,汉代普遍使用长橦,有“T”形、“十”形和“丨”形三种,前两种较为多见。

长竿技艺的技巧动作有长竿技巧、竿上技巧、下竿技巧三部分。汉代的长竿技巧,迄今只见“双手把竿”和“猫行”两种。山东安丘董家庄画像石,刻“十”字长竿,一人双手攀竿,双脚夹竿,向上攀爬。

魏晋南北朝时期,称“都卢寻橦”为“猿戏”。曹植的《舞歌·孟冬篇》云:“都卢寻高,搜索猴猿。”《宴乐赋》云:“神龟歌舞异俗,猿戏索上寻橦。”所谓“猿戏”,《魏书·音乐志》又称为“猿橦”。据陈旸《乐书》记载,南朝萧梁朝会中有各种的橦技,有“刺长追华技”“青丝橦”“伞华橦”“雷橦技”“金轮橦技”“白虎橦技”“猕猴橦技”“啄木鸟橦”“五案咒愿”九种。

橦技在许多文献中都有记载。《太平御览》卷五九三引《梁元帝纂要》述:

橦技佣

陕西西安市灞桥区新筑乡出土,唐

Balancing a Pole Figure, excavated from Baqiao of Xi'an City, Shaanxi, Tang Dynasty

橦技图

甘肃敦煌莫高窟第 9 窟壁画，西壁 唐

Balancing a Pole on the Head, wall painting of the Mogao Cave No.9, east slope of the ceiling, Dunhuang of Gansu Province, Tang Dynasty

“又有百戏，起于秦汉。有鱼龙蔓延、高絙凤皇、安息五案、都卢寻橦。”《邺中记》述：“备有额上缘橦，至上鸟飞左回右转；又以橦着口齿上亦如之；设马车，立木橦，其上，长二丈，橦头安横木，两伎儿各坐一头，或鸟飞，或倒挂。”崔令钦的《教坊记》述：“教坊一小儿……缘长竿上，倒立，寻复去手，久之，垂手抢竿，翻身而下。”

戴竿是唐代散乐的主要节目。唐玄宗时，教坊女艺人王大娘的戴竿表演最负盛名，刘宴作诗《咏王大娘戴竿》，其中有“唯有长竿妙入神”之句。《全唐诗》卷二九八《寻橦歌》描述：“人间百戏皆可学，寻橦不比诸会乐。”这里生动形象地描写了古代的寻橦表演。

宋代橦技，是把竿子竖立在地上，称为“金鸡竿”。比唐时的橦技难度大。“投坑”，是宋代竿技技巧，在高竿顶端绑一把椅子，艺人在竿上表演之后，再爬到顶端坐在椅子上，然后从数丈高的椅子上跳下来，准确地落在地上挖好的棘坑中。《辽史拾遗补》《明宪宗元宵行乐图》《西湖游览志余》《帝京景物略》《清嘉录》《扬州画舫录》《松风阁诗抄》均有对辽、金、明、清各朝橦技表演的描述。

在汉代墓葬砖画、敦煌石窟壁画，陕西、新疆唐代墓葬和内蒙古辽代墓葬中均有关于古代橦技表演的图像。

百戏　顶杆

史苇湘临摹，刘萨勉瑞像图 72 窟，五代

Balancing a Pole on the Head, copy of wall painting of the Mogao Cave No.72, Dunhuang of Gansu Province, Five Dynasty, painted by Shi Weixiang

橦技图

甘肃敦煌莫高窟第 85 窟壁画，窟顶东披,晚唐

Balancing a Pole on the Head, wall painting of the Mogao Cave No.85, east slope of the ceiling, Dunhuang of Gansu Province, Late Tang Dynasty

甘肃敦煌莫高窟第 156 窟壁画 窟顶东披，唐

Wall painting of the Mogao Cave No.85, east slope of the ceiling, Dunhuang of Gansu Province, Tang Dynasty

顶杆图

甘肃敦煌莫高窟第 61 窟壁画，南壁，五代

Balancing a Pole on the Head, wall painting of the Mogao Cave No.61, Dunhuang of Gansu Province, Five Dynasty

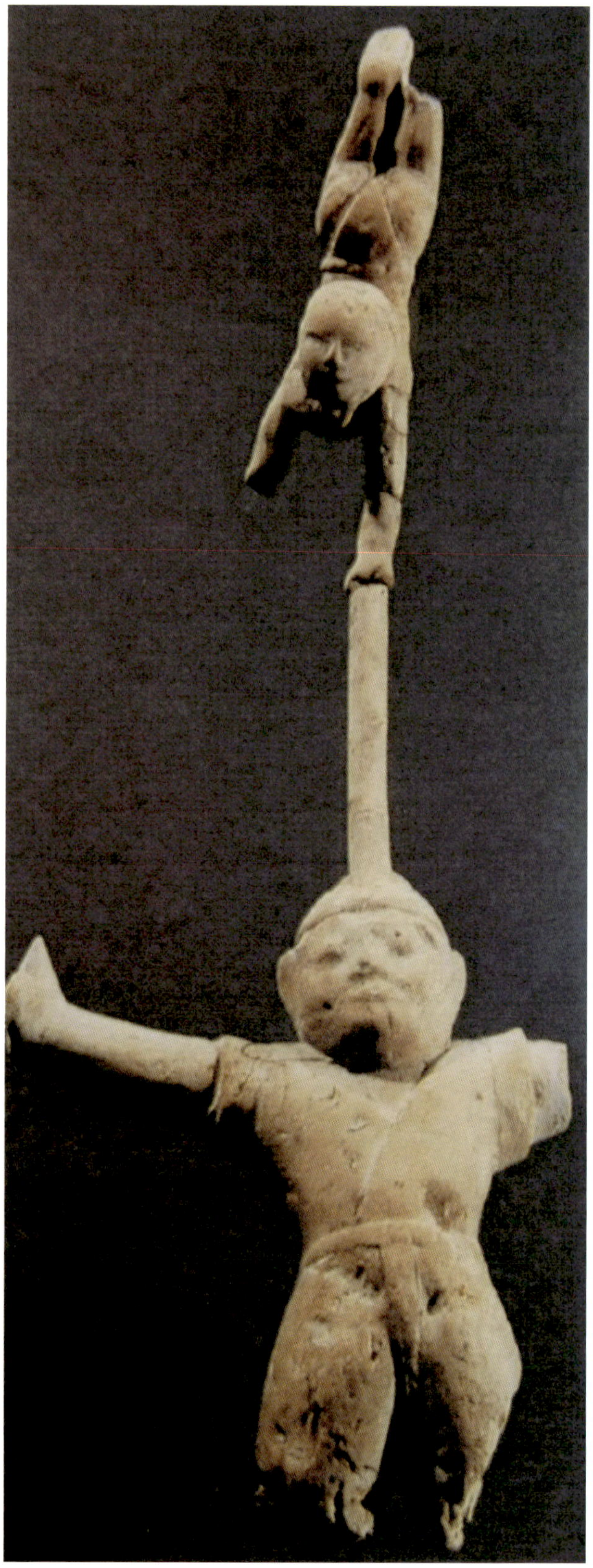

顶竿倒立木俑

1961 年新疆吐鲁番阿斯塔纳古墓出土，唐

Balancing a Pole on the Head, unearthed from Astana tomb,Turpan ,Xinjiang,Tang Dynasty

宪宗元宵行乐图卷（局部）
现藏中国历史博物馆，明
Emporer Xianzong Enjoying Lantern Spring, part, Ming Dynasty, China History Museum collection

天津天后宫皇会图
现藏天津历史博物馆，清
Huang Hui Tu, Qing Dynasty, Tianjin History Museum collection

盘舞杂技画像砖
四川彭州市太平乡出土，现藏四川博物馆，东汉
Acrobatics, stone relief, excavated form Pengzhou City of Sichuan Province, Eastern Han Dynasty

三彩叠罗汉

西安市长安区郭社镇出土，唐

Human Piling, excavated from Changan of Xi'an City, Shaanxi, Tang Dynasty

2.叠案

叠案，又叫“倒植”，是在木案上倒立。表演倒立的木案数案相叠，最多十二层。叠案一般是在倒立的基础上增加难度，辅以倒立表演技巧，如同今天的“椅子顶”杂技。

3.叠罗汉

叠罗汉是一种双人或多人的造型表演项目，表演者集体组成具有一定结构和难度的图形。自汉以来，叠罗汉就融入百戏之中，得到了广泛的发展。

考古发现的有关叠罗汉的文物很少。陕西唐代墓葬出土的“百戏人俑”中有叠罗汉的造型。敦煌莫高窟壁画中有多幅叠罗汉的壁画。中唐第220窟南壁《阿弥陀经变》中，绘有红上衣、绿短裤的童子站立在同伴肩上叠罗汉；中唐第361窟南壁《阿弥陀经变》中，有一童子下腰成桥，另一童子单足站于下腰者腹上叠罗汉；在其他窟的《阿弥陀经变》中，童子的嬉戏场面中也可见到叠罗汉。

叠罗汉

甘肃敦煌莫高窟第 220 窟壁画，南壁，初唐

Arhats Piling one by another, wall painting of the Mogao Cave No.220, south wall, Dunhuang of Gansu Province, Tang Dynasty

彩绘陶雜技盘

山东济南市无影山 1 号西汉墓出土，现藏山东省济南市博物馆，西汉

Pottery Plate with Acrobatics Design, excavated from Wuyin Mountain Tomb No.1 in Jinan, Han Dynasty, Jinan Museum collection

叠罗汉

甘肃敦煌莫高窟第 217 窟壁画，北壁，唐

Arhats piling one by another, wall painting of the Mogao Cave No.217, north wall, Dunhuang of Gansu Province, Tang Dynasty

4.倒立

倒立，汉代称“倒植”，东晋时称“逆行”，唐代称“掷倒”，宋代称“倒立”，明清时称“竖蜻蜓”“拿大顶”。由于“倒立”历来是艺人用于表演，运动员用于训练、比赛，老百姓用于健身的一种方式，它满足了人们的多种需要，因此，从远古一直流传至今。

瑜伽所创造的功法中，有三分之一以上的功法都带有人体倒立的性质，通过这种功法，增加人体脑部血流量，达到健脑益智的作用。倒立功法也从佛教寺院传承至今。河南嵩山少林寺一直把“倒立功”作为僧人习武的基本功。“二指禅”，是把全身的气与力集中到中食二指，以达到强身御敌的目的，曾被誉为当代“武林奇功”。我国古代医学家华佗在公元 196 年就创造了采用人体倒立健身的功法。文献记载：“……又有人苦头眩，头不得举，目不得视。积年，佗使悉解衣倒悬，令头去地一二寸，濡布拭身体，令周潜，候视诸桩，尽出五色……”这是华佗采用人体倒立之法给人治病的真实记载。元世祖忽必烈，于公元 1275 年在内蒙古多伦县，接待意大利贵宾马可·波罗时，把倒立作为专门表演的项目。文献记载：“宴毕，撤案，伎人入，优戏者、奏乐者、倒植者、弄手技者，皆呈艺可汗之前，观者大悦。”

我国先后在山东、四川、甘肃、北京等地出土了许多各个时期的关于倒立的画像石、陶俑、壁画，形象地显示了我国古代的倒立发展史。

彩绘陶百戏俑尊

河南省洛阳市七里河出土，现藏河南省洛阳市文物工作队，东汉

Pottery Acrobatics Figure, excavated from Luoyang City, Eastern Han Dynasty, Luoyang Management of culture relic, collection

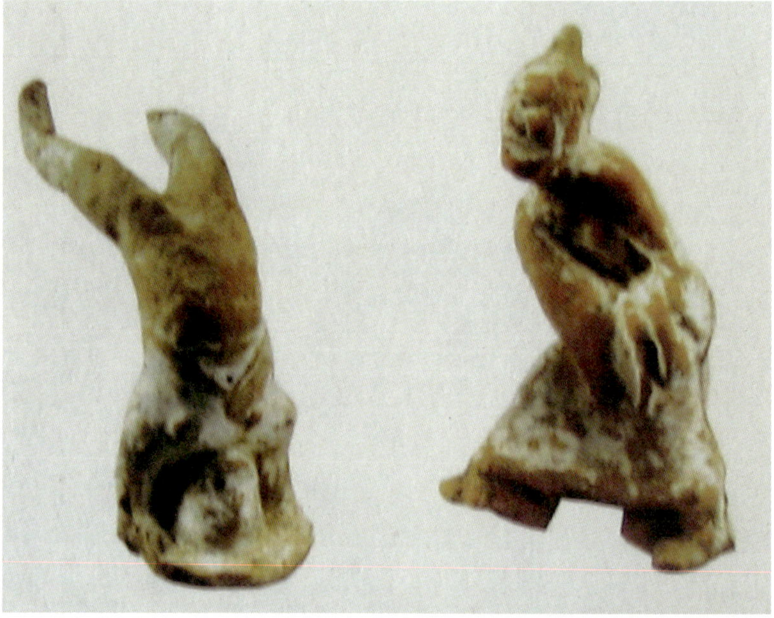

百戏

汉代红陶倒立百戏俑，河南济源市轵城出土

Acrobatics, Pottery Figure with head-stand position, excavated from Jiyuan City of Henan Province, Han Dynasty

壁画

1977 年甘肃省酒泉市丁家闸出土，魏晋

Wall Painting ,unearthed from Ding jia zha of Jiuquan City ,Gansu,Wei-Jin Dynasties

倒立图

新疆克孜尔第 77 窟

Inverted Figure, wall painting of Kizil Cave No.77, Xinjiang Province

倒立

甘肃敦煌莫高窟第 220 窟壁画，南壁，唐

Inverted Figure, wall painting of the Mogao Cave No. 220, south wall, Dunhuang of Gansu Province, Tang Dynasty

倒立

甘肃敦煌莫高窟第 79 窟壁画，窟顶北坡，唐

Inverted Figure, wall painting of the Mogao Cave No.79,north slope of th ceiling, Dunhuang of Gansu Province, Tang Dynasty

橦技俑

西安市长安区郭社镇出土，现藏西安市博物院，唐

Balancing a Pole Figure, excavated from Changan of Xi'an City, Shaanxi, Tang Dynasty

百戏图

1992 年内蒙古鄂托克旗凤凰山 1 号墓出土，原址保存，东汉

Acrobatics,Eastern Han Dynasty,Unearthed from Feng huang Mountain tomb in E-tuokeqi ,Inner Mongolia Province

5.筋斗

筋斗是古代常见的技艺，亦称“斤斗”“跟斗”“金斗”。究其由来，我国古代习武之人，在面前放置一量米的木斗（或铜斗），打筋斗时，要把身体翻过木斗（或铜斗），多次练习，直至熟练为止。早在汉代百戏中就有筋斗表演。据《汉书》记载：“习跟斗者，以头着地而翻斗跃过，作四面之旋转也。”唐代崔令钦的《教坊记》载：“汉武时于天津桥南，设帐殿，酺三日，教坊一小儿，筋斗绝伦。”可见汉代就有儿童进行筋斗练习。

“筋斗”一词的起源可见于明代于慎行《穀山笔尘》中的一个典故。典故出自《战国策·燕策》，张仪为秦破纵连横时讲述的一段故事。于慎行从这段故事里揣测出“金斗”的词义，认为“后之二人以头委地而翻身跳过，谓之金斗，想其形类为名耳”。但以《战国策》为“筋斗”一词的典故出处，显然十分勉强，

杂技画像石

重庆永川区出土，现藏重庆市永川区文物保护管理所，东汉

Acrobatics, stone relief, excavated from Chongqin, Eastern Han Dynasty

"金斗"的典故与"筋斗"大相径庭，但也说明"筋斗"是一个谐音词。《续传灯录》有"虚空翻筋斗向新罗国里去也""翻筋斗向拘尸罗城里去也"的记载。唐代崔令钦的《教坊记》载，梨园教坊中已有筋斗裴承恩。宋代百戏中，筋斗也是常见的表演节目，如孟元老的《东京梦华录》卷七载："次一红巾者，手执两白旗，跳跃旋风而舞，谓之'扑旗子'。及上竿、打筋斗之类讫。"据《宋史》载，筋斗在宋代是可以登大雅之堂的技艺之一。

宋代的禅宗语录借筋斗表现禅悟，正是因为筋斗具有超越空间的能力。圆悟佛果禅师（980—1052）的语录，多处提及筋斗："普化当时翻筋斗，未审此意如何。师云：跳出金刚圈。只是虚空里打筋斗。"普化，是当时的一位僧人，他曾以翻筋斗的形式表现禅悟。他的事迹可从《宋高僧传》《景德传灯录》《佛祖历代通载》等文献中得以知晓。"筋斗"一词在唐以前的文献中找不到。各种迹象表明，"筋斗"是外来词。印度史诗《罗摩衍那》中有罗摩和猴王大战罗刹的一段情节，其中在大战中使用了筋斗的技巧。文中有"罗摩旋转""猴子南乐翻筋斗"等字句，从对音的角度加以分析，"筋斗"应是一个基于伊朗语以"gart"为词基的词的音译，于阗语可为佐证。再从考古文献记载，历史上曾有粟特人的部落在中国出现。而在粟特人的语言当中，却不见直接源于"gart"的词汇。但有表示转、轮转的词汇，它基于"wrt"这个词根，"筋斗"的音译建立在"gart"，表示"转"的伊朗语构成了"筋斗"的对音。

百戏

白沙乡箭峡墓出土，现藏清水县博物馆

Acrobatics,unearthed from Jianxia tomb in Baisha village, Qingshui Museum collection

以上是从对音的角度揣测"胡腾"的粟特语对音。唐代刘言史的《王中丞宅夜观舞胡腾》载有"跳身转、宝带鸣"的词句，正是对筋斗再形象不过的描写。唐代另一诗人贾岛的诗句"碌碌复碌碌，百年双转毂"，其中的"转毂"，是指像车轮一样转动。筋斗是武术基本功，《拾遗记》载有"宛若羽毛之从风"，显然是空中翻腾动作。

明宪宗元宵行乐图（局部）

Emperor Xianzong Entertaining Lantern Festival (part)

(二)竞渡

竞渡，也称“赛龙舟”，是一项古老而富有民族特色的节日竞赛活动。其文字记载最早见于晋代葛洪的《抱朴子》，至今已有1600余年的历史。其习俗由来，民间有多种传说。一为“屈原投汨罗之日，人并命舟楫以迎之，至今以为竞渡”；二为越王勾践操练水军，即“竞渡之事起于勾践，今龙船是也”（见宋代《事物纪原》）；三为纪念浙江会稽十四岁孝女曹娥为寻其父尸骸而投江；四为纪念春秋时的伍子胥被夫差赐死抛江；还有纪念介子推之说等。其中纪念屈原的传说影响最广、最深。龙舟竞渡也是一种禳灾避邪的方式，用以祈求平安、风调雨顺和驱除瘟疫。

秦汉魏晋之际，虽然“竞渡”少见于史书记载，但从军事水战及宫廷中的水嬉活动仍可见到。到了隋唐时期，水上竞渡在江南水乡开始盛行。《旧唐书·杜亚传》载：“江南风俗，春中有竞渡之戏，方舟并进，以急趋疾进者为胜。”五代之后，竞渡已成为一项全民活动。每年端午之日，官府为龙舟比赛设置了锦标。竞渡活动经宋元至明清，始终十分活跃，并成为一种具有浓郁民俗文化色彩的群众性娱乐活动。尤其是竞渡场面壮观、气势宏大，不仅展现了龙舟文化，而且培养了竞渡者勇往直前、坚毅果敢的个性。竞者勇，赏者乐；竞渡者的拼搏，夺标者的奋勇，旁观者的呐喊助威，充分反映出竞渡的狂欢之美。这在汉赋、唐诗、宋词、元曲中有生动的描绘，如王建的《宫词》、李怀远的《凝碧池侍宴看竞渡应制》、白居易的《和万州杨使君四绝句·竞渡》、刘禹锡的《竞渡曲》、元稹的《竞舟》、张建封的《竞渡歌》、黄公绍的《端午竞渡棹歌十首》、杨万里的《竞渡》，张可久的小令［双调·折桂令］《重午度间》等，将龙舟之快速，竞赛之激烈，跃然纸上，展现了一幅生动形象的竞渡画面。

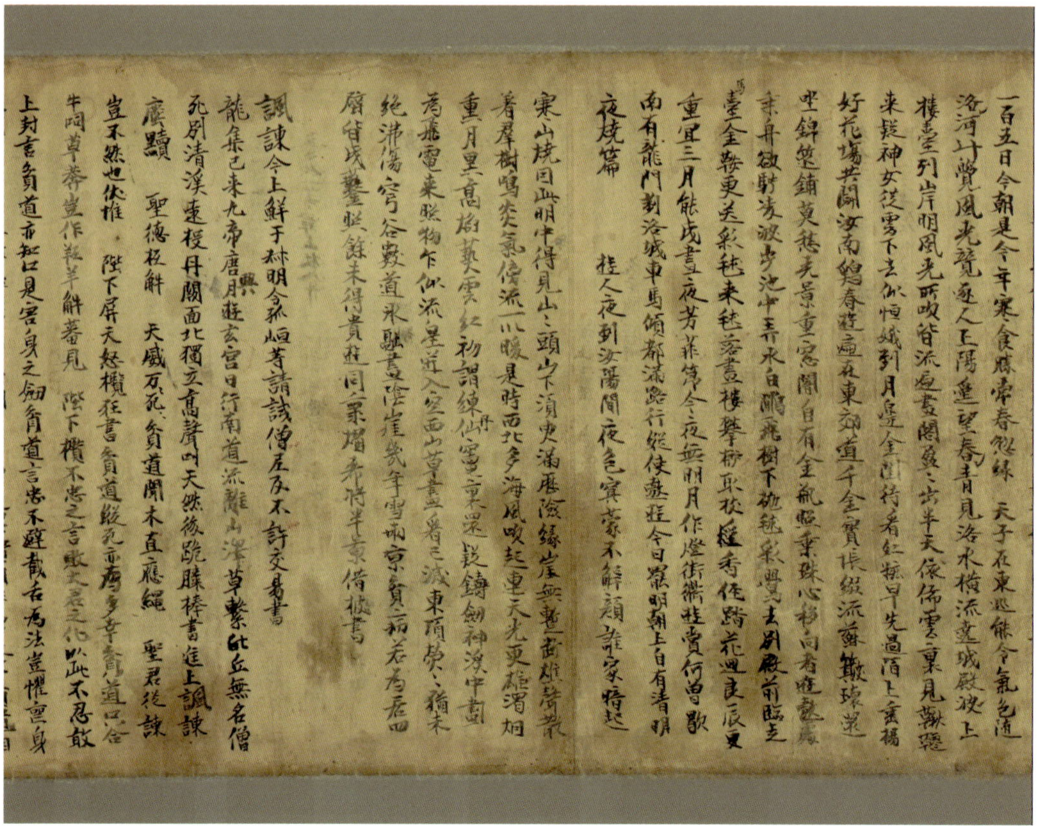

划舟

《寒食篇》，敦煌文献 P.3608-5

Rowing, "Han Shi Pian", Dunhuang Manuscript P36. 8-5

龙池竞渡图

现藏台北故宫博物院，元

Boat Race, painted by Wang Zhenpeng, Yuan Dynasty, Taipei Palace Museum collection

龙舟夺标图

元

Boat Race, painted by anonymous painter, H30.2cm, W 243.8cm, Yuan Dynasty

端阳龙舟

明

Dragon Boat Festival,Ming Dynasty

龙舟竞渡

选自清院本《十二月令图轴》

Dragon Boat Race

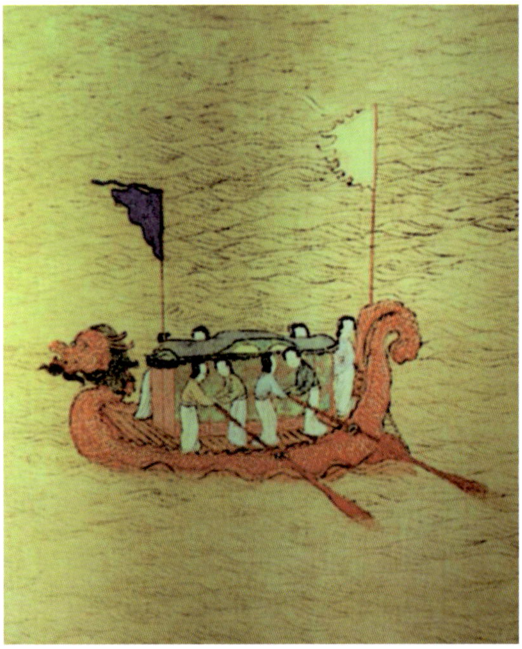

龙舟

清

Dragon Boat, The Qing Dynasty

龙舟

清

Dragon Boat, The Qing Dynasty

观竞渡

清

Watching Paddling Race,Qing Dynasty

（三）弄潮

汉代枚乘的《七发》，记述了当时民间每年八月中秋已有在广陵曲江“观涛”的习俗。每年曲江涨潮形成特大波涛时，吸引人们前往观潮，有的人还专门在波涛汹涌的江面上嬉水，就产生了表演性的弄潮。南朝乐府民歌《长干曲》载：“逆浪故相邀，菱舟不怕摇。妾家扬子住，便弄广陵潮。”形象地描述了广陵潮波澜壮阔以及当时人们弄潮的景象。

广陵弄潮始自汉代的“观涛”，之后有钱塘弄潮。唐时期对钱塘江弄潮就有文字记载，《元和郡志·江南道钱塘县》记载：“浪涛涌至数丈，数百里士女，共观舟人渔子，溯涛逐浪，谓之‘弄潮’。”《唐语林》卷三记载，宣宗末(859)崔涓任杭州刺史时，“杭州端午竞渡，于钱塘弄潮”。诗人李益在《江南词》中云：“早知潮有信，嫁与弄潮儿”。赵嘏有“十万军声夜半潮”的诗句，白居易也有“郡亭枕上看潮头”的描写。到了宋代，钱塘弄潮之风更盛。《梦粱录》《武林旧事》《西湖游览志余》对钱塘弄潮都有生动的描绘。宋人潘阆的《酒泉子·忆余杭》云：“弄潮儿向涛头立，手把红旗旗不湿。”苏东坡也写有“八十十八潮，壮观天下无”的诗句。吴自牧的《梦粱录·观潮》载：“弄罢江潮晚入城，红旗飐飐白旗轻。不因曾吃翻头浪，争得天街鼓乐迎。”周密的《武林旧事》载：“吴儿善泅者数百，皆披头文身，手持十幅大彩旗，争先鼓勇，溯迎而上，出没于鲸波万仞中，腾身百变，而旗尾略不沾湿，以此夸能。而豪民遗宦，争赏银彩。”可见，宋代的弄潮已是一种惊险的水上表演，甚至出现了类似现代“冲浪”的特技，吸引了数万人观看，以至于杭州万人空巷。元代张可久的小令[双调·折桂令]《钱塘即事》淋漓尽致地描绘了八月十八日钱塘江潮水的壮观景象。明清时期，每年八月举行盛大的弄潮活动。明人黄尊素的《浙江观潮赋》载有数百弄潮儿身着红色单

弄潮
清
Playing Tide,Qing Dynasty

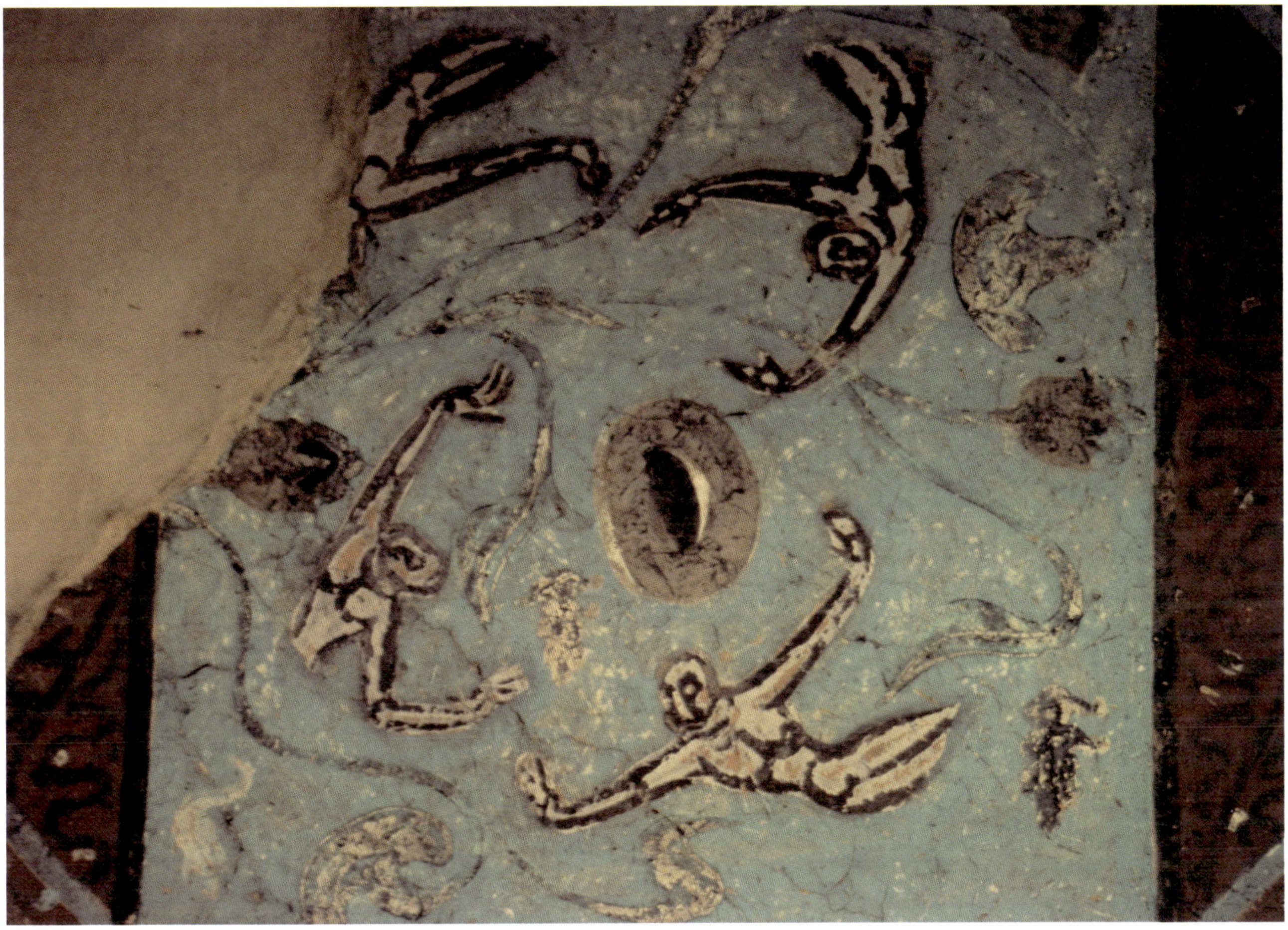

游泳图
甘肃敦煌莫高窟第 257 窟壁画，后部平棊顶，北魏
Swimming, wall painting of the Mogao Cave No.257, Dunhuang of Gansu Province, Northern Wei Dynasty

衣，在汹涌的波涛中表演“踏滚木”“水百戏”等各种水上特技，场面十分惊险。这些关于钱塘江潮水的描写把人们带到了气势宏大的钱塘江边，在恬静与雄浑的对比中，让人们感受到大自然的崇高与壮美，从而使灵魂得到荡涤与升华。

(四)游泳

早在三四千年前，殷商时期的龟甲上，就有“浴”“澡”“洗”等原始象形文字。“泅水”一词的“泅”字最早见于春秋战国时期，列子曰“习于水，勇于泅”。夏朝已有沐浴的器皿，到了春期时期沐浴已很普及。从洗浴到“泅水”是游泳形成的主要源头。古时人们先从沐浴开始，继而在水中嬉戏，逐渐形成古代游泳，有泅水、泅泳、涉、浮、没、潜等多种形式。人们以农历三月三日为上巳日，也称“沐浴日”，这天以水祓除宿垢，清除不祥，故又称“祓禊”。《后汉书·礼仪志》载：“三月上巳日令诸嫔妃祓于内园迎祥事漾碧池……嫔妃浴澡之余，则骑以为嬉，或执兰蕙或击球筑，谓之水上迎祥之乐。”

嬉水，即游泳之称，它是人类在原始社会，在渔猎时获取生存资源的一种技能。西安半坡遗址出土的陶盆上饰有“人面鱼纹图”，说明了原始人类已会捕鱼。我国最早的诗歌集《诗经·邶风·谷风》就有描述游水渡河的诗句：“就其深矣，方之舟之；就其浅矣，泳之游之。”《易经》泰卦中记述：“包荒，用冯河，不遐遗。”“包荒”指葫芦。古人用两个葫芦分系腰侧泅水渡河，并将此种游水方式称之为“腰舟”。战国时期，由于诸侯争霸，许多国家都十分重视军队水上作战的能力。当时各国纷纷训练水军，训练往往采取“矩游为乐”的形式。《管子·轻重甲》载，齐桓公为了对付吴越强大的水军，按照管仲的建议，在河堤建游泳池，曾“立沼池，令以矩游为乐……令曰：‘能游者赐千金。’”结果训练出5万名水军士卒，“大败越人”。山西省浑源李峪村出土的战国兽纹铜盘残片上，就刻绘有泅水的画面。现藏故宫博物院，战国时期的《宴乐渔猎攻战纹铜壶》上刻绘有人鱼共游的场景。四川成都出土的一件战国时期的铜壶上，刻有一幅《水陆攻战图》，画面表现了士卒在水中厮杀的场景。

游泳还被广泛应用在军事上，兵书《六韬》就把游泳列为士兵必须具备的一项重要作战技能，“奇技者，所以越深水，渡江河也”。秦汉之后，水军一直是军队中的一支重要作战力量。汉武帝时，因为准备讨伐昆明国，专门在长安修建了一座方圆达四十里的昆明池，“以习水战”。魏晋南北朝时期，游泳是水战必备的技能。隋唐五代时期，水嬉活动更是盛行，并得到了普及。当时不仅游泳的技术得到了空前的发展和提高，而且涌现出不少游泳行家。如《大唐新语》卷四、《太平广记》卷四〇五、《杜阳杂编》、《甘泽谣》、《报应记》、《录异记》卷二、《续仙传》等文献中都有关于游泳高手的描写。这时期，还有不少富豪权贵在私宅修建了游泳池。甚至连唐玄宗、唐代宗、唐德宗都十分喜好水嬉活动。

唐代诗人白居易的《代书诗一百

游泳者

新疆克孜尔石窟第114窟壁画，主室圈顶西壁，公元4世纪

Swimming, wall painting of Kizil Cave No.114, Xinjiang Province, 4th Century A.D.

游泳图

甘肃敦煌莫高窟第 420 窟壁画，隋

Swimming, wall painting of the Mogao Cave No.420, Dunhuang of Gansu Province,Sui Dynasty

《赛泳图》壁画
选自布达拉宫，清
Swimming, wall painting of the Potala Palace, Tibet, Qing Dynasty

韵寄微之》《斋居春久，感事遣怀》《三月三日祓禊洛滨并序》，刘禹锡的《三月三日与乐天及河南李尹奉陪裴令公泛洛禊饮各赋十二韵》对水嬉活动都有精彩的描写。

宋太祖赵匡胤十分重视水军训练，自建隆元年（960）即位后，“观习水战者二十有八”。统一南方后，仍将水嬉作为练兵的手段。宋太宗太平兴国元年（976），宋太宗曾下诏引金河水筑“金明池”，大练水军。另据《宋史·礼志》记载：“淳化三年（992）三月，幸金明池，命为竞渡之戏，掷银瓯于波间，令人泅波取之。”这分明叙述了一场当时举行的游泳比赛，而“岸上都人纵观者万计”，可见水嬉之盛况。

另从历史上的一些战争，亦可看到擅长游泳的军士在战争中所起的重要作用。如三国时期的赤壁之战、五代十国的唐梁之战、明朝的抗倭战争、清朝的甲午海战。

元代称游泳为“浮渡”“浮水”或“没水”。《元史·管如德传》记载，皇帝外出狩猎，一次遇一大沟，马不可越，当时随从管如德“即解衣浮渡，帝壮之，由是称为拔都，赏赉优渥”。《明太祖实录》卷二一载：“五太子者，（张）士诚养子也，本姓梁，短小精悍，能平地跃起丈余，又善没水。”

除文献对水嬉进行描述，还可以从石窟壁画上看到水嬉场景。如敦煌莫高窟北魏第 257 窟、隋代第 420 窟、中唐第 200 和 231 窟、盛唐第 148 窟、晚唐第 196 窟，新疆克孜尔石窟第 8 窟。

(五)跳水

我国古代有关跳水的最早记载可见房玄龄等撰写的《晋书·周处传》,其中有"(周)处投水搏蛟"的描写。

在古代,从远处跳入水中称为"远设"。唐代赵鳞的《因话录》讲述了唐代有一名身手不凡的游泳高手,名叫曹赞,他能够在百尺高的桅杆上跳入水中,并能浮坐在水面上,表现出他高超的跳水技能。从中也能看出,唐代的水上运动已类似现代的"高台跳水"。到了宋代,跳水活动得到了进一步发展,并创造了"水秋千"之戏。宋孟元老的《东京梦华录》卷七《驾幸临水殿观争标赐宴》记载:"驾幸临水殿,观争标,赐宴。有两画船,上立秋千,船尾百戏人上竿。左右军院虞候监鼓笛相和。又一人上蹴秋千。将平架,筋斗掷身入水,谓水秋千。"这里的"水秋千",是在空中翻筋斗而入水,与现代跳水十分相似。当时,北宋京城汴梁(今开封)除金明池,还有凝祥、琼林、玉津等大池,是专供皇帝权贵观看水上运动的地方,也是水军演习的场所。其中,金明池和琼林苑每年清明还向百姓开放,使得水上运动得到了更广泛的开展。宋徽宗赵佶,曾在水殿观赏过这种"水秋千"表演,而且是以比赛形式进行的。宋人王珪的《宫词》有记载:"内人稀见水秋千,争擘珠帘帐殿前。第一锦标谁夺得?右军输却水龙船。"

我国的跳水已有千余年的历史,文字记载要早于欧洲600年左右。古代这种"水秋千"的技术已十分接近现代的跳水技术,如起跳、空中技巧、打水、入水。

(六)冰嬉

冰嬉在我国已有数千余年的历史。在我国北方,天气寒冷地区的先民为了在雪地里寻找飞禽走兽,猎取食物,他们把木棍绑在自己的一只脚上,另一只脚用力蹬地,使木棍能在雪地里飞快滑行。之后,经过不断的实践,先民把两只脚都绑上木棍向前滑行,由此出现了滑雪的雏形。到了隋唐时期,我国东北地区的黑水秣褐(即后来的女真族)在自己的鞋上绑上木板条在冰上滑行,逐渐形成了滑冰运动。

1.滑雪

我国的滑雪有着悠久的历史,《山海经》卷一八《海内经》,有关于丁零族滑雪活动的记载:"有钉灵之国,其民从膝下有毛,马蹄善走。"丁零族是秦汉时期活动于贝加尔湖一带的一个游牧部族。这是中国最早关于滑雪的文字记载。《三国志·魏书·乌丸鲜卑东夷传》注云:"乌孙长老言北丁令有马胫国,其人音声似雁鹜,从膝以上身头,人也,膝以下生毛,马胫马蹄,不骑马而走疾马,其为人勇健敢战也。"亦是古代先民滑雪的记载。另据《隋书·室韦传》记载:"气候最寒,雪深没马。冬则入出,居土穴中,马多冻死,饶獐鹿,射猎为务,食肉衣皮,凿冰,没水中而网取鱼鳖。地多积雪,惧陷坑阱,骑木而行。"这表明约在

1300年前，居住在黑龙江大兴安岭地区的室韦族就“骑木而行”。“骑木而行”是指：“木马形如弹弓，长四尺，阔五寸，一左一右，系于两足，激而行之雪中冰上，可以及奔马。”还有《新唐书·回鹘下》载：“冬至木马突厥三部落日都播、弥列、歌饿支，其酋长皆为颉斤。桦皮复室，多善马，俗乘木马驰冰上，以板籍足，屈木支腋，蹴辄百步，势迅激。”这说明，当时不仅用滑板滑雪，而且由“屈木支腋”可以得知，滑雪时除双脚绑滑雪板之外，双手还持雪杖。杜佑的《通典》卷一九九《边防典十五》载：“拔野古者，亦铁勒之别部。在仆骨东境，胜兵万余。其地丰草，人皆殷富。……人皆著木脚，冰上逐鹿。以耕种射猎为业。”隋唐之后，关于滑雪的文献记载就更为丰富。宋末元初的马端临撰著的《文献通考》载：“饶猝鹿，射猎为务……地多积雪，惧陷坑阱，骑木而行。”《元史》卷六三《地理志》载，吉利吉思“庐帐而居，随水草畜牧，颇知田作，遇雪则跨木马逐猎。土产名马、白黑海东青。……贫民无恒产者，皆以桦皮作庐帐，以白鹿负其行装，取鹿乳，采松实，及山丹、芍药等根为食。冬月亦乘木马出猎”。吉利吉思是我国柯尔克孜族的先民，唐代称“黠戛斯”，汉魏时称“坚昆”。该民族是我国历史上一个善于利用北方山地较多、冬季积雪的自然条件，以善于滑雪狩猎而著称的民族。《元统一制》《明统一制》均提到东北地区“有狗车木马，轻捷方便”。其中的“木马”就是《隋书》所指的“骑木而行”的木，即现在所说的滑雪板。宋元明清时期，我国的滑雪活动随着手工业的繁荣和技艺的不断提高，滑雪的器具也有了改进，并出现了“冰床”“爬犁”“滑擦”等冰雪游戏，这在《宋史·永志》《帝京岁时纪胜》《通俗篇》均有记述。在清代，宫廷开展一种高台滑雪的活动，称为“打滑挞”。清人陈康祺所撰的《郎潜纪闻》载：“禁中冬月打滑挞，先汲水浇成冰山，高三四丈，莹滑无比。使勇健者带毛猪皮履，其滑更甚，从顶上一直挺立而下，以到地不扑者为胜。”可见，我国古代东北和西北地区，气候比较寒冷，积雪深厚，生息于当地的少数民族，如蒙古族、鄂伦春族、赫哲族、鄂温克族、哈萨克族、维吾尔族等民族，滑雪技艺世代相传，他们将兽皮覆在木板上做成雪板。在漫长的冬季，滑雪是他们主要的交通工具。“山羊角”“马蹄善走”或“骑木而行”等的记载都印证了我国滑雪活动的发展历史。

2005年，在我国新疆阿尔泰地区汗

德尕特蒙古族乡，考古工作者在一洞穴内发现了滑雪岩画。在其中的一幅岩画中，4 人踩在一条长条形的滑雪板上，每人手持一根长棍，身体呈向前屈体下蹲状。另有一幅多人滑雪彩绘岩画，每人脚踩滑雪板，身体蹲屈，呈一字排列向前滑行，旁侧有其他人物以及牛等动物图案。

岩画是远古时期先民"骑木而行"的真实反映。它为考证界滑雪地的起源提供了极其珍贵的实证。

2.滑冰

滑冰这项活动早在隋唐时代就已被北方的一些游牧民族所掌握，并运用在日常的捕猎活动之中。据传唐时期的女真人曾运用一种"竹马"在冰上滑行，逐步形成了冰上滑行的活动。到了宋代，冰上活动开始盛行。《宋史·礼志》有"幸后苑观花作冰嬉"的记载。至明代，在北方的少数民族中滑冰得到了进一步的发展。据明史记载，明熹宗五年

拖床冰嬉图

现藏北京故宫博物院，清

Picture of Playing Ice, Qing Dynasty, Tha Palace Museum collection

(1625)正月初二，东北建州女真族首领努尔哈赤曾经在太子河上主持过盛大的冰上竞赛活动。不仅有速度滑冰的比赛，而且还出现了冰上鞠球对抗赛。对优胜者赏银二十两。

在清代，冰嬉活动得到了普及和发展，不仅将冰嬉纳入军事训练，而且还传至京城一带。《日下旧闻考》载，清宫廷每年"于太液池表演冰嬉，以阅武事而修国俗"。另据文献《清语择抄》记载，明末清初，在努尔哈赤的军中出现了专门的滑冰鞋，称之为"乌拉滑子"。当时冰鞋的款式与如今的单刀式冰刀相似。

《冰嬉图》卷局部

现藏北京故宫博物院，清

Part of Picture of Playing Ice, painting on silk, Qing Dynasty, Tha Palace Museum collection

《冰嬉图》卷局部
现藏北京故宫博物院，清
Part of Picture of Playing Ice, painting on silk, L35.2cm, W581cm, Qing Dynasty, Tha Palace Museum collection

《燕京岁时记》载："冰鞋以铁为之，中有单条缚于鞋上，身起则行，不能暂止，如蜻蜓点水，紫燕穿波，殊可观也。"

在清代，北京民间的冰嬉活动一般都在运河、积水潭、什刹海等处进行，而宫廷的冰嬉活动则在太液池，即今天的北海、中南海的冰上举行。有关清代北京的冰嬉活动可以从遗存的画家作品中得知其真实的形象。清代乾隆年间宫廷画家张为邦、姚文翰所绘的《冰嬉图》和金昆等人绘制的《冰嬉图》(现藏故宫博物院)，如实反映了当时宫廷冰上表演的盛况。当时流行的冰上活动项目很多，统称为冰嬉。宫廷冰嬉的规模十分宏大，人数多达一千六百名。冰场上矗立着三座彩门，插彩旗，悬彩灯，每队分别从门下穿过，在晶莹的冰面上组成"S"形或卷云形，表演者着红、黄两色马褂，背上按旗籍分别插着不同色的小旗，脚穿装有冰刀的皮靴。在滑行时，分别表演各种绝技，有"童子拜观音""侧猿献蟠桃""金鸡独立""哪吒闹海""鹞子翻身"等。更有难度的，则边滑行边舞叉弄刀，或开弓搭箭作"射天球"之戏。

除花样滑冰之外，还有一种叫"抢等"，即现代的"速度滑冰"。据清人吴振棫的《养吉斋丛录》载，皇帝亲临冰场观看滑冰比赛，冰道约有三里长，只听号令炮一声轰响，参与比赛者便风驰电掣地向终点滑去，转眼便滑到了御座前，"至有先后，分头等、二等，赏各有差"。

冰嬉中更为精彩的莫过于冰上蹴

鞠竞赛了，它融蹴鞠与滑冰于一体，球可踢可抛。高士奇的《金鳌退食笔记》载："每队数十人，各有统领，分伍而立。以皮作球，掷于空中，俟其将堕，群起而争之，以得者为胜；或此队之人将得，则彼队之人蹴之令远，喧笑驰逐，以便捷勇敢为能。"

冰嬉活动历经数千年的传承，现如今已成为令世人瞩目的体育运动竞赛项目，其中有速滑、花样滑冰、冰上舞蹈、冰球、掷冰壶、雪橇、冰橇、高山滑雪、跳台滑雪、花样滑雪、滑板滑雪等。

（七）举重

举重，古代称"翘关""扛鼎"等。在夏商周时期，有不少关于大力士的记载。到了春秋战国时期，又有了"翘关""举鼎"等力量练习的记载。"翘关"就是举重，"翘"是举的意思，"关"是关城门用的大门闩，"翘关"就利用双手举起重量很大的门闩。"翘关"一般有两种方法：一种是双手拓关，从长沙马王堆出土的汉代帛画所描绘的力士图可见一斑；另一种据汉朝人高诱解释，"翘关"的方法是"以一手捉城门关显而举之"。也就是说，用一只手握住门闩的一端，然后举起来。

古代把双手举东西称为"扛"。"杠鼎"就是用双手把鼎举起来。鼎是一种三足两耳的铜制金属器具，用来烹调牲畜以供祭祀。"杠鼎"也有单手举和双手举两种方法。河北满城出土的战国"当户灯铜人"，大体可以反映单手举鼎的样子。兵书《吴子·料敌》载："一军之中，必有虎贲之士，力轻杠鼎，足轻戎马。搴旗取将，必有能者，若此之辈，选用别之，爱而贵之，是为军命。"说明杠鼎已成为当时军队检验士兵力量的重要方式。战国时期，乌获、任鄙、孟说都是著名的大力士。《史记·秦本记》载："武王有力好戏，力士任鄙、乌获、孟说皆至大

举象图

甘肃敦煌莫高窟第 61 窟壁画，西壁，五代

Elephant Lifting, wall painting of Mogao Cave No.61, Dunhuang of Gansu Province, Five Dynasty

举象图

甘肃敦煌莫高窟第 290 窟壁画，窟顶人字披，北周

Elephant Lifting, wall painting of Mogao Cave No.290, Dunhuang of Gansu Province, Northern Zhou Dynasty

官，王与孟说举鼎，八月，武王死，族孟说。”是说秦武王力量很大，与孟说比赛举鼎，由于力不胜任，结果折断了膝盖骨，至八月死去。孟说也因此惨遭灭族之灾。湖北随州曾侯乙墓出土的战国时期的全套编钟与整幅钟架结构巧妙、计算精确，铜人托举编钟与横梁，顶天立地，稳如磐石，分明是力大无穷的武士。铜人力举重达2500公斤的大型编钟及钟架，面部神情坚毅，腰际佩剑，双臂上举，整个造型给人以庄严肃穆之感，也充分体现了墓主人曾侯乙尚武崇力的思想。两汉时期，举重得到了进一步的发展，出现了“举鼎”“舞轮”“掇石”等新的举重形式。当时的百戏中，也有举重活动。如张衡在《西京赋》里就记述：“……乌获扛鼎，都卢寻橦。”唐朝推行的武举制，更是促进了举重的发展。又据《唐六典·选举》载：“武举以七等阅其人。一曰长垛……七曰举重，谓翘关，率以五次为第。皆试其高低以名闻。”“翘关拔山，绝艺奇技，莫不兼取。”唐代武科考试将“翘关”与“负重”列为测试项目，从制度上肯定了力量在武艺中的重要地位，极大地推动和促进了举重活动的开展。宋元明清时期，举重不仅仍为武举取士的重要考核项目之一，还出现了石制的举重器械和新的举重形式，如举石担、举石锁、掇石墩、举石球、举石狮等，在文献中均有记述。随着宋代勾栏瓦舍的出现，民间举重活动得到了更为广泛的开展。我国现存的石窟壁画、墓葬壁画砖中均有关于举重的图像。

翘关图

甘肃敦煌莫高窟藏经洞第17窟出土的幢幡画，现藏英国国家博物馆，唐

Weightlifting, painting on silk banner from the Mogao Cave No.17, Dunhuang of Gansu Province, Tang Dynasty (now in British Museum,London)

举象图

甘肃敦煌莫高窟藏经洞第17窟出土的幢幡画，现藏英国国家博物馆，唐

Elephant Lifting, painting on silk banner from the Mogao Cave No.17, Dunhuang of Gansu Province, Tang Dynasty (now in British Museum,London)

举铁钟图

甘肃敦煌莫高窟藏经洞第17窟出土的幢幡画，现藏英国国家博物馆，唐

Iron-bell Lifting, painting on silk banner from the Mogao Cave No.17, Dunhuang of Gansu Province, Five Dynasty (now in British Museum,London)

骑象举铁板

甘肃敦煌莫高窟第 61 窟壁画，西壁，五代

Horsemanship, wall painting of Mogao Cave No.61, Dunhuang of Gansu Province, Five Dynasty

托举力士石雕

河南省洛阳市龙门石窟万佛洞西壁雕像，唐

Weightlifting, Stone sculpture of Longmen Cave, Wanfo Dong, Luoyang of Henan Province, Tang Dynasty

当户铜俑灯

1968 年河北省满城县中山靖王刘胜墓出土，西汉

Dang Hu Copper Light Figure, excavated from Liu Sheng tomb in Mancheng County of Hebei Province, Western Han Dynasty

骑马举铁板

甘肃敦煌莫高窟第 61 窟壁画，西壁，五代

Horsemanship, wall painting of Mogao Cave No.61, Dunhuang of Gansu Province, Five Dynasty

举重

举象、擎钟图壁画，敦煌莫高窟61窟，五代

Bell Lifting, wall painting of Mogao Cave No.61, Dunhuang of Gansu Province, Five Dynasty

举重

石锁，清

Weightlifting, Qing Dynasty

隔城抛象图壁画

山西省太谷县净信寺壁画，清

Elephant Lifting, wall painting of Jingxin Temple, Taigu County of Shaanxi Province, Qing Dynasty

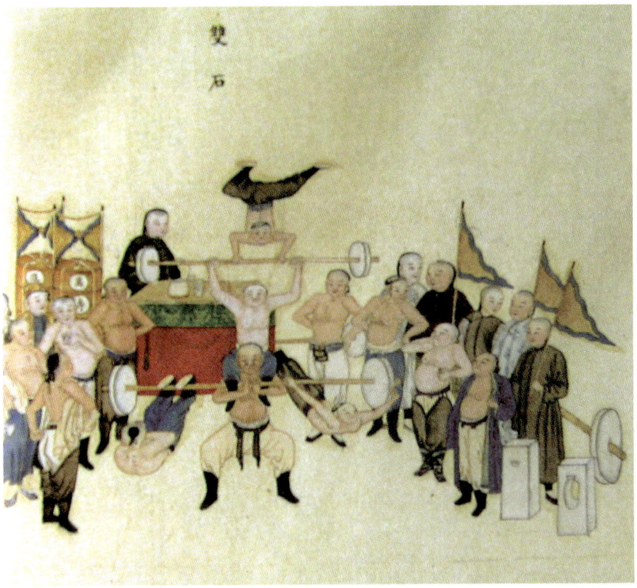

举重

双石，清

Weightlifting, Qing Dynasty

举重

清代《北京民间风俗百图》中的街头举石卖艺的人

Weightlifting, Qing Dynasty

搬石竞赛图壁画（西藏拉萨布达拉宫壁画局部）

清

Lift Stone Race, wall painting of the Potala Palace, Qing Dynasty

三、蹴鞠、马球、步打、捶丸、木射、角抵、马伎

（一）蹴鞠

球类活动在中国出现甚早，在云南沧源岩画中就可以看到3000多年前殷商时代佤族祖先在祭祀活动中玩球的情形。殷商甲骨文中，也有踢球的记录。古代称球为“鞠”。史籍记载可见于公元前2世纪的《史记》，《轩辕黄帝记》也载有黄帝曾以蹴鞠让士兵练武。春秋战国时期，蹴鞠活动已广泛开展。中国蹴鞠，在其漫长的历史发展进程中，曾经创造过无数的辉煌，曾经有过几度的盛衰，曾经引领着人们在其中获得感性的沉醉，不仅普通百姓为之陶醉，许多的统治者、政治家也都为之投入很多的热情。蹴鞠不仅浓缩了中国古代的体育文化，而且寄寓着千百年来我们这个民族的生活乐趣、生存智慧、道德理想和价值准则。因此，在历史上很长一段时间里，蹴鞠理所当然成为中国人的一大娱乐活动。

蹴鞠是起源于中国的一项古老的体育活动。蹴者，踢也；鞠者，球也。《说文解字·足部》释“蹴”云：“蹑也，从足。”同书《革部》释“鞠”云：“蹋鞠也，从革。”蹴鞠的起源，由于文献的严重缺失已无从考证，但1973年长沙马王堆汉墓出土的帛书《十六经·正乱》中却有记述：

《鞠城铭》书影

汉　李尤

The picture Inscription Playing Cuju City ,painted by Li You, Han Dynasty

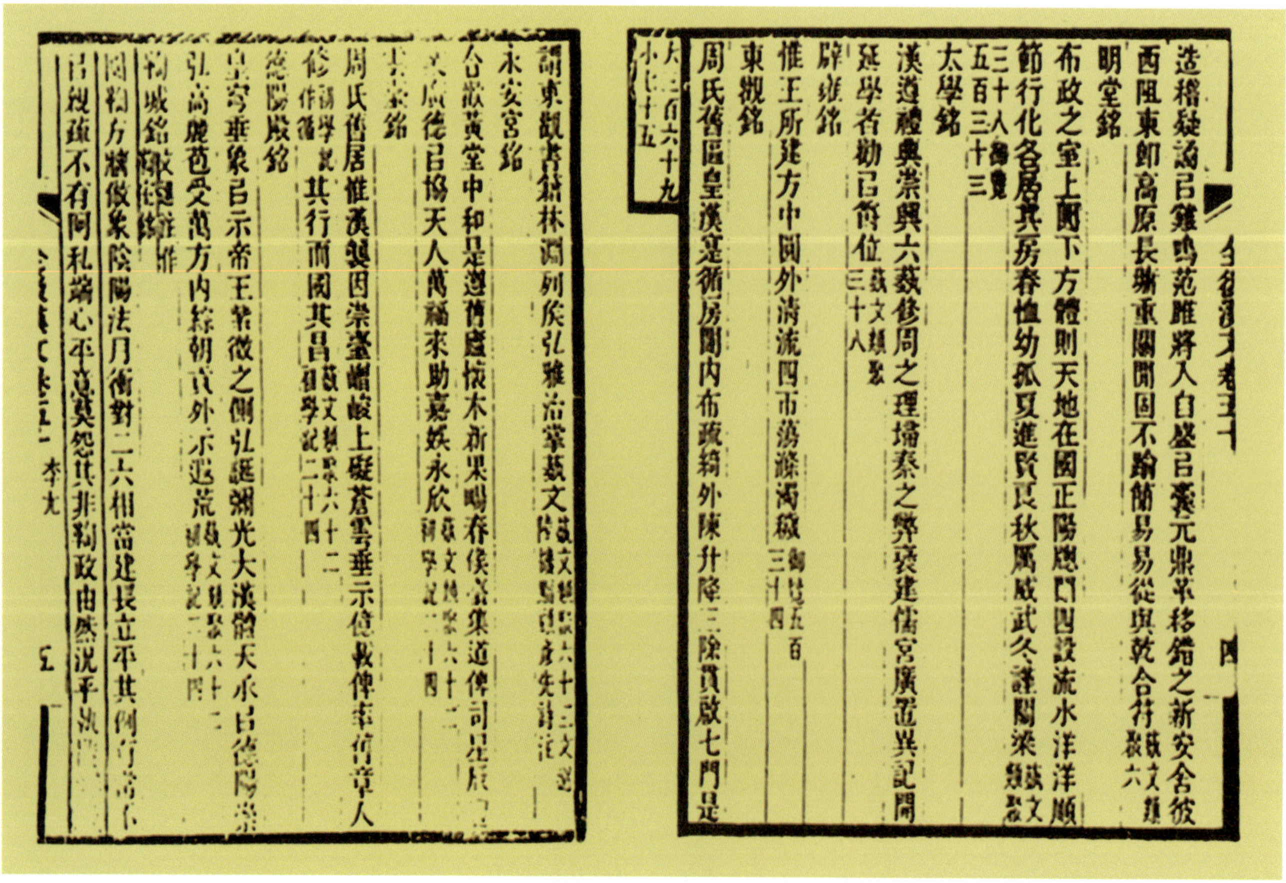
全後漢文卷五十

造稽疑論吕雍鳴范雕將入白盛吕褒元鼎革移錯之新安舍彼西阻東郎高原長鄉重闕閈固不踰簡易易從與乾合符 藝文類聚六

明堂銘

布政之室上圓下方體則天地在國正陽窻闥四設流水洋洋順節行化各居其房春恤幼孤夏進賢良秋厲威武冬謹關梁 藝文類聚三十八 御覽五百三十三

太學銘

漢遵禮典崇興六藝修周之理壞秦之弊褒建儒宮廣置異記開延學者勸以爵位 藝文類聚三十八

辟雍銘

惟王所建方中圓外清流四面蕩滌濁穢 御覽五百三十四

東觀銘

周氏舊區皇漢實循房闥內布疏綺外陳升降三除貫啟七門是

大三百六十九 小七十五

請東觀書籍林淵列侯弘雅治掌藝文 藝文類聚六十三 文選注

永安宮銘

合歡黃堂中和是遵舊廬懷木新果暢春候鳥集道傳司是辰又屆德以協天人萬福來助嘉妖永欣 藝文類聚六十二 初學記二十四

雲臺銘

周氏舊居惟漢襲因崇臺嶕嶢上擬蒼雲垂示億載傳于有章人修 作舊 初學記 其行而閱其吕 藝文類聚六十二 初學記二十四

德陽殿銘

皇穹垂象以示帝王紫微之側弘延彌光大漢體天承以德陽崇弘高麗苞受萬方內綜朝貢外示遐荒 藝文類聚六十二 初學記二十四

鞠城銘 藝文類聚 鞠作蹴

圓鞠方牆仿象陰陽法月衡對二六相當建長立平其例有常不以親疏不有阿私端心平意莫怨其非鞠政由然況乎執

全後漢文卷五十 李尤 五

"黄帝身遇蚩尤,因而擒之。……充其胃以为鞠,使人执之,多中者赏。"马王堆汉墓出土的帛书《十六经·正乱》,据有关学者考证,写成时代是战国中期。这至少说明蹴鞠在秦汉以前就已出现了。关于"黄帝所为"的说法,还缺乏足够的证据。古人曾经把临淄视为蹴鞠的发源地,如《古诗笺》五言诗卷一载南朝吴均《边城将》诗有云:"临淄重蹴鞠,曲城好击剑。不要身后名,专骋眼前智。"这说明在2500年前,临淄就十分盛行蹴鞠这一活动了。

从蹴鞠的发展历史来看,自秦汉时期就得以风行,并成为汉代军事训练、提高将士身体素质及愉悦身心的重要手段。汉将霍去病驻守河西时,曾亲自率领将士们练习蹴鞠。《汉书·艺文志》把有关蹴鞠活动的内容附在"兵器"之后,列入"兵器十三家",作为重要的军事参考书。据《会稽典录》记载,西汉长安的老百姓也"以蹴鞠为学",喜蹴鞠之戏。西汉长安流行的蹴鞠有两种不同的玩法:一种是不用专门的蹴鞠场地,一个人或几个人踢球,以表演为主;另一种是有专门场地和一定规则的蹴鞠竞赛。

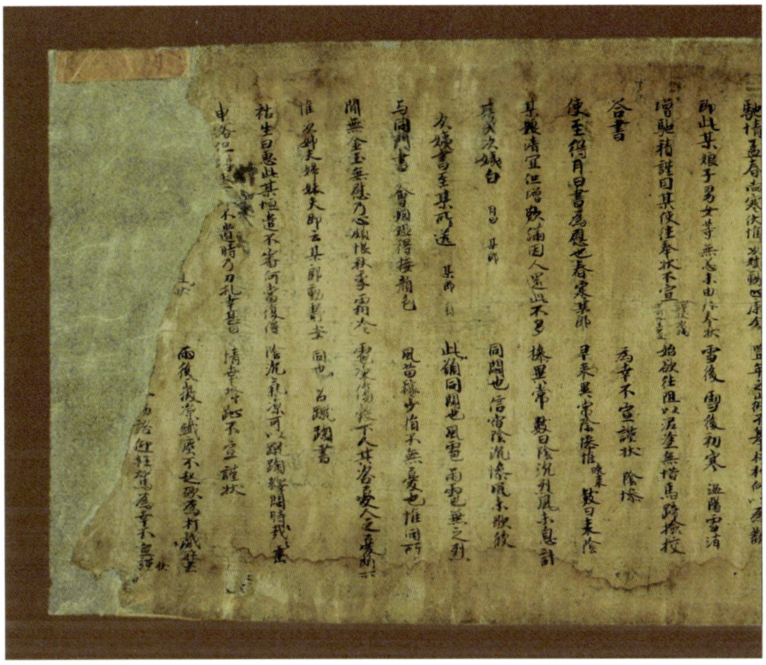

蹴鞠

敦煌文献 P.2619,现藏法国国家图书馆

Playing Cuju, P.2619 of Dong huang Literature,The French National Library collection

至唐代,蹴鞠得到了更大的发展,鞠由过去"以革皮为之,中实以毛"的实心球,改为"以胞为里,嘘气闭而蹴之"的充气球。参与蹴鞠活动的人遍布各个阶层。在京城长安,上至达官贵族,下至市井小民,无不喜欢蹴鞠,连妇女也跻身其间,并涌现出不少蹴鞠高手。这个时期的不少诗词作品,生动地描写了蹴鞠的盛行情况。此外,蹴鞠对宗教也曾产生了一定的影响,敦煌遗书《涅槃经》《瑜伽师地论》等佛教经卷中也提到"鞠"的游戏。

西汉枚皋的《蹴鞠赋》,三国魏人何

画像石

陕西绥德出土,汉

Stone Reliefs, unearthed in Suide of Shaanxi Province, Han Dynasty

蹴鞠图
明
Playing Cuju, part of Picture of Emperor Xuanzong' Entertaining, painting on silk, Ming Dynasty

晏的《景福殿赋》、卞兰的《许昌宫赋》等，均对当时的蹴鞠游戏作了生动的描写。唐代许多著名诗人，如王维、白居易、韦庄、杜甫、王建等亦有描写蹴鞠的诗。如王维的《寒食城东即事》云："蹴鞠屡过飞鸟上，秋千竞出垂杨里。"白居易的《洛阳寒食节日作十韵》云："蹴鞠尘不起，泼火雨初晴。"韦庄的《丙辰年州迁寒食城外醉吟五首》云："永日迢迢无一事，隔街闻筑气球声。"杜甫的《清明》云："十年蹴鞠将雏远，万里秋千习俗同。"王建的《宫词》云："寒食内人长白打，库中先散与金钱。""白打"为蹴鞠术语，指不用球门，两人或多人对踢的一种踢球方式。宋代大诗人陆游的《剑南诗稿》中有七首写蹴鞠的诗。如"少年骑马入咸阳，鹘似身轻蝶似狂。蹴鞠场场万人看，秋千旗下一春忙。"宋词《满庭》，元代关汉卿的套曲《女校尉》，萨都剌的散曲《妓女蹴鞠》亦有对蹴鞠的描述。另外《新唐书·百官志》记载，每年寒食节，少府监下属的中尚署负责组织"献球"活动，其内容包括组织表演蹴鞠、击蹴鞠等。

宋朝初年，皇帝贵族酷爱蹴鞠活动。北宋画家苏汉臣绘有一幅《宋太祖蹴鞠图》，图中宋太祖赵匡胤、宋太宗赵光义二人踢球，旁侧站立多名大臣观

之。《宋史·礼志》《宋史·乐志》均有对当时蹴鞠表演的记载。另外,在《武林旧事》《梦粱录》还载有在北宋的汴梁城、南宋的临安城,于瓦舍勾栏表演蹴鞠的情况。

早在汉唐时期,在皇室和贵族家中就有专业的蹴鞠艺人,称为“鞠客”“内园小儿”。宋代还出现了蹴鞠艺人的专门组织叫“齐云社”,也称“圆社”,它的主要任务是发展组织,严格内部纪律,组织蹴鞠竞赛,定出艺人等级,宣传蹴鞠价值,保护艺人的利益。到了元代,蹴鞠活动在社会上仍然很活跃,甚至出现了女蹴鞠艺人。在明代,蹴鞠逐渐走向衰落,直至清代中期最终在中国逐渐消亡。

蹴鞠萌芽于原始社会的石球狩猎,从最开始就具备了一项体育活动的基因。以后又从军事训练、百戏、乐舞等其他艺术形态中吸收了丰富的表现因素,最终形成了一整套蹴鞠活动的谱系。我们从语音学发现“蹴鞠”的音显然不是汉语,经调查发现它出自彝语,是由“蹴”的形声字,来表示“踢、踏、踩、蹋”的语义。公元前8000—前6000年黄河下游齐鲁地区滞留的东夷人就是彝族,他们使用的是古彝语。从黄帝与东夷人的首领蚩尤作战的典故还可以推测出黄帝时期已开展了鞠的游戏。由此可见,蹴鞠在中国的起源时间可以追溯到6000—8000年前,地点则在黄河下游的齐鲁地区。因此,这一考证如果成立,将对研究足球的发展历史提供一个极具价值的信息。

国际足联主席布拉特在伊朗“文明杯”足球比赛的新闻发布会上说:“足球起源于中国,并从那里传给了埃及,而后

蹴鞠图

宋太祖赵匡胤与他的五位臣子蹴鞠的情形,宋

Playing Cuju, Song Dynasty

又从埃及传到希腊、罗马、法国,最后才传到了英国。"2004年,国际足联副秘书长项伯涅在伦敦举行的国际足联百年庆典的新闻发布会上讲:"有意思的是,足球在欧洲流行之前,原始形式的足球已在中国出现。虽然有不少国家都认为自己是足球运动的诞生地,但研究国际足球的历史学家有确切证据表明,足球最早起源于中国,中国古代的蹴鞠就是足球的起源。"国际足联于2004年2月4日宣布:"足球最早起源于中国——中国古代的蹴鞠就是足球的起源。"

铜镜

现藏中国历史博物馆,宋

Bronze Mirrors, Song Dynasty, Chinese History Museum collection

牙雕踢球图笔筒

现藏安徽博物院，宋

Ivory Brush Pot with Playing Cuju Design, Song Dynasty, Anhui Museum collection

蹴鞠图

明刻本《三才图会》

Playing Cuju, illustration of Sansai Zue, Song Dynasty

蹴鞠图

宋刻本《事林广记》

Playing Cuju, illustration of Shi Lin Guang Ji, Song Dynasty

蹴鞠图

设色纸本，钱选《宋太宗蹴鞠图》，现藏上海博物馆，元

Emperor Song Taizong Playing Cuju, painting on paper, painted by Qian Xuan, Yuan Dynasty, Shanghai Museum collection

钟馗蹴鞠图

清　顾洛

Zhongkui Playing Cuju Tu, painted by Gu Luo, Qing Dynasty

蹴鞠图

《清明上河图》局部，明　仇英

Playing Cuju, excerpted from Visting River during the Qing Ming Festival(part) ,painted by Qiu Ying,Ming Dynasty

蹴鞠图陶枕

宋

Pottery Pillow with Playing Cuju Painting, Song Dynasty

打马球

砖画，四川成都平原地区出土，唐

Playing Polo,picture on brick, unearthed from plain area of Chengdu,Sichuan Province, Tang Dynasty

(二)马球

马球，也称之为“击鞠”。关于马球的起源问题，至今尚无定论。自20世纪初以来，国内外不少学者认为，马球运动始于波斯、印度、吐蕃等地。从现代考古发现和文献记载来看，古代丝绸之路地处祁连山脉、喜马拉雅山脉、昆仑山脉和兴都库什山脉沿线，这一带有着广阔的草原，各民族悠久的养马、驯马、相马技术以及传统的马上活动，不仅培育了优良的马种，而且孕育了马术表演和马球运动，同时也提高了军队将士的骑术。这在中国古代文献《汉书·吐蕃传》《后汉书·西域传》《封氏闻见记》《唐书·兵志》《宋史·礼志》《金史·礼志》，以及敦煌遗书，河西一带出土的汉简，考古发现的马球场、墓葬壁画、石窟壁画、打马球俑等都可以得到印证。可以说，育马、马术、马球运动是中国历史文化的重要组成部分。尤其是马蹬和蹄铁的发

马球图

出于陕西富平县宫里镇南陵村节愍太子墓墓道西壁，唐

Playing Polo, Prince Jie-min's tomb, Fuping County of Shaanxi Province, Tang Dynasty

明，为马球的产生开创了契机。

从汉唐经宋元至明清的中国城市，物质文化发展迅速。出现在汉唐宫廷或城市街坊的马球运动已成为人们的一种文化生活。尤其在唐代，马球已成为宫廷皇帝与权贵们日常生活的重要内容，也是军队训练士兵的主要手段之一。

东汉末年，曹植的《名都篇》载：“连翩击鞠壤，巧捷惟万端。”其中“连翩”是形容马上“击鞠”的姿态。“击”根据《辞源》注释，本义是打、敲打。“鞠”根据郭璞的《三苍解诂》载：“毛丸，可蹋戏。”“壤”即土地、场地的意思。由于证据缺乏，加之学者们对《名都篇》有着不同的理解，对是否写马球提出了疑问，因此还需要有其他的资料加以论证。还有唐代诗人蔡孚参考当时尚未佚失的汉代文献，写成了《打毬篇》，诗中对东汉时期洛阳“德阳宫北苑东头”进行马毬比赛的场景，做了形象的描绘。而文中提到的窦融和梁冀两位宦官都酷爱打球，并且是马球高手。但仅以此来考证马球在东汉已存在尚显单薄。此外，还有《蹙鞠》二十五篇著录于《汉书·艺文志》中。该书虽已亡佚，但从后人记述可得知《蹙鞠》一书有《域说篇》，其中载有：“即今之打毬也……又以杖打，亦有限域也。”这说明，《蹙鞠》二十五篇为马球专著应毫无疑义。此外，东汉李尤曾著《鞠城铭》，其内容有“圆鞠方墙，依仿阴阳……”，此球场三边设墙，应是马球场。文中还记述了打马球的规则。另外，据说江苏徐州睢宁的巨人古墓曾出土

渤海象牙马球

现藏美国国家博物馆

Ivory Polo in Bohai Sea, National Museum of US collection

马球

现代塔吉克民族使用的马球

Polo, used by modern Tajik nationalities

胶胎马球

唐

Polo, Tang Dynasty, excerpted from China Cultural Relics News

唐代福州球场山亭记碑

Stele, Fuzhou Ball court, Tang Dynasty

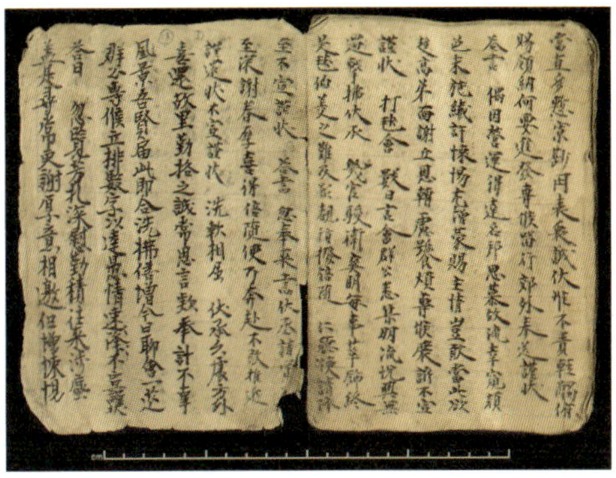

打马球(书仪)

敦煌文献 S.5636，现藏英国国家博物馆

Polo, Dunhuang Manuscript S.5637, British Museum collection

彩绘陶打马球群俑

陕西西安市出土，现藏陕西历史博物馆，唐

Playing Polo Figure, excavated from Xi'an of Shaanxi Province, Tang Dynasty, Shaanxi History Museum collection

马球图（局部）

陕西乾县章怀太子墓墓道西壁壁画，唐

Polo, (part), wall painting of Prince Zhanghuai tomb,Shaanxi Province, Tang Dynasty

过六块东汉打马球砖，现由民间收藏。如果经考古文物专家鉴定，确认为东汉打马球砖，这将为马球运动源于中国提供了有力的实证。

唐代经贞观、开元之治，商业和交通得到了较大的发展，封建经济空前繁荣。在这个时代背景下，中国的马球运动连续闪耀出几个亮点，出现了宫廷和军队的马球运动。尤其是宫廷文化与军队文化的交会，对马球规则的完善和推动马球运动的发展产生了重要的影响。

据文献记载，唐代的历朝皇帝，如太宗、中宗、玄宗、穆宗、敬宗、宣宗、僖宗、昭宗都是马球运动的提倡者和参与者。受此影响，一些王子王孙、驸马、大臣也是马球高手，如李邕、杨慎交、武崇训、武延秀、李晟等。甚至后宫的嫔妃和宫娥也以打马球消遣时光，出现了女子马球，并创造骑驴击鞠（驴鞠）及步打球等。

另据《全唐文》《全唐诗》《太平御览》《太平广记》《封氏闻见记·卷六·打球》等文献记载，当时京城长安的马球场主要分布在宫城、大明宫、皇家禁苑和禁军驻地，如大明宫麟德殿球场、含光殿球场、宫城太极宫球场、东内苑龙

马球图

2004年陕西省富平县北吕村西北唐嗣虢王李邕墓出土，现藏陕西省考古研究院

Polo, unearthed from Liyi's tomb in Fuping County,Shaanxi Province, Shaanxi Institute of Archaeology collection

首池球场、御马坊球场、右军球场。还有长安城朱雀大街以东的李坊，包括光福坊永泰公主庙球场、平康坊长宁公主府球场、靖恭坊杨慎交宅球场、永崇坊李晟宅球场、胜业坊五王宅球场等。

唐代的文学作品，如李隆基的《初入秦川路逢寒食》、李白的《杂曲歌词·少年乐三首》、蔡孚的《打球篇》、沈佺期的《幸梨园亭观打球应制》、张说的《奉和圣制寒食作应制》、张建封的《酬韩校书愈打球歌》等，都对马球作了生动的描写。敦煌文献S.2049、P.2544《仗前飞·马球》载："……球似星，杖如月，骤马随风直冲穴……" 诗中描述了马球的比赛时间（仲春）、球杖（杖如月）、服饰（脱绯紫，着锦衣）、球队（青红两个队）以及精彩激烈的进攻场面。文中的"骤马随风直冲穴"，说明了当时的马球比赛不仅有射门得筹的规则，也有击球进穴的赛法。

唐代墓室壁画中的马球壁画属于贵族文化，是唐代主流文化的一方面，它形象地记录了当时宫廷和军队中打马球的景象。它一方面是对现存文献中有关马球记载的形象诠释，另一方面又是对文献中某些不足之处的验证和补充，具有"证史"和"补史"的作用。

1956年，在长安皇宫的北边禁苑遗址基建时，出土了一块石碑，上面刻有"含光殿马球场""大唐大和辛亥岁乙未月建"等字样。这表明唐文宗大和五年（831），已把球场纳入宫廷的整个建筑计划之中。

1959年，在陕西长安县南里五村，

马球图(局部)

陕西乾县章怀太子墓墓道西壁壁画,唐

Polo,(part), wall painting of Prince Zhuanghuai tomb, Shaanxi Province, Tang Dynasty

唐韦炯墓出土打马球俑4件。

1971年,在陕西乾县乾陵发掘章怀太子(唐高宗与武则天的次子)李贤墓时,在墓道西壁发现了一幅反映唐代打马球的壁画。

1975年,在江苏省扬州市邛湾镇,出土了一面唐代菱花镜,上面绘有4人打马球的图案。

1979年,在陕西礼泉县烟霞乡山底村,发掘检校凉州总管杨温墓时,墓室东壁绘有一幅《仕女图》,其中有持球杖的女侍。

1981年,在陕西临潼关山唐墓,出土了4件白陶打马球俑。

1995年,在陕西富平县宫里镇南陵村西北,发掘节愍太子李重俊墓时,在墓道西壁绘有打马球的场面,共存两处画面。北边一处可见5人骑马向南奔驰,一手握球杖,一手持缰,皆头戴黑色幞头,身穿各色圆领袍,足蹬黑靴,最北端的一人,手持3副球杖。略向南边有5人立马向南观看球场。另

陶打马球俑

陕西临潼区关山古墓出土,唐

Playing Polo Figure, excavated from Guanshan Tomb of Shaanxi Province, Tang Dynasty

一画面绘有 5 名骑手，头戴黑色幞头，着圆领袍，足蹬黑靴，前面两人手持球杖，纵马驰向球场。

2000 年，在陕西省蒲城县三合乡三合村，发掘唐惠陵“让皇帝”李宪和恭皇后合葬墓时，甬道西壁绘有仕女图 28 幅，其中一女子着圆领开衩长袍，戴黑色幞头，足蹬翘首线鞋，呈男子装束，双手于胸前合抱马球杖一柄。石椁位于墓室西侧，上面刻有男装仕女图，其左肩斜背马球杖两柄。

2010 年 11 月，在内蒙古清水河塔尔梁村发现两座五代砖室壁画墓（编号 M1、M2）。墓室的西北壁绘有一幅打马球休憩图。一男子坐于一把靠背椅上，身着暗红色长袍，右手持一马球杆，左手拿马球，呈休憩状。东南壁绘有弯弓、羽箭和马球用具。

2003—2004 年，在抢救性考古发掘嗣虢王李邕墓时，出土了大量壁画，其中的马球图堪称唐代艺术佳作。

风靡唐代 300 余年的马球运动，并未因五代十国的战乱而消亡，在宋代依然盛行不衰。但马球运动主要还是在宫廷、达官显贵府第以及军队中开展。

《长安城大明宫含光殿马球场石志》拓本

陕西西安市大明宫遗址出土，唐

Stone Rubbing, Nian Guang hall of Daming Palace site, Shaanxi Province, Tang Dynasty

马球，宋代又称“击鞠”，皇帝和贵族大臣常常以此为乐。宋徽宗、宋孝宗对马球更是乐此不疲，特别是宋孝宗为了收复中原，以打马球作为训练骑兵的重要手段。

随着社会经济的发展，马球活动逐

持马球杆图

陕西西安市东郊王家坟唐安公主墓壁画揭取，甬道东壁，唐

Hold Hockey Stick, copy of wall painting of Princess Tang'an's tomb in Shaanxi Province, Tang Dynasty

东汉马球砖图
徐州出土
Bricks with Picture of Playing Polo, unearthed from Xuzhou City in Jiangxu Province, Eastern Han Dynasty

渐走向民间。据《东京梦华录》载，在北宋都城汴京“宝津楼之南，有宴殿……殿之南有横街，牙道柳径，乃都人击球之所”。说明了当时在民间已有打马球的场所。曾布《水调歌头》七首，其中第一首云：“魏豪有冯燕，年少客幽并。击球斗鸡为戏，游侠久知名。”到南宋时期，马球运动在民间得到了进一步的发展。民间成立了“打球社”等体育组织，专门组织“走马打球”的活动。

辽、金、元时期的契丹、女真、蒙古等游牧民族，长期在马背上生活，熟悉马性，掌握各类马上游戏和竞技，尤其是马球运动是他们传统的运动项目。他们不仅继承了宋代宫中和军中所盛行的马球活动，还发展了马球的竞技规则，并设立了打马球专用马的养育机构。

辽代政权为契丹族所建立，兴起于唐末、五代。“契丹”译成汉语是“镔族”。顾名思义，这是个有着钢铁般意志的剽悍民族。辽代契丹民族本就是以游牧为生，有骑射的传统和尚武的精神，故马球也深受他们的喜爱，甚至被奉为辽代的“国球”。已出土的辽代墓室壁画中就有许多骑射、育马、赛马和马球等图像。

金代已经有了专门调教打球用马的机构，为奖励大臣，皇帝常赏赐打球用马。经过调教训练的马能与人更好地配合，发挥打球技巧。由于金代多位皇帝喜爱马球，因此，许多贵族、军队的元帅也十分喜欢打马球。曾率领金军攻打北宋汴梁城的元帅粘罕、斡离不，在战争期间也从未停止过打马球。据《金史》载，金兀术的儿子　“击鞠天下第一，常独挡数人。马无良恶皆如意。马方驰，辄投杖马前，侧身俯地，取杖而去”。

在金代，宫廷和军中开展马球活动时，民间百姓亦可参与。根据《金史》记

东汉马球砖图

徐州出土

Bricks with Picture of Playing Polo, unearthed from Xuzhou City in Jiangxu Province, Eastern Han Dynasty

载，“贞元二年，常武殿击鞠，令百姓纵观”“明昌三年，射柳击球，纵百姓观”。

元代的体育继承了金代的传统，元人熊梦祥所著的《析津志辑佚·风俗》云：“击球者，今（金）之故典，而我朝演武亦自不废。”一般在端午节和重阳节这两个节日，宫廷中举行马球比赛。分封在外的蒙古贵族每遇节庆也要举行马球比赛。因此，马球在元代得到了更快的发展。

明成祖朱棣多年驻守燕京，在令位成功之后，便将首都迁到北京，继承了辽、金、元的旧俗，定于五月五日行射柳、击球之礼。《明史·礼志》记载：“永乐时，有击球、射柳之制。十一年五月五日，幸东苑击球、射柳。分击球官为两朋，驸马都尉广平侯袁容领左朋，宁阳侯陈懋领右朋。自皇太孙而下，诸王大臣以次击射。”由于这是节日比赛，观看的人很多，有“文武群臣、四夷朝使及在京耆老”。明代保留马球和射柳的传统风俗，其根本目的是以习武来增强国力。

从明代画家的作品中，亦可窥见当时马球运动的发展状况。明代宫廷画家商喜绘《明宣宗行乐图》，骑马前行的明宣宗头戴尖顶圆帽，身着窄袖衣，外罩紧袍服，左右是官员侍从。前面有六匹马，其中两马奔驰，四马站立，只有一个不是很高的球门，是一种单向门的击球表演，入穴为胜。

明人临《宋人击球图》，现存英国维多利亚阿尔伯博物馆。绢本设色，纵43.2 厘米，横 47 厘米。图中四位击球者头戴折角巾，身着长袍，均为宋人装束。画面将四人进行马球比赛的激烈场面刻画得淋漓尽致，极其生动。

由满族建立的清朝，是我国最后的

唐三彩打马球
Tri-colored glazed pottery of playing Polo ,Tang Dynasty

一个封建王朝。但先祖遗留下来的马球运动在清朝却很少见到。只是在康熙年间，北京的祭社活动中还能见到马球表演，但到了清代中期，在中原一带基本绝迹。

自汉唐以来盛行的马球运动，今天的我们通过历史文献和考古发掘的文物，仍能清晰地感受到当时马球运动的精彩和激烈。马球比赛充溢着寓武于乐的豪情，反映了古人英雄崇拜的情结。但在汉唐之后，由于受宋明理学的影响，以及清朝国力衰退、战争频繁，加之清朝不准民间养马，马球运动逐渐走向衰落。虽然西方人讲述马球源于中亚一带。但公元前 500 年，波斯帝国的战车才 6—18 根辐条。2400 年前，亚历山大的马其顿帝国的骑兵还不穿裤子，根本不可能产生马球这项竞技游戏。

打马球图(摹本)
1990 年内蒙古敖汉旗宝国吐乡皮匠沟辽代 1 号墓壁画，辽
Polo, wall painting (copy) from Pijianggou tomb No.1, Inner Mogolia, Liao Dynasty

打马球纹镜

现藏北京故宫博物院，盛唐

Polo Profiling Mirrors,Tang Dynasty,Beijing Palace Museum collection

驴鞠

现藏国外

Playing Cuju on donkey, collected by museum outside China

打马球画像砖雕

1983 年山西襄汾县曲里村出土，金

Playing Polo, brick relief, excavated from Quli village of Shanxi Province in 1983, Jin Dynasty

打马球画像砖雕

1983 年山西襄汾县曲里村出土，金

Playing Polo, brick relief, excavated from Quli village of Shanxi Province in 1983, Jin Dynasty

打马球画像砖雕

1983 年山西襄汾县曲里村出土，金

Playing Polo, brick relief, excavated from Quli village of Shanxi Province in 1983, Jin Dynasty

打马球画像砖雕

1983 年山西襄汾县曲里村出土，金

Playing Polo, brick relief, excavated from Quli village of Shanxi Province in 1983, Jin Dynasty

宋人马球图(摹本)

绢本水墨设色，现藏英国维多利亚·阿尔贝蒂博物馆，明

Polo, painting on silk (copy), Ming Dynasty (V&A Museum collection, UK)

游骑图卷(局部)

现藏北京故宫博物院，唐

Riding ,Tang Dynasty,Beijing Palace Museum collection

彩绘打马球俑

现藏香港徐氏艺术馆，唐

Painted Figurines Playing Polo, Tang Dynasty, Hsu museum of art collection

打马球菱花镜

现藏北京故宫博物院，唐

Mirror with Palying Polo Decoration, Tang Dynasty, the Palace Museum collection

打马球休息图

内蒙古清水河塔尔梁墓壁画，墓室西北壁，五代

Ball Crutches,wall painting from Ta erliang tomb in Qingshui river,inner Mogolia, westnorth wall,Five Dynasty

打马球石刻

宋

Playing Polo, stone carving, Song Dynasty

打马球画像砖

现藏中国体育博物馆，宋

Playing Polo, brick relief, L25cm, W24cm, H4.5cm, preserved in China Sports Museum, Song Dynasty

唐代墓志
西安市出土，民间收藏
The Epitaph of Tang Dynasty, unearthed in Xi'an, Nongovernmental collection

唐代墓志
西安市出土，民间收藏
The Epitaph of Tang Dynasty, unearthed in Xi'an, Nongovernmental collection

辽代木质家具马球图
Wooden Furniture of Polo,Liao Dyansty

马球之戏
Polo Show

唐玄宗击球图
李龙瞑摹，清
Emperor Tang Xuanzong Playing Polo, copy by Li Longming, Qing Dynasty

(三)步打

步打球,又称“步打”或“步击”,是一种徒步以仗击球的体育活动。它是由马球演变而来,似乎在唐初就开始流行于宫廷和民间。据《新唐书·百官志三》载,按唐代习俗,每年寒食节,由少府监在宫中组织“献球”的娱乐活动,如蹴鞠、击鞠、驴鞠、步鞠等。诗人王健所作《宫词》即有“寒食宫人步打球”之句。唐太宗贞观年间,大臣魏征奉命制《打球乐》,据《唐音癸签》卷一四《杂舞曲》载:“打球乐:舞衣四色,窄罗绣襦,银带簇花,折之中,顺风脚,执球杖。”唐代女诗人鱼玄机十分喜爱步打球,她所作的《打球作》,描绘了步打球比赛时球杖击圆球,球在空中划过似流星,以及拨球和击球入门等精彩场景。唐僖宗十分熟悉各类球戏活动,尤其对自己的步打球技艺颇为自负。《北梦琐言》卷一载:“僖宗皇帝好蹴球、斗鸡为乐,自以能于步打,谓俳优石野猪曰:‘朕若作步打进士,亦合得一状元。’”

步打
宋
Stepping Playing Polo,Song Dynasty

步打球是由马球演变而来的,其打法和规则都类似马球。比赛分两队进行,比赛者手持球杖,在场上奔跑、追逐和拼抢,将球击入门者为胜。步打球在唐代广泛流行,始终沿着自己的发展轨迹前行,最终为现代曲棍球的形成奠定了基础。

步打球图
甘肃瓜州榆林窟第 15 窟壁画,南壁,唐
Playing Ball, wall painting of Yulin Cave No.15, Guazhou of Gansu Province, Tang Dynasty

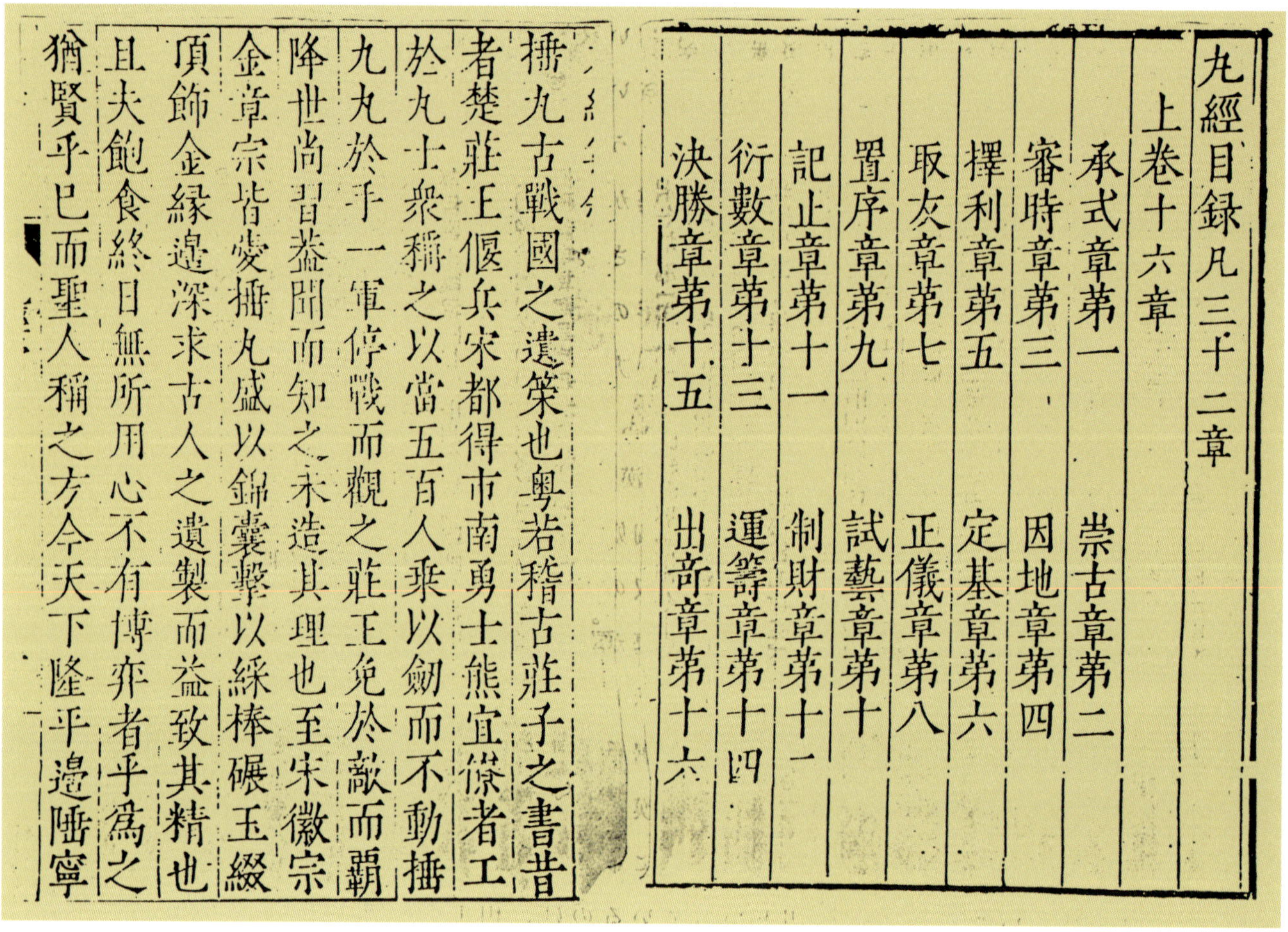
丸經目録凡三十二章
上卷十六章
承式章第一　崇古章第二
審時章第三　因地章第四
擇利章第五　定基章第六
取友章第七　正儀章第八
置序章第九　試藝章第十
記止章第十一　制財章第十二
衍數章第十三　運籌章第十四
決勝章第十五　出奇章第十六

捶丸古戰國之遺策也粤若稽古莊子之書昔者楚莊王偃兵宋都得市南勇士熊宜僚者工於丸士衆稱之以當五百人乘以劍而不動捶丸丸於手一軍停戰而觀之莊王免於敵而覇降世尚習蓋閑而知之未造其理也至宋徽宗金章宗皆愛捶丸盛以錦囊擊以綵棒碾玉綴頂飾金緣邊深求古人之遺製而益致其精也且夫飽食終日無所用心不有博弈者乎爲之猶賢乎已而聖人稱之方今天下隆平邊陲寧

明刻本《丸经》书影

现藏中国国家图书馆

Illustration of pill, Ming Dynasty,Chinese National Museum collection

(四)捶丸

捶，即击打；丸，即球。可以说，捶丸就是以棒击球入穴的游戏。捶丸所用的棒，有“撺棒”“朴棒”“杓棒”“单手”“鹰嘴”等多种类型。一套棒，根据数量不同分为“全副”“中副”“小副”，依次为10根、8根、6根，供捶丸者在不同条件下选用。捶丸的场地设在野外，地形有“平者”“凸者”“峻者”“妨者”“里者”“外者”。球场上还设穴、窝、发球台、标志旗、障碍物等。发球台与窝的距离，近者一丈，远者50—60步，最远不超过100步。比赛十人九人为“大会”，八人七人为“中会”，六人五人为“小会”，四人三人为“小朋”，两人为“单对”。捶丸比赛之前，参赛者须到“关牌”处领筹。筹又叫牌，每人五筹。每人三棒，三棒均将球击入窝中才能赢。根据筹之多少来决定胜负。捶丸流行于唐代，盛于宋、金、元三代。陈万里的《陶枕》中著录有一儿童捶丸图陶枕，图中小孩持一小杖击丸，形象生动，是当时捶丸活动盛行的有力佐证。2002年，山东省泰安市博物馆考古人员在清理岱庙城墙遗址时，在地下发现了由14幅画面组成的宋代石刻图。其中一幅《捶丸图》尤为引人注目，图中一儿童右手拿着一个球，左手持棒上举。棒端呈弧状弯曲，棒柄自上而下逐渐变细，球棒整体呈“L”形，是迄今为止我国发现的最早有关捶丸游戏的图像。

另外在山西洪洞县广胜寺水神庙明应王殿绘有一幅打捶丸的壁画；故宫博物院收藏的明代《宣宗行乐图》中绘有捶丸图；上海博物馆收藏有一幅明代杜堇的《仕女图》，图中多名仕女正在进行捶丸比赛。以上的捶丸画像，证实了捶丸在我国宋元之际已非常流行，它所体现的历史价值可谓弥足珍贵。古代捶丸的场地、器具等与现代高尔夫球运动有着惊人的相似之处。有专家认为，现代高尔夫球运动的源头应在中国。

捶丸

现藏北京故宫博物院，清

Thumping Pill, Qing Dynasty, Beijing Palace Museum collection

到了元代，捶丸已成为一种非常成熟的体育项目。首先，元代出现了关于打球的专著《丸经》。该书共有三十二章，追述了捶丸的发展历史，对捶丸的场地、器具、竞赛规则，以及各种不同的击法和战术做了详细的介绍，还特别强调体育运动的道德，是一份不可多得的珍贵史料。除了《丸经》，还有不少元曲描述了捶丸。如无名氏杂剧《逞风流王焕百花亭》第二折中就描写道，王焕自夸什么游戏都会，包括捶丸、气球、围

捶丸

位于山西洪洞县水神庙明应王殿西壁北部，元

Thumping Pill, Song Dynasty

棋、双陆等。关汉卿的杂剧《救风尘》中使用了捶丸场上的术语“打干净球儿”“打一棒快球子”。这些捶丸的术语在元杂剧中使用,说明当时社会上已很熟悉此种术语的概念。张可久的两首同调小令[南吕·金字经]《观九副使小打》描述了捶丸中的擂棒打法。元曲从一个侧面反映出捶丸具有广泛的社会基础,成为当时社会上颇具影响力的文化现象。

(五)木射

因以木笋为“候”、木球为“矢”,故称之为“木射”,是我国古代的一种球类游戏。它始于唐代,唐人陆秉著有《木射图》一卷,但此书早已佚失。至宋朝时,宋人晁公武在他的《郡斋读书志》中对《木射图》做了简短的介绍,为后人留下了对木射较为形象的描述。他说:木射比赛时,在场地的一端竖立十五个木笋,故也叫“十五柱球戏”。在木笋上用红黑颜色写字,其中十个笋用红笔各写“仁”“义”“礼”“智”“信”“温”“良”“恭”“俭”“让”,另外五个用黑笔各写“傲”“慢”“佞”“贪”“滥”。红黑相间摆放,作为目标。比赛者依次从场地的另一端持木球向木笋滚去。以命中红笋者为胜,命中黑笋者为负。

木射的比赛形式与现今流行的保龄球十分相似。历史上《木射图》一书曾流传到欧洲,因此,现今风靡欧洲的保龄球,其源头可能就在中国。

(六)角抵

在中国古代体育发展的历史长河中,角抵是一种较量臂力、演练搏斗技巧的竞技活动。商周时期,在人们心目中,兽角是勇敢、力量的象征,在礼仪、民俗、艺术、体育各个领域,都不乏它的

角抵纹透雕铜饰

1955 年陕西省长安县客省庄出土,战国

Wrestling, Bronze trinket, excavated from Chang'an County in Shaanxi Province, the Warring States period (475-221 BCE)

角抵

现藏甘肃省张掖市高台县博物馆，魏晋

Wrestling, Gaotai County Museum collection,Wei-Jin Dynasty

形象，并形成兽角文化。角抵起源于战国，盛行于两汉，其渊源可上溯到原始社会时期的武舞，当时的武舞用来颂扬武功，再现战斗场面。《汉书·刑法志》记载：“春秋之后，灭弱吞小，并为战国，稍增讲武之礼，以为戏乐，用相夸视。而秦更名角抵，先王之礼没于淫乐中矣。”由此可见，角抵在战国时期已经兴起。角抵传承至唐宋明清一直活跃于国家的盛典和民间的赛会之中，发展至今已成为一项国际性的竞技体育比赛项目。

角抵，也称“角力”“拍张”“争交”“摔跤”等。从广义上讲，角抵是中国早期体育的总称。从狭义上讲，角抵是古人以两人对抗，运用劲力和技巧进行较量的一种摔跤或相扑表演活动。到了汉代，角抵活动十分普及，尤其是在冀州一带，经常有这种游戏活动。“其民三三两两，头戴兽角相抵，名唤蚩尤戏。”从这一记载中将角抵称为“蚩尤戏”，以及角抵时要进行化装的情况来看，很明显角抵在当时已经成为一种富有娱乐性的游戏活动。《汉书·武帝纪》载：“三年春，作角抵戏，三百里内皆观。夏，京师民观角抵于上林平乐馆。”可见当时的老百姓非常喜欢角抵戏，宁愿跑三百里的路，也要观看角抵戏。当时的演出场所多在平乐馆，观众不光是皇室贵胄及域外之客，还有京师一带的民众。这个时期不少帝王亦十分喜爱角抵，如西汉宣帝、成帝，东汉明帝、顺帝等。中间虽经元帝、哀帝等罢遣，然散而复聚，声势不减。总之，角抵在两汉得到了更大规模的发展。

角抵传到魏晋南北朝时期，出现了其他的叫法，如“角　”“角　”“角戏”等，但总不离竞技的属性。西晋人虞溥的《江表传》、南朝梁任昉的《述异记》、唐房玄龄等人合著的《晋书》均有关于角抵的记载。这一时期的文献中还出现

角抵

1974年吉林集安出土，高句丽（4世纪中叶）

Wrestling, wall painting of the Ji'an County's Koguryo tomb in Jilin Province, 4th century

相扑

佛幡绢画，甘肃敦煌莫高窟藏经洞17窟，现藏英国国家博物馆，唐

Sumo wrestling, from the Mogao Cave 17, Dunhuang of Gansu Province, Tang Dynasty,kept in the British Museum

角抵

帛画，山东临沂金雀山出土，西汉

Wrestling, painting on silk, excavated from Linyi, Shandong Province, Western Han Dynasty

角抵

甘肃敦煌莫高窟第61窟壁画，西壁，五代

Wrestling, wall painting of the Mogao Cave No.61, Dunhuang of Gansu Province, Five Dynasty

角抵

甘肃敦煌莫高窟第61窟壁画，西壁，五代

Wrestling, wall painting of the Mogao Cave No.61, Dunhuang of Gansu Province, Five Dynasty

了“相扑”一词，如《角力记》引《荆楚岁时记》载：“荆楚之人，五月间，相伴为相竞之戏，即相扑也。”《太平御览》引《晋书》载：“襄城太守责功曹刘子笃曰：‘卿郡人不如颍川人相扑。’笃曰：‘相扑下技，不足以别两国优劣。’”

隋唐时期角抵依旧兴盛。《隋书·炀帝纪》有“角抵大戏于端门街，天下奇异艺毕集，经月而罢”的记载。《隋书·柳彧传》载：“近代以来，都邑百姓每至正月十五日，作角抵之戏，递相夸竞，至于糜费财力。”这均反映了隋朝时角抵戏不仅规模大，而且经费开支也不小。在唐代，相扑也称角抵，比赛在春秋两季举行，每年元月十五日和七月十五中元节为角力之期。《吴兴杂录》记载：“唐七月中元节，俗好角力相扑。”唐代帝王也多好角抵。《角力记》载：“唐宝历中，敬宗御三殿，观角抵戏，一更三点方罢。穆宗即位初年，幸神策军，观角力戏，日宴方罢。”之后的文宗、僖宗等皇帝都喜欢欣赏角抵，宫中还有专门为皇帝表演角抵的“角抵之徒”。角抵还是唐代军队训练和娱乐的项目之一。左右神策军（禁卫军）多善角抵，皇帝每赴神策军必观看角抵。

相扑在民间盛行是到了宋代以后。当时已出现了专门的组织，如“角抵社”“相扑社”等，成员基本是职业的。宫廷中的相扑手称为“内等子”，由军队中选拔，属于左右军编制。民间表演者则称“瓦市相扑手”，一般都是江湖卖艺之人，通常在集市庙会上表演。南宋吴自牧的《梦粱录·角抵》中明确称角抵为“相扑之异名也，又谓之争交”。

辽、金、元时期角抵也很普遍。辽时册立皇后，必“呈百戏、角抵、戏马以为乐”。在金代，朝中把优秀的角抵者选为侍卫。元代把角抵列为蒙古族“男儿三艺”之一，当时不仅男子擅长角抵，女子亦擅长。

据明史记载，明武宗曾令江彬等“率兵入习营阵，校骑射，或时为角抵之戏”。可见角抵是当时训练士兵的重要内容之一。清代称角抵为摔跤。尤其是入主中原之后，摔跤也自然而然地被带入中原，与中原悠久的摔跤形式结合，把摔跤推向了一个崭新的高峰。当时，朝野上下，宫廷内外，喜欢摔跤的不计其数。有专门吃这碗饭为朝廷摔跤的，称为“官跤”，跤手名为“布库”，老百姓叫白了，就是“扑户”。朝廷有专门机构管理“布库”以及一切有关事宜，名为“善扑营”。“布库”按技术高下分一、二、三等，按等级领钱粮。他们的任务就是研究跤法，练习摔跤。每遇朝廷宴乐，“布库”都要献技。

除遗存的文献资料，还有许多关于角抵的出土文物，如岩画、画像石、画像砖、墓葬壁画、石窟壁画、绢本画、陶俑、雕塑等。从这些文物，我们可以清楚地看到古代角抵手的着装、发式、比赛场地、裁判、角逐姿势等，它为全面深入研究我国古代角抵的演变，提供了珍贵的资料。

墓室东壁壁画

吉林省集安市洞沟古墓群禹山墓区中部角抵墓，原址保存，高句丽（4世纪中叶）

Tomb wall painting, wall painting of the Ji An Koguryo tomb in Jilin Province, 4th century

《较量图》壁画

选自布达拉宫，清

Competition, wall painting of the Potala Palace, Qing Dynasty

墓室东壁壁画

吉林省集安市洞沟古墓群禹山墓区中部角抵墓，原址保存，高句丽（4 世纪中叶）

Tomb wall painting, wall painting of the Ji'an County's Koguryo tomb in Jilin Province, 4th century

角抵

壁画，吉林省集安市高句丽舞踊墓

Wrestling, wall painting of the Ji'an County Koguryo tomb in Jilin Province, 4th century

摔跤

甘肃敦煌莫高窟第 290 窟壁画，窟顶西坡，北周

Wrestling, wall painting of the Mogao Cave No.290, Dunhuang of Gansu Province, Northern Zhou Dynasty

蹓脚图

现藏首都博物馆，清代

Wrestling, Qing Dynasty, The Beijing Capital Museum collection

清代藏族摔跤壁画

西藏桑耶寺壁画

Wall painting of Tibetan Wrestling, Qing Dynasty

相扑

绢画，甘肃敦煌莫高窟藏经洞 17 窟，现藏法国国家图书馆，唐

Sumo Wrestling, painting from the Mogao Cave No.17, Dunhuang of Gansu Province, Tang Dynasty, (Preserved in National Library of France)

角抵图

《清明上河图》(局部),明 仇英绘

Wrestling, Visiting River in Tomb-sweeping Festival (part), Ming Dynasty, painted by Qiu Ying

相扑俑

陕西渭南市出土,金

Sumo Figurine, excavated from Weinan City of Shaanxi Province, Jin Dynasty

摔跤图

现藏北京故宫博物院,清代

Wrestling, Qing Dynasty, Beijing Palace Museum collection

便桥会盟图

现藏北京故宫博物院，元　陈及之绘

Alliance in Bian Bridge,painted by Chen Jizhi, Yuan Dynasty,Beijing Palace Museum collection

马上杂耍画像石(拓本)

现藏山东省石刻艺术博物馆，汉

Vaudeville on Horse, collected in Shandong Stone Carving Museum, Han Dynasty

(七)马伎

马伎，又称“马戏”，在现代体育中叫马术。它是一种人在奔驰的马上表演各种有难度动作的活动。在山东、江苏、河南、四川等地区出土的汉代画像石上有大量马伎表演的画面。

魏晋南北朝时期，马伎表演成为百戏的重要内容之一。《魏大飨碑》中载，曹丕受禅前夕，曾在故乡举行百戏表演，其中就有“戏马立骑之妙技”。随着历史的发展，马伎技术不断创新，出现了许多惊险、刺激、观赏性更强的动作。《邺中记》载:“伎儿作猕猴之形，走马上，或在胁、或在马头、或在马尾、马走如故，名为‘猿骑’。”反映了当时的马伎表演已出现了在飞奔的马上站立行走、镫里藏身、横卧马上等高难度动作。

隋唐时期，马伎的表演形式更为丰富。《季秋朝宴观内人马伎赋》、《内人马伎赋》、《新唐书》卷二一七下《回鹘传下》等文献，生动地描写了宫廷马伎表演的精彩场面。观者有皇族权贵、文武百官、各国使臣等，表演的内容有镫里藏身、马上倒立、马上拾物、马上平衡、马上射术及骑马跨越障碍等。马伎也是当时军队训练中必不可少的内容，所以隋唐军中有不少马戏高手，他们不仅精通骑射，而且还掌握了“飞骑书写”“奔马击钱”“马术钻圈”“透剑门伎”等技巧。另外在新疆阿斯塔那唐代古墓和陕西西安唐代墓葬中都发现了马戏俑，对研究这一时期的马伎具有很高的价值。

五代、两宋时期，马伎依然盛行。马术不仅列为军事训练项目，而且也是民间百戏的主要表演内容，并创造出了千姿百态的高难度的惊险动作，甚至妇女也参加了马术的演练。敦煌莫高窟五代第 61 窟《佛传屏风画》中，有多幅马伎表演的壁画。画中绘有悉达多太子（释迦牟尼）在马背上表演马伎，做出单足探海（燕式平衡）、镫里藏身、俯身拾绳、骑马开双弓等动作。

马术

宋

Horsemanship, The Song Dynasty

中国古代的马伎不仅以悠久的历史和丰富的内容流传至今，而且在一定程度上为现代马术运动所师承。它折射出我国古代先祖的智慧和精神力量，展示了古人达观通透的游戏娱乐文化观，使今天的我们仍能感受到古人的精神风貌。

舞马纹镜

现藏北京故宫博物院，盛唐

Mirror with Dancing Horse Pattern Design, Tang Dynasty, the Palace Museum collection

神人马术乐舞画像镜

现藏北京故宫博物院，东汉

Mirror with Music and Dance Pattern Design,Tang Dynasty, the Palace Museum collection

酱釉乐舞纹瓷注子

1980 年安康市出土，唐

Zhu Zi with Music and Dance Pattern, excavated from Ankang City in 1980, Tang Dynasty

马术

甘肃敦煌莫高窟第 61 窟壁画，佛传故事（西壁南起第六扇屏风），五代

Horsemanship, wall painting of Mogao Cave No.61, Dunhuang of Gansu Province, Five Dynasty

马术图

清

Equestrianism, Qing Dynasty

马术

甘肃敦煌莫高窟第 61 窟壁画，西壁下部，五代

Horsemanship, wall painting of Mogao Cave No.61, Dunhuang of Gansu Province, Five Dynasty

马术

甘肃敦煌莫高窟第 61 窟壁画，西壁下部，五代

Horsemanship, wall painting of Mogao Cave No.61, Dunhuang of Gansu Province, Five Dynasty

马戏和狩猎图

1995 年河南省荥阳市王村乡苌村汉墓出土，原址保存，东汉

Circus and Hunting,unearthed from Chang village tomb in Xingyang City,Henan Province, Eastern Han Dynasty

马术图（局部）

现藏北京故宫博物院

Equestrianism(part), The Palace Museum collection

马术图（局部）

现藏北京故宫博物院

Equestrianism(part), The Palace Museum collection

蒙古国藏清代绘画中射箭比赛的场面

Archery Competition,painted in Qing Dynasty, Mongolia Province collection

Illustrated Book of Traditional Chinese Sport

第五篇 中国民族、民间、民俗中的武术

武术是一种文化现象，它的形成与物质文明、精神文明的发展紧密相关，是人们在劳动和军事生活中逐渐形成的对社会观念、信仰的反映。它从最初的本能自卫需要到后来的军训武术，一直以最大破坏性为目的。但明清之后，随着太极、形意、少林、武当、崆峒等武术拳派的出现，武术家吸收了内丹修炼与道家、儒家的哲学观，将武术最终提升为人生哲学的实践。中国武术"起于易、成于医、附于兵、扬于艺"，而且在儒释道诸家的影响下，在角抵、百戏、舞蹈、戏曲和军事训练中得到发扬。

武术是一种文化现象，它的形成与物质文明、精神文明的发展紧密相关，是人们在劳动和军事生活中逐渐形成的对社会观念、信仰的反映。它从最初的本能自卫需要到后来的军训武术，一直以最大破坏性为目的。但明清之后，随着太极、形意、少林、武当、崆峒等武术拳派的出现，武术家吸收了内丹修炼与道家、儒家的哲学观，将武术最终提升为人生哲学的实践。

武术是以技击动作为主要内容，以套路和格斗为运动形式，注重内外兼修的中国传统体育项目，是中国传统文化的组成部分。做到“外动内静、动中求静、动静兼备、有刚有柔、刚柔并济，练内练外、内外兼练”，主张“身心双休，以心行气，以气运身”。

武术作为一种文化现象，深受政治和环境的影响。可以说，中国武术“起于易、成于医、附于兵、扬于艺”，而且在儒释道诸家的影响下，在角抵、百戏、舞蹈、戏曲和军事训练中得到发扬。

一、中国武术源流考

武术的起源，可以追溯到原始社会。早在数十万年前的旧石器时代，人们在与野兽的争斗中逐渐学会了徒手或使用木棒、石块等器具击打野兽的方法，于是产生了拳打、脚踢、躲闪、跳跃等格斗技能。原始人之间，为了争夺食物、领地或首领时常发生争斗，这些人

平索戏车

车骑出行画像砖，河南新野县樊集出土，现藏河南博物馆，东汉

Acrobatics, stone relief from Xinye County of Henan Province, Eastern Han Dynasty, Henan Museum collection

与人之间的争斗有力地促进了原始武术的形成。到了原始社会末期，尤其是随着社会生产力的发展，人们为了利益产生了各种矛盾，在国家与国家、部落与部落之间出现了战争，加速了武术的发展。战争中兵器的演变及攻防格斗技术的不断提高，亦对武术的发展起到了促进作用。

秦汉时期，不仅出现了不同风格的武术流派，还出现了许多与武术有关的理论著作。仅《汉书·艺文志》收入的“兵技巧”类就有13家，共195篇。

魏晋南北朝时期，既是战争连绵不断时期，又是民族大融合的时期，南北武术得到了融合的机会，并开始与佛、道相联系，促使武术向多种方向发展。武术不仅具有防身的功能，而且具有健身和表演的功能。尤其应该肯定的是，“武术”一词就产生于这一时期。南朝梁昭明太子萧统的《昭明文选》录有南朝宋颜延年《皇太子释奠会作诗》中的“偃闭武术，阐扬文令”之句。这是迄今有关“武术”一词的最早记载。另外，在两晋南北朝的梁代，出现了武谱，使得武术的理论体系走向成熟，并完成了“击有术、舞有套、套有谱”的构架。

隋唐时期，武术有了进一步的发展。武术器械有弓、弩、枪、剑、棍、戟、刀、匕首、链锤等，可谓千姿百态、丰富多彩。另外，角抵、剑舞、矛舞、狮舞等形式越发多样，与武术相互融合，武术呈现出欣欣向荣之势。

宋元时期，民族矛盾尖锐，战争频繁，因此统治者非常重视武器装备和军事训练，如设置武学和武举，它促进和提高了武术练兵理论与实践的发展。通过规范、系统的严格军事训练来培养和选拔军事人才，并对应试者的兵法谋略进行考查，要求文武并举。《武经总要》就记述了当时军事武术的训练内容。另外，由于西夏、辽、金、元等少数民族政权的存在，致使战争频繁。这一时期的兵器种类大增，形制复杂，有“十八般武艺”的记载，这为后世民间武术器械的发展创造了条件。

明清时期，各种武术技法异彩纷呈，拳种拳派层出不穷，出现了刀、枪、剑、棍等众多门派，创立了内家拳、梅花拳、太极拳、洪拳、八卦掌、形意拳、南拳等。导引养生术也与武术相结合，形成

习武画像砖

现藏加拿大多伦多市皇家安大略博物馆，东汉

Practising Kungfu, stone relief, H34.7cm, Eastern Han Dynasty, Royal Ontario Museum in Toronto, Canada

骑马武术图（摹本）
1960年河南省新密市打虎亭村西2号墓出土，原址保存，东汉
Horse Riding Performance, unearthed from Da Hu Ting tomb NO.2,Xinmi,Henan, Eastern Han Dynasty

了内功，从而使“内外兼修”成为中国武术区别于世界其他技击术的重要特征之一。同时，武术的理论研究有了较大的突破，如俞大猷的《正气堂集》、戚继光的《纪效新书》《练兵实记》《练兵杂纪》、吴殳的《手臂碌》、唐顺之的《荆川文集》、茅元仪的《武备记》、王宗岳的《太极拳论》等。明清时期有关武术的著作大量出现，反映了武术在理论方面逐步成熟。

可以说，武术文化成熟于明清时期，各种拳种拳派的理论均蕴含着深刻的武德文化。它不仅为后世武术的发展开创了广阔的空间，而且也确立了中国武术在世界武坛的地位。

二、中国武术的流派

中国武术的派别往往是依托山川名胜而自然形成的。少林、武当、峨眉、崆峒、华山、天山等各派武术均依托名寺名山，结合佛教或道教，形成闻名世界的武术宗门。

在长期社会实践中，各宗门形成了各自不同的风格特点：长拳姿态舒展，动作快速；太极拳舒展柔和，轻灵圆活；八卦掌势势连绵，身灵步活；形意拳动作简练，发力刚强；南拳步稳势强，刚劲有力；通臂拳放长击远，发力顺达；劈挂

红地对人兽树纹罽袍

新疆尉犁县营盘15号墓出土，现藏新疆文物考古研究所，汉

Robe with Human, Animal and Tree Design, Han to Western Jin period, Archaeological Institute of Xinjiang Province collection

拳大开密合，长击冷抽；戳脚翻子，以“掩”为主，击手先护已；少林拳动作朴实，健壮而敏捷。

尽管各流派风格迥异，但套路都是以手型、步型、手法、步法、腿法等动作与技术组成。通过练习达到动作规范，手、眼、身、步有机配合，同时强调精、气、神，达到“内外合一”“形神兼备”。做到“心动形随”“形断意连”“势断气连”。其练功的准则是“内练精气神，外练筋骨皮”。

(一)历史悠久的少林武术

少林武术，起源于河南登封市少室山麓五乳峰下的嵩山少林寺。少林武术是中国武术中范围最广、历史最悠久、拳种最多的武术门派。它以其刚劲威猛、变化莫测的武术风范，傲立于中国武林，流传千古。

(二)内家神功武当拳

武当山又名太和山，坐落于湖北省西北部汉江南岸，是一个环境清幽、风景秀丽的地方。据《太和山志》和《均州志》记载，自周朝以来，就有养生炼丹家和道士在武当山修炼，他们注重静心养性，弃世绝俗，长居深山岩洞。

(三)闻名遐迩的峨眉武术

峨眉山位于四川省中南部，是中国佛教四大名山之一。有文献记载，“峨眉十二桩”系南宋建炎元年(1127)金顶寺高僧白云禅师根据道家内养炼丹术、导引吐纳法和医家对人体阴阳虚实脏腑盛衰的机理，结合佛门中一些动静气功的功法与峨眉武术中的技击之法而创编的一种融“桩”“技”为一体，合身心为一炉的健体强身、防身自卫的功法套路。

（四）丝绸之路上的崆峒武术

崆峒山位于甘肃省平凉市西，属六盘山支脉，是古代丝绸之路西出关中第一山，中国历史上的道家名山。其取名是道家空空洞洞、清静自然之意。

崆峒武术是道教俗家武术门派。它起源较早，《尔雅》中有"崆峒人武"的记载。据传崆峒武术是由唐代道人飞虹子（甘肃人）所创，由于种种历史原因，现存资料甚少，大部分已失传。崆峒武术共分八大门类：飞龙门、追魂门、醉门、神拳门、花架门、夺命门、奇兵门、玄空门。

（五）西域的天山派武术

天山山脉位是亚洲中部最大的一条山脉，横亘中国新疆的中部，西端伸入哈萨克斯坦境内。天山派武术形成于南宋光宗绍熙元年（1190），至今已有800余年的历史。天山派祖师杨继明系北宋名将杨继业之后。

天山派武术功法是以道门丹鼎派内功为基础，并融会了神霄派心法和杨氏家传武功，三者融合而形成自己独特的体系，讲究内炼心神，外炼身形，以外补内，玄人天一，求得修仙达真的境界。

操练图

甘肃敦煌莫高窟第332窟壁画，南壁西部，初唐

Training, wall painting of Mogao Cave No.217, Dunhuang of Gansu Province, Tang Dynasty

操练图

甘肃敦煌莫高窟第 217 窟壁画，南壁，盛唐

Training, wall painting of Mogao Cave No.34, Dunhuang of Gansu Province, Tang Dynasty

三、中国武术的拳种

(一)稳健刚劲的南拳

南拳是指中国南方流行的拳术，主要流行于福建、广东、广西、湖南、湖北、江西，浙江也有传入。南拳用腿较少，拳法十分丰富。南方人普遍小巧灵活，个子较矮，于是便有了讲究近身短打的南拳。南拳的特点是手法多样，如拳谚所述“一势多手”“一步几变手”，而且“多短拳”。它以形为拳，以意为神，以气催力，以关发气。动作朴素明朗，拳势激烈，富于阳刚之美。上肢动作较多，在身法上要求沉肩坠肘，含胸拔背；在手法上讲短打、擒拿、点击穴位；在步法上以四平马为基础，重心较低，步法稳固，并要求落地生根，较少跳跃滚翻动作。讲究蓄劲，要求气沉丹田，发力时劲由足根起，腿、腰、臂贯穿一气。练习南拳时，还配合发力因势发出喊声，这有助于使动作饱满刚健，突出南拳的刚烈风格。

流行最广的南拳有广东的五大名拳，即洪家拳、刘家拳、蔡家拳、李家拳、莫家拳；福建的咏春拳、五祖拳、鹤拳和罗汉拳等；湖南、湖北、江西则流行邬家拳。当代著名影星、截拳道创始人李小龙就是从小练习咏春拳的，他所创立的截拳道吸取了咏春拳的许多招式。咏春拳由福建省连城县严咏春(又名咏春三娘)所创，故名“咏春拳”。咏春拳的特点是：动作朴素，招法实用，手法丰富多变，起脚必配手，发腿隐蔽，出手护中。

(二)放长击远的长拳

长拳是武术的主要拳种之一，最早见于明代戚继光所著的《纪效新书·拳经捷要篇》：“古今拳家，宋太祖有三十二势长拳。”明代唐顺之的《武编》言：“逼近用短打，若远开则用长拳。”可见，长拳是相对于短打而言，包括查拳、华拳、炮拳、花拳等。它们的共同特点是延长击点，其姿势舒展大方，动作灵活快

枪

甘肃敦煌莫高窟第 256 窟壁画，主室南壁，北周

Spear, Wall painting of the Mogao Cave No.256, Dunhuang of Gansu Province, Northern Zhou Dynasty

速，出手长，跳得高，蹦得远，刚柔相济，快慢相间，动迅静定，节奏分明。

另外，长拳以自然界的物象来喻拳势。长拳在练习过程中对动作变化的十二种要求是："动如涛，静如岳；起如猿，落如鹊；立如鸡，站如松；转如轮，折如弓；轻如叶，重如铁；缓如鹰，快如风。"长拳的物象拳势，必须通过自己的悟性反复实践才能领会其意。

（三）以静制动的内家拳

内家拳是武当派的代表功夫。其特点是以静制动，以柔克刚。因其技法主要在于防守而有别于以攻为主的外家拳（少林拳），故称内家拳。内家拳的源流，据黄宗羲的《王征南墓志铭》载："起于宋之张三丰。"内家拳是少林武术与内功修行结合的产物，将"外练筋、骨、皮"与"内练精、气、神"融为一体，并对少林拳进行改造，创出内家拳。它以道教哲学和道教理论为指导，结合道教医学、易学、内丹养生学等知识，将技击与强身健体融为一体。

内家拳在技法上讲求以静制动，后发制人，修炼至上乘者内功深厚。黄百家的《王征南先生传》对内家拳技法叙述详尽。他指出，内家拳"其法主于御

出行图（局部）

1979 出于山西省太原市南郊王郭村北齐娄睿墓出土，现藏山西博物院，北齐武平元年（570）

Travelling (part),unearthed from Lourui tomb in Wangguo village, Taiyuan City, ShanxiProvince, Beiqi Dynasty,Shaanxi Museum collection

出行图(局部)

1979出于山西省太原市南郊王郭村北齐娄睿墓出土，现藏山西博物院，北齐武平元年(570)

Travelling (part), unearthed from Lourui tomb in Wangguo village, Taiyuan City, ShanxiProvince, Beiqi Dynasty,Shaanxi Museum collection

敌”，拳法有应敌打法、十四种“禁犯病”、三十五种基本手法、十八种基本步法、七十二种跌法和三十五种拿法。

内家拳讲求“点穴法”，即在与敌交手时，有意识地点击对手身上的一些特殊穴位。这些穴位若用手指、肘、膝等迅猛点击，可使气血受阻，可能会出现疼痛、酸软甚至昏迷、死亡的现象。

(四)形神兼备的形意拳

形意拳，也称“心意拳”“六合拳”等。据考证，形意拳是由山西蒲州人(今山西永济张营乡尊村)姬际可(字龙峰)所创。据史料记载，姬际可曾在少林寺习武十年。形意拳汲取了少林、武当的拳理和拳法，并以六合为法，五行(劈、崩、钻、炮、横)、十形(龙、虎、鸡、鹰、蛇、马、猫、猴、鹞、燕)为拳。形意拳刚柔相济、内外兼修，必须是内有心意、意气、气力之相合，并外有手足、肘膝、肩胯之相合，内外相合成六合，所以又被称为“心意六合拳”。形意拳的特点是以意行事，以意领气，以气催力，化拙为巧，刚柔相济，阴阳相伴，虚实兼备。它十分重视对内气、内劲的培

骑马图

甘肃省嘉峪关市新城3号墓出土，原址保存，魏晋

Riders, unearthed from Xincheng tomb 3 in Jiayuguan City, Gansu Province, Wei-Jin Dynasty

养与锻炼，禁忌使用拙力，其妙处在似与不似之间。

形意拳具有简洁、朴实、自然、严密、稳捷、刚柔、快速等特点，并具有壮骨坚肌、增强人体肺活量、舒通血脉、促进新陈代谢等强身健体的功效。

（五）游龙走凤的八卦掌

八卦掌，又称“游身八卦掌”“八卦连环掌”等，是一种以掌法变换和行步走转为主的拳术。由于运动时纵横交错，分为四正、四隅八个方位，与周易八卦图中的卦象相似，故名八卦掌。传说八卦掌为河北省文安县人董海川所创。

八卦掌的基本内容是八母掌，也称“老八掌”，即单换掌、双换掌、顺势掌、背身掌、翻身掌、磨身掌、三穿掌和回身掌。各地流传内容不完全相同，有以狮、鹿、蛇、鹞、龙、熊、凤、猴八形为代表的，也有用双撞掌、摇身掌、穿掌、挑掌等作为基本八掌的内容。其中每一掌都可以衍化出很多掌法，素有一掌生八掌，八八六十四掌之称。八卦掌有单练、对练和散打等形式。

八卦掌不仅是一门技击术，也是一门健身术。它能提高和改善人体各个系统的机能，加强新陈代谢，增强人的体质。

(六)风靡世界的太极拳

太极拳是中国首创的一种经典养生运动。太极拳的拳理是：“头顶太极、怀抱八卦、脚踩五行。”它的形态是“圆中求方”，其动作是弧线绕行，达到松肩、沉肘、含胸、拔背、裹裆、溜臀、松腰、抽胯、顶头。它的战术是“随曲就伸”，运用是“引进落空”，法度是“立身要中正”，要“中规中矩”。因此，对太极拳不知其“圆”就无以成太极，不知其“方”就无善太极。太极拳是通过肢体运动贯通经气血脉的运动，在练拳过程中，注意尽量达到“六合”，即手与脚合、肘与膝合、肩与胯合、心与意合、意与气合、气与力合。

太极拳的内容除拳以外，还有太极剑、太极刀、太极推手、太极枪等。经常练习太极拳，对于中枢神经系统、血液循环系统、呼吸系统等均有良好的作用。太极拳运动因具有健身作用和治疗疾病之功效，不仅在中国民间广为普及，而且越来越受到世界各国人民的喜爱，其影响遍及世界各地。

太极拳具有深邃的文化内涵，它使中国武术进入了更高的文化境界。太极拳不仅体现了中国人的处世哲理和对人生、对宇宙的理解，而且也体现了中国人的聪明智慧。

(七)惟妙惟肖的象形拳

象形拳又名“仿生拳”，指将人或动物的某些生活习性，动作特征及形态，

习武图
敦煌莫高窟 285 窟，西魏
Practising Kungfu, wall painting of Mogao Cave No.285, Dunhuan g of Gansu Province, Western Wei Dynasty

巧妙地融入武术的攻防技术之中，以象形取意，形意并重为特征的一种拳术。主要有猴拳、鹰爪拳、蛇拳、螳螂拳、鸭形拳、武松铐拳、醉拳等。象形拳的套路和动作十分丰富，以形为势，以意传神。形象十分生动，其拳势多以动物命名，如“白鹤亮翅”“金鸡独立”“鹞子翻身”“大鹏展翅”等。

(八)驰名中外的少林拳

中国自汉代开始，中原一带的民间武功已发展到相当的水平。尤其是在隋唐之后，少林寺以功夫名扬天下。少林寺僧人为了护寺护法，以习拳练武为传统，少林武术广泛吸收了北方许多拳派的精华，在本寺武功的基础上加以融汇提炼，形成了内容博深、技艺精湛的少林拳系，取得了武术正宗的崇高地位。拳谚曰：“秀如猫，抖如虎，行如龙，动如闪，声如雷。”“拳打十分力，力从气中出，运气贵乎缓，用气贵乎急，缓急神其术，尽在一呼吸。”它不仅与天下各大拳系有渊源关系，而且对峨眉、南拳、形意、太极四大拳系的形成产生过重要影响。

少林拳以攻防击打的人体动作为核心，以套路为形式，讲究动静结合、阴阳平衡、刚柔相济，行拳遵循手与足合、肘与膝合、肩与胯合、心与意合、意与气合、气与力合的“六合”原则。少林拳拳系庞大、门类繁多，可以说是中国武术各个流派中境界最高的一个门派。据遗存的《少林寺拳谱》记载，少林拳套路合计 544 套，其中拳术 108 套，器械 193 套，另外还有 72 绝技，擒拿手、格斗、卸骨、点穴、气功等各类功法 171 套。

习武图

敦煌莫高窟 285 窟，西魏

Practising Kungfu, wall painting of Mogao Cave No.217, Dunhuang of Gansu Province, Western Wei Dynasty

少林器械有“十八般兵器”之说。其中最负盛名的是棍术，其种类有：少林棍、猿猴棍、风火棍、阴手棍、大夜叉棍、烧火棍、梢子棍、小梅花棍等。少林刀威武勇猛，种类有：少林缠头刀、少林春秋大刀、少林昆仑双刀、七星单刀、抱月刀、佛陀火刀等。剑是少林武僧常用的器械之一，舞动时优美豪放、行如游龙。少林剑术套路有：少林乾坤剑、少林达摩剑、五堂剑、青龙剑、十形剑、白猿剑等。其他器械有三节棍、禅杖、狼牙棒、乾坤圈、月牙斧、绳标、双匕首等。

可以说，以拳术和棍术为核心体系的少林功夫，不仅具有较高的技术层次，还蕴含着丰富的文化内涵。今天，它已发展成为全球性多元语境下中华民族文化认同的一个象征。目前，少林武术热潮已席卷世界，少林弟子遍布全球，它已经成为全球瞩目的人文资源。

陶武士俑

江苏南京市富贵山出土，现藏南京市博物馆，东晋

Pottery Warrior, excavated from Langjia Mountain tomb in Nanjing City, Eastern Jin Dynasty, Nanjing Museum collection

(九)源自大漠敦煌的拳种

敦煌壁画中绘有生动形象的武术图像，而且藏经洞出土的文献中也有关于武术的记载。但历来对壁画中有关反映古代佛教武术图像的研究较少。20世纪初，燕飞霞(原名王进)继承了崆峒派的全部武学，成为第十代掌门人。燕飞霞的那套“花架拳”是崆峒山的始祖飞虹仙师在游览敦煌莫高窟后，根据壁画中与武术相关的飞天、乐舞等的造型动作，历经三年创编而成。燕飞霞曾授艺日本留华习拳之女子花舞影，后来两人结为夫妻。燕飞霞去世后，其妻花舞影在日本东京、大阪、神户、名古屋、北海道等地广泛收徒传艺。自此，崆峒派武术东传至日本。

陶武士俑

江苏南京市郎家山墓葬出土，现藏南京市博物馆，东晋

Pottery Warrior, excavated from Fugui Mountain tomb in Nanjing City, Eastern Jin Dynasty, Nanjing Museum collection

舞剑图
甘肃敦煌莫高窟第 112 窟壁画，东壁，唐
Sword Wielding,wall painting of Mogao Cave No.112 Dunhuang of Gansu Province, Tang Dynasty

燕飞霞的上海女弟子杨文娣则将崆峒派的“花架拳”改编成了“木兰拳”“木兰剑”等健身拳，这些健身拳已流传到了美国、加拿大等四十余个国家，影响颇大。如今“木兰拳”已成为广大健身者的武术健身功法之一。

四、十八般兵器之刀、枪、剑、棍

“十八般武艺”，即使用十八种兵器的技艺，这种说法最初见于宋代戏文《张协状元》，泛指各种武艺，并非固指武艺的十八种内容。明万历年间谢肇制的《五杂组》记载：“十八般：一线弓、二弩、三枪、四刀、五剑、六矛、七盾、八斧、九钺、十戟、十一鞭、十二锏、十三挝、十四殳、十五叉、十六把头、十七绵绳套索、十八白打。”前十七种均为兵器的名称，第十八种是徒手搏击的技艺。

(一)百兵之胆——刀

刀是武术中最常用的器械，为十八般兵器之首。刀有大刀、小刀、长刀、生刀、手刀、飞刀之分，又有单刀、双刀、藏刀之别。刀由刀尖、刀身、刀刃、刀背、护手(刀盘)、刀把组成。刀尖、刀刃为最锋利部位，主攻；刀背宽厚坚固，主防。习武中常见的刀法有砍、劈、撩、云、斩、抹、刺、挂、崩、格、背、藏、截、绞、缠头、裹脑、扫、按、推、架、分、带、点等，并配合各种步型、步法、跳跃等动作构成套路。

《孙子兵法》云："刀者，百兵之胆也，其精为麒麟也。"所以刀被称为"百兵之胆"。中国武术中常用刀气来概括刀艺的发挥。古时士卒短兵相接，以用刀者为多。舞起刀来，刀风呼呼，寒光逼人，只闻刀风，不见人影，勇猛威武，雄健有力。这种猛虎般的风格，是由刀的构造和练法决定的。

(二)百兵之王——枪

枪在古代称作矛，为刺扎的兵器，杀伤力很大，有"枪扎一条线"的说法。其长而锋利，使用灵便，取胜之法，精微独到，其他兵器难以匹敌，故称为"百兵之王"。《宋史·李全传》载，反金起义军女首领杨妙真的杨家梨花枪法精妙非常，杨曾自诩："二十梨花枪，天下无敌手。"

枪有长枪、短枪、大枪之分，又有单枪、双枪之别。枪由枪尖、枪缨、枪杆组成。枪尖为钢铁打制，原始社会枪尖以竹、木削成。枪缨古时多用马鬃制成，今用细麻丝制成。枪杆古多铁制，今用白蜡木杆。

枪术是武术竞技项目之一。主要动作为拧、刺、拦、拿、扎，还有崩、点、穿、挑、云、劈等枪法，配合各种步型、步法、跳跃构成套路。枪术除单练外，也可与其他武器对练，如大刀对枪、剑对枪、三节棍对枪等。练枪时，身法要灵活多变，步法要轻灵快速。枪术在十八般武艺中比较难学，不易掌握。

流传较多的枪法有罗家枪、杨家枪、岳家枪、马家枪、沙家枪、六合枪、八母枪、子龙枪、大梨花枪和峨眉枪等，各有精研，各有所长。

(三)百刃之君——剑

中国兵器以剑为尊。剑，属双刃短兵，素有"百刃之君"的美称。剑有大剑、长剑、短剑、穗剑之分，又有单剑、双剑之别。剑的结构分剑身、剑柄。剑身由剑刃、剑尖、剑锋、剑脊组成；剑柄由剑格（护手）、剑柄、剑首组成。此外还有剑鞘、剑穗等附物。剑穗，又称"剑袍"，带剑袍的剑称为"文剑"，不带剑袍的剑称为"武

列戟图

陕西乾县章怀太子墓壁画揭取，第二过洞东壁，唐

Guard Of Honor, wall painting of Lishou Tomb in Sanyuan County of Shaanxi Province, Tang Dynasty

人首马身武士像挂毯复原像

现藏新疆博物馆，唐

Human Head with Horse Body warrior, remake tapestry

剑”。剑最早出现在殷商以前。春秋战国时，斗剑、佩剑之风盛行，剑术理论也相应得到发展。在汉代，击剑更是风行一时，不少人以剑术显名于天下。隋唐时，剑形十分精致华丽，对后世影响很大。宋代以后，击剑之风逐渐为剑舞所代替。剑在古代，除了作为格杀的兵器、锻炼武艺的器械，还有其他多种用途，如剑被看作权力和地位的象征，佛、道两家把剑作为法器，在礼仪中剑是显示地位等级的标志，文人学士又把剑作为风雅佩饰之物。

剑有挂、刺、点、撩、截、格等技法，其功在把中，劲在腰肋，能在臂膀，力在尖刀，法在挂化之中。其动作讲究挂剑如流水，剑指如蛇击，剑法求清脆，其要求是单剑看点挂，双剑看轮回，长剑看龙势，短剑看龙行，穗剑看穗头。百招运化重在剑神合一。

常见的剑术套路有：太极剑、武当剑、昆仑剑、峨眉剑、达摩剑、八卦剑、青龙剑、飞虹剑、龙凤剑、八仙剑、七星剑等。

(四)百兵之首——棍

棍为无刃长兵器，素有“百兵之首”之称。棍有粗细之分、长短之别，其种类有大棍、三节棍、大梢子棍、小梢子棍、齐眉棍等。棍术以劈、扫、戳、挑、裹、翻、砸、点、崩、花等招法为主，并配合步型、步法、身法等构成套路。棍术的特点是刚劲神速，招数多变，运动范围大。其形式有单人练、双人练和集体练等。各家棍术虽有不同，但在要求上仍有共性，如“练棍要手臂圆熟，身棍合一，力透棍尖，风声呼呼”。舞棍要勇猛、快速、有力，双手执棍，开合、旋转要圆熟自如。练棍要做到心里要“熟”，外表要“生”，“熟”是技术性，“生”是真实性，“熟”和“生”的结合就是技术性和真实性的统一。所以拳谚说：“枪扎一条线，棍打一大片。”棍谱说：“棍起空灵多变化。”棍是诸多武术器械中最基础的兵器，习武之人若不练棍术，不懂棍术，也就不可能练好其他的兵械。

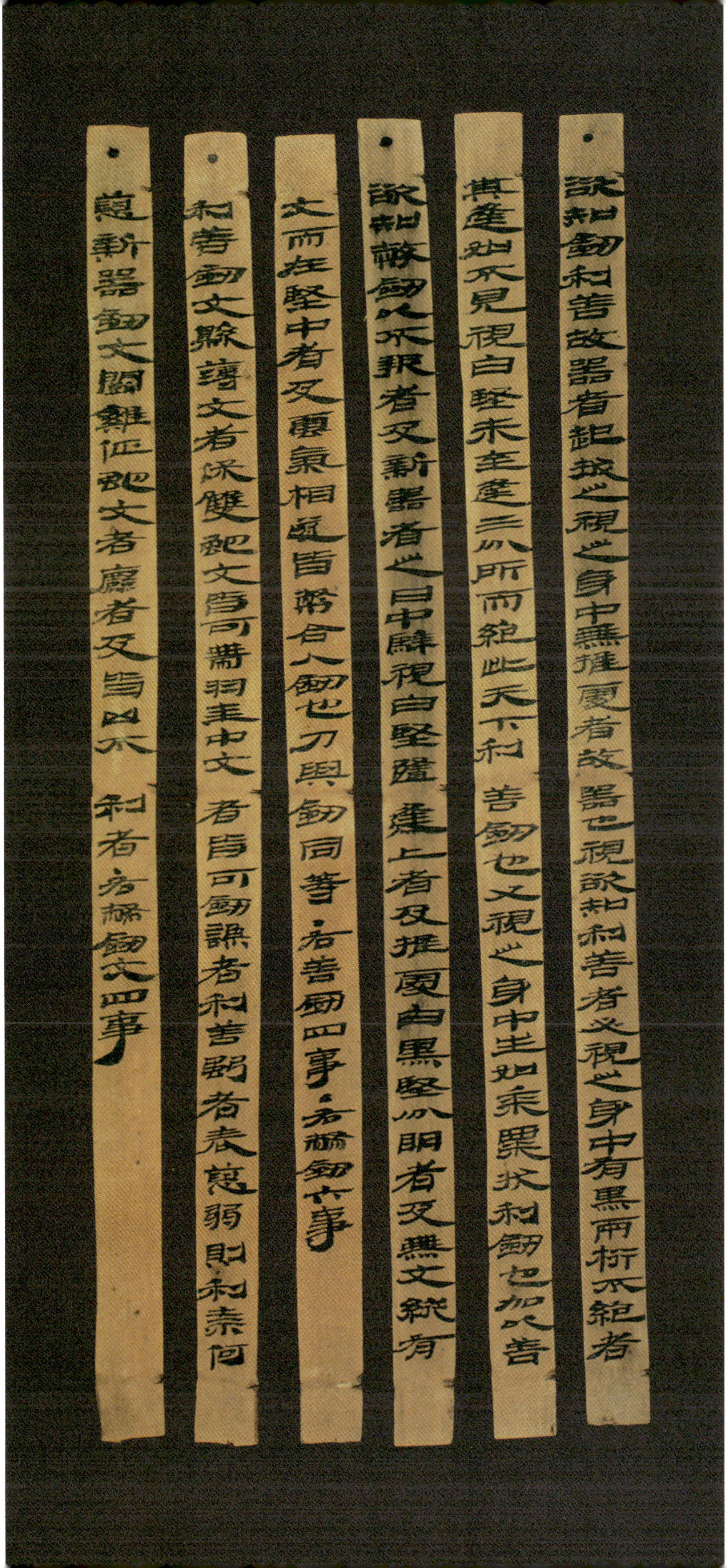

相利善剑

居延出土，汉

Sword, unearthed from Juyan, Han Dynasty

剑图

甘肃敦煌莫高窟第 45 窟壁画，南壁，盛唐

Fencing, Wall painting of the Mogao Cave No.45, Dunhuang of Gansu Province, Peak Tang Dynasty

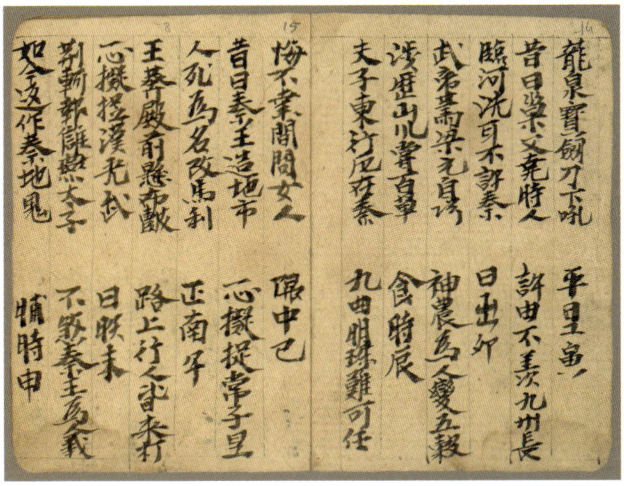

三尺龙泉剑

敦煌文献 P.3821-2

Sword, Dunhuang Manuscript P.3821-2

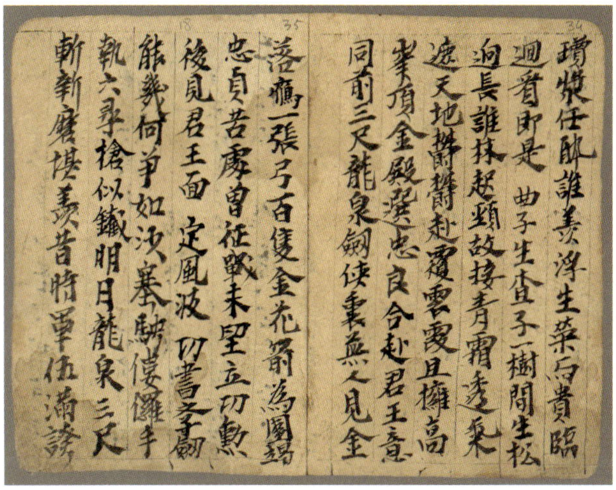

三尺龙泉剑

敦煌文献 P.3821-3

Sword, Dunhuang Manuscript P.3821-3

《康熙南巡图》局部

清　王翚等绘

Emperor Kangxi's South Inspection Tour (part), painted by Wang Hui and others, Qing Dynasty

弹弓图

选自明代王圻《三才图会》

Slingshot, excerpted from Wang Qi's painting, Ming Dynasty

练剑

甘肃敦煌莫高窟第 61 窟壁画，西壁，五代

Fencing, wall painting of the Mogao Cave No.61, Dunhuang of Gansu Province, Tang Dynasty

攻城甲骑图

出于吉林集安市三室墓第一室北壁右上部，高句丽（4 世纪）

Hunting, wall painting of Wuyong Tomb in Ji'an City of Jilin Province, 4th century

士马交战画像砖

山西侯马市董海墓出土，现藏山西省考古研究所，金

Battle, stone relief, excavated from Donghai Tomb in Shanxi Province, Jin Dynasty, Archaeological Institue of Shanxi collection

百戏

飞叉、武术，明代踏青时节的杂技表演

Martial Arts and Stage Performances,Ming Dynasty

兵器图

魏晋时期壁画

Weapons, painted bricks, Wei and Jin period (220-420)

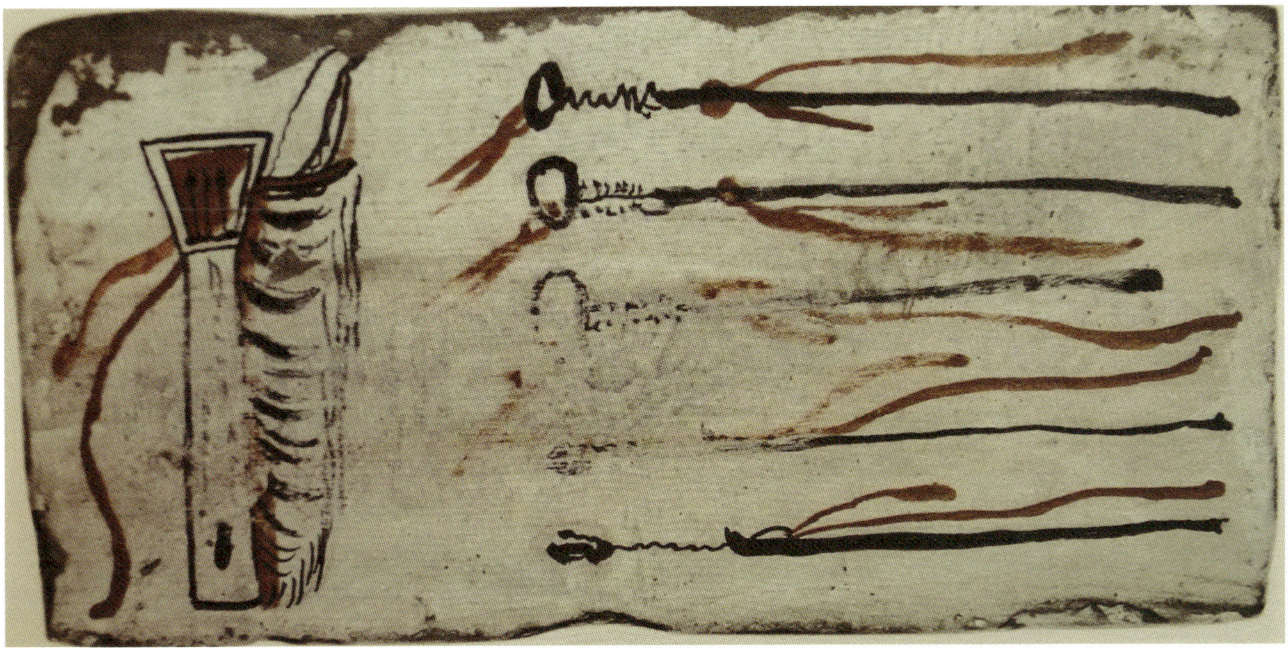

兵器图

魏晋时期壁画

Weapons, painted bricks, Wei and Jin period (220-421)

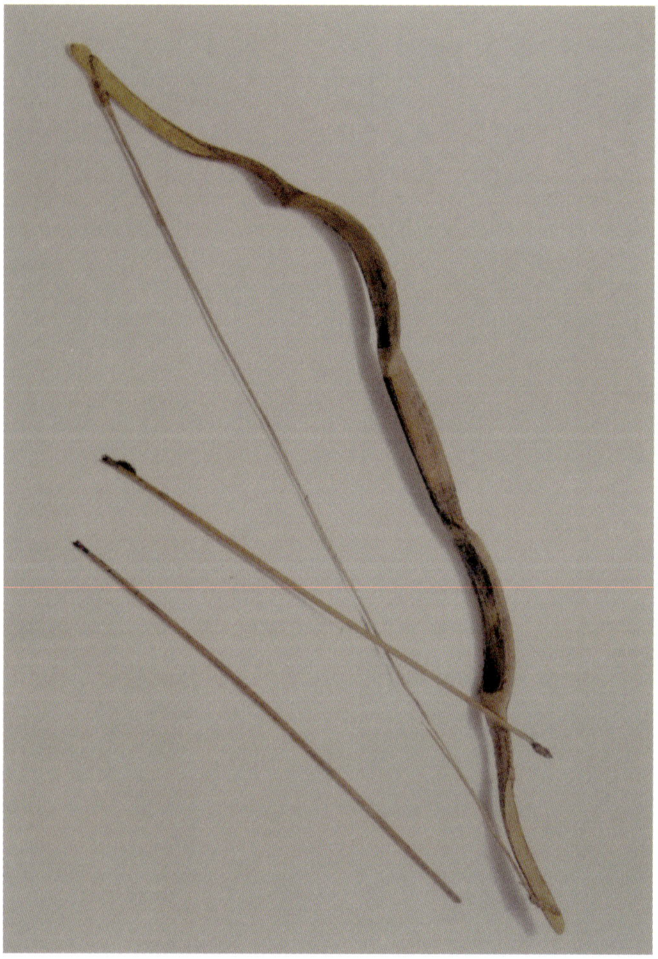

弓箭

公元前 3 世纪至公元 5 世纪

Bow and Arrow, 3rd century to 5th century B.C.

木箭杆与竹箭杆

兵器构件，1985 年西藏札达县古格遗址出土，分治时期

Wooden Arrow Shaft and Bamboo Arrow Shaft, excavated from Guge Kingdom site, Tibet, during the ununited period

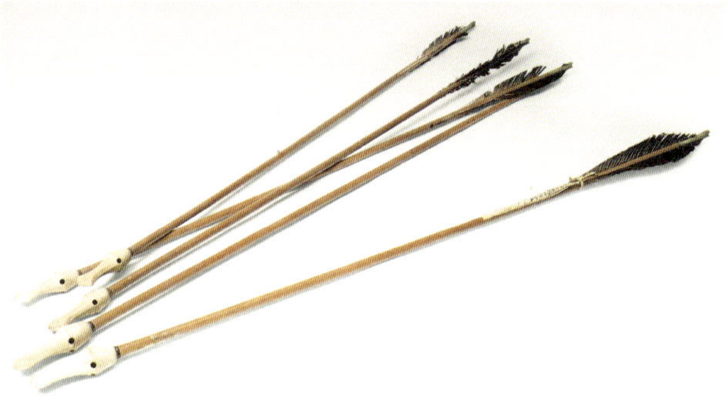

鸭嘴哨箭

现藏北京故宫博物院，清

Arrow with duckbill whistle, Qing Dynasty, Beijing Palace Museum collection

铁镞

兵器构件，985 年西藏札达县古格遗址出土，分治时期

Iron Arrowheads, excavated from Guge kingdom site, Tibet, Fenzhi period

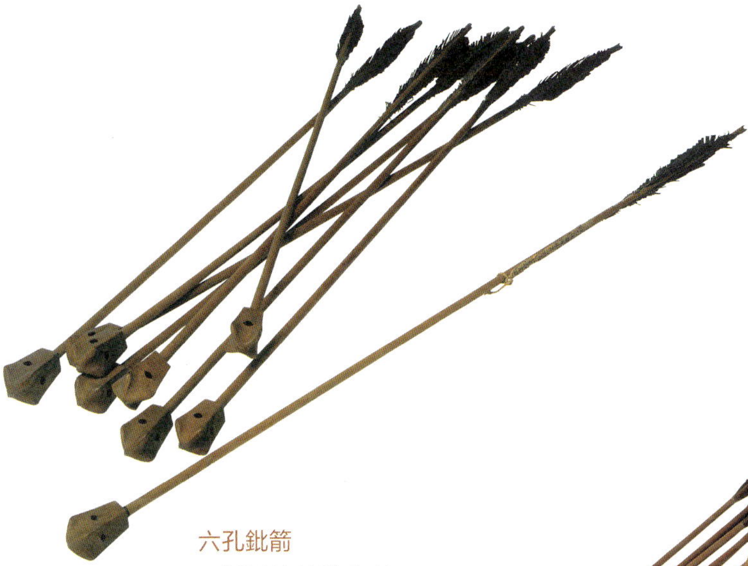

六孔鈚箭

现藏北京故宫博物院，清

Arrow with six-holes,Qing Dynasty,
Beijing Palace Museum collection

方鲍箭

现藏北京故宫博物院，清

Arrow,Qing Dynasty, Beijing Palace
Museum collection

弓和箭

Bow and Arrow

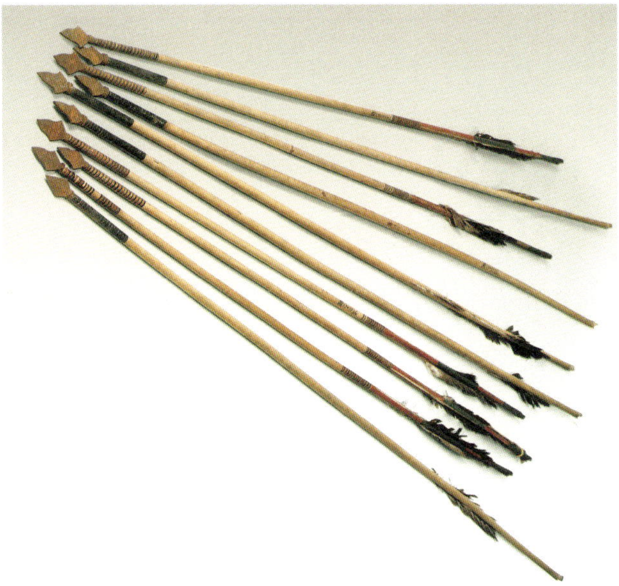

弩弓箭

现藏北京故宫博物院，清

Crossbow and Arrows, Qing Dynasty, Beijing Palace Museum collection

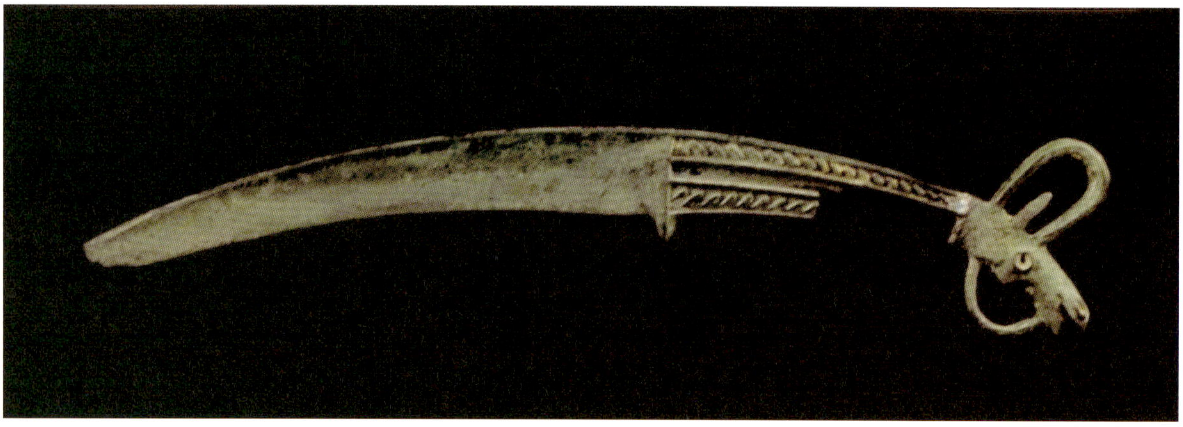

马头刀

1965 年陕西省绥德县出土，商代晚期

Kinfe with Horse Head Decoration, excavated from Suide of Shaanxi Province, Late Shang Dynasty

折背羊首柄铜刀

新疆新源县查布哈渠出土，现藏新疆博物馆

Bronze Knife with a Goat head, excavated from Chabu haqu of Xinjiang Province, Xinjiang Museum collection

弧背鹿首铜刀

哈密市花园村出土，现藏哈密博物馆

Bronze Knife with a Bear Head, excavated from Hami City of Xinjiang Province, Xinjiang Museum collection

银鞘藏式短刀

清

Tibetan Snickersneem, Qing Dynasty

钢剑

兵器，清

Steel Sword, Weapon, Qing Dynasty

清高宗御用剑剑箱

现藏北京故宫博物院，清

Sword Box of Emperor Gaozong of Qing Dynasty,Qing Dynasty, The Palace Museum collection

清高宗御用刀刀箱

现藏北京故宫博物院，清

Knives Box of Emperor Gaozong of Qing Dynasty ,Qing Dynasty, The Palace Museum collection

彩绘童子对棍图漆盘

朱然墓出土

Colored Plate with children playing,unearthed Zhuran's tomb

玉扳指

现藏北京故宫博物院，清

Jade Thumb Ring, Qing Dynasty, The Palace Museum collection

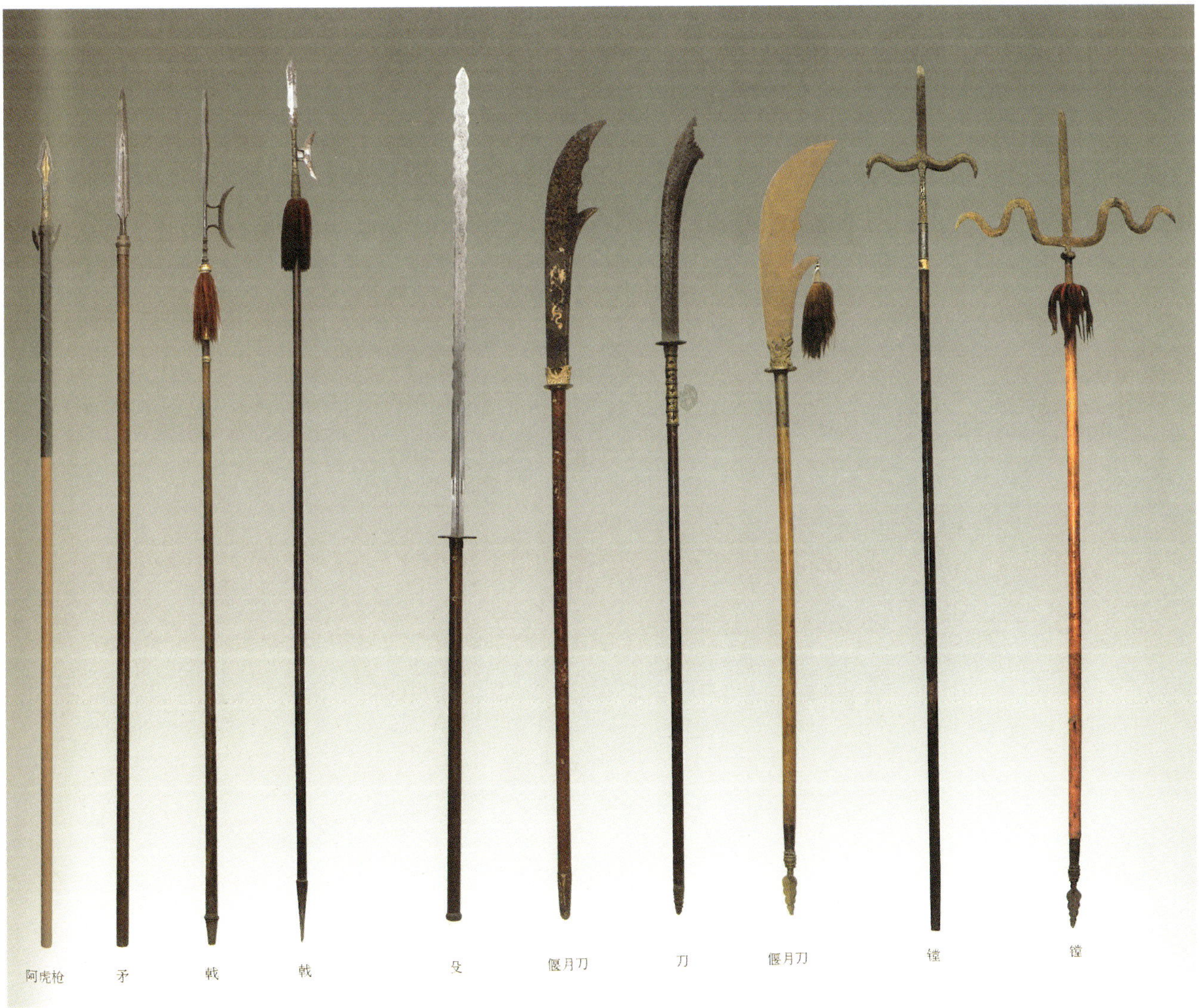

飞武兵器

现藏北京故宫博物院，清

Weapons,Qing Dynasty, The Palace Museum collection

铜锤

现藏北京故宫博物院，清

Copper Hammer,Qing Dynasty, The Palace Museum collection

杵式铁鞭

现藏北京故宫博物院，清

Iron Scourge ,Qing Dynasty, The Palace Museum collection

红鲨鱼皮鞘出云剑

现藏北京故宫博物院，清

Arrow with Red sharkskin Sheath, Qing Dynasty, The Palace Museum collection

阿虎枪

现藏北京故宫博物院，清

Ahu Spear ,Qing Dynasty, The Palace Museum collection

木柄钺斧

现藏北京故宫博物院，清

Axe,Qing Dynasty, The Palace Museum collection

青龙偃月刀

现藏北京故宫博物院，清

Green Dragon Crescent Blade, Qing Dynasty, The Palace Museum collection

木柄飞虎斧

现藏北京故宫博物院，清

Axe with Wooden Handle ,Qing Dynasty, The Palace Museum collection

铜吞龙钺斧

现藏北京故宫博物院，清

Axe,Qing Dynasty, The Palace Museum collection

黑人武士佣

新疆吐鲁番阿斯塔纳第 336 号墓出土，宋

Warrior, unearthed from Astana tomb 336, Turpan, Xingjiang, Song Dynasty

战争图

敦煌莫高窟 285 窟，西魏

Fighting,wall painting from the Mogao Cave 285, Dunhuang ,Gansu, Western Wei Dynasty

防御兵器

1985 年西藏札达县古格遗址出土，分治时期

Defense Weapon, unearthed from Guge ruins in Zhada, Tibet

习武图

甘肃敦煌莫高窟第 61 窟，五代

Drilling,wall painting from the Mogao Cave 61, Dunhuang ,Gansu, Five Dynasties

武术壁画

内蒙古土默特右旗灵觉寺，明

Martial Art ,wall painting from Lingjue temple in Tumote,inner Mogolia,Ming Dynasty

战争图

现藏北京故宫博物院，清

Fighting,Qing Dynasty, The Palace Museum collection

太上皇帝之寶
黑水圍解
喀喇烏蘇者唐言
黑水同去年我軍
待圍解詎人力也

清人画平定准部战略册

现藏北京故宫博物院

Strategy Booklet ,Qing Dynasty, Beijing Palace Museum collection

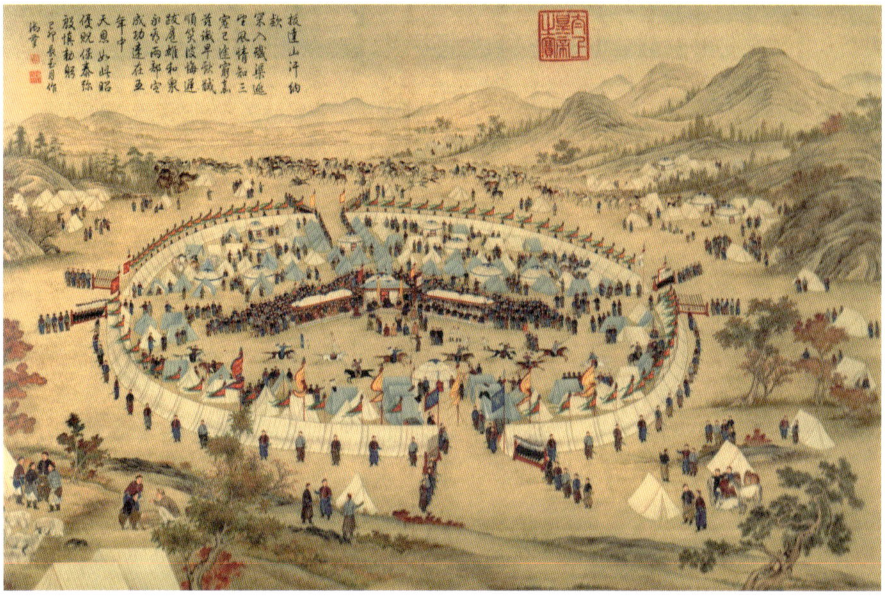

平定西域战图

现藏北京故宫博物院

Pacification of the Western Regions, The Palace Museum collection

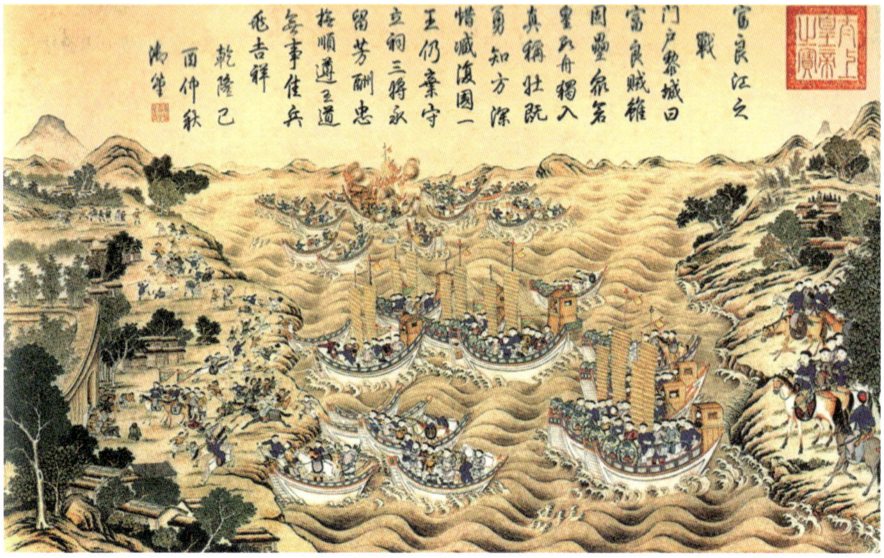

平定安南得胜图

富连江之战，现藏北京故宫博物院

Pacification of Annan, The Palace Museum collection

第六篇 中国传统运动养生术

中国运动养生的历史源远流长，具有独特的东方色彩和民族风格。早在数千年前，中华民族的先祖就发现了运动对身体养护的重要作用，认识到“生命在于运动”的规律，主张用积极主动的身体运动来增进健康。在数千年的历史长河中，传统运动养生经过不断的完善和发展，已成为维护人类生命与健康的重要手段，从而在民间广泛运用。中国运动养生的形成和发展经历了漫长的岁月，历代的养生家和医家通过长期的实践，不断丰富和发展了通过运动手段摄生保健的内容，逐步形成了一套较为完整的理论体系和系统的运动养生方法。

中国运动养生的历史源远流长，具有独特的东方色彩和民族风格。早在数千年前，中华民族的先祖就发现了运动对身体养护的重要作用，认识到“生命在于运动”的规律，主张用积极主动的身体运动来增进健康。在数千年的历史长河中，传统运动养生经过不断的完善和发展，已成为维护人类生命与健康的重要手段，从而在民间广泛流行。

一、中国传统运动养生的源流

（一）原始社会的运动养生

中国运动养生历史悠久，据《吕氏春秋·古乐》载，在原始社会末期的“陶唐氏”时代“阴多滞伏而湛积，水道雍塞，不行其原，民气郁阏，而滞著，筋骨瑟缩不达，故作为舞以宣导之”。这是后来导引术、按摩术等古代养生方法的雏形。“导引”之名，就是从“教人引舞以利导之”的含义中产生出来的。所谓“导引”，是古代的一种养生术，即通过呼吸吐纳、屈伸俯仰来活动关节。以身体的调整、意识的调整（调息、调形、调心），从而达到强身健体、防病治病、健身延年、开发潜能的目的。在原始社会生产力极其落后低下的情况下，虽然曾有一些运动养生的萌芽现象，但其性质也只能是“自卫其生”而已。

战国时期出现的《黄帝内经 素问》

现藏中国中医科学院图书馆

HuangdiNeijing-Su Wen, Warring States Period, The library of Chinese academy of traditional Chinese medicine collection

战国行气铭玉杖首

现藏天津市历史博物馆

Jade Cane Head, Warring States period, Tianjin History Museum collection

（二）先秦时期的运动养生

在先秦时期，“动以养生”的思想逐渐成熟，提出了包含“劳”和“动”两方面内容的“动以养生”观念。《荀子·天论》中指出：“养备而动时，则天不能使之病。……养略而动罕，则天不能使之全。”《吕氏春秋·尽数》中提出了著名的“流水不腐，户枢不蠹，动也。形气亦然，形不动则精不流，精不流则气郁”的论述，并且指出，要长寿就要养生，其方法是“顺生”“节欲”“去害”“主动”。这里的“主动”，即运动，这是《吕氏春秋》可贵的养生思想。

《庄子》载：“吹呴呼吸，吐故纳新，熊经鸟伸，为寿而已矣。此导引之士、养形之人，彭祖寿考者之所好也。”《彭祖传》对彭祖的养生术进行了详细的介绍，其方法与当今的气功、保健按摩等运动养生大致相同。由此可见，战国时期中国的导引气功术已很流行，并发展到较成熟的阶段。如果说上古时期，人们“作舞”“宣导”还是一种原始无定型的动作的话，那么到了春秋战国时期，导引术则已经发展成为保健功法。

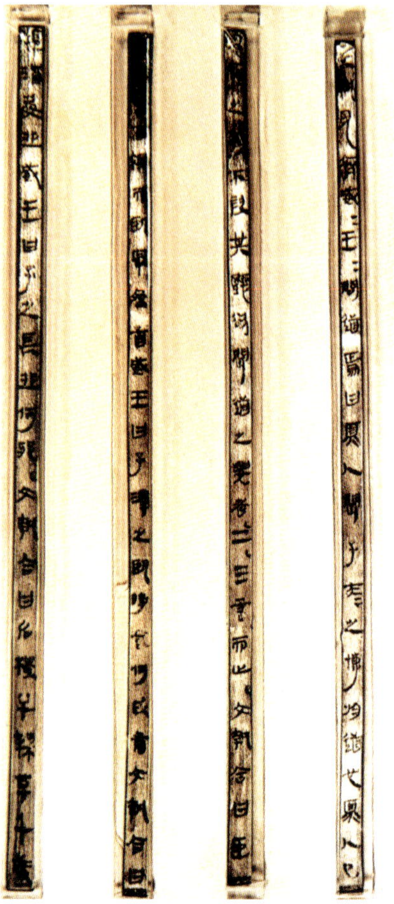

《养生方》竹简

1973年湖南省长沙市马王堆3号西汉墓出土，西汉

Yang Sheng Fang, Bamboo slip excavated from Mawangdui Tomb No.3 in Changsha of Hunan, Western Han Dynasty

（三）秦汉时期的运动养生

导引在汉代有了较大的发展，同先秦导引术势相比，汉代导引术势大量增加，重视动作幅度，以及导引与行气相互渗透与交融，这标志着以疗疾治病的

西汉彩绘行气入静图陶奁

河南省洛阳出土

Pottery Lian with Qigong Exercise Painting, excavated from Luoyang, Henan Province

导引图（残片）

湖南长沙市马王堆3号汉墓出土，现藏湖南省博物馆，西汉

Guiding Figures (relic), Mawangdui tomb No.3, Western Han Dynasty

单势导引术已趋于成熟。在此基础上，形成了独具特色的中国古代导引体操套路体系。同时，秦汉时期的行气理论有了重要的发展，主要体现在开始用阴阳五行思想与“精、气、神”原理阐释行气理论。马王堆西汉墓出土的《导引图》就是较好的佐证。

华佗“五禽戏”的创编，反映了东汉末期导引养生术的进一步发展，它突破了《导引图》单势导引的局限，表现为成套导引术，并突破了《导引图》单一疗疾手段的局限，具有强身健体、消除疲劳的功能。华佗重视运动对健康长寿和导引养生方面的作用，提出：“人体欲得劳动，但不当使极耳，动摇则谷气得消，血脉流通，病不得生。譬犹户枢，终不朽也。”

（四）魏晋时期的运动养生

魏晋南北朝时期的养生思想和运动养生有了长足的发展，初成体系。道教对古代导引养生产生较大的影响。两晋之际的葛洪和齐梁之间的陶弘景，是两晋南北朝时期道教养生领域最有影响的人物。他们致力于导引行气术的研究和整理，使两晋南北朝成为中国古代导引行气术发展的重要时期。此外，玄学和佛教的兴盛也助长了导引养生的发展。

禅定图

甘肃敦煌莫高窟第285窟，东顶南侧，西魏

Meditation Figure, Mogao Cave No.285, Dunhuang of Gansu Province, Western Wei Dynasty

禅定佛

甘肃敦煌莫高窟第259窟，北壁东端，北魏

Meditation Buddha, Mogao Cave No.259, Dunhuang of Gansu Province, Northern Wei Dynasty

(五)隋唐时期的运动养生

隋唐时期的运动养生理论有了进一步的发展，特别是医用导引术取得了长足的进步，表现出儒、释、道、医相互渗透的发展趋势。孙思邈的《千金方》、王焘的《外台秘要》，都从防病治病的实际，需要出发，辑录了许多导引、行气、按摩等运动养生的具体方法。这一时期还出现了专业的按摩人员和专科学校。

(六)宋元时期的运动养生

宋代的科学文化特别是医学的发展，为宋代导引养生术的整理、继承与完善提供了有利条件。张君房的《云笈七签》共122卷，其中《杂修摄》26卷汇集了古代导引养生的许多资料，如《养生延命录》《彭祖导引法》《赤松子导引法》《婆罗门按摩法》《王子乔导引法》等书以及各种服气法等，对当时导引养生术的实践与发展起了较大的作用。

对后世影响最大、两宋时期流传最广的运动养生方法“八段锦”就出自这个时期。“八段锦”流传至今已有800多年的历史，并形成了很多流派。

(七)明清时期的运动养生

明中叶徐春圃编写的《古今医源》中有不少关于养生练功的经验，如“心调则息自调，静久则息自定”“遇小疾可行八段锦或用六字气法”“每夜以手擦涌泉穴左右各三百遍，正益下元”。清代沈嘉澍的《养病庸言》强调“导引之功，百倍于医药，不可不知，不可不上紧学习”。

明清时期大众运动养生十分普及，在这种氛围下，许多人著书立说，它丰富了古代运动养生的理论。

禅定佛

甘肃敦煌莫高窟第 61 窟，北壁下部，五代

Meditation Buddha, wall painting of Mogao Cave No.61, Dunhuang of Gansu Province, Five Dynasty

孙思邈画像

选自《唐代的外来文明》

Portrait of Sun Simiao, excerpted from "Tangdai De Wailai Wenming"

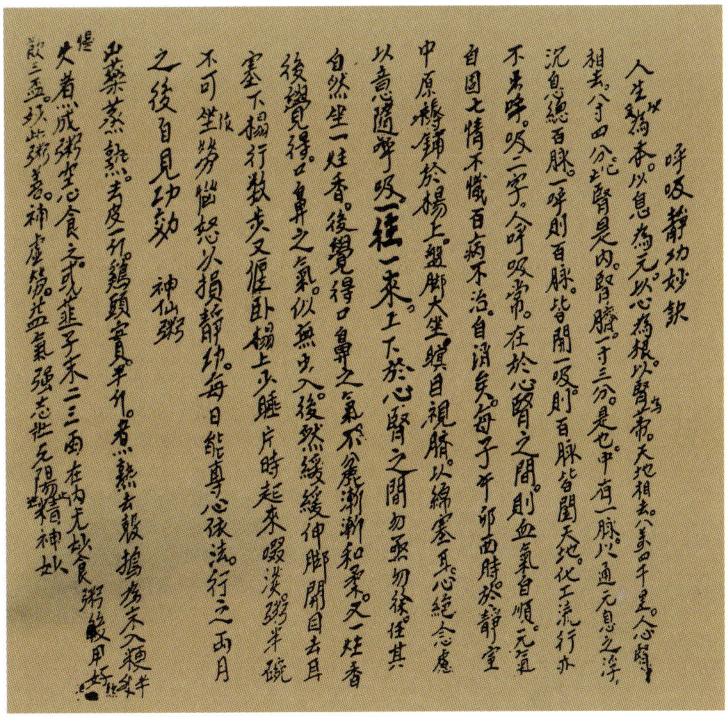

呼吸靜功妙訣

人生以氣為本，以息為元，以心為根，以腎為蒂。天地相去八萬四千里，人心腎相去八寸四分，此腎是內腎，臍下一寸三分是也。中有一脈，以通元息之浮沉。息總百脈，一呼則百脈皆開，一吸則百脈皆闔。天地化工流行，亦不出呼吸二字。人呼吸常在於心腎之間，則血氣自順，元氣自固，七情不熾，百病不治自消矣。每子午卯酉時，於靜室中，厚鋪於榻上，盤腳大坐，瞑目視臍，以綿塞耳，心絕念慮，以意隨呼吸一往一來，上下於心腎之間，勿急勿徐，任其自然。坐一炷香，後覺得口鼻之氣不粗，漸漸和柔。又一炷香後，覺得口鼻之氣似無出入，後然緩緩伸腳開目，去耳塞，下榻行數步，又偃臥榻上，少睡片時起來，啜淡粥半碗。不可作勞惱怒，以損靜功。每日能專心依法行之，兩月之後，自見功效。

神仙粥

山藥蒸熟，去皮一斤；雞頭實半斤，煮熟去殼，搗為末，入粳米半升，慢火煮成粥，空心食之。或韭子末二三兩在內，尤妙。食粥後，用好熱酒飲三盃，妙。此粥善補虛勞，益氣強志，壯元陽，止泄精，神妙。

呼吸静功妙诀

敦煌文献 P.3810

Guide seen in Dunhuang Manuscript P.3810

十六观图

甘肃敦煌莫高窟第 45 窟，北壁西侧，唐

Sixteen Meditations, Mogao Cave No.45, Dunhuang of Gansu Province, Tang Dynasty

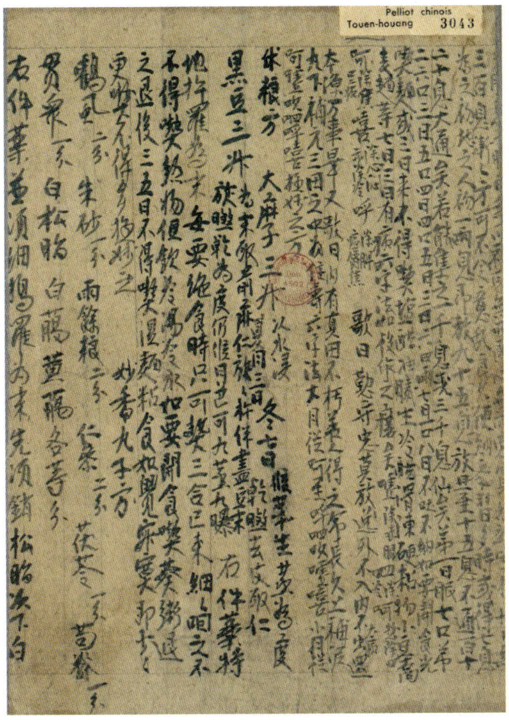

吐纳服气

敦煌文献 P.3043

Deep Breathing, Dunhuang Manuscript P.3043

村医图

现藏台北故宫博物院，南宋

Village doctor,Southern Song Dynasty,Taipei Palace Museum collection

宋代龟咽鹤息气功纹铜镜

现藏湖南省博物馆

Bronze Mirror with Breathing Exercise Pattern, Song Dynasty, Hunan Museum collection

救苟婆眼疾

位于山西芮城县永乐宫纯阳殿北壁东段，元

Treat Eye Disease, wall painting of Yongle Palace in Ruicheng County of Shanxi Province, Yuan Dynasty

二、传统运动养生的原理和特征

中国运动养生的形成和发展经历了漫长的岁月,历代的养生家和医家通过长期的实践,不断丰富和发展了通过运动手段摄生保健的内容,逐步形成了一套较为完整的理论体系和系统的运动养生方法。

(一)中国传统运动养生的原理

中国传统养生学是中华民族优秀文化的一个重要组成部分,其历史悠久,并继承了中医学理论和古代哲学的精华。在数千年漫长的历史进程中,中国人民非常重视养生益寿,提出了“重人贵生”“天人合一”“天人相应”“我命在我”“养生有道”等一系列养生思想,为运动养生的发展奠定了较完整的理论基础。

中国传统医学(简称中医)以其博大精深的理论和丰富多彩的方法闻名于世,其形成和发展与数千年的传统文化密切相关。中国传统医学与中国运动养生有着密切关系,中医理论为中国传统养生学的发展奠定了坚实的理论基础。如阴阳学说、五行学说、经络学说、精气神学说、气血津液学说、脏象学说等。

(二)中国传统运动养生的特征

1.运动方法——动静结合

动养和静养结合是运动养生的重要特征之一。“动以养形,静以养神,动静结合,形神俱养”的思想,在中国传统运动养生中占据着极其重要的位置。

静以养生的思想,是以静养神,降低新陈代谢,使人的精、气、神融会贯通。其特点和龟、蛇一样,阳气耗散得少,保护阴津,使生命的烛光能常亮不灭。以静养生是具有较高境界的身心和涵养两方面综合的功法。静养生不是“开源”,而是“节流”,提倡“灯用小炷”(炷指灯芯)的理论,以减少人体能量过多的消耗,从而防止人的各个器官和细胞组织过早地走到代谢的尽头。

从古代的导引术、华佗的“五禽戏”,到后世的各种动功,在本质上都是动静结合,动中求静。偏于动养还是偏于静养,应因人而异。动则生阳,阳虚者应以动养为主,但不可过于剧烈;静则生阴,阴虚者应以静养为主,但也必须配合动养。总之,只有把形与神、动与静有机结合起来,才能符合生命运动的客观规律,有益于强身防病。

2.运动负荷——适度适中

孙思邈的《千金方·道林养性》言:“养性之道,常欲小劳,但莫大疲及强所不堪耳。且流水不腐,户枢不蠹,以其运动故也。”人的各种劳动活动或运动养生活动都必须遵循运动量和强度要适可而止的原则。中国传统运动养生提倡的运动以运动负荷不大的导引、功法、拳术套路、按摩、步行等为主。避免高强度、大运动量的运动,是运动养生同竞技体育的不同之处,也是中国运动养生的重要特征之一。

3.运动时间——因时因季

传统中医认为"春生、夏长、秋收、冬藏，是气之常也"(《黄帝内经灵枢》)。在不同的时节,人的身体状况不一，运动也应该与此相结合。古人经长期摸索,总结出"因时因季"的重要养生原则。"因时因季"包括阴晴风雨和天体运动带来的寒暑、月象及昼夜的交替变化规律，以及由此而产生的阴阳升降规律。主张"春夏养阳,秋冬养阴"。

4.年寿可变

古人早已认识到人的寿命和万物一样是可变的。《吕氏春秋》认为:"天生阴阳,寒暑燥湿,四时之化,万物之变。"这种可变的规律是可以掌握的,并且能够有效地用于延长寿命。人体之强弱和寿命之长短是可变的，而人的自身行为是促成改变的途径，这种认识为运动养生的广泛运用奠定了理论基础。

5.防患于未然

中国传统养生主张未雨绸缪,提前预防。葛洪在《抱朴子内篇·地真》中说:"消未起之患,治未病之疾,医之于无事之前,不追之于既逝之后。"防患于未然、"不治已病治未病"体现了中国传统养生学的预防思想,从而使人们形成了健康危机意识,知道日常身体养护的重要性。这种养生思想是中国古代医学和养生学的重要理论支柱,也是中国运动养生得以产生和不断发展的理论依据之一。

(三)中国传统运动养生功法

中国传统运动养生功法是在古代传统养生思想和法则指导下逐渐形成的多形态的运动健身方法。其指导思想是开发和利用人体自身的潜能,通过导引、意念等方法,来调节和加强人体五脏六腑、四肢百骸的机能,使精、气、神充盈。中国传统运动养生十分重视调身、调心、调息等方法,强调在呼吸中获得先天之气以补后天之气。

在进行传统运动养生时，特别注重调身、调息和调心。其中调身是进行调息和调心的基础。所谓调身就是控制身体的姿势和动作,其姿势有坐式、卧式和站式。调息是导引功法的重要环节,实际上是一种吐纳炼气术，通过自身呼吸的调整和锻炼,使人意守入静,放松身躯,而且可以调和气血,协调阴阳。其方法有自然呼吸法、腹式呼吸法、脐呼吸法、开合呼吸法、提肛呼吸法。调心,就是自觉控制自身的意识活动,做到排除杂念、精神专一,达到入静状态,为导引功法做好心理准备。其方法有呼吸、意守、默念、守外、观想等。调身、调息、调心三者必须密切配合。调身,即练形,是三调的基础;调息,要求在调身的基础上,呼吸自然;调心也称调神,是三调的核心,统管着调身和调息的进程和效果。

1.呼吸功

呼吸运动是人体最基本的运动,是人重要的生命体征之一,即生命在呼吸之间,而中国传统养生的内功就是练呼吸。可见，人类早在几千年之前就发现了调节呼吸对生命状态的作用。呼吸运动分胸式呼吸、腹式呼吸和胸腹混合呼吸三种类型。其中腹式呼吸更有利于增强肺功能。

在中国传统的运动养生中，有“气沉丹田”的功法。这种古老的强身呼吸法，经过1000多年的实践，被证明具有良好的生理作用和健身意义。目前盛行的中国运动养生，如太极拳、易筋经、五禽戏、八段锦等，在锻炼方法上，也都采用了“气沉丹田”的呼吸方法，使养生者获取良好的效果。

呼吸修炼方法虽然众多，但不外乎练吸、练呼、呼吸皆练三种。

（1）练吸

人体各种机能活动以及抗病能力都和真气直接相关，真气是人体生命活动的动力。吸入充足的新鲜空气，是人体真气充盛的必要条件。《太上养生胎气经》云：“自然气可以和六腑，宁心神，使得长生。”道教典籍中记载的闭气法、练气法、节气法、胎息法等，属于此类。

古人认为闭气功法是长生之术。闭气法，就是吸气后停闭，以受纳自然之气，使之尽可能充分地与谷气、先天之气结合，形成真气，充养机体。

《气法要妙至诀》介绍了节气法，即呼吸修炼时，要求“入则缓缓咽之，出则微微出之，息息如此，不得断绝”。而所谓“节气”，是指吸入三分，呼出二分，从中节下一分，与闭气法一样旨在尽量多吸纳自然的清新空气。

（2）练呼

练呼即吐纳。指的是在呼吸调节中，吐出胸中的浊气，吸进新鲜的空气，以求长寿延年。练吸的目的是吸入更多的新鲜空气，充养身体。而练呼则是呼出浊气，多用来驱邪治病。在呼气时发出“嘘、呵、呼、呬、吹、唏（嘻）”六个字音，这六个字分别与肝、心、脾、肺、肾、三焦等脏腑经络相对应，我们称为“六字诀”。这是一种以呼吸吐纳为主要手段的运动养生方法。因“六字诀”引导不同的气息呼出，其发音直接针对脏腑，可以疏通与调和相关脏腑

的经络和气血，平衡阴阳，从而达到养生的功效。

2.导引术

“导引”一词源自《黄帝内经》。其后庄周的《庄子》、葛洪的《抱朴子》，对导引均有阐述。导引即“导”与“引”。导者，导气也；引者，引体也。庄周曾说“导气令和”“引体令柔”。和者，通也，顺也；柔者，韧柔，富弹性，以增强活力。导引通过伸屈、俯仰、行卧、倚立等各种人的肢体运动，并与气息调节相配合，求得血脉畅通、延年益寿和祛除百病，达到“气血以和，骨肌以柔”的人体最高健康境界。

除《庄子·刻意篇》将“熊经鸟伸”的肢体活动与“吹响呼吸”的行气称为导引外，湖南长沙马王堆3号汉墓帛书《导引图》、江陵张家山汉简《引书》亦以行气开篇。这说明“导气”和“行气”是分不开的，因此将《导引图》和《引书》相互比较研究，具有一定的学术价值。

天津文物局收藏有一件战国玉器，十二面棱柱形，每面刻有铭文，上面记载了行气的原理与方法。史学家罗振玉在《三代吉金文存》中有记载，可以称之为《行气铭》。郭沫若认为《行气铭》应是战国前期的作品。全文为：“行气，深则蓄，蓄则伸，伸则下，下则定，定则固，固则萌，萌则长，长则退，退则天。天几舂在上；地几舂在下。顺则生；逆则死。”郭沫若在《奴隶制时代》一书中解释为：“这是深呼吸的一个回合。吸气深入则多其量，使它往下伸，往下伸则定而固；然后呼出，如草木之萌芽，往上长，与深入时的径路相反而退进，退到绝顶。这样天机便朝上动，地机便朝下动。顺此行之则生，逆此行之则死。”

导气的呼吸方法分为胸式呼吸和腹式呼吸两种。胸式、腹式是指呼吸的部位。1984年荆州博物馆考古工作者在湖北省江陵张家山发掘了三座西汉古墓，共出土了千余枚竹简，其中有两部医学著作《脉书》与《引书》。《引书》用隶书写成，其内容分三部分：第一部分论述四季行气与生活调理，第二部分论述导引姿势，第三部分总结导引行气和健

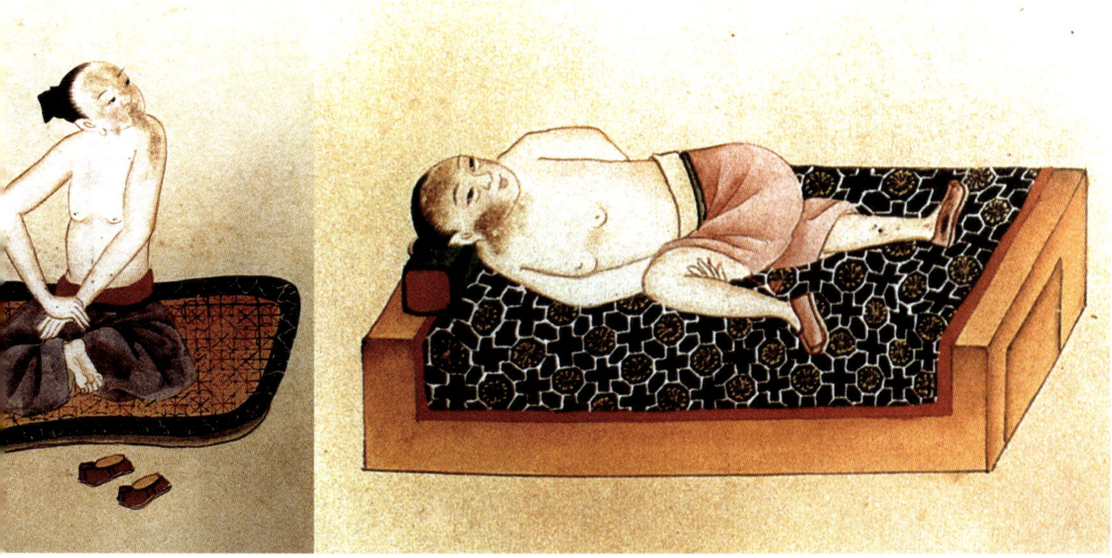

清人绘导引图

补气血按摩式，现藏中国中医科学院图书馆

Daoyin Tu, painted by Qing Dynasty artist, Library of Chinese academy of Traditional Chinese Medicine collection

清人绘导引图

理瘀血按摩式，现藏中国中医科学院图书馆

Daoyin Tu, painted by Qing Dynasty artist, Library of Chinese Academy of traditional Chinese medicine collection

身治病的关系。《引书》的导引姿势有简易的重复动作，也有多种体位的连续运动。有些动作术语与《导引图》相同，但动作体位有所区别，这反映出汉代的导引术已经形成不同的派别。但他们对人体以气血经脉为基本构成的认识是相同的。其中《引书》总结了导引对身体24个部位的益处，为研究汉以前的导引术提供了极为珍贵的资料。

导引中的“徐步”，即今日的“慢跑”。《小尔雅·广度》载：“跬，一举足也，倍跬谓之步。”跬（古代称举足一次为跬），只是一个单步，两个单步，才算是一步。且一步为六尺，一定是两个单步之和。因此要达到两个单步的目的，必须跑一个大步才可以完成。徐者慢也，所以说“徐步”就是“慢跑”。

导气的胸、腹式两种呼吸方法，引体的头、臂、腰、背、腹、腿部位的运动，是极为科学的一种养生方法。不仅周身各类系统，如消化、呼吸循环、血液、骨骼、神经、生殖、泌尿等均包含在内，而且每个动作，均能针对某一脏体做适度运动，以强化其生理功能。

导引养生功法的理论依据是辨证论治。导引养生功根据中国传统文化的整体观念，阴阳互根的哲学思想，五行相生、相克、相乘、相侮的关系，把各套功法的动作做了辨证施治的安排，从而协调阴阳，补其不足，泻其有余，取得健体之功效。

另外，导引养生功在演练中，特别重视适度，把循序渐进、量力而行作为练功的一条重要原则。强调运动量从小开始，逐渐增加；练功内容由简到繁，逐渐提高。把“以静养神”“以动养形”“神形共养”较好地结合了起来。

导引功法主要有：

（1）导引图

1974年湖南长沙马王堆3号墓出

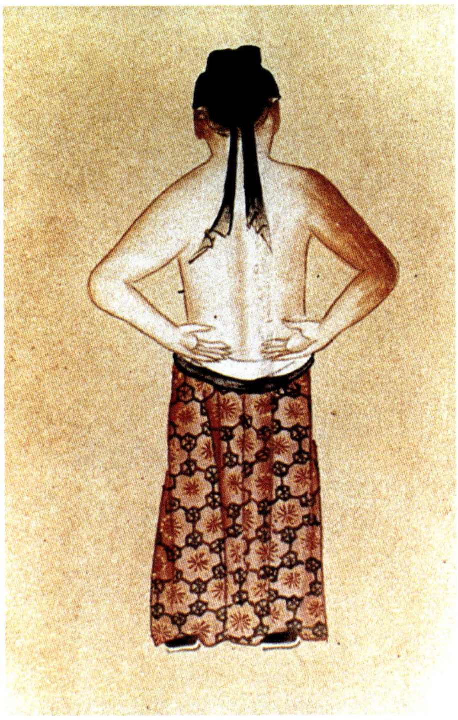

土的帛书《导引图》是中国现存最早的一卷养生图录。图中绘有男女习练的导引功法 44 个。这些功法以四肢屈伸配合呼吸进行引体导气，主要讲究“以动养形”“神形共养”，从而取得健身的功效。

（2）五禽戏

中国古代有不少养生家模仿动物姿态创造各种形意动作，古人称为“禽戏”。东汉名医华佗在《庄子》“熊经鸟伸”和《淮南子》“六禽戏”的基础上，创编了以模仿鸟、猿、鹿、熊、虎五种动物活动形态的五禽戏，从而开创了导引套路术式的先河。

五禽戏主要模仿天上飞的鹤、树上攀爬的猿、地上善跑的鹿、行走敦厚的熊和善蹿扑的虎的形神。具体而言，鸟戏主要表现鹤的轻捷挺拔，猿戏主要表现猿的灵敏，鹿戏主要表现鹿的神态安静、奔跑轻松，熊戏主要表现熊的敦厚沉稳、松静自然，虎戏主要表现虎的威猛，神威并重、刚柔相济。

五禽戏讲究温柔敦厚，在练习时强调沉稳含蓄，它把肢体的运动和呼吸吐纳有机地结合起来，成为历代人们普遍认同的运动养生功法之一。

五禽戏图谱·鹿戏

选自清席裕康《内外功图说辑要》，中国国家图书馆藏书，清

Five-animal Exercises, Deer, Qing Dynasty, excerpted from Nei Wai Gong Tu Shu Ji Yao by Xi Kangyu,National Library of China collection

(3)八段锦

八段锦是中国民间广泛流传的具有保健作用的导引养生功法。它只有八节动作，每个动作都有锻炼的重点，而结合起来，则对五官、头颈、躯干、四肢、腰、腹等全身各部位进行了锻炼。它对相应的内脏以及气血、经络起到了保健、调理作用，是机体全面调养的健身功法。经常练习八段锦可起到保健、防病、治病的作用。自古以来，八段锦以其优美似锦的动作和祛病强身的功效深受人们的喜爱。

八段锦不只是简单的肢体活动，还包括意念和有节奏的呼吸在内的一种全身心的健身运动。简言之，八段锦的意念活动就是在做动作时要集中思想、排除杂念，不受外界干扰，将注意力放在丹田部位，使自己处于一种“虚无”的状态。呼吸要尽量做到轻轻悠悠，似春风吹拂，如鹅羽轻飘。

八段锦在长期的发展中，根据风格与练法的不同，形成了多种流派。根据练习姿态可分为坐式八段锦与立式八段锦；根据南北的刚柔练法不同可分为文八段与武八段。在众多的八段锦套路中，清代光绪年间定型的立式八段锦成为后来较为稳定和流行的功法。

(4)易筋经

易筋经，顾名思义就是活动肌肉、筋骨，使全身经络、气血通畅，从而增进健康、祛病延年的一种传统健身法。易筋经与五禽戏、八段锦并列为中国传统养生的三大功法。所谓“易”者，指“阴阳之道”“变化之道”；所谓“筋”者，指“人

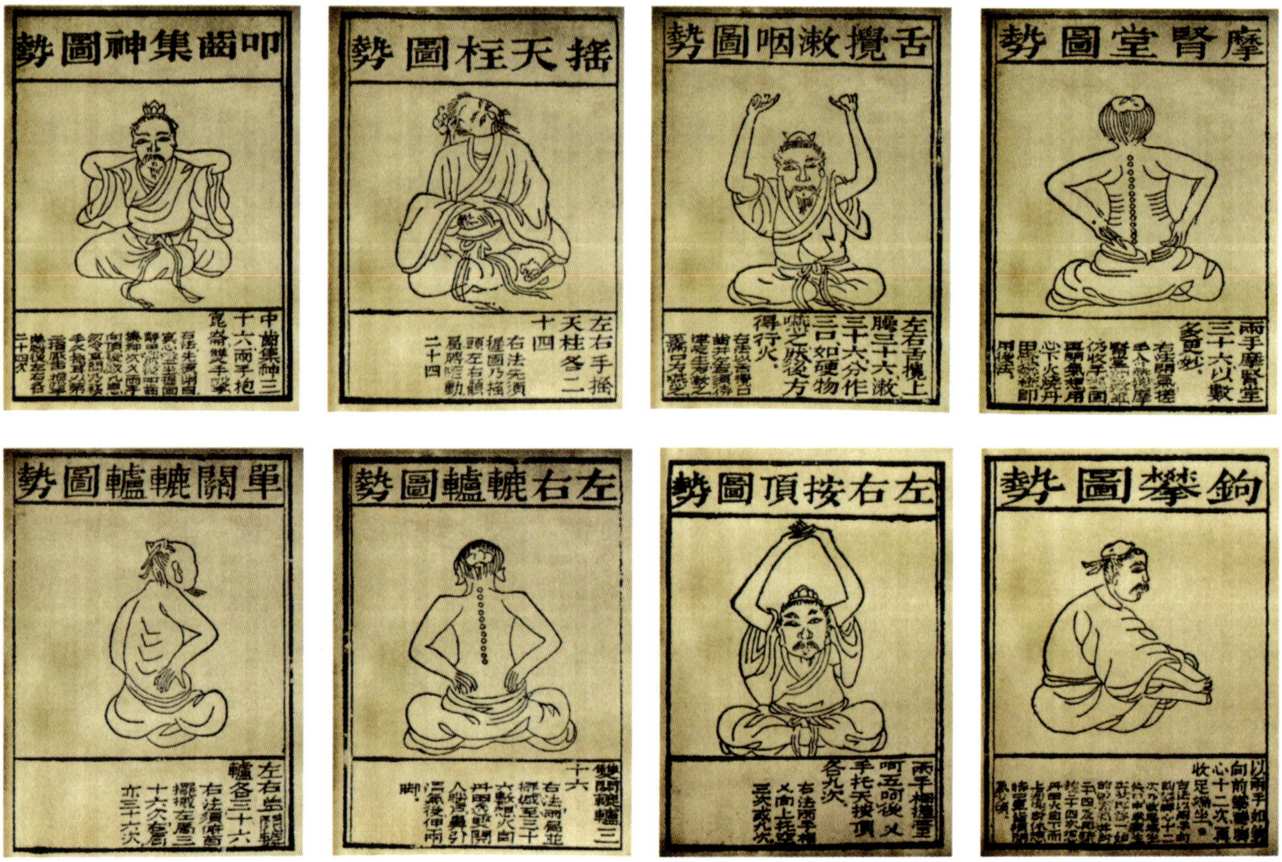

南宋文八段锦图谱
选自明高濂《遵生八笺》
Baduanjin Exercise, Southern Song Dynasty, excerpted from Ming Dynasty's book Zun-sheng Bajian by Gao Lian

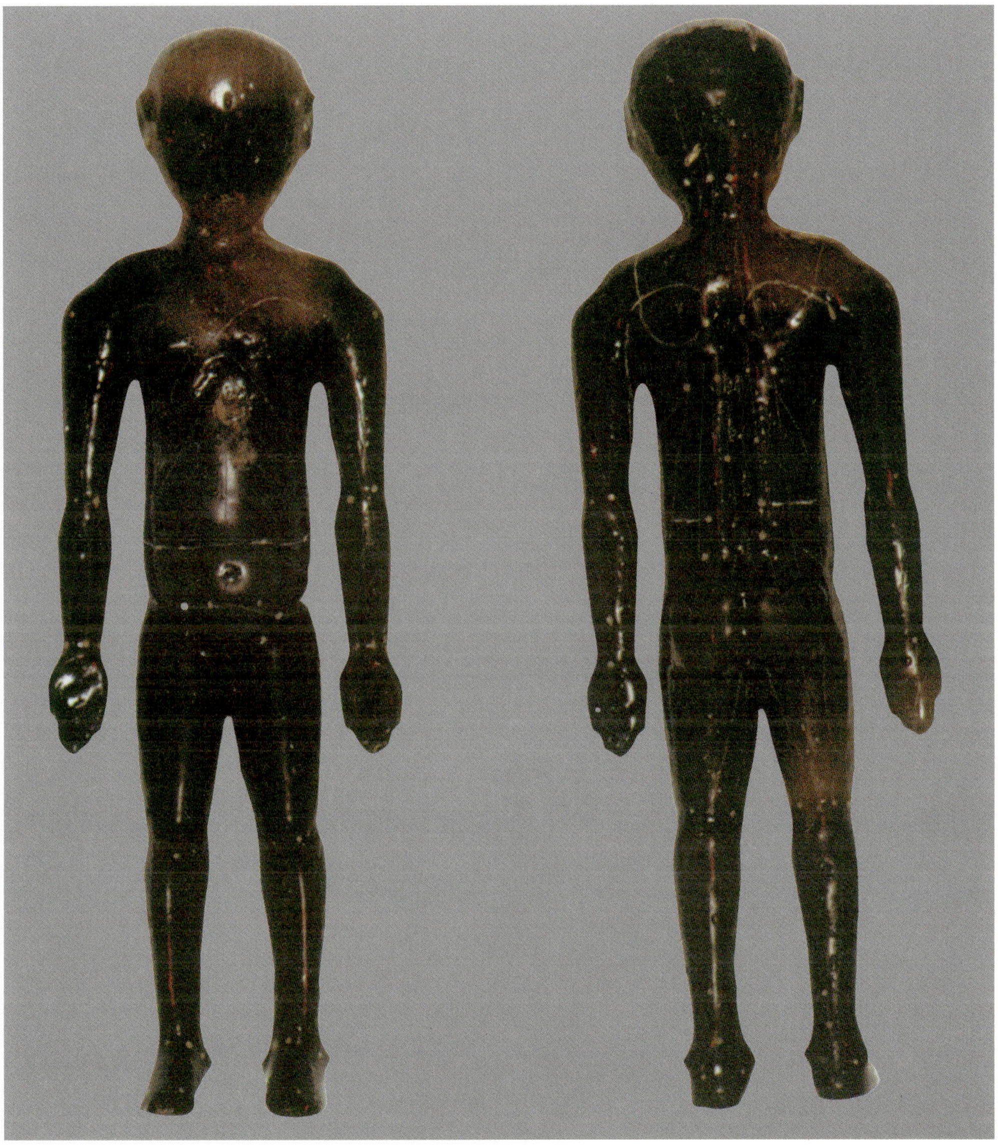

人体经穴俑

Human Body Meridians Figure

身之经络也”。人体四肢百骸无处不是经络，联络周身，通行血脉。“易筋”就是要运用各种功法，锻炼经络，增强体质。

易筋经是一种意念、呼吸、动作紧密结合的一种功法，尤其重视意念的锻炼。活动中要求排除杂念，通过意念的专注，力求达到“动随意行，意随气行”。用意念协调肌肉、筋骨，使筋骨在柔、缓、轻、慢的活动中，得到有意识的神、拉、收、抻。长期练功会使全身经络气血通畅，五脏六腑调和，精力充沛，生命力旺盛。易筋经是我国古代流传下来的健身养生方法，千百年来深受广大群众的欢迎。

(5)太极拳

太极拳是一种意识、呼吸、动作密切结合的运动。“以意领气，以气运身”，用意念指挥身体的运动，用呼吸协调动作，融武术、气功、导引为一体，是“内外合一”的拳法。太极拳是中国首创的一种经典运动养生，在中国古老传统文化思想的影响下，它以太极阴阳学说为理论基础，借助外动引动内静，产生千姿百态的拳式，最终达到形神合一的境界。

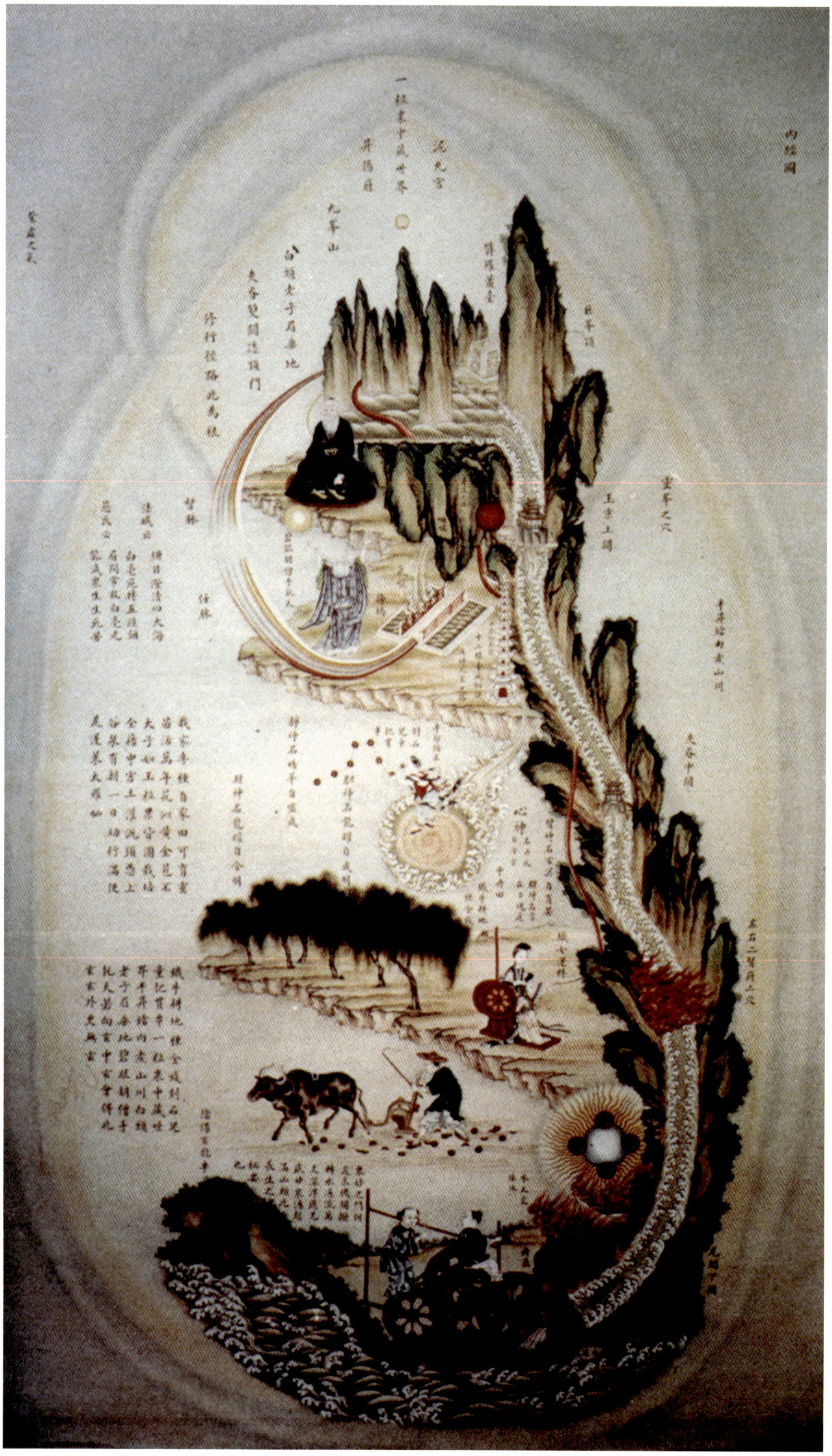

清代人体内景图

现藏中国医史博物馆

The Interior Human Body lamge, China medical history museum collection

老者太极图

李胜春三尺斗方国画人物《道法自然》

The Old Playing Shadow-boxing, Chinese national painting, painted by Li Shengchun

太极拳的拳理是“头顶太极、怀抱八卦、脚踩五行”；形态是“圆中求方”；动作是弧线绕行，达到松肩、沉肘、含胸、拔背、裹裆、溜臀、松腰、抽胯、顶头；战术是“随屈就伸”；运用是“引进落空”；法度是“立身要中正”，要“中规中矩”。因此，不知其“圆”就无以成太极，不知其“方”就无以善太极。

太极拳是通过肢体运动贯通经气血脉的运动，在练拳的过程中，注意尽量达到“六合”的境界，即手与脚合、肘与膝合、肩与胯合、心与意合、意与气合、气与力合。太极拳以轻松柔和、平稳舒展、先后贯穿、密切衔接、连贯均匀、绵绵不断、以腰为轴、圆活自然、上下相连、协调完整的特点来调和阴阳，并以腹式呼吸带动胸式呼吸，从而达到气运丹田、身心合一、脉通全身的境界。

五老观太极

清 任预

Five Old Men Watching Shadow-boxing painted by Renyu, Qing Dynasty

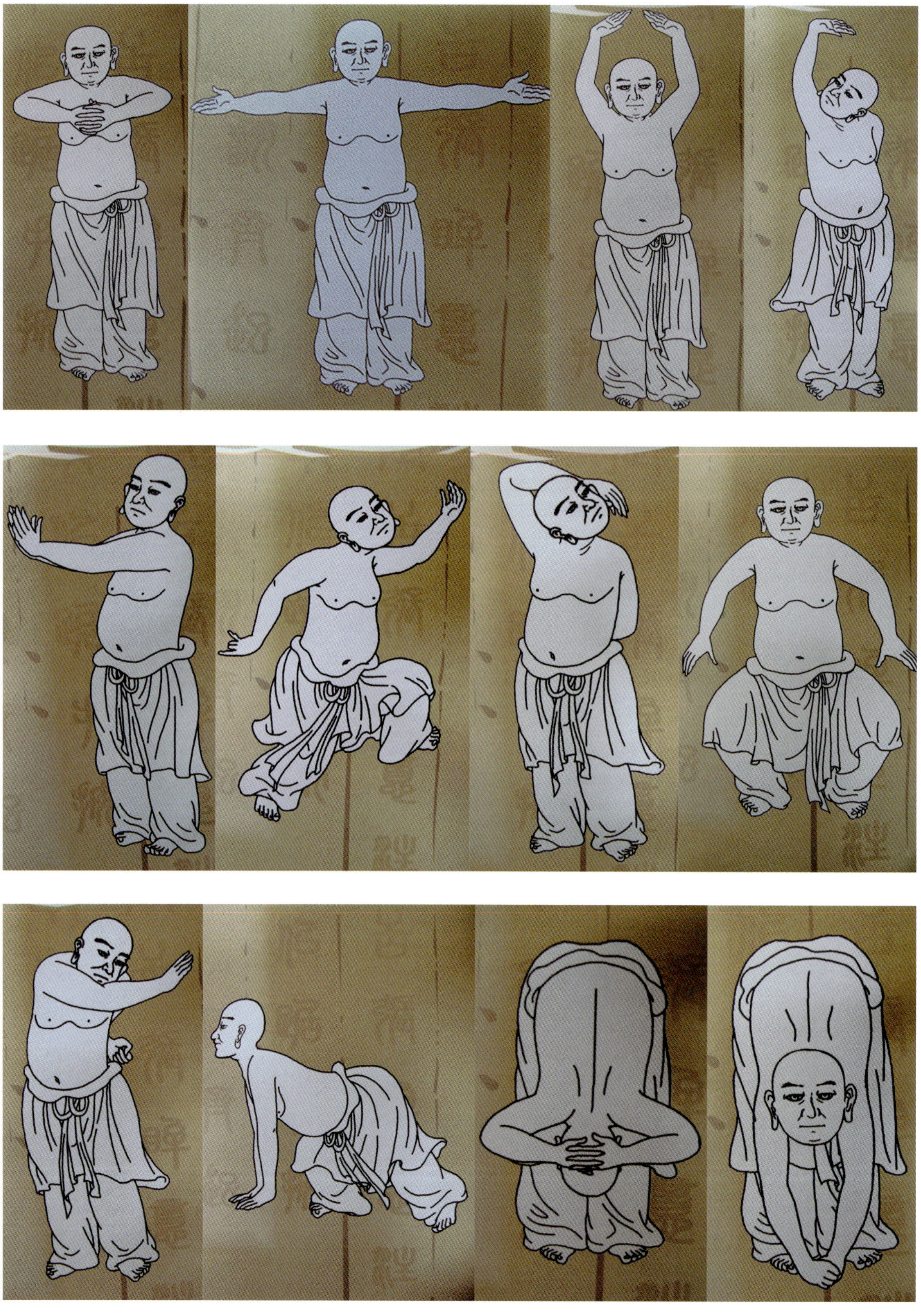

捣杵舂粮

韦驮献杵第一势

Pestling and Pounding Grain

刷牙图

甘肃敦煌莫高窟第 159 窟壁画，中唐

Brushing Teeth, wall painting of Mogao Cave No. 159, Dunhuang of Gausu Province, Tang Dynasty

如厕图

甘肃敦煌莫高窟第 209 窟，北周

To the toilet,wall painting of Mogao Cave No.209, Dunhuang of Gausu Province, Northern Zhou Dynasty

医病图

甘肃敦煌莫高窟第 76 窟，宋

Medical Treatment ,wall painting of Mogao Cave No. 76, Dunhuang of Gausu Province, Song Dynasty

观花图

现藏北京故宫博物院

Watching Flowers, The Palace Museum collection

元宵行乐图

现藏北京故宫博物院，清

Entertainment in Lantern festival, Qing Dynasty, The Palace Museum collection

望月思乡

Looking at the moon and missing home

赏月

Admiring the Moon

Illustrated Book of Traditional Chinese Sport

第七篇 中国古代妇女体育

在古代中国，妇女长期受封建礼教的约束。但随着社会的变迁、妇女自主意识的兴起，传统的父权观念受到挑战。妇女们开始追求自身合理的、公平的生存权益。她们想要走出家庭、走向社会、走向自由，感受妇女最本真的生存状态。女性随着青春期的身心变化，对游戏、娱乐与竞技会有更多的期望，她们与男人一样，同样愿意利用闲暇去体验或观赏。尤其是汉唐盛世，由于社会思想、文化观念、价值观的多元与开放，女性对体育及休闲娱乐采取更为热情的态度，积极参与并从中感受力量和快乐。

在古代中国，妇女长期受封建礼教的约束。但随着社会的变迁、妇女自主意识的兴起，传统的父权观念受到挑战。妇女们开始追求自身合理的、公平的生存权益。她们想要走出家庭、走向社会、走向自由，感受妇女最本真的生存状态。

一、妇女体育的形成与发展

从古至今，游戏、娱乐、竞技向来是人们所沉醉和欢愉的一种身体文化，无论是男性还是女性，都拥有同等的“玩心”。然而中国古代社会文化重在维护男权统治，强调男女有别，认为妇女只是男人的附属品。这种文化内涵最终导致了男尊女卑观的形成。在长达几千年的封建社会中，“女子卑下”等歧视女子的观念一直充斥于社会之中。“男主外、女主内”的传统观念认定，女性应该担任顾家的角色，不宜到户外抛头露面。从生物学的角度来讲，男性的确拥有比女性较占优势的体能条件，但不能因为这种先天的生理差异而剥夺了女性的体育参与权，两性参与体育的权利应该是平等的。女性随着青春期的身心变化，对游戏、娱乐与竞技会有更多的期望，她们与男人一样，同样愿意利用闲暇去体验或观赏。尤其是汉唐盛世，由于社会思想、文化观念、价值观的多元与开放，女性对体育及休闲娱乐采取更为热情的态度，积极参与并从中感受力量和快乐。

自汉唐以来，广大女性在正月十五外出观灯。在立春时节，和风乍暖还寒的日子里，宫苑的贵族女子在观赏亭内切磋博弈。在寒食节和清明节，妇女们纷纷踏青扫墓，并通过秋千之类的活动，放飞快乐的心情。在端午节，妇女们划舟出行。在乞巧节，妇女们乞求智慧和女工技艺。在八月中秋，皓月当空之际，妇女们登临琼楼，吟诗赏月，企盼阖家团圆。在秋高气爽的重阳节，妇女们闲庭信步品花赏菊，登高远眺以畅秋志。在腊月隆冬时节，妇女们踏雪寻诗，抒发浪漫的情怀。

随着社会的进步与发展，游戏、娱乐与竞技活动越来越丰富，逐渐出现了女子蹴鞠、马球、驴鞠、步打、捶丸、相扑、游泳、投壶、风筝、斗草、走百病、剑器、胡旋舞，等等。可见，中国古代妇女的闲情逸致胜于今人，她们的休闲方式也别出心裁。

斗草图（局部）
现藏辽宁省博物馆，明
Grass Game (part),Ming Dynasty,Liaoning Museun collection

二、形式多样的妇女体育

（一）斗草

斗草是斗百草的简称。据文献记载，斗草游戏在魏晋南北朝时期就已经流行于宫廷和民间。南朝人宗懔的《荆楚岁时记》载：“五月五日，四民并蹋百草，又有斗百草之戏。”唐人韩鄂的《岁华纪丽》亦载：“端午结庐蓄药，斗百草，缠五丝。”斗百草游戏之所以在端午节进行，与它本是一种源于古代避邪除毒的风俗有着密切的联系。有研究认为，斗草与中医药学的产生有关。每当人们结群到山里采回各种草药之后，就总要互相比，看谁采的花草多，谁的花草丰富，于是就出现了斗草游戏。

有关斗草的文字记载，最早见于《词林海措》，讲述了“吴王与西施尝作斗百草之戏”。唐代白居易的《观儿戏》诗云：“弄尘复斗草，尽日乐嬉嬉。”贯休的《春野作》载：“牛儿小，牛女少，抛牛沙上斗百草。”敦煌曲子词S.6537、P.3271《斗草词》形象地描述了斗花草游戏中男女竞相嬉戏的场景。五代后蜀主孟昶的宠妃花蕊夫人作诗《宫词》，对宫女斗百草做了生动的描写。宋人诗词中也有不少关于斗草的描述，北宋万俟咏的《三台·清明应制》云：“近绿水、台榭映秋千，斗草聚、双双游

斗草图

现藏北京故宫博物院，明 仇英

Grass Game, painted by Qiu ying, Ming Dynasty, The Palace Museun collection

女。”范仲淹的《斗茶歌》云：“君莫羡花间女郎只斗草，赢得珠玑满斗归。”晏殊的《破阵子·燕子来时新社》亦生动地描述了两位采桑女子斗百草作乐的场面。元代的元曲和杂剧中也描述了许多少女、少妇斗草的翩翩倩影，充满了诗情画意。明清时期，张潮的《补花底拾遗》、李声竹的《百戏竹枝词·斗百草》都描写了女子进行斗草游戏所获得的乐趣。另外在明清小说《红楼梦》《镜花缘》中都亦对女子斗百草的精彩描述。

斗百草

清代大家庭中的端午斗草活动

Flower Game

斗花图
Flower Game, Ming Dynasty

(二)斗花

斗花是古代女子在游园时,比赛谁佩戴的鲜花名贵、美丽。许多富家女子为了在斗花中取胜,不惜重金争购各种名贵花卉。游园时,女子们“争攀柳丝千千手,间插红花万万头”,成群结队地穿梭于曲江园林间,争奇斗艳,引得路人皆驻足观望。其实斗花也是女子相互比美,女人如花,自古皆然。借斗花之名,女子彼此展示自己的美貌,传递自己的聪慧。文献《开元天宝遗事》卷下载:“长安士女,于春时斗花,戴插以奇花多者为胜。皆用千金市名花,植于庭苑中,以备春时之斗也。”《清异录》卷上“楼罗列”条亦载有五代十国时期南汉宫廷女子斗花的情景。斗花游戏反映了女子对美的追求,不仅可以使女子了解花草树木的知识,而且非常有益于她们的身心健康,所以深受人们的喜爱。

(三)走百病

散步(走)是一项传统的健身方法,在我国具有悠久的历史,唐代医学家孙思邈有“行不宜疾”“饱食走百步,常以手摩腹”之说。《内功图说》中也载有“两手摩腹,移行百步除滞”。走,是我国古代最简便易行的养生方法之一。

走百病,又称“走桥”“游百病”等,是古代妇女避灾禳解的娱乐健身活动。由于古代妇女长期受礼教思想的束缚,很少走出门户,但在每年的正月十五,她们经过梳妆打扮,换上时髦的服装,相约结队出游走百病。出游的路线都是经专门选择的,从出门到回家,穿街走巷,沿途必须走过三座桥。走桥是因为桥连接两岸,具有彼此沟通的寓意。民间认为女儿出世是从彼岸投胎而来,而人的离世则是魂归彼岸。因此,走三桥是沟通阴阳、迎接生命的象征,包含有生育、长寿和祛病祈福的意愿。

明清时期,走百病在民间十分盛行。明人沈榜的《宛署杂记·民风》记载了京城元宵节观灯走桥的情景:“正月十六夜,妇女群游祈免灾咎,前令人持一香辟人,名曰‘走百病’。凡有桥之所,三五相率一过,取度厄之意。……”明人周用的《走百病》诗中曰:“都城灯市由来盛,大家小家同节令。诸姨新妇及小姑,相约梳妆走百病。俗言此夜鬼穴空,百病尽归尘土中。不然今年且多病,臂枯眼暗兼头风。”明人陆伸的《走三桥词》曰:“细娘吩咐后庭鸡,不到天明莫浪啼。走遍三桥灯已落,却嫌罗袜污春泥。"生动地描述了女子们走百病时,尽情游乐的心态。

走百病是中国古代妇女一种简易的运动养生方式。她们通过走路、远游陶冶性情,呼吸新鲜空气,使百脉疏通,内外谐调,达到休闲健身的效果。此项活动简便易行,深受人们的喜爱,直到现代,仍是人们用以养生的方法之一。

(四)乞巧

据我国民间爱情故事,每年的七月初七是牛郎、织女相会的日子。到了这天晚上,灵鹊就会飞来搭成鹊桥,使隔在银河两边的牛郎、织女渡河相会。早在西周时期,民间已有织女星、牵牛星的传说。西汉时期,随着社会经济的恢复和人民生活的安定,牛郎织女由星名变成了男耕女织的神话人物,被注入节日的内容,《淮南子》《风俗演义》《古诗十九首》中均有记载,到魏晋南北朝时期形成了较为完整的故事。其实,七夕原本是一个星辰的时点。古人从星座位置的变化中,通过人格化的奇妙联想,演绎出牛郎织女的神话故事。牛郎织女的爱情神话以深厚的意蕴,让七月初七这一天变得格外温馨。古人为祝贺他们的相逢,开始在七夕举行拜星、乞愿活动。由此形成了乞巧、祈子、曝晒衣物等习俗。乞巧,也是妇女们向天上的织女星乞求智巧,并预卜自己未来命运的一种游戏活动。

到唐代,七夕乞巧风俗更是风行。当时宫廷内外都十分流行七夕乞巧,如《开元天宝遗事》卷下《乞巧楼》载:"宫

楼台乞巧

宫廷中的乞巧活动,现藏北京故宫博物院

Activities in Chinese Valentine's Day, Beijing Palace Museum collection

桐阴乞巧

在桐树下把花针投放水中以求巧，选自《月曼清游图册》

Activities in Chinese Valentine's Day

中以锦结成楼殿，高百尺，上可以胜数十人，陈以瓜果、酒炙，设坐具，以祀牛、女二星。嫔妃各以九孔针、五色线，向月穿之，过者为得巧之候。动清商之曲，宴乐达旦，士民之家皆效之。” 唐代宫廷为了在七夕举行乞巧活动，还专门设立了主管进献七孔针的机构。据《唐六典》卷二二“少府监·中尚署”条记载，每年“七月七日，进七孔金细针”，以供后宫妇女乞巧之用。王建的《宫词》描写宫中乞巧风俗曰：“画作天河刻作牛，玉梭金镊采桥头。每年宫里穿针夜，敕赐诸亲乞巧楼。”和凝的《宫词》中说：“阑珊星斗缀珠光，七夕宫嫔乞巧忙。总上穿针楼上去，竞看银汉洒琼浆。”以上反映的都是宫廷七夕穿针的风俗。

唐诗中也有许多描写乞巧风俗的诗作，如林杰的《乞巧》：“七夕今宵看碧霄，牵牛织女渡河桥。家家乞巧望秋月，穿尽红丝几万条。”李商隐的《七夕偶题》：“灵归天上匹，巧遗世间人。花果香千户，笙竽滥四邻。”李中的《七夕》：“星河耿耿正新秋，丝竹千家列彩楼。可惜穿针方有兴，纤纤初月苦难留。”

（五）踢毽子

踢毽子是我国民间广泛开展的一项游戏娱乐活动，也称“鞬子”“毛毽子”“蹀镞”“翔翎”“踢箭子” 等。清人翟灏《通俗编》引《吴氏字汇补》释“毽”云：“毽，抛足之戏具也。”其意为毽子是脚踢的一种游戏器具。

踢毽子始于何时，并无确切记载。传说毽创自轩辕黄帝，当时叫“毱”，不叫毽，是习武的一种器具。宋代高承的《事物纪原》认为踢毽子为“蹴鞠之遗事”。据考古学者发现，汉代画像砖上已经有踢毽子的形象出现，由此推断，踢毽子应该源于汉代。南北朝时，踢毽子非常盛行。到了唐宋时期，踢毽子更为风行，就连宫里的嫔妃、宫女都喜爱踢毽子游戏。其技巧也得到进一步提高，花样不断翻新，难度不断加大。宋人高承的《事物纪原》载：“今时小儿以铅锡为钱，装以鸡羽，呼为毽子，三五成群走踢，有里外廉、拖枪、耸膝、突肚、佛顶珠、剪刀、拐子各色。”不光用脚踢，还用膝、腹、头等各个身体部位来玩耍毽子。宋代由于踢毽子的盛行，出现了以卖毽子为业的摊铺，宋人周密的《武林旧事》卷六记载，京都临安城有专门经营毽子的商店。明清时期，踢毽子的游戏进一步发展，关于踢毽子的记载也就更多了，不少身怀踢毽绝技的人，以卖艺为生。清末时，北京的谭俊川，人称“毽儿谭”，能一口气连踢 6000 多下，并连续不断踢出 20 余套花样。他还将积累的踢毽子经验，撰写了《翔羚指南》一书，这是我国第一部毽子谱。在清代，儿童和女子亦喜爱踢毽子活动。康熙年间李声振的《百戏竹枝词·踢毽子》曰：“青泉万选雉朝飞，闲蹴鸾靴趁短衣。忘却玉弓相笑倦，攒花日夕未曾归。”词中提到当年女子爱玩一种数人更翻轮踢的“攒花”，她们身着短衣，上下翻踢各种花样，常常踢到日头西落还不愿回家。还有清代著名词人陈维崧的《沁园春》，专门描述

了妙龄女子在清幽的庭院里踢毽子的盈盈身姿。民国时期，中国曾派遣国术表演队赴德国柏林参加第十一届奥运会，其中扬州女学生翟连源进行了踢毽子表演，她以绝妙的踢毽技艺技惊四座，为国家争得了荣誉。

踢毽子历经千余年的传承，至今仍在民间流行，深受老百姓喜爱。

(六)秋千

秋千，又称“伴仙之戏”“彩索”“彩绳”等。关于秋千的起源，历史上有几种说法。有说齐桓公征讨山戎时，见山戎人手握树藤在林间悠来荡去，于是便把这种活动带回了中原。有说起源于汉武帝时，后宫嫔妃为祝愿汉武帝有千秋之寿而玩的一种游戏，原来叫千秋，后来被人们误传为秋千。大约从汉代开始，秋千已成为我国寒食、清明、端午等节日流行的民间传统体育活动。由于秋千设备简单、场地不限，并且打秋千时动作轻捷、姿态优美，所以深受广大女子的喜爱。

在唐代，女子在寒食节进行秋千活动极其普遍。不少诗人对女子荡秋千写

秋千图
古代风俗百图，五代
Swing, Five Dynasty

秋千图
现藏北京故宫博物院，明　仇英
Swing, painted by Qiuying, Ming Dynasty, The Palace Museun collection

秋千图
清
Swing, Qing Dynasty

秋千图
周鲲等绘《汉宫春晓图》(局部),清
Swing, part of the painting "Hangong Chunxiao Tu", painted by Zhou Kun etc.

下了无数诗篇,描写了女子荡秋千的千姿百态和欢乐场景。如韦庄的《丙辰年鄜州遇寒食城外醉吟五首》、王建的《秋千词》、王维的《寒食城东即事》、杜甫的《清明二首》、元稹的《杂记》、张籍的《寒食》等。

在宋代,秋千之俗继续盛行。宋代王禹偁的《清明》云"稚子就花拈蛱蝶,人家依树系秋千";欧阳修的"绿杨楼外出秋千""乱红飞过秋千去";苏轼的"墙里秋千墙外道,墙外行人墙里佳人笑";李清照的"蹴罢秋千,起来慵整纤纤手""露浓花瘦,薄汗轻衣透"。这些著名诗词都是对女子荡秋千情景的描写。

在元代,秋千成为当时城市居民家庭院落中的主要设施,甚至在公共游乐场所也设置了秋千架子。元曲白朴小令[双调·庆东源]载:"恰寒食有二百处秋千架,对人娇杏花,扑人飞柳花,迎人笑桃花。"有关秋千在元代的盛行,许多元曲都有反映。如关汉卿的两曲小令[双调·碧玉箫],描写了少女荡秋千时娇媚的姿态。张可久的四首秋千曲宛如四幅荡秋千的佳人图,少女们悠悠荡起秋千衬出婀娜的身姿。

在明代,每逢春节,宫人都要荡秋千取乐。据《灯宫遗事》载,三宫六院都设置秋千架,宫女们称清明节为"秋千节"。在民间荡秋千亦是蔚然成风,出现了单秋千、轮子秋千、纺车秋千、双秋千、转轮秋千、八人秋千、龙门秋千、磨秋千、水秋千等秋千形式,以及"身体转

月漫清游图之九

绢本设色，现藏南京博物院，清　陈枚绘

Yueman Qingyou Tuzhi-9, painting on silk, painted by Chen Mei, Qing Dynasty, Nanjing museum collection

洒线绣绿地五彩仕女秋千图
现藏北京故宫博物院，明
Swing, L35cm, W32.5cm, Ming Dynasty, The Palace Museum collection

秋千图
清
Swing, Qing Dynasty

秋千图
选自明代王圻《三才图会》
Swing, painted by Wang Qi, Ming Dynasty, excerpted from "Sansai Zue"

清代象牙雕杨柳秋千图
现藏北京故宫博物院
Swing, The Palace Museum collection

立”“单腿而立”“三花五击”“鸾戾仙飘”等高难度秋千动作。

到了清代，上至宫廷，下至庶民百姓，每逢节日竞立秋千架，以荡秋千为乐。清人陈维崧的《泳美人秋千》载：“翩然上，掠绿草，拂苍苔。粉裙欲起未起，弄影惜身材。忽趁临风回鹘，快作点波新燕，糁落一庭梅。向晚半轮玉，隐隐照遗钗。”反映了清代女子在春天荡秋千的情景。她们玩得尽兴，连头上的钗子掉了都毫不知晓。《燕京岁时记胜》载“家家树秋千为戏”，可见秋千风靡一时，深受人们的喜爱。

古人认为，荡秋千既可“摆疥”(除疾)，也可“释闺怨”，所以深受女子喜爱。深闺女子走出闺房，登上秋千，凌空悠荡，舒展身体，不仅给她们带来了欢乐，而且也可以强身健体。

(七)风筝

风筝，又称“纸鸢”“风鸢”“鹞子”等。据传2000余年前的春秋战国时期，由鲁班削竹为鹊，成而飞之，三日不下。这种用木片制作的鹊也称“木鸢”，也许这就是我国最早放飞的风筝了，文献《墨子》《韩非子》中均有记载。南北朝时，风筝已作为军事通信和侦察的重要工具，《南史·侯景传》中有风筝用于战争的记载。隋唐时期，风筝成为人们娱乐游戏的工具。晚唐诗人高骈的《风筝》云：“夜静弦声响碧空，宫商信任往来风。依稀似曲才堪听，又被风吹别调

放风筝图
Painting of Flying kites

十美放风筝

杨柳青年画

Shimei Flying kites.Willow younger picture

中。”这说明当时已出现了带响声的风筝。明人陈沂的《询刍录》中提到“风筝”一词由五代李邺所创。他说:“纸鸢又名风鸢,初,五代,五代汉李邺于宫中作纸鸢,引线乘风为戏,后于鸢首以竹为笛,使风入作声,如筝鸣,俗呼风筝。”到了宋元时期,放风筝的习俗更为盛行,连皇帝宋徽宗也是风筝爱好者,他不仅在宫中经常放飞风筝,而且还编著了《宣和风筝谱》一书。当时许多文人写下了不少吟咏风筝的诗篇,如北宋名相寇准的《纸鸢》,还有户部尚书侯蒙也写有风筝的词,来表达自己要做官的情怀。著名画家张择端的《清明上河图》中就有放飞风筝的场景。明清时期,妇幼老少在春日放飞风筝,成为一项重要的民俗体育活动。风筝造型逐渐增多,扎制技艺更趋成熟。明代画家徐渭绘有以放风筝为题材的画作,还有以风筝故事为题材的曲艺、戏曲和民间文学作品,如顾禄的《清嘉录》、金陵杨宛的《看美人放纸鸢五首》、李声竹的《百戏竹枝词·放风筝》、杨韫华的《山塘棹歌》。

古人认为放风筝即为“放灾”,通过“放灾”“放郁”,从心理上获得一种安慰,一种对灾难的回避,一种对吉祥幸福的祈求。《红楼梦》中,林黛玉是个多

仕女硬翅风筝

清

Ladies kites,Qing Dynasty

舞蹈

壁画，山东东平 M1 东汉墓

Dancing,wall painting of Dong-ping M1 tomb in Shandong Province

愁善感、病魔缠身的女子，让林黛玉放风筝，众人为她放走风筝能够把“病根儿”带走而高兴。清富察敦崇在《燕京岁时记》中说：“风筝在天，以能清目。”认为放风筝有益于保护视力，更有益于身心健康。

风筝历经数千年的发展，一直流传至今，深受妇女、儿童的青睐，成为人们休闲娱乐的载体。尤其是山东潍坊多次举办国际风筝节，使古老的放风筝成为一项世界性的体育活动。

经变舞伎

甘肃敦煌莫高窟第 220 窟壁画，北壁，唐

Dancer, wall painting of Mo-gao Cave No.221, Dunhuang of Gausu Province, Tang Dy-nasty

（八）乐舞

我国考古发掘的大量文物和石窟壁画中保存有丰富的乐舞资料，其所呈现的舞姿，不仅为我国乐舞文化发展的历史提供了具体的例证，而且也为现代舞蹈提供了生动的素材，使人们能体悟出中国的乐舞实质上就是古人的生存之“道”，追求的是生活中的审美感受，在审美的体验中打造生活的真义。

中国古代乐舞的舞姿形态主要有“健舞”“软舞”。凡动作刚劲雄健、节奏明快、气势粗犷、竞技性强的称为“健舞”，如剑器舞、胡旋舞、胡腾舞、枯技舞、达摩支、蹴鞠舞等；凡动作舒缓飘逸、柔媚抒情、轻盈

缤纷的称为“软舞”，如袖舞、巾舞、绿腰、霓裳羽衣等。软舞中有不少双手挥舞长锦带的动作，锦带在其周身左右回旋，上下飘举。有关软舞的具体形象，在大量的汉代砖画、墓葬壁画、石窟壁画、陶俑，以及文学作品都有反映。“健舞”中的胡旋舞与胡腾舞堪称翘楚，为唐代舞蹈之精华。其旋转如风、洒脱明快和急速多变的技巧特征，在当代的体育舞蹈中还可以看到其痕迹。

另外，胡旋舞在敦煌石窟壁画的经变画中有具体形象，如莫高窟初唐第220窟北壁《药师净土变》，有两组双人胡旋舞之画面。舞者，头发披散，上身赤裸，项戴璎珞，臂佩银钏，下着长裙，手托锦带，双脚立于小圆毯上，正飞速旋转。另外，莫高窟第85、201、205、331、215、341、129、197等窟均有唐时期表演胡旋舞的画面。

乐舞中的“健舞”其舞姿要求昂首、挺胸、立腰，头、肩、腰、臂、肘、膝至脚部动作必须充分运用，使动态多样，造型优美。跳舞时再配合各种眼神，及“转头”“抖胯”“摆动”等装饰性动作点缀，形成一种奔放、飘逸、活泼、刚柔的风格。“健舞”难度高、竞技性较强的舞蹈特点孕育着体育舞蹈的因子，沉浸着竞技体育的审美特征。因为，体育舞蹈与胡旋舞、胡腾舞都是以身体动作为主要表现手段，强调身体运动能力的竞技性，并都由人体的直线、方形、棱角等姿态和动作来构成几何形式的舞姿。可以说，体育舞蹈是从“健舞”中发展而来的。

胡旋舞

李其琼临摹，甘肃敦煌莫高窟第341窟壁画，唐

Minority Dancer's Whirling Dance, wall painting of Mogao Cave No.341, Dunhuang of Gausu Province, Tang Dynasty, copy by Li Qiqiong

修定寺塔塔砖

现藏美国旧金山亚洲艺术博物馆，唐

Temple Brick of Xiuding Temple.Tang Dynasty,kept in Asian Art Museum of San Francisco

歌舞图

出于吉林省集安市舞踊墓墓室东壁右侧，高句丽（4 世纪）

Singing and Dancing, wall painting of Wuyong tomb in Ji'an City of Jilin Province. 4th century

乐舞图

新疆石窟壁画，现藏俄罗斯圣彼得堡艾尔米塔什博物馆

Dance and Music Scence, wall painting from Xinjiang Grottoes (now Ermitage Museum of St.Petersburg,Russia)

乐舞

陕西省礼泉县烟霞新村李勣墓壁画墓室东壁，唐

Dance and Music, wall painting of Liji's tomb in Li County of Shaanxi Province, Tang Dynasty

舞伎

洛阳龙门石窟八作司洞

Dancer, Bazuosi Cave of Longmen Grottoes, Luoyang City, Tang Dynasty

吉祥天女

公元 6—8 世纪，出于新疆策勒县丹丹乌里克遗址

Lakshmi, wall painting of Dan'dan'oilik site,Xinjiang Province, 6th-8th century

舞人

西藏布达拉宫，清

Dancer, Qing Dynasty, Potala Palace in Tibet

乐舞壁画

西藏夏鲁寺，元代

Dance and Music, wall painting of Xialu Temple, Tibet, Yuan Dynasty

舞蹈纹青花瓷壶

现藏内蒙古民族博物馆，元

Blue and White Porcelain Pot with Dancing Design, Yuan Dynasty, Inner Mongolia Province folk museum collection

园林嬉戏

位于山西平遥县镇国寺三佛楼东壁，明

Playing at Garden, wall painting of San Fo building in Pingyao County of Shaanxi Province, Ming Dynasty

胡旋舞对舞(李其琼临摹)

甘肃敦煌莫高窟第 341 窟壁画,唐

Minority's Whirling Dance, wall painting of Mogao Cave No.341, Dunhuang of Gausu Province, Tang Dynasty, copy by Li Qiqiong

汉宫春晓图卷(局部)

现藏台北故宫博物院,明 仇英

Spring Morning in Emperor's Palace of Han Dynasty, part, painted by Qiu Ying, Taipei Palace Museum collection

经变舞伎

甘肃敦煌莫高窟第 19 窟壁画,五代

Dancer, wall painting of Mogao Cave No.19, Dunhuang of Gansu Province, Five Dynasty

胡旋舞人纹锦

内蒙古阿鲁科尔沁旗小井子辽墓出土，现藏内蒙古自治区阿鲁科尔沁旗博物馆，辽

Brocade with Spinning Dance Pattern, Liao Dynasty, Alukeerqin Bannar Museum collection, Inner Mogolia

乐舞

西藏布达拉宫，清

Dance and Music, Qing Dynasty, Potala Palace in Tibet

舞蹈图

西藏布达拉宫，清

Painting of Dancing, Qing Dynasty, Potala Palace in Tibet

高跷秧歌图

现藏首都博物馆，清

Stilt Yangko, Qing Dynasty, The Captial Museum of China collection

供养天女

公元 15 世纪,位于西藏札达县古格故城坛城殿西壁

Offering Apsara, wall painting of Tancheng palace in Guge Kingdom Site in Tibet, 15th century

供养天女

位于西藏札达县古格故城依估洞东壁下部北侧

Offering Apsara, wall painting of Yigu Hole in Guge Kingdom Site in Tibet

卓歇图

现藏北京故宫博物院藏,五代

Zhuo Xie Tu (part), painted by Hu Gui, Five Dynasty, The Palace Museum collection

(九)采莲

观莲节是我国汉民族最优美的节日之一。相传在春秋时期已经形成了采莲的风俗。当时越国美女西施,表现她最美丽的画面便是采莲。汉代采莲出现了男女相和唱民歌的习俗。汉乐赋《相和曲·江南》载:“江南可采莲,莲叶何田田。鱼戏莲叶东,鱼戏莲叶西,鱼戏莲叶南,鱼戏莲叶北。”表明采莲习俗在当时已流行。魏晋南北朝时,以采莲为休闲娱乐活动的风气更加盛行。如南朝民歌《西洲曲》载:“开门郎不至,出门采红莲。……”隋唐时期,采莲更为人们所青睐,不少诗人,如王维、王勃、李白、王昌龄等关于采莲的诗脍炙人口,精彩无比。宋代时,采莲成为一项游乐活动,出现了“采莲轻舟”。此俗历经宋、元、明、清,一直传承至今。

采莲大多是少女,她们摇着轻舟,入湖采莲,那轻盈窈窕的身姿,温婉曼妙的歌声,惹得岸边游人驻足观看。尤其是元代文人对荡舟轻波、采莲弄藕的少女生活描写得更是精彩绝妙。如张可久的小令[越调·小桃红]《寄鉴湖诸友》:“一城秋雨豆花凉,闲倚平山望。不似年时鉴湖上,锦云香,采莲人语荷花荡。”还有杨果的小令[越调·小桃红]一套八首、盍志学的小令[越调·小桃红]《莲塘雨声》、贯云石的套数[中吕·粉蝶儿北]、朱庭玉的套数[般涉调·哨遍]《莲船》等,都是以元曲吟唱出泛舟湖面的采莲之趣,刻画出采莲女活泼、生动的形象。

元曲对荷莲的吟诵带动了荷莲文化的提升,使元代荷莲的象征功能更为丰富,更具鲜活的民间特色。同时也反映了元代妇女恬淡从容的生活意境和生活情调。

采莲图局部

现藏北京故宫博物院,清

Collecting Lotus, part, painting on silk, Qing Dynasty, The Palace Museum collection

《长春百子》(局部)中的儿童戏水情景

选自台北故宫博物院编《婴戏图》,宋 苏汉臣绘

Childern Playing in Water, part of Chang Chun Bai Zi, painted by Su Hanchen, Song Dynasty

姚大梅诗意图之一

现藏北京故宫博物院,清

Poetic Picture ,Yaodamei Qing Dynasty, Beijing Palace Museum collection

仕女投壶图
清
Lady Pitch-pot, Qing dyansty

(十)投壶

女子投壶据传汉代已有。汉代乐府中有一首投壶古歌，流传甚广，其吟唱的内容是："……主人前进酒，弹瑟为清商。投壶对弹棋，博弈并复行。"南北朝时有一首流行于民间的投壶歌："夜相思，投壶不停箭，忆欢作娇时。"可以看出，投壶在当时已成为民间女子喜欢的游戏方式。自唐以来，投壶也是宫女们乐此不疲的游戏。唐代曹唐的《小游仙诗》九十八首中有两首描述宫女们玩投壶游戏的情景："……丹房玉女心慵甚，贪看投壶不肯归。""北斗西风吹白榆，穆公相笑夜投壶。……"第一首写的是宫女熨衣时观看投壶游戏着迷，迟迟不肯归去。另一首是宫女看见皇上投壶，竟然上前向皇帝说，如果我投壶赢了你能放我出宫吗？后蜀主孟昶的贵妃花蕊夫人的《宫词》云："樗蒲冷淡学投壶，箭倚腰身约画图。尽对君王称妙手，一人来射一人输。""分朋闲坐赌樱桃，收却投壶玉腕劳。"反映了后蜀宫女以投壶作乐的生活情趣。到了明代，妇女们仍以投壶为第一游戏。饶智元的《明宫杂咏·崇祯宫词》载有"玉女投壶天一笑，有人画下谢银牌"之句。清代，投壶已成为一项表演性极高的雅戏。李调元的《弄谱百咏·投壶》载："枉矢哨壶礼所传，只今空作伎家专。百枭百中终无益，柏棘何如杨叶穿。"李汝珍的《镜花缘》第七十四回写林婉如、邹婉春、米兰芬、闵兰荪、柳瑞春等八位女子在桂花厅进行投壶游戏，她们投出了"朝天一炷香""苏秦背剑""姜太公钓鱼""张果老倒骑驴""乌龙摆尾""鹞子翻身""流星赶月""富贵不断头""乱劈柴"等绝妙花式，令人目不暇接。晚清时期，由于多种游戏的发展，投壶逐渐消失在人们的日常生活之中，取而代之的则是其他时尚娱乐活动。

投壶图
南宋
Painting of Throwing Pot, Southern Song Dynasty

(十一)藏钩

藏钩是一种用玉钩作为射覆之物的女子游戏项目。《汉书·外戚传》记述了汉武帝与宠爱的钩弋夫人之间的一段极富传奇色彩的爱情故事，自此汉宫中开始流行藏钩游戏。《宋书·符瑞志》在引述钩弋夫人的事迹后，断言“由汉世有藏钩之戏”。

藏钩的游戏方法是：参与游戏的所有女子分为两队，每队有一只玉钩在众女子手中传递，双方互猜玉钩在谁手中，猜中率高的即为获胜一方。晋人周处的《风土记》较为详细地记述了藏钩游戏的程式、规则、奖惩制度等。由于藏钩游戏娱乐性强，深受妇女、儿童的喜爱。晋人庾阐的《藏钩赋》载：“叹近夜之藏钩，复一时之戏望。……钩运掌而潜流，手乘虚而密放。……”生动别致、逸趣横生地描绘了藏钩的风俗。《采兰杂记》载，古人于每月十九日为女子设立了一个专门的节日，称“阳会”。家家户户均要置酒宴乐，女子们可以聚集在一起，进行藏钩等游戏活动，甚至忘寐通宵。在唐代，藏钩更是民间、宫中女子所青睐的娱乐游戏。诗人李商隐曾写有《无题》两首，抒写了诗人与意中人相聚玩藏钩时的欢乐。晚唐诗人皮日休的《登初阳楼寄怀北平郎中》也描述了他与心爱的女子饮酒作乐、藏钩射覆的生动场面。唐代宫中的藏钩游戏规模越来越大，一般有几十人甚至几百人参加。宫女们纷纷梳妆打扮，身着绮丽华贵的衣裙，分成多支队伍，各自拿出各种各样贵重的猜玩之物，赢者还可以得到彩绸等奖励。敦煌文献S.2049、S.6171、P.2544《唐宫词》载：“欲得藏钩语少多，嫔妃宫女任相和。每朋一百人为定，遣赌三千匹彩罗。”S.4474《释门杂文》中对藏钩游戏者的身体姿态和心情作了具体的描述。到了宋辽元时期，广大妇女仍是乐于此道，以藏钩游戏伴随自己度过青春年华。辽代藏钩游戏衍生为猜枚、藏阄戏。《辽史·礼志》载，每逢皇上设宴群臣，他们依位赐坐，契丹人面向南，汉人面向北，分队行阄，或五筹或七筹。如果皇上得阄，臣下向皇上进酒，皇上则赐酒众臣共饮。这个时期涉及藏钩的文献甚多，如马致远的《汉宫秋》第二折《梁州第七》载：“他诸馀可爱，所事儿相投，消磨人幽闷，陪伴我闲游。偏宜向梨

玉带钩
秦
Jade Belt Hook, Qin Dynasty

玉带钩
西汉
Jade Belt Hook, Western Han Dynasty

青白玉嵌宝石带钩
明
Belt Hook with Jade Inlaid stones,Ming Dynasty

花月底登楼，芙蓉烛下藏阄。”再如《盛世新声》、《南吕一枝花·心怀雨露恩》载：“行乐时柳叶内调丝弄竹，清闲时花阴外打马阄。”《雍熙乐府》卷十关汉卿的散套《南吕一枝花·梁州第七》载：“花中消遣，酒内忘忧，分茶攧竹，打马藏阄。”这说明，藏钩游戏在宋辽元时期异常风靡。

明清时期，精通藏钩之人越来越多。明人何良俊的《四友斋丛说》卷三三载：“猜枚乃藏阄之遗制。”清人沈复的《浮生六记》卷一载：“筵中以猜枚赢吟输饮为令。”清人史梦兰的《全吏宫词》载：“君臣团坐笑藏阄，宴上分朋共几筹。目过金铺茶酒罢，天祥宝殿瑞烟浮。”李调元的《弄谱百咏·藏阄》载，除夕晚上，家人分为两组，准备一枚钩子，或是戒指，或是顶针，一方藏，一方猜，以猜到为赢。

（十二）蹴鞠

河南嵩山启母阙上的“蹴鞠图”，刻画了一个汉代女子头绾高髻，两臂摆动，正在踢球。这说明女子蹴鞠在汉代已出现。在唐代，许多文学作品对女子蹴鞠做了生动描述。如王维的《寒食城东即事》载：“蹴鞠屡过飞鸟上，秋千竞出垂杨里。”杜甫的《清明》载：“十年蹴鞠将雏远，万里秋千习俗同。”韦庄的《丙辰年鄜州遇寒食城外醉吟五首》载：“永日迢迢无一事，隔街闻筑气球声。”这充分说明了在古代蹴鞠是女子最喜爱的娱乐游戏。尤其是宫中所盛行的两人对踢的“白打”和三人互踢的“官场”更适宜宫女参与。唐人王建的《宫词》载：“宿妆残粉未明天，总立朝阳花树边。寒食内人长白打，库中先散与金钱。”诗中描写了寒食节时宫女们“白打”争胜，领皇帝赏钱的情景。在唐代不仅后宫女子蹴鞠，在长安街头也时有所见。唐人康骈的《剧谈录》载：“过胜业坊北街。时春雨出霁，有三髻女子，方年十七八，衣装褴褛，穿木屐，于道侧树槐下，值军中少年蹴鞠，接而远之，直高数丈。于是观者渐众，超独异焉。” 五代时期，女子盛兴缠足，柳腰纤柔的女子用小脚来蹴鞠，更增添了少女的风韵。在宋代，女子蹴鞠更是盛行不衰。考古工作者发掘出许多这个时期关于蹴鞠的文物。现藏于故宫博物院的宋代浮雕蹴鞠纹铜镜上铸有一幅佳人蹴鞠图；湖南考古出土的陶枕上也栩栩如生地描绘了少女蹴鞠的情景。还有河北邢台出土的一件瓷枕上，绘有一名扎小辫的女子，身着花布掩襟衫，下着裙，系腰带，独自蹴鞠。这个时期亦有一些关于蹴鞠的文献记载。

黑漆彩螺钿仕女游艺图屏风局部

现藏南京博物院，明

Lady with Mother-of-pearl Jewelry Pattern on Screen (part) ,Ming Dynasty, Nanjing Museum collection

十美踢球
桃花坞年画，清
Playing, New Year pictures of Taohuawu, Qing Dynasty

宋人徐梦辛的《三朝北盟会编》卷三〇中，记载有南宋一个球技超群的“筑球郭老娘”。宋人陈元靓的《事林广记》载：“球落处，圆光欣，拐双佩剑，侧蹑相连，高人处翻身结伴，天下总呼圆。”在元代，蹴鞠是妇女最为喜欢的一种娱乐活动。由于女子身体娇弱、身段灵活，一般都选择“白打”的方式。元曲中有许多当时女子蹴鞠的描写。如邓玉宾的套数［仙吕·村里迓古］《仕女圆社气球双关》生动地描述了一名英姿勃勃的女校尉表演“鸳鸯拐”“左右抄”“跷跟”“里勾”“过肩”等变化无穷的高难度蹴鞠技艺，由此不难看出当时女子蹴鞠水平之高超。关汉卿的套数［越调·斗鹌鹑］《蹴鞠》《女校尉》描绘了在酒宴上女子蹴鞠的英姿。萨都剌的套数［南吕·一枝花］《妓女蹴鞠》描写了女子蹴鞠时的种种风情和她们优美的踢球身姿。据文献记载，在元代成立了专门培养女子蹴鞠艺人的组织，称“仕女圆社”。宋代称“齐云社”，或者“圆社”“蹴鞠社”。其中“齐云”是指将球踢之与云彩齐高，含有吉祥之意。“圆社”是因球是圆的，指的是与人相处，要“因圆情而识之”。在明代，社会各个阶层的女子

古代女子蹴鞠图
清
Ancient Women Play Playing Cuju Picture

都喜欢蹴鞠，是当时女子最为喜爱的一项娱乐游戏活动，这从文献《蹴鞠谱·坐蹬十三解》可以得知。《崇祯宫词》中描写了田贵妃和宫女蹴鞠的场景：“锦罽平铺界紫庭，裙衫风度压娉婷。天边自结齐云社，一簇彩云飞便停。”这个时期民间出现了许多职业女子蹴鞠高手。詹文同《滚弄行》载，女蹴鞠艺人彭秀云，她擅长用身体的各个部位踢球，而球不落地。还有蓝七娘、王看山等人，她们精湛娴熟的球技，引得观者赞不绝口。在清代，女子蹴鞠仍然十分风行，戏剧家李渔的《美人踢球》载：“蹴鞠当场二月天，香气吹下两婵娟。……翠袖低垂笼玉笋，红裙曳起露金莲。几回踢罢娇无力，恨杀长安美少年。”

自唐至清，女子蹴鞠逐渐向娱乐化、职业化发展。古代文献所记录的丰富多彩的女子蹴鞠，为我们留下了不可多得的女子踢球风俗实录。

蹴鞠图铜镜

现藏湖南省博物馆，宋

Bronze Mirror with Playing Cuju Pattern, Song Dynasty, China history Museum collection

少女蹴鞠图白瓷枕

1954 年河北省邢台市出土，金

White Porcelain Pillow with ladies play Playing Cuju,unearthed in 1954,Xintai,Hebei, Jin Dynasty

洒线绣蹙金龙百子戏女夹衣图案局部

1958 年北京市昌平明定陵出土，明

Children at Play Pattern on Woman's Jacket, part, Ming Dynasty

蹴鞠

现藏北京故宫博物院,宋

Playing Cuju, Song Dynasty, Beijing Palace Museum collection

彩绘描金击球俑
现藏上海博物馆，唐
Playing Polo Figure, Tang Dynasty, Shanghai Museum collection

（十三）马球

唐代不仅男子喜爱打马球，女子也像男子一样喜好马球。故宫博物院藏有一件唐代女子马球铜镜。此铜镜呈八棱形，镜纽周围刻铸有四名女子驱马疾驰、挥杖击球。这是以正在击球的宫女为原型铸造的一件珍贵的艺术品。在西安临潼唐墓中曾出土了多件精致的彩绘马球俑。这千余年从远古走来的陶俑，使我们放大了思维的长度和遐想的宽度，感悟到唐时期巾帼不让须眉的英豪气概和驰马击球的勃勃英姿。但与男子相比，女子马球多显得较为柔弱纤美，尤其是宫廷中那些宫女的马球比赛，主要是表演给皇帝权贵，因此竞技性并不强，而是具有十分浓厚的观赏性和审美性。在《全唐诗》中有许多关于唐代女子打马球的描述。例如，王健的《又送裴相公上太原诗》载："千群白刃兵迎节，十对红妆妓打球。"张籍的《寒食内宴二首》载："廊下御厨分冷食，殿前香骑逐飞球。"

敦煌文献中也有宫女马球比赛的记载，如 S.6171《宫词·水鼓子》："先换音声看打球，独教菊部在青楼。不排次第排恩泽，把板宫人立上头。寒食两朋坊内宴，朝来排□为清明。飞龙更取□州马，催促球场下踏城。"

女子喜欢打一种背身球。杨太后的《宫词》记载："击鞠由来岂作嬉，不忘鞍马是神机。牵韁绝尾施新巧，背打星毬一点飞。"这种背身打球的高超技艺，向

马球俑
1948 年由夏蕙姬丝女士赞助购藏的四件击球俑，现藏美国肯萨斯市纳尔逊·雅坚斯艺术博物馆
Playing Polo Figure,Nelson-Artkins Museum of Art,Kansas City,U.S.A. collection

彩绘骑马击球俑群

陕西长安区南里王村唐韦炯墓出土，唐

Playing Polo Figure, excavated from Weijiong Tomb of Shaanxi Province, Tang Dynasty

达曾根据滨田耕作的《中国古明器泥象图说》中附有一骑马女俑，窥其姿态，侧身俯击，势微向后，推测是打背身球的女伎。苏竞存也认为，背身球“多半是女子打球的一种技术”。

女子马球在唐代得到了广泛的发展，从骑马打球到骑驴击鞠，直至步打球的产生和捶丸的出现，使我们感悟到文化的力量在于沉淀和积累。自唐代以来，千余年的中国女子马球、驴鞠、步打和捶丸是同源不同流的古代体育运动，其所体现出的历史的厚重和时空的久远，让人们肃然起敬。因为它们为现代马球、曲棍球、高尔夫球的形成奠定了基础。

在北宋，女子最喜欢的娱乐活动就是打球，其中尤以宫女打球最为普遍。宫女们马球技艺甚高，经常奉诏陪侍皇帝打马球，其矫健的身手和精湛的技艺常常争得第一筹。王珪的《宫词》生动形象地描绘了北宋宫女打马球的场景。

宋徽宗是宋代最能玩的皇帝，《东京梦华录》卷七载：“有黄院子引出宫监百余，亦如小打者，但加之球翠裴装饰，玉带红靴，各跨小马，谓之大打。人人乘骑精熟，驰骤如神，雅态轻盈，人间但见其图画矣。”另王明清的《挥麈后录余话》载，有一年宋徽宗与蔡京等文武大臣商量完政事后，便命令宫女们表演打球：“祐陵（宋徽宗）祭巳岁，召臣何执中……臣高俅，臣童贯，崇政殿阅弓马所子弟武技，各命以官。又命宫人击鞠，驰马举杖，翻手覆手，丸素如缀，绝妙一时。”北宋皇帝贵族沉溺于女子马球，不仅要看宫女们精湛的技艺，还要欣赏他们华丽的服饰和健美的骑姿。这种盈盈柔美之态，确实令人赏心悦目。

彩绘打马球俑
现藏巴黎吉美亚洲艺术博物馆，唐
Colored Pottery Figurines Playing Polo, Tang Dynasty, Asian Art Museum collection

彩绘打马球俑
现藏巴黎吉美亚洲艺术博物馆，唐
Colored Pottery Figurines Playing Polo, Tang Dynasty, Asian Art Museum collection

彩绘打马球俑
法国人罗杰阿森伯格藏，唐
Colored Pottery Figurines Playing Polo, Tang Dynasty, Roger Berg Assen collection

彩绘打马球俑
现藏巴黎吉美亚洲艺术博物馆，唐
Colored Pottery Figurines Playing Polo, Tang Dynasty, Asian Art Museum collection

辽金元时期的少数民族崇尚骑术，马球运动对他们来说具有得天独厚的优势，故颇受重视，并形成了一种民族传统体育项目。辽代遗存的卷轴画、墓葬壁画和木雕屏风画，有许多表现打马球的画面，它为人们了解当时女子马球运动提供了极为宝贵的历史资料。在金代，马球是女真族的主要风俗。据《金史·大祖记》和《金史·章宗记》载，当时宫廷的常武殿、广武殿、临武殿都建有马球场。金代的多位皇帝喜爱打马球。尤其是在端午、中元、重九日行“拜天礼”，礼毕举行射柳击球之戏，民间的男女老少皆可到宫殿马球场观看马球比赛。马球在这一时期已由宫廷转向民间，使马球运动得到了推广和普及。

明清时期，在宫廷和民间还可见到马球运动，但已呈日落西山之势。明代中叶之后，有关马球的记载日渐减少，说明马球在明代的中后期已不是一项盛行的体育运动了。马球在清代已趋衰落，只是在康熙年间，北京的祭祀活动中还能见到马球比赛。清剧作家孔尚任和其他几位诗人，于康熙三十二年(1693)在北京西郊白云观庙会上，看到女子马球表演，并将此事记录在他们所作的《燕九竹枝词》里。其中描写女子打马球的诗是：“谁家儿郎绝纤妙，马上控丸花间笑。”还有一首是：“金丸绿帻富平侯，击球走马幽凉客。”这说明清初仍然保留了唐宋以来马球活动的遗风。清代中叶之后，由于国力日益凋敝，战争连绵不断，这直接影响了马球的传承和开展，最终逐步跌入低谷。

彩绘打马球俑

现藏巴黎吉美亚洲艺术博物馆，唐

Colored Pottery Figurines Playing Polo , Tang Dynasty,Asian Art Museum collection

彩绘打马球俑

现藏巴黎吉美亚洲艺术博物馆，唐

Colored Pottery Figurines Playing Polo , Tang Dynasty,Asian Art Museum collection

打马球图

陕西杨温墓壁画，唐

Playing Polo , Tang Dynasty,Asian Art Museum collection

唐明皇击鞠图

清　丁观鹏绘

Painting of Emperor Xuanzong of Tang Dynasty Playing Cuju,painted by Ding Guanpeng ,Qing Dynasty

打马球国画

清

Women Playing Polo, traditional Chinese painting

唐人马球图(国画)

广州中西书画研究院　刘景双绘

Tang Dynasty People Playing Polo, traditional Chinese painting,, painted by Liu Jinshuang

马球

张世彦漆画

Zhang Shiyan's Lacquer Painting

（十四）驴鞠

马球是一种剧烈的竞技运动，在比赛过程中，马的速度不仅快，而且还要急停转弯，加之球员挥杖击球的力量很大，又没有专门的护具，因此丧命或肢残的事时有发生。在这种情况下，由马球衍生出"驴鞠"和"步打"等活动。在比赛中，用驴替代马或"步打"，而其他诸如球杖、球之类的器械和规则等都同马球类似。由于驴体形矮小，重心较低，奔驰速度远比马要慢，因此不易伤及身体，所以驴鞠深受女子喜爱。当时有些胆小柔弱的男子也选择骑驴打马球。驴鞠和"步打"逐渐成为一种社会风尚。

唐敬宗对马球嗜好如癖。据史书记载，郓州（山东郓城）地方官吏为投皇上所好，向朝廷进贡了石定宽等四名驴鞠手。当敬宗得知宫里来了驴鞠高手，就马上下令进行比赛，他亲临球场观赏。另据《旧唐书》卷一七上《敬宗记》载，宝历二年六月"甲子，上御三殿，观两军、教坊、内园分明驴鞠、角抵。戏酣，有碎首折臂者，至一更二更方罢"。《旧唐书》卷一一七《郭英乂传》记载，唐代宗时的剑南节度使、成都尹郭英乂骄恣狂荡，经常聚集起一群女子，亲自教女子乘驴击球。

唐代所盛行的驴鞠习俗，由宋代承继。据《东京梦华录》卷七《驾登宝津楼观诸军呈百戏》记载："设彩统小门于殿前，有花装男子百余人，皆裹角子向后拳曲花幞头，半着红、半着青棉袄子，义襕束带丝鞋，各跨雕鞍花鞔驴子，分为两队，各有朋头一名，各执彩画球杖，谓之小打。一朋头用球杖击弄球子，如缀球子，方坠地，两朋争占，供与朋头。左朋击球子过门入孟为胜，右朋向前争占，不令入孟，互相追逐，得筹谢恩而退。"此所提的"小打"是指妇女骑驴打球，活动量小于马球，故称之为"小打"。而"孟入"的来源乃是"蜀人打球一棒入湖者谓之猛入，音讹为孟入"。由此可知"孟入"场面一定十分激烈。驴鞠之所以在宋代得到发展，和当时妇女的穿着有一定的联系。据高休的《复醴泉笔录》卷上载："北宋时，妇女不服宽裤与襜制，旋裙必前后开胜，以便乘驴，其风始于都下妓女而士大夫家反慕之。"福州黄升墓出土的宋代妇女的开裆裤和浙江兰溪南宋墓出土的宋代妇女的长裤即是实证。这种开裆夹裤，便利活动和乘骑，所以宋代妇女的服装极有利于开展驴球活动。另外，驴小巧、重心较低、速度较慢，适宜妇女乘骑。妇女骑驴击鞠称"小打"，男子骑马打球称"大打"。

骑驴击鞠，不仅要把驴和鞍装饰得十分漂亮，女击鞠手也要打扮得花枝招展。她们手持雕花球杖，身着花袍束带，其驱驴击鞠的矫健姿态，更是妩媚动人，深得皇公权贵的喜欢。

驴鞠是中国首创，数百年间，成为风行中国的一项女子竞技体育运动，充分表现了古代女子的柔美英姿和智慧，同时也为世界女子体育的发展做出了重大的贡献。

（十五）步打球

步打球，又称“步打”“步击”，它和驴鞠一样是从马球演化而来的，除了玩者不骑马之外，其他均与马球类似。游戏者分两队，手持球杖在球场上往来奔跑，追逐拼抢，力争将木球击入对方球门，这与现代曲棍球相似。由于步打球运动量较小、危险性低，因此非常适合女子参与。我国自春秋以来就流行以弯棍击鞠的游戏，唐宋时期步打球极其盛行，这从历史文献和文物中可以得到印证。

现藏于大英博物馆初唐时期的彩色花瓶和现藏于日本奈良东大寺大佛殿西北正仓院的两条长 2.36 米、宽 1.24 米的花毡上，均绘有孩童手持曲棍做击球状的图像。甘肃安西榆林窟五代第 15 窟绘有一幅童子一手持曲棍球杖，一手持球，做击球状的图像。其中最重要的发现是在新疆鄯善县泽海古墓群出土了一根春秋时期的曲棍。我们推测这很可能与当时游牧民族的生活有关。曲棍在当时也许既是狩猎放牧的工具，又是用于击石、击鞠游戏的玩具。这根现藏于吐鲁番考古研究所的曲棍，还有待我们做进一步深入的研究。

唐代诗人王建的《宫诗》云：“殿前铺设两边楼，寒食宫人步打球。一半走来争跪拜，上棚先谢得头筹。”这首诗描述了宫女们在寒食节那天，在宫殿前给皇帝表演步打球的情景。“一半走来争跪拜，上棚先谢得头筹”两句，可以看出当时的步打球是人数相等的两队比赛。“得头筹”者要去跪拜皇帝，然后继续比赛。唐代还流行一种叫“打球乐”的舞蹈。据明末清初人胡震亨的《唐音癸签》记载，其“舞衣四色，窄绣罗襦。银带，簇在折上巾，顺风脚”，手中“执球杖”而舞。实际上，“打球乐”是“步打球乐”的简称，只是省去一个“步”字。敦煌变文中有两句残诗：“打球汗透罗裳，令舞洒沾半臂。”诗中描述了打球之后，又痛快地饮酒，并起身而舞，令其身心特别愉悦。

女诗人鱼玄机写有一首《打球作》：“坚圆净滑一星流，月杖争敲未拟休。无滞碍时从拨弄，有遮栏处任钩留。不辞宛转长随手，地恐相将不到头。毕竟入门应始了，愿君争取最前筹。”诗中描写了步打球的精彩场面。王建的百首《宫词》中有一首专门描写后宫步打球的情景：“殿前铺设两边楼，寒食宫人步打球。一半走来争跪拜，上棚先谢争头筹。”

（十六）捶丸

女子捶丸始于宋代，盛行于元代。在元杂剧和诗画中可觅其发展轨迹。如无名氏杂剧《呈风流王焕百花亭》第二折中载：“折莫是捶丸、气球、围棋、双陆、顶针续麻、拆白道字、买快探阄、银筝搊……”说明捶丸和蹋球下棋等，都是元代青年男女所喜爱的娱乐活动。关汉卿的杂剧《赵盼儿风月救风尘》第三折、康进之的杂剧《梁山泊李逵负荆》第

垂丸

藏北京故宫博物院，宋

Thump Pill, Song Dynasty, Beijing Palace Museum collection

二折中都出现了捶丸场上的“术语”，“打一棒快球子”“打干净球儿”。王和卿的套数［南吕·一枝花］《为打球子作》载：“列俊逸五陵少年，簇豪家一代英贤……出凤城闲游玩，选取高原胜地面，就华屋芳妍，将步鞠家风演。”说明参加捶丸比赛的“五陵少年”“一代英贤”，都是社会富豪或贤才。还有杂剧《阀阅舞射柳捶丸》，其中亦有与捶丸相关的情节。张昱的《辇下曲》述：“闲家日逐小公候，篮棒相随觅打球。向晚醉嫌归路远，金鞭相过御街头。”萨都剌的《春词》云：“深宫尽日垂珠箔，别殿何人度玉筝。白面内官无一事，隔花时听打球声。” 都反映了捶丸这项游戏深受当时社会各个阶层的喜欢。另外在山西洪洞县水神庙中绘有一幅《捶丸图》，图中有四人正执棒捶丸，它反映了元代这个地区的民俗风情。

另外还有其他朝代的一些关于捶丸的文献和文物。敦煌莫高窟第17窟藏经洞出土的文献P.3608《寒食篇》载：“池中弄水白鸹飞，树下抛球彩莺去。别殿前临走马台，金鞍更送彩球来。球落画楼攀柳取，杖摇香径踏花回。”诗中描述了女子抛球，并用杖击球。实际上是对女子进行捶丸游戏的真实写照。明人李开先《闲居集·打球》云:“安基齐燕尾,如射中鸣心。柄过窝难挂,球轻体却沉。得来手朴棒,妙处线穿针。胜负俱休论,忘情岁已深。”李开先喜爱捶丸,并一直将其作为自己主要的娱乐活动。宋代佚名《蕉荫击球图》,绘有两名童孩,左侧一童孩,右手执短棒,右腿跪地,正在做击球动作;右侧一童孩,右手执短棒,站立着注视对方击球。现藏于故宫博物院的《明宣宗行乐图》,描绘了古代的捶丸运动。明人杜堇绘的《仕女图·捶丸》,绘有三名贵族妇女和两名侍从女婢正进行捶丸游戏。

(十七)抛球

抛球是唐代十分盛行的一种游戏。唐人宴集,宾主皆回圆而坐,当酒酣耳热之时,音乐响起,人们依座轮番抛掷传递绣球为戏。当音乐停止时,球在谁的手中,就罚谁喝酒或表演节目。元稹的《香球》云:“顺俗唯团转,居中莫动摇。爱君心不恻,犹讶火长烧。”白居易的《想东游五十韵》云:“柘枝随画鼓,调笑从香球。”描写的是在宴席之上随着画鼓的节奏,人们一边跳着欢快的《柘枝舞》,一边以抛掷香球取乐。

妇女踢球

明

Women Play Ball Picture, Ming Dynasty

在玩抛球游戏时,人们还可以闪避飞掷而来的香球,称为“飞球”或“闪球”。“飞球”与“闪球”是对称的两个动作,唐代文人曾有许多描写。如《酉阳杂俎》续集卷三记载:“主人延于堂中,珠玑缇绣,罗列满目。又有琼杯,陆海备陈。饮彻,命引进妓数四,支鬟撩鬓,缥若神仙。其舞杯闪球之令,悉新而多思。”《太平广记》卷四八九《冥音录》亦载:“每宴饮,即飞球舞盏,为佐酒长夜之欢。”抛球游戏中的抛掷与闪避使游戏进行得十分热闹与欢乐。

唐诗中有许多关于抛球游戏的描写。白居易的《渭村退居寄礼部崔侍郎翰林钱舍人诗一百韵》云:“球簇桃花绮,歌巡竹叶觞。”又《醉后赠人》云:“香球趁拍回环匼,花盏抛巡取次飞。”陆海的《讽刺诗》云:“城外平人驱欲尽,帐中犹打衮花球。”张祜的《陪范宣城北楼夜宴》云:“亚身摧蜡烛,斜眼送香球。”杜牧的《羊栏浦夜陪宴会》云:“球来香袖依稀暖,酒凸觥心泛滟光。红弦高紧声声急,球唱铺圆袅袅长。”又《后池泛舟送王十秀才》云:“问拍拟新令,怜香占彩球。”李商隐的《拟意》云:“仁寿遗明镜,陈仓拂彩球。”

唐人的宴饮游戏往往有乐曲伴奏,伴奏曲通常以游戏名来命名,抛球游戏亦不例外,如《抛球乐》。记述唐代教坊制度和轶闻的《教坊记》,所记曲名中就有《抛球乐》,它是配合抛球游戏时经常演奏的乐曲。唐人诗歌中有许多《抛球乐词》,都是为了配合《抛球乐》而创作的歌词。从这些歌词我们可以了解到抛球活动的形态。如刘禹锡的《抛球乐词》，诗中描述抛球游戏是伴随着歌舞抛掷传递的，每次还用碧玉筹来计算输赢。值得注意的是，这一时期的抛球游戏还衍生出一些新的花样，如“巡传花枝”“画族”等。

另外，五代南唐词人冯延巳作有《抛球乐词》六首，其内容虽然描写了宴集，但却没有提到抛球游戏的情节。敦煌曲子词也保留下来了两首《抛球乐词》，其内容描写的是女子的离情别绪，连宴集的情节都没有提，更不用说描写抛球游戏情节了。由此可见，五代时期的《抛球乐》已经发展成为纯粹的歌词曲调。

抛球在宋代仍很流行，并衍化出掷水球游戏，女子们站在岸边，轮流向水中抛掷气球，看谁将球抛得最远。宋徽宗有一首《宫词》呈现了一幅宫女们抛水球的生动画面：“苑西廊畔碧沟长，修竹森森绿影凉。戏掷水球争远近，流星一点耀波光。”

（十八）蹋球

蹋球是由蹴鞠演变而来的球戏。其盛行于唐宋，是宫廷女子喜好的一种游戏。其玩法是站在二尺多高的彩绘大木球上，旋转而行。《唐语林》卷五载：“今乐人又有蹋球之戏，作彩画木球，高二尺，女子登蹑，球转而行，萦回去来，无不如意，盖古蹋鞠之遗事也。”王邕的《内人蹋球赋》载：“球犹求也，展转驰逐兮，将求仁而得仁。球上有嫔，球以行于道，嫔以立于身。……球体兮似珠，人颜兮似玉；下则雷风之宛转，上则神仙之结束。无习斜流，恒为正游；球不离足，足不离球，弄金盘而神仙欲下，舞宝剑则夷狄来投。”据此可知，蹋球在当时宫廷甚为流行。宫女蹋球时，要求站在球体上端自如地控制球向前滚动，人随球转，迅疾如风，且不能从球上跌落，做到“球不离足，足不离球”，显示出极强的球上平衡能力，表演极具观赏性。

（十九）相扑

女子相扑最早出现于三国时期，据《古今图书集成》引《江彬传》载，吴国末代君主孙皓喜欢观看女子相扑。他命宫女们头戴饰有垂珠的金首饰步摇，进行相扑比赛。在唐朝，相扑已成为宫廷专门的表演节目，几乎每宴饮必有相扑，并建立了“相扑社”，培养了一批相扑高手，专供皇帝权贵们观赏。在宋代，相扑空前繁荣，《东京梦华录》《梦粱录》《武林旧事》都对当时的相扑比赛和表演做了生动的描写。在宋代宫廷和勾栏瓦舍，都有相扑表演，并出现了一批女子相扑手。文献中称“女飐”，是指技艺招数变化无穷、身法急速、姿态优美的女子相扑高手，如赛关索、嚣三娘、黑四姐、赛貌多、侥六娘、女急快等。当时女子相扑表演时，身体裸露，有人斥之为“妇人裸戏”。宋仁宗嘉祐十年正月二十八日，在东京宣德门广场上，为皇帝与市民表演了女子相扑。当时人头攒动，场面热闹非凡。但司马光犯颜直书《论上元令妇人相扑状》:“臣愚窃以宣德门者,国家之象魏,所以垂宪度,布号令也。今上有天子之尊,下有万民之众,后妃侍旁,命妇纵观,而使妇人裸戏于前,殆非所以隆礼法,示四方也。” 司马光认为,宣德门是皇帝发号施令之圣地,皇上携后妃在此观看女子相扑,有悖常道。要求皇帝加以取缔,提出“今后妇人不得于街市以此聚众为戏”。但这并未妨碍女子相扑运动的发展。

元代的蒙古族是草原上的游牧民族,摔跤、相扑是他们的主要习俗,连不少女子也练就了惊人的相扑技艺,甚至有的男摔跤手也敌不过她们。当时《马可·波罗游记》中《海都女之勇力》卷第四章记述了元代蒙古族女子以相扑的方式来选择配偶的故事。相传可汗海都王的女儿叫艾吉阿姆,蒙语意思是明月。明月公主不仅相貌美丽,而且具有过人的相扑能力。1290年,帕马尔王的王子来向明月公主求婚,按照择婿规定举行了相扑比赛,最终明月赢了王子。从这个相扑择婚的故事,反映出蒙古女子在婚姻上所表现出来的价值观。明清时期,相扑依旧广泛盛行,到了清代把相扑、角抵统称为摔跤,满语叫“布库”。朝廷从八旗弟子中挑选出优秀摔跤手成立了“善扑营”,专供皇族在宴饮时以“布库”为戏,使宴饮气氛格外活跃。除了宫中,民间业余摔跤更为普及,当时北京的摔跤场遍布全城,称“跤窝子”。

中国的相扑历经数千年的发展,已形成了一种特有的文化,日本、韩国及东南亚各国的相扑都源于中国。

(二十)游泳

据文献记载,早在周朝时就已出现水滨祓禊的习俗。祓禊之意是在水边嬉濯,以祓除不祥和求福。《周礼·春官·女巫》载,每逢三月上巳日,女子艳妆出游水滨,并下水沐浴。春秋时期,每年上巳,女子们聚在溱、洧两水之滨,秉执兰草,沐浴祛灾。到了汉魏时期,每逢三月上巳节日,女子纷纷沐浴河中,祓除宿垢,而男子则在水滨饮酒游戏。唐代的修禊活动也非常盛行,诗人杜甫的《丽人行》描写了魏国夫人、秦国夫人等一群粉腻脂香、珠光宝气的女子临水修禊的情景。刘禹锡的《三月三日与乐天及河南李尹奉陪裴令公泛洛禊》载:“洛下今修禊,群贤胜会稽。盛筵陪玉铉,通籍尽金闺。波上神仙妓,岸傍桃李溪。水嬉如鹭振,歌响杂莺啼。”诗中描写了洛滨举办水嬉活动,只见两岸桃红李白,草长莺啼,水中画舫盛宴,丝竹杂响,美若仙女的女子凌波水嬉,真是让人赏心悦目。这一时期,一些豪门贵戚在私宅修建了水榭山池,以举办水嬉活动。如李乂的《侍宴长宁公主东庄应制》载:“紫禁乘宵动,青门访水嬉。”描写的是长宁公主在东庄宴会上举办的水嬉活动。宋之问的《太平公主山池赋》载:“牵水叶兮张水嬉。”讲的是太平公主在自己庄园水嬉的情景。

五代后蜀主孟昶也十分喜欢水嬉:“是时蜀中百姓富庶,夹江皆创亭榭游赏之处,都人士女,倾城游玩,珠翠绮罗，名花异香，馥郁森列。昶御龙舟观水嬉，上下十里，长夜饮。”

中国古代妇女的嬉水活动是由沐浴、涉水、浮游等发展而来的。随着社会的发展，日常生活中的沐浴逐步发展为一项专门的技能，并向娱乐性、竞技性演进，最终演变成中国古代妇女娱乐、健身的游泳活动。

（二十一）博弈

博弈，是一种掷骰行棋益智赛巧的娱乐游戏活动，主要有双陆、围棋、象棋等。这类博弈游戏不仅启发智力，而且妙趣横生，广大妇女都乐于此道。她们从中体悟出人生的真谛，并在枰声局影中忘却人间烦恼。有关古代妇女的博弈活动，在古籍文献、出土文物、墓葬壁画、卷轴画中均有反映，同时也表现出当时妇女的博戏之乐、弈棋之思。

1. 双陆

双陆源于印度，流行于三国时期，盛于南北朝、隋、唐以及宋、元。据《新唐书·狄仁杰传》载，唐代的武则天酷爱双陆，以致做梦都常梦见自己与人下双陆。《新唐书·后妃传》载，唐中宗李显之妻韦皇后十分喜爱双陆，并有了“韦武双陆，中宗点筹”的故事。清人史梦兰的《全史宫词》咏此事云：“云光五色画衣箱，覆辙将追武媚娘。无子才醒双陆梦，御床双复点筹忙。”在唐代宫廷，嫔妃宫娥亦十分喜爱双陆博戏，唐人王建的《宫词》载：“分朋闲坐赌樱桃，休却投壶玉腕劳。各把沉香双陆子，局中斗得垒高高。”唐代小说、俗讲变文中记载有许多有关打双陆的情节。如张鷟的《游仙窟》描写了他与十娘、五嫂等诗书相酬，其中就有打双陆的情节：“十娘笑曰：‘莫相弄！且取双六局来，共少府公赌酒。’”北宋时，双陆在宫廷仍然相当流行。宋徽宗的《宫词》中即有两首咏双陆。其一是：“双陆翻腾品格新，屡赢由彩岂由人。坐中时有全娇态，才见频输特地嗔。”其二是：“黄昏人寂漏初稀，嫔御相从奉直归。慵因尚寻嬉戏事，竟将双陆且忘机。” 宋代传奇小说《李师师外传》载，宋徽宗曾赐李师师“藏阄、双陆等具”，宋徽宗与李师师“双陆不胜，围棋又不胜，赐白金二千两”。可见双陆

内人双陆图
现藏北京故宫博物院
Painting of Woman Playing Two Chess Game, The Palace Museum collection

仕女双陆图
清
Lady Playing Two Chess Game,
Qing Dynasty

在北宋宫中十分盛行。元明时期，双陆更为盛行，是深受全民喜爱的娱乐活动，甚至成为品评一个人文化素养的标尺。如张可久的小令[赵调·寨儿令]《观张氏五卿双陆》，描写了主人公张五卿厌倦弹奏乐器，而喜欢以双陆消磨光阴。无名氏的小令[双调·水仙子]《喻双陆》载，以双陆对局，比喻男女关系等人事。其中的“风流局面”“有色”“间深里”“马”“门儿”“家”既是双陆术语，又是男子对女子的口吻。李寿卿的杂剧《月明和尚度柳翠》载，月明和尚通过双陆，使柳翠醒悟，同时坐化升天。《金瓶梅》中把通晓双陆、象棋作为女子百伶百俐的标志之一，加以赞扬，如描述潘金莲、孟玉楼都是“双陆象棋，无不通晓”。明人赵善政的《宾退录》卷四载，佥事董某为了讨好严嵩之子严世蕃，进选女童列作双陆，这些女童通晓双陆，闻声刻在某位，便自行走到位。史载严世蕃常与妻子对打“肉双陆”。清代双陆流传渐稀，但依然为女子所喜爱，李汝珍的《镜化缘》第七十四回《打双陆嘉言述前贤》，写美人打双陆具有劝人手足和睦之寓意。

双陆
Two Chess Game

2. 围棋

围棋的那种高雅格调和静谧气氛，与古代女子那种闺房深居的生活方式非常协调，因此，古代女子对围棋情有独钟。从文献可得知，我国最早的围棋女棋手是汉高祖刘邦的戚夫人。据晋人葛洪的《西京杂记》载，戚夫人陪侍刘邦“于八月四日出雕房北户竹下围棋”，戚夫人突破了围棋为男子垄断的局面，开创了中国女子围棋的先河。自汉以来，围棋一直在嫔妃宫娥中风行。到了唐代，宫中把棋艺高手称为“女尚书”，王建作诗：“宫局总来为喜乐，院中新拜女尚书”，说的就是此事。王建又一首《夜看美人宫棋》载：“宫棋布局不依经，黑白分明子数亭。巡拾玉沙天汉晓，犹残织女两三星。”描写了宫中美人围棋水平较高，并乐此不疲，经常通宵达旦弈战。张籍亦有《美人宫棋》载：“红烛台前出翠娥，海沙铺局巧相和。趁行移手巡收尽，数数看谁得最多。”这是宫中美女弈棋取乐的真实写照。唐时还出现了婆媳口弈高手。据唐人李肇的《唐国史补》、薛用弱的《集异记》载，唐代围棋高手王积薪一次在山溪边一户人家借宿，这家只有婆媳二人，分住东西两房。晚上他听到婆媳要下围棋，屋内设有灯烛、棋盘，只听媳妇在东房说：“我先在东五九下子了。”婆婆在西房说：“我下子在东五南十二处。”就这样婆媳两人

博弈图

汉宫春晓图之三（局部），明 仇英绘

Gambling, part of Hangong Chunxiao Tu, painted by Qiu Ying

女子弈棋
Lady Playing Chess

弈棋仕女图

绢画，出土于新疆吐鲁番阿斯塔那 189 号墓，现藏新疆维吾尔自治区博物馆，唐

Lady Playing Chess, painting on silk, excavated from Astana tomb No.189, Tang Dynasty, Xinjiang Museum collection

以口弈一直至四更，才到三十六着，这时婆婆对媳妇说："你已输了，我只赢你九子。"王积薪听罢十分惊奇，当时拜婆媳二人为师。之后，王积薪成为无敌于天下的棋圣。1978 年，在新疆吐鲁番阿斯塔那村发掘清理了唐代西州豪门张氏家族的茔区，在第 187 号墓中出土了木框联屏绢画，描绘身着盛装的两位贵族妇女（残缺一人）对弈围棋，左右有观棋者，构成了一幅以对弈为主题的仕女图。

在五代南唐，宫中女子仍以围棋为第一娱乐，宫中出现了不少女弈棋妙手。五代画家周文矩以南唐宫中弈棋为题材创作了许多画作，如《重屏会棋图》《荷亭弈钩仕女图》等。五代后蜀女子也以围棋作为休闲娱乐的主要内容。如后蜀主孟昶的贵妃花蕊夫人的《宫词》载："日高房里学围棋，等候官家未出时。为赌金钱争路数，专忧女伴怪来迟。"宋代女子弈棋是继唐、五代之后又一兴盛时期，宫中女子热衷于围棋，可从宋白和王珪的《宫词》中窥见一斑。诗中均描写了在宋太宗、宋仁宗和宋神宗时，宫中女子下围棋的情景。到了宋徽宗时，宫中佳丽竞相弈棋，博弈之戏成为宫中最时尚、最受青睐的娱乐活动。另从宋徽宗的《宣和宫词》可以得知，这位精通琴棋书画的皇帝，更是在嫔妃宫娥之中大煽弈棋之风，并设立了女子棋待诏，陪他下棋。宋人刘镇的《八岁女善棋》描写了八岁女棋童对围棋的痴迷。金元明时期，宫中仍以弈棋作为主要的休闲娱乐方式。宋人洪迈的《夷坚志补》卷一九记载了金代女子高超的棋艺。金人王若虚的《宫女围棋图》，诗中描绘了一名宫女终日思君不见君，只有以弈棋消愁。清代女诗人骆绮兰在《月夜对弈》中描述了她月下弈棋的雅兴。

围棋是中国古代妇女主要的智力游戏。它历经数千年不衰，并成为一项国际性的体育竞赛项目。

博弈图

仕女屏之七《玉局敲闲》（局部），绢本设色，现藏中央工艺美术学院，清

Gambling, part of Yuju Qiaoxian Tu, painted by Chen Zi, painting on silk

廊下弈棋的宫女
Court Maid Playing Chess

月漫清游图之十

绢本设色，现藏南京博物院，清　陈枚绘

Yueman Qingyou Tuzhi-10, painting on silk, painted by Chen Mei, Qing Dynasty, Nanjing museum collection

闲敲棋子图

现藏天津市艺术博物馆，清

Painting of Playing chess,Tianjin Art Museum collection,Qing Dynasty

群芳雅娱图

清

Painting of Ladies Entertainment,Qing Dynasty

仕女自弈图

现藏北京故宫博物院，清

Painting of Lady Playing Chess alone,Qing Dynasty, Beijing Palace Museum collection

弈棋

古代贵族妇女们弈棋、观棋

Playing Weiqi, ancient women playing chess and watching chess

粉彩仕女对弈瓶

Vase Painted with Lady Playing Chess Design

对弈图

现藏天津人民出版社

Chess ,Tianjin People's Publishing house collection

对弈图

Playing Chess

3. 象棋

象棋大致由唐代宝应象棋演变而来，至宋代已基本定型。由于象棋的棋理由浅入深，很适宜妇女娱乐。据文献记载，宋徽宗喜欢欣赏宫娥们对局下象棋，其御制《宣和宫词》载："白檀象戏小盘平，牙子金书字更明。夜静倚窗辉降蔼，玉容相对暖移声。"周彦质的《宫词》载："象戏宫娥共雅欢，团团犀玉布牙盘。"反映出宫女们对象棋的喜爱。宋孝宗颇迷象棋，设立了象棋待诏制度。在宫中培养了不少象棋高手，以备宣诏侍弈。南宋周密的《武林旧事》卷六"诸色伎艺人"条记录了棋待诏，有围棋五人，象棋十一人，其中堪称我国第一位女子象棋大师的沈姑姑名列其中，她是当时宫中女棋待诏中的佼佼者。清人李调元的《南宋宫词百首》第二十五首载："御床风细静焚声，镇日彤庭一事无。忽有棋声花院里，对弹知是沈姑姑。"由于宋朝历位皇帝喜爱象棋，社会上掀起了全民参与的热潮，正如南宋洪遵的《谱双·自序》载："象戏，家澈户晓。"当时不少文人写下了女子对象棋这种雅戏的爱好和她们的生活情趣。如蔡伸的《临江仙》、周紫芝的《阮郎归》、周密的《浣溪沙》、廖莹中的《江行杂录》，等等。元代女子亦以象棋作为休闲消遣的工具。无名氏的套曲《点绛唇》描写了一位风流的女子，十分精通围棋和象棋。无名氏的南曲小令[南吕·七贤过关]《四时思情》载，在一个炎热的夏日，女主人公百般无聊，只好用下棋来解闷。无名氏的小令[双调·沉醉东风]《咏象棋》，更是反映了处于乱世的人们特有的游戏精神。在明代，把通晓双陆、象棋作为女子聪慧的标志之一。尤其是以女子口吻写成的比喻象棋的山歌更为盛行。冯梦龙的《挂枝儿》《山歌》就是依据曲子谱成的歌，咏叹象棋与爱情的关系。同时也反映若不喜欢象棋，不了解象棋各种布局和残局杀法，绝对创作不出这种生动的情歌。正是由于女子象棋活动的风行，这种情歌才广为传唱。清代女子象棋活动依然十分盛行。李汝珍的《镜花缘》第七十四回"打双陆嘉言述前贤，下象棋谐语谈故事"载，两位女子对局，身旁还有多名观局者。对局者杀得难解难分，观局者指手画脚，还运用了象棋的专门术语来说笑话。从中可以看出象棋在中国古代妇女中极其普及，在宫中、民间都可以见到这种令人身心得以放松和愉悦的游戏。

(二十二)剑器

作为一种兵器，剑最早出现于商周时期，最初由青铜制成。秦汉之后，铁剑逐渐取代了青铜剑。随着社会的发展，剑已远远超出了作为一种兵器存在的价值，延伸到更深、更广的领域中。出现了剑术、剑舞、剑诗、剑道等，剑已成为一种有体系的具有独立意义的文化现象。

我国自春秋战国时期就盛行斗剑之风。当时还产生了一些著名的剑术家。南林越女剑术曾得到越王的赏识。

王充曾写道:“舞剑之家，斗战必胜，得曲城越女之学也。”秦汉年间，剑术有了进一步的发展。《汉书·艺文志》有剑道三十八篇，对剑术招式和方法总结成一门学问。而且从汉代开始，天子百官无不佩剑，这在《晋书·舆服志》有详细记载。在唐代，太宗的近卫军中有千余名剑士，将领中精通剑术的也不乏其人，裴旻就是其中之一。他的剑术与李白的诗、张旭的草书，被誉为唐代“三绝”。唐代诗人李白也擅长剑术。《全唐诗》中就收集有李白对剑的描述。敦煌文献中也有多首有关“舞剑器”的曲子词。

有关“舞剑器”的资料，在唐之前没有见到。之所以我们能了解“舞剑器”，功劳应该归于杜甫所写的一首诗和敦煌文献中对“舞剑器”的描述。

杜甫在诗的序中，记述了李十二娘舞技的传承渊源——公孙大娘。杜甫于开元三载(715)在郾城看公孙大娘“舞剑器”，那时不过4岁，时隔52年后，又看到公孙大娘的弟子李十二娘“舞剑器”，于是写下了《观公孙大娘弟子舞剑器行·并序》诗篇。从杜甫的诗来看，“剑器舞”是单人表演的独舞，李十二娘所舞的剑器，与当年公孙大娘所表演的舞，其程式和气势几乎一样。杜甫的诗篇为今人展现了“剑器舞”的原始风貌。

《西河剑器》与《西河狮子》《西河长命女》，都出自甘肃。武周(690—705)以前，甘肃敦煌、酒泉地区民间就流传剑器之类的舞蹈，当时属于散乐百戏和杂技的范畴。后来随丝绸之路传入长安，经过宫廷的提炼加工，便成为教坊舞曲之一。杜甫在诗序中提到，在开元初年内廷“宜春”“梨园”两个教坊的舞伎，表演剑器的只有公孙大娘。据传她善舞多套“剑器舞”，其中有《西河剑器》《剑器浑脱》《裴将军满堂势》《邻里曲》等。

剑器为健舞曲名，可见唐段安节《乐府杂录》。也有人认为，“剑器舞”是执绸而舞。如清人桂馥的《札朴》之《览古·剑器》载:“姜元吉言，在甘肃见女子以丈余彩帛结两头，双手持之而舞，有如流星，问何名?曰:‘剑器也，乃知公孙大娘所舞即此。’”这说明，清代曾有人在甘肃目睹剑器表演。

敦煌出土的写卷中，也有描绘剑器的诗词。如P.3591《洞山和尚神剑歌》、P.3633《龙泉神剑歌》、P.3821《三尺龙泉剑》等。敦煌写卷在形式上实为今存唯一的剑器曲词。

宋代出现了“队舞”，它由“小儿”与“女子”两组混合编制而成，各有十个队，舞者多达二百五十人，服饰华丽，场面较大，各队有其队名，如“柘枝队”“剑器队”等，专门表演“柘枝舞”与“剑器舞”。

(二十三)养生

由于受道教思想的影响，以“导引”和“内丹”为代表的古代道教女子养生体育得到广泛普及。《导引图》的内容，可分为呼吸运动、肢体运动和器械体操三个方面。导引又可分为导引之中“导气”，和导引之中“引体”。

马王堆出土的导引帛画，上面绘有

不同年龄的男女做徒手体操的44个姿态。因系女墓主的陪葬物,故做操者大多为女性,男性只有8个,均为赤膊。这给我们一个启示,运动可强健身体,为便于肢体运动,故要赤膊行之。由此可见,导引运动在秦汉时期的在女性中广为流行。至唐代,女性求道、慕道、入道成为一种社会风气。

道家女性不仅进行养生运动的身体实践,还积极探索养生的理论和方法,这对我国女性养生术和导引术的发展起到了重大的促进作用。与此同时涌现出一些著名的女性养生家,如唐代女道士胡愔所撰的《黄帝内景五脏六腑补泻图》,首次提出了将导引术结合天道节气变化和人体脏腑气运进行养生。

观鸟捕蝉图

出于陕西乾县章怀太子李贤墓前室西壁南侧,唐

Watching Birds Catching?a Cicada, wall painting of Prince Lixian Tomb in Qian County of Shaanxi Province

贵妃晓妆

绢本设色，现藏北京故宫博物院，明仇英绘

Guifei Xiaozhuang, painting on silk, painted by Qiu Ying, Ming Dynasty,The Palace Museum collection

扑蝶仕女图

现藏北京故宫博物院，清

Pudie Shinv Tu, painting on paper, painted by Chen Zi, Qing Dynasty, The Palace Museum collection

豳风图册之一　八月剥枣

绢本设色，现藏南京博物院，清　吴求绘

One of the Bin Feng Tu Ce, Peeling jujube in August, painting on silk, painted by Wu Qiu, Qing Dynasty, Nanjing Museum collection

花朝节

Birthday of all flowers

观灯行乐

现藏北京故宫博物馆

Watching Lanterns I,Beijing Palace Museum collection

庭院观花

选自《清史图鉴》

Watching Flowers in Courtyard ,excerpted from Illustrated Book of Qing Dynasty's History

簪花仕女图卷(局部)

现藏辽宁省博物馆，唐

Portrait of Flower-wearing Maids (part), painting on silk, Painted by Zhou Fang, H180cm, W47cm, Liao Ning museum collection

孙思邈诊脉图

Painting of Song Simiao diagnosing

出浴图

清

Taking a Bath ,Qing Dynasty

盆菊幽赏图
Admiring Chrysanthemums

赏月

Admiring the Moon

元宵赏宫灯

现藏北京故宫博物院

Watching Lanterns in Lantern festival,Beijing Palace Museum collection

台球

清　吴友如绘

Billiards,painted by Wu Youru, Qing Dynasty

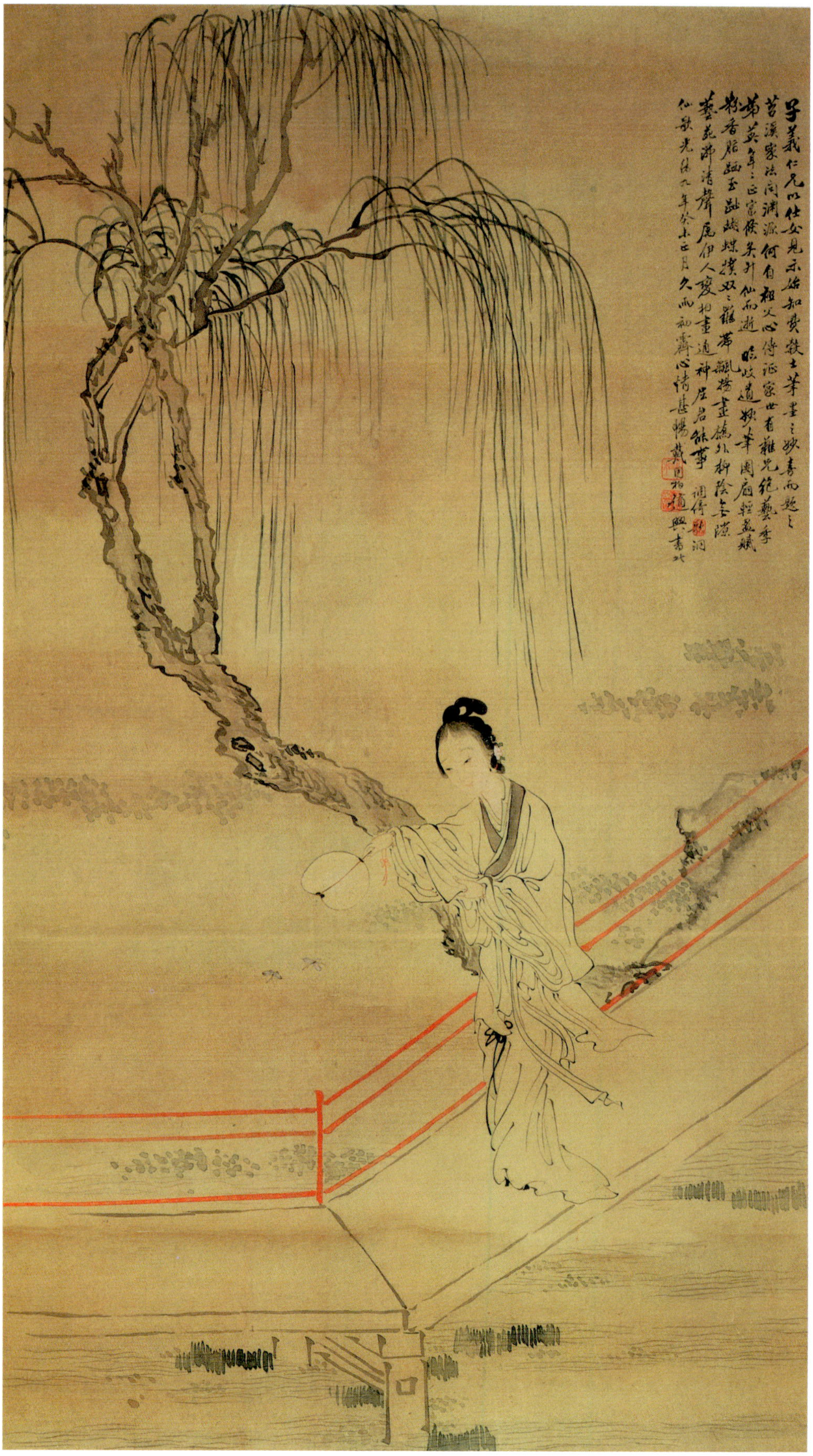

扑蝶图

清

Flapping Butterflies,Qing Dynasty

Illustrated Book of Traditional Chinese Sport

第八篇 中国古代儿童体育

儿童游戏，在古代称为“戏弄”“婴戏”“小儿戏”等。游戏伴随人从小到大，在游戏中不断成长，它给人们带来了许多快乐。中国古代许多家长十分重视儿童游戏，他们创编出上百种有益于儿童身心发育和健康成长的游戏，以此来提高儿童的认知能力和思维能力。游戏是人的天性，也是人的一种行为，它在时空的界限之内，以某种可见的秩序，按照规则进行，使儿童表现出欢愉、自由、满足、勤勉、合作等精神，从而完善将来成人生活所需要的生存能力。

儿童游戏，在古代称为“戏弄”“婴戏”“小儿戏”等。游戏伴随人从小到大，在游戏中不断成长，它给人们带来了许多快乐。杜夷的《幽求子》载：“年五岁闻有鸠车之乐，七岁有竹马之欢。”中国古代许多家长十分重视儿童游戏，他们创编出上百种有益于儿童身心发育和健康成长的游戏，以此来提高儿童的认知能力和思维能力。唐代大诗人白居易曾作《弄龟罗》，生动地描写他与女儿、侄子一起嬉戏的情景。

游戏，是人的天性，也是人的一种行为，它在时空的界限之内，以某种可见的秩序，按照规则进行，使儿童表现出欢愉、自由、满足、勤勉、合作等精神，从而完善将来成人生活所需要的生存能力。中国古代的儿童游戏可分为玩物游戏、岁时节日游戏、智力游戏、模仿性游戏、打斗游戏、运动游戏、竞技游戏等。

一、儿童游戏的特征

中华五千年的悠久历史，创造了灿烂的文化，儿童游戏便是这文化宝库中的一颗璀璨明珠。中国儿童游戏的内容丰富多彩，项目繁多，其种类达百余种。而作为传承悠久历史的儿童游戏，也是我国非物质文化遗产的重要组成部分。

骑竹马

甘肃敦煌佛爷庙湾 39 号魏晋墓西壁

Riding a Bamboo Pole, wall painting of Wei -Jin tomb 39 in Dunhuang City,Gansu Province

它以古朴纯真的“玩耍”手段，反映着儿童的真实生活。它自产生时起便深深植根于神州大地，并在传承过程中体现着自身的社会价值。

我国自先秦以来的文献、文物、壁画、砖画、绢画、雕刻中不难找到有关儿童游戏的足迹。唐代诗人路德延在他的《小儿诗五十韵》中对儿童游戏进行了详细的描写，其内容有歌舞游戏，竹马游戏，养宠物游戏。如玩小鸟和猧子、藏钩、荡秋千、钓鱼、放风筝、下棋、吹笛、捉蜘蛛、掏鸟窝、张网捕鸟、射弹弓、唱儿歌、斗草、踢球，捉迷藏、过家家，等等。总之，各种各样的儿童游戏极大地丰富了儿童生活。

刘禹锡的《同乐天和微之深春二十首》描写了好几种儿童游戏：“何处深春好，春深稚子家。争骑一竿竹，偷折四邻花。笑击着皮鼓，行牵犊领车。中庭贪夜戏，不觉玉绳斜。”其中提到的游戏有骑竹马、折花、击羊皮鼓、秋千等。李商隐的《无题》描写一个姑娘从儿童到少女玩过的游戏：“八岁偷照镜，长眉已能画。十岁去踏青，芙蓉作裙衩。十二学弹筝，银甲不曾卸。十四藏六亲，悬知犹未嫁。十五泣春风，背面秋千下。”

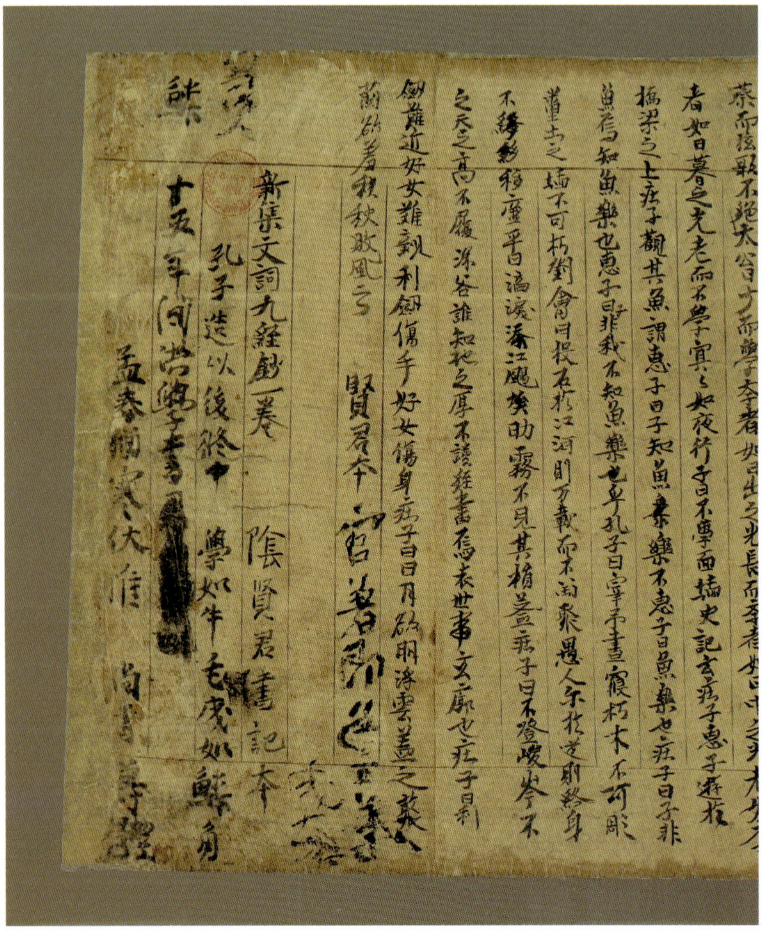

弹弓

《使榜》，敦煌文献 P.2598

Slingshot, Dunhuang Manuscript P.2598

二、儿童游戏的形态

（一）弹弓

有关弹弓最早的记载可见于《吴越春秋》：“弩生于弓，弓生于弹，弹生于古之孝子……。”关于弹弓的形状，《谈薮》中记载惠子对楚王说：“弹状如弓，以竹为弦。” 西汉刘向的《善说》云：“昔之造弹，其意弦木，以丸为矢；合竹为朴，漆制胶治，弗用筋镞。”唐代诗人白居易的《和答诗十首·和大觜鸟》云：“命子削弹弓，弦续会稽竹。”由此可知，古代的弹弓主要是竹制，精致一点的还要用“漆饰胶治”。而弹丸一般以小石子或泥丸制成，其色有红、黑、白三种。

弹弓游戏早在春秋战国时期就已普遍盛行，到了汉唐时，弹弓已是当时少年儿童非常喜欢的玩具之一。特别是一些出身于权贵之家的顽皮少年，常以弹弓射人，人们深以为害。如敦煌文献

侠弹图

现藏英国国家博物馆，元 钱选绘

Slingshot, painted by Qian Xuan ,Yuan Dynasty, British National Museum collection

P.2598《使榜》载："常年正月廿三日为城隍禳灾却贼，于城四面安置白伞，法事道场者……访得安伞之日，多有无知小儿，于弹弓大运，趁不放(防)时□事，兼打□□□，众人眼目伤损。"由此可见，由于敦煌地区少年儿童流行弹弓游戏，以至扰乱道场，伤人眼目，归义军衙府还专门贴出告示制止这种游戏。

唐代文学作品中有不少描写儿童以弹弓射鸟的情景，如李白的《少年子》、李益的《汉宫少年行》等。弹弓游戏不仅儿童喜欢，当时的少女、成年男子也钟情于此，许多人还练就了一手精湛的射弹技术。弹弓甚至成为唐代士兵巡夜的武器装备。

(二)竹马

竹马，又称"竹马子""打布马""竹马灯"等。自古至今，一直是儿童喜欢的一项游戏活动。竹马的起源，已无从稽考。据传，骑竹马源于北方游牧民族，从汉代开始在民间普遍流行。《后汉书·费长房传》载："长房辞归，翁(壶公)与一

《长春百子》(局部)中的儿童骑竹马情景

选自台北故宫博物院编《婴戏图》,宋 苏汉臣绘

Hundred Children Playing in Spring, painted by Su Hanchen, Song Dynasty (part) (excerpted from the Taipei Palace Museum. Painting of Children Riding a Bamboo Pole)

竹杖,曰:'骑此住所之,则自至矣。既至,可以杖投陂,顾视则青龙也。'"描述了一个骑竹竿变为骑神马的神话故事。《后汉书》卷三一《郭伋传》载,东汉初年,并州牧郭伋到西河美稷(今内蒙古准格尔旗),"有童数百,各骑竹马,道次迎拜"。此典故后被唐人李瀚写入启蒙书《蒙求》之中。《后汉书》卷七三《陶谦传》载,东汉末年丹阳(今安徽宣城)人陶谦,"年十四,犹缀帛为幡,乘竹马而戏,邑中儿童皆随之"。《杜祭酒别传》载,杜祭酒,"年六七岁,在县北郭与小儿辈为行竹马戏"。《晋书》卷七七《殷浩传》载桓温言曰:"少时吾与浩共骑竹马……"

《康熙南巡图》局部

现藏北京故宫博物院, 清 王翚等绘

Emperor Kangxi's South Inspection Tour, Painted by Wang Hui, part, Qing Dynasty, The Palace Museum collection

到了唐代,骑竹马的儿童游戏已遍及全国各地。唐太宗就非常推崇骑竹马游戏:"大乐有儿,朕尝言之;士城竹马,童儿乐也……"诗人李商隐在《祭小侄女寄寄文》咏:"倒辈数人,竹马玉环,绣襜文褓,堂前脚下……"描写了他的侄子们在堂前阶下玩竹马游戏的情景。李白的《长干行》载:"妾发初覆额,折花门前剧。郎骑竹马来,绕床弄青梅。同居长千里,两小无嫌猜。"其他还有杜牧的《冬至日寄小侄阿宜诗》,韦庄的《洪州送西明寺省上人游福建》《下邽感阳》《涂次逢李氏兄弟感旧》,白居易的《喜人新年自咏》

骑竹马

晚唐

Children Riding a Bamboo Pole, wall painting of Mogao Cave No.9, Dunhuang, Late Tang Dynasty

彩绘婴戏碗(局部)
金
Bowl with Children at Play Design, part, Jin Dynasty

婴戏图骑竹马瓷枕
清
Porcelain Pillow with Children Riding a Bamboo Pole Design, Qing Dynasty

十四子婴戏图骑竹马
明
Painting of fourteen Children at Play, riding a Bamboo Pole, Ming Dynasty

青花婴戏纹盖罐
北京市朝阳区洼里出土，现藏首都博物馆，明嘉靖
Blue and White Porcelain Pot with Children at Play Design, Ming Dynasty, The Capital , Museum of China collection

《观儿戏》《赠楚州郭使君》《送滕庶子致仕归婺州》《送唐州崔使君侍亲赴任》，李白的《赠宣城宇文太守兼呈崔侍御》，岑参的《凤翔府行军送程使君赴成州》，韦应物的《奉和张大夫戏示青山郎》，韩熙载的《上睿帝行止状》，刘克庄的《解连环》等。上述诗文都形象生动地刻画出天真烂漫的儿童骑竹马嬉戏娱乐的情景。

此外，敦煌文献 P.2418《父母恩重经讲经文》载：“……五五相随骑竹马，三三结伴趁猧儿。”S.6613《九相观诗一本》之《童子相第二》载：“三周离膝下，七载育成童。竹马游闾路（巷），纸鹤戏云中。”《维摩诘经讲经文》载：“少年本分正娇痴，却思城外花台礼，不把庭前竹马骑。”不仅在敦煌讲经文中记载有儿童骑竹马嬉乐，在敦煌莫高窟第 9 窟东壁供养人像行列中，也有一名身着花袍的儿童正骑着竹马玩耍。敦煌佛爷庙第 39 号魏晋墓葬出土画像砖上亦生动形象地绘有一儿童骑竹马玩耍。

在宋朝，于正月十五元宵节表演小儿竹马、踏跷竹马、男女竹马、竹马儿等节目。这一时期还出现了竹马队舞表演。竹马在元杂剧中也得到了广泛运用。元杂剧曲牌中即有[古竹马]，以战争为题材的元杂剧中，竹马更是主要道具。如金仁杰的杂剧《萧何月夜追韩信》、杨梓的杂剧《承明殿霍光鬼谏》等，均可以看到“踏竹马儿上”“骑竹马儿上”等舞台提示。清代之后，竹马游戏依旧盛行不衰，并作为赛社火的内容。同时，它与中国传统的岁时节日相结合，成为一种节庆假日的休闲娱乐活动。

婴戏图骑竹马
清　汪恭绘
Children Riding a Bamboo Pole, painted by Wanggong, Qing Dynasty

婴戏图骑竹马
清　汪恭绘
Children Riding a Bamboo Pole, painted by Wanggong, Qing Dynasty

粉彩婴戏罐

清

Pot with Painting of Children at play, Qing Dynasty

豪家佚乐图卷局部之二

现藏南京博物院，清 杨晋绘

Wealthy Family's Entertainments, part, painted by Yang Jin, painting on silk, Qing Dynasty, Nanjing Museum collection

《长春百子》(局部)中的儿童斗草情景

选自台北故宫博物院编《婴戏图》,宋　苏汉臣绘

Hundred Children Playing in Spring, painted by Su Hanchen, Song Dynasty (part) (excerpted from the Taipei Palace Museum. Painting of Children at Play)

群婴斗草图轴

Painting of Children playing Grass Game

斗草

范成大《四时田园杂兴》中的《春日杂兴图》

Grass Game, "Sishi Tianyuan Zaxing" painted by Fan Cheng-da

(三)斗草

斗草在古代有两种形式。一种是比试草茎的韧性,方法是将草茎相交结,两人各持己端向后拉扯,以断者为输,这种可以称之为"武斗";另一种则是采摘花草,互相比试谁采的花草种类最多,这就是"文斗"。唐代诗歌中有对儿童斗百草的描写,如白居易的《观儿戏》云:"弃尘或斗草,尽日乐嬉嬉。"贯休的《春野作》云:"牛二小,牛女少,抛牛沙上斗百草。"诗中形象生动地描绘了儿童欢天喜地进行斗草的场景。

(四)风筝

风筝,古时称"纸鸢""鹞纸""鹰纸鹤"。风筝的起源,可上溯到两千年前的春秋战国时期。由于战争的需要,古人以鸟为形,以木为料,制成空中飞行的"木鸢"。据《韩非子·外储说左上》载:"墨子为木鸢,三年而成,一日而败。"墨子是鲁国人,由此可推断出风筝的发源地应是山东一带。另据《鸿书》记载,鲁班师父也曾制"木鸢"飞上天空。再据《南史》卷八〇《贼臣·侯景传》记载:南朝梁太清三年(549),侯景之乱,包围了京都建康(今江苏南京),攻破了外城,梁简文帝萧纲和文武百官均被困于台城内,与城外援军隔断了音讯。"有羊车儿献计,作纸鸦系以长绳,藏敕于中。简文出太极殿前,因西北风而放,冀得书达。群贼骇之,谓是厌胜之术,以射下之，其危急如此”。这是见诸记载的最早的风筝。随后，风筝开始用于军事通信。唐代诗人杨誉的《纸鸢赋》描述了儿童放飞风筝和制作风筝的情况。路德延的《小儿诗》载，儿童们用竹子制作了一只燕子形状的风筝，将其放上天空的情景。元稹的《有鸟》借儿童放“纸鸢”风吹线断，来讽喻那些势利小人。唐荣的《纸鸢赋》也生动地叙述了儿童制作风筝和放飞风筝的过程。高骈的《风筝》载：“夜静弦声响碧空，宫商信任往来风。依稀似曲方堪听，又被风吹别调中”。到五代时期，古人又在“红鸢”上系以竹哨，风入竹哨，声如筝鸣。宋代是我国风筝的

婴戏图

清 汪恭绘

Painting of Children at Play, painted by Wang Gong, Qing Dynasty

风筝

明代放纸鸢图，选自中国古代风俗百图

Kite, Ming Dynasty

婴戏图放风筝

明

Painting of Children Flying Kites, Ming Dynasty

青花婴戏罐

Blue and White Procelain Pot with Children at Play Design

八角形瓷枕

金

Procelain Pillow with Children at Play Design, Jin Dynasty

发展阶段。放飞风筝成为家家户户喜闻乐见的一种活动。北宋宰相寇准也曾作《纸鸢》:“碧落秋方静,腾空力尚微。清风如可托,终共白云飞。”由此可见,当时放风筝已是一项非常普遍的游戏,也是文人和画家创作的一种素材。北宋末年的宫廷画院待诏苏汉臣所画的《百子图》,生动地描绘了当时儿童放飞风筝的场景。到了南宋,放风筝已成为民间的一种习俗。尤其是女性和儿童极其迷恋放风筝。宋人周密在《武林旧事》中述:“桥上少年郎竞放纸鸢,以相勾引,相牵剪截,以线绝者为负。”生动地描述了清明时节儿童放“纸鸢”的情景。南宋时期的风筝,不但作为商品出售,还是风筝艺人在“瓦子”那样的群众娱乐场中竞争生存的工具。这充分说明当时的风筝在社会经济和文化活动中占有重要的地位。明代著名诗书画家徐渭曾创作了十余首关于风筝的题画诗,如“我亦曾经放鹞嬉,今天不道老如斯。那能更驻游春马,闲看儿童断线时”“柳条搓线絮搓绵,搓够千寻放纸鸢。消得春风多少力,带将儿辈上青天”。从诗中可以看出画家徐渭童年时对风筝的喜爱。清初著名戏曲家李渔,以风筝为题材,创作了传奇剧本《风筝误》。《燕京岁时记》中还提出:“儿童放之(风筝)空中,最能清目。”认为儿童放风筝能提高视力。

放风筝的娱乐性极强,人们在野外、广场,沐浴阳光,呼吸新鲜空气,放飞时迎天顺气,拉线奔走,有张有弛,因此放风筝具有随风送病、明目强体、提神练形之效。

儿童放鹞图

Painting of Children Freeing Harrier

(五)陀螺

在我国新石器时代遗址中,先后出土了一批陶球、石球、陀螺等。1960 年,在西安东郊半坡发掘的 152 号墓中除陶球外,还发现一个陀螺。另外在河姆渡文化遗址、常州圩墩新石器时代遗址、山西夏县西阴村仰韶文化遗址出土的文物中,也发现有陀螺。从出土地看,这些陀螺都出自儿童墓葬,应当是他们生前最喜爱的玩具。这说明了,在四五千年前的原始社会，随着人类文明的进步和物质生活水平的改善，陀螺便是满足儿童娱乐游戏的玩具之一。

陀螺在宋代时称“千千”“妆域”。周密的《武林旧事》中就有“千千”的记载。“千千”是直径约四寸，象牙制的圆盘。盘中心有一根一寸长的铁针，用手拧这根铁针，使针尖在桌上旋转如飞，快停的时候用衣袖拂动它，比赛谁转得久。《历代旧闻》载：“深宫妆域戏，旋转月同圆。不用弹棋局，争分脂粉钱。”宫廷中的宫女闲暇之时，用纤纤素手拧转“千千”，并用衣袖拂之，这种游戏给宫女们带来了愉悦。由此可知，现在的陀螺用鞭绳抽打源于宫女玩“千千”用衣袖拂之。明代刘侗、于奕正所著的《帝京景物略·春场》对木陀螺的形制及其玩法都有详细的介绍。刘侗并的《杨柳活》载：“杨柳活，杨柳多、小孩小女闲不过，丝线结鞭鞭陀罗。鞭陀罗，陀罗起，鞭不

婴戏

暗花罗方领女夹衣上的鞭陀螺团，北京市昌平明定陵出土

Children at Play Pattern on Woman's Jacket,unearthed from Ming tomb ,Changping, Beijing

暗花罗方领女夹衣上的抖空竹图案

北京市昌平明定陵出土

Children Shaking Diabolo Pattern on Woman's Jacke,unearthed from Ming tomb , Changping, Beijing

抽陀螺

Spinning Top

婴戏图
清　汪恭绘
Painting of Children at Play, painted by Wang Gong, Qing Dynasty

已；鞭不已，陀罗死。”清初，借山和尚元璟写有一首《鞭陀罗》，描写了儿童身着紫貂袄，脚着红棉靴，三五成群地聚在一起抽陀螺的情景。

陀螺是一种休闲娱乐玩具，既可以开发孩子智力又能训练孩子的眼力及专注力，深受孩子的喜爱。尤其是在冬季抽打陀螺，更有益于儿童的身心健康发展。

（六）滑沙

滑沙源于内蒙古、宁夏、甘肃、新疆一带戈壁沙漠的游牧民族，是古人利用沙漠这一自然地理环境所创造的一种愉悦身心的游戏活动。据文献《辛氏三秦记》载：“河西有沙角山，峰崿危峻，逾于石山，其沙，粒粗色黄，有如干糒，人欲登峰必步下入穴，即有鼓角之音，震动人足。”从史料可知，远在千余年前，敦煌人在端午节，都要登山滑沙，听听沙山轰鸣之音，此习俗一直传承至今。敦煌文献S.5448《敦煌录》载：“端午日，城中士女，皆齐高峰，一齐蹙下，其沙声吼如雷，至晓看之，峭崿如旧。古号鸣沙，神沙而祠焉。”清人雷起鸿的《鸣沙山诗》云：“不信青沙如壁立，渥洼池畔一峰孤。晴时登临风俱静，鸣处惊人形却无。太古无音沉地府，钧天广乐秘山隅。徒为雷鼓冬冬韵，闻所未闻说多诬。”以上记载说明，唐宋至清时期，鸣沙山已成为敦煌人于端午节进行娱乐活动的重要景点之一。

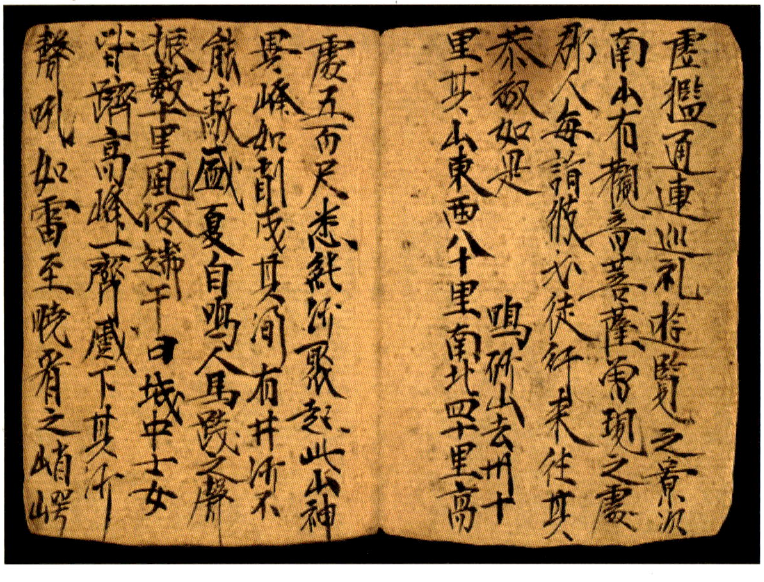
虚槛通连巡礼游览之意況
南山有观音菩萨常现之处
那人每诣彼必徒行来往其
恭敬如是　鸣沙山去州十
里其山东西八十里南北四十里高
处五百尺悉纯沙聚起此山神
异峰如削成其间有井沙不
能蔽盛夏自鸣人马践之声
振数十里风俗端午日城中士女
皆跻高峰一齐蹙下其沙
声吼如雷至晓看之峭崿

《敦煌录》关于鸣沙山的记载

敦煌文献S.5448-8，现藏英国国家博物馆

Record of Mingsha Mountain, Dunhuang Manuscript S.5448-8, British Museum collection

鸣沙山的另一个奇特现象是“不蹙自鸣”。《新唐书·地理志》载：“鸣沙山又名沙角山，天气晴朗时，沙鸣声闻于城内。”据当地人讲，沙山自鸣一般是在每年气温较高的阳历八九月份，烈日暴晒的晌午（约2—4时）可听到沙山的自鸣声。

滑沙在今天已由民间习俗转变为一项健身愉心的体育活动。它不仅仅是端午节的习俗，而是任何时间都可以开展的体育活动。目前，在全世界凡是有沙漠的地区，都盛行滑沙运动。

（七）斗虫

斗虫游戏在我国自古以来一直是老少咸宜的一种休闲娱乐方式。悠长美妙的虫鸣声，为人们的生活注入乐趣。有关古人对昆虫的畜养，早在《诗经》《礼记》中就有记载。东汉王充的《论衡·自纪篇》、晋人傅咸的《粘蝉赋》、宋人陶穀的《清异录》等，都对当时捉蝉、养蝉、卖蝉及斗蝉进行了生动描绘。甚至在唐代还出现了昆虫畜养的专门组织“仙虫社”。在宋朝，不仅畜养蝉，还有人畜养

《长春百子》(局部)中的儿童斗虫情景

选自台北故宫博物院编《婴戏图》,宋 苏汉臣绘

Hundred Children Playing in Spring, painted by Su Hanchen, Song Dynasty (part) (excerpted from the Taipei Palace Museum. Painting of Children at Play)

络纬(纺织娘、蝈蝈、聒聒儿)、蟋蟀、金钟儿等。

1.斗蟋蟀

早在春秋战国时期孔子删定的《诗经》中就有“十月蟋蟀入我床下”的记载,说明古人已了解到蟋蟀活动的规律。三国时期的陆玑在他的《毛诗草木鸟兽虫鱼疏·蟋蟀在堂》中,详细介绍了蟋蟀的多种别名及其悦耳动听的鸣叫声。

蟋蟀,又名“秋兴”“吟蛩”“促织”“蛐蛐”等。斗蟋蟀是我国一项古老的民间游戏,它的历史源远流长,可以追溯到1000多年前的隋代。宋人陈槱的《负喧杂录·禽虫善斗》载:“斗蛩之戏始于天宝间(742–756)。长安富人镂象牙为笼而畜之,以万金之资付之一喙。”宋代大经学家陆佃的《埤雅》载:“蟋蟀善跳,其鸣在股,吴人取其雄而矫健者,驯养以斗。”自此之后,斗蟋蟀蔚然成风,上至宫廷皇族,下至平民百姓,无不好之。如唐玄宗李隆基、宋徽宗赵佶、清康熙皇帝都酷爱斗蟋蟀,并发展成为一项全民性的民俗游戏。清人沈德潜的《西湖嬉春绝句》,讽刺了南宋宰相贾似道在元兵入侵时,仍继续玩蟋蟀的昏庸之事。

明代沈德符的《敝帚斋余谈》载:“宣德时,最娴蟋蟀戏,因命造蟋蟀盆。”袁宏道的《畜促织》载“京师人至七八月,家家皆养促织。”“瓦盆泥缸,遍市并皆

童子捕捉蚂蚱画枕

元

Pillow with Children Catching Grasshopper, Yuan Dynasty

斗蟋蟀图盘

Cricket-fighting

是。不论老幼男女，皆引斗以为乐。"反映了斗蟋蟀在明代非常盛行。刘侗、于奕正《帝京景物略》卷三《胡家村》介绍了明代北京人如何捉蛐蛐、养蛐蛐、斗蛐蛐，并提到了人工繁殖蛐蛐的方法等。

清代畜养蟋蟀之风依然盛行。《燕京岁时记》载："京师七月中旬则有蛐蛐儿，贵者可值数金……以其能战斗也。"顾禄的《清嘉录》载："白露前驯养蟋蟀，以赌之乐，谓之秋兴，俗名斗赚绩。"其他还有金文锦的《促织经》，石莲的《蟋蟀秘要》，方旭的《促织谱》，等等。

畜养蟋蟀和斗蛐蛐，通过长期的传承和文化的积淀，已成为一种具有悠久历史的民俗游戏，至今斗蟋蟀在民间仍十分流行。

2.斗蜘蛛

斗蜘蛛，又名"蝇虎子""蝇狐"。韩愈与孟郊的《城南联句》有："得隽蝇虎

喜叫哥哥

杨柳青年画

Happy in Calling Brother,Willow youth picture

婴戏图 斗蟋蟀

Painting of Children Playing Cricket Fighting

斗蟋蟀

现藏北京故宫博物院

Cricket-fighting, Beijing Palace Museum collection

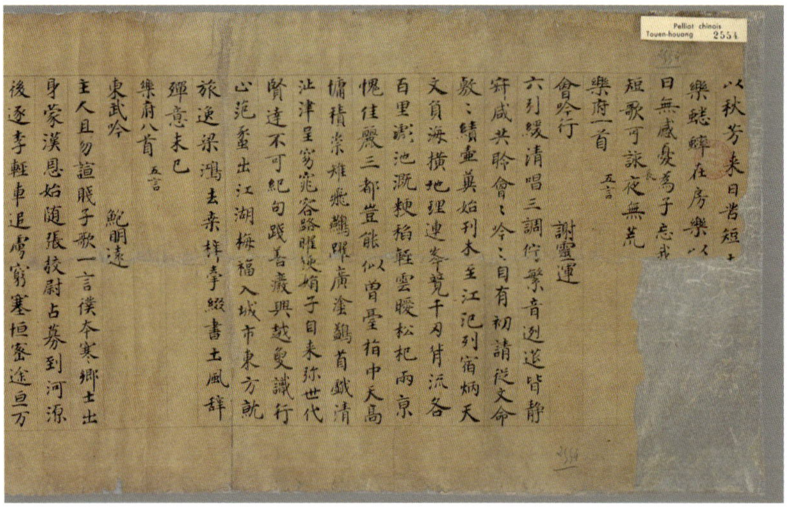

以秋芳來日者短
樂蟋蟀在房樂以
日無感憂為子忘我
短歌可詠夜無荒
樂府一首 五言
會吟行　謝靈運
六引緩清唱三調佇繁音列筵皆靜
寂咸共聆會會吟吟自有初請從文命
敷敷績禹功列木至江汜列宿炳天
文負海橫地理連峯竟千里肎派各
百里潚池溉粳稻輕雲曖松杞兩京
愧佳麗三都豈能似曾臺指中天高
墉積崇雉飛鶴躍廣塗鷁首戲清
沚津呈窮寵容路曜便娟子胥來世代
賢達不可紀句踐善廢興越叟識行
心范蠡出江湖梅福入城市東方就
旅逸梁鴻去來梓李綴書土風辭
殫意未已
樂府八首 五言
東武吟　鮑明遠
主人且勿諠賤子歌一言僕本寒鄉士出
身蒙漢恩始隨張校尉占募到河源
後逐李輕車追虜窮塞垣密塗亘万

斗蟋蟀

敦煌文献 P.2554

Cricket-fighting, Dunhuang Manuscript P.2554

秋庭戏婴图

Painting of Chlidren at Play in Courtyard

婴戏图 斗蟋蟀

Painting of Children Playing Cricket-fighting

健(韩愈),相残雀豹趒(孟郊)”之咏。唐人通过驯养“蝇虎”,使其能进行各种表演以为娱乐。当时有人能把蜘蛛训练到随鼓点而变动阵势,或进或退,十分有序。蜘蛛的驯养具有一定的难度,掌握此技的人不多,故称之为绝技。

3.斗蚂蚁

斗蚂蚁,此俗由来已久,是儿童较为喜欢的一种游戏。据《酉阳杂俎》前集卷一七《广动植之二·虫篇》载:“蚁,秦中多巨黑蚁,好斗,俗呼为马蚁。”明代蒋一葵的《长安客话》载:“尝过松林,见儿童取松间大蚁,剪去头上双须,互相斗咬,至死不休……”清代徐珂的《情稗类钞》中列有“蚁阵”条,记述了一个玩斗蚁的人在市场上表演两窝不同颜色的蚂蚁相斗的趣事。唐人的画作中也有表现斗蚂蚁的艺术作品,如韩滉就绘有《村童戏蚁图》。

(八)跳索

跳索,又称“跳百索”,今人称跳绳,古人称绳为“索”。跳索是我国传统的游戏,据传早在原始社会时期就有跳索,在内蒙古狼山岩画中绘有跳索的图像,到了魏晋南北朝时已开始广泛流行于民间。明代李百药的《北齐书》卷八《幼主记》记载:“游童戏者,好以两手持绳,拂地而却上,跳且唱曰‘高末’,高末之言,盖高氏运祚之末也。”描述了一个人两手握绳边唱边跳的场面。明代沈榜的《宛署杂记》卷一七载:“十六日,儿以一绳长丈许,两儿对牵,飞摆不定,令难凝视,似乎百索,其实一也。群儿乘其动时,轮跳其上,以能过者为胜,否则为索所绊,听掌绳者绳击为罚。”刘侗、于奕正的《帝京景物略》之《灯市》有“二童子

跳索
宣画,辽墓
Rope Skipping, unearthed from tomb of Liao Dynasty

跳绳

古代儿童跳绳

Rope Skipping

婴戏绳技

Kids Play Rope Skipping

《长春百子》(局部)中的儿童捉蝴蝶情景

选自台北故宫博物院编《婴戏图》,宋　苏汉臣绘

Hundred Children Playing in Spring, painted by Su Hanchen, Song Dynasty (part) (excerpted from the Taipei Palace Museum. Painting of Children at Play)

引索略地,如白光轮,一童子跳光中,曰跳白索”的记载。清代潘荣陛的《帝京岁时纪胜》中也有“跳白索”的记载。清人彭蕴章的《松风阁诗钞》载:“太平鼓,声冬冬,白光如轮舞索童。一童舞索一童唱,一童跳入光轮中。”形象地描绘了儿童尽情跳索的情景。

(九)垂钓

自古以来,垂钓一直是儿童主要的游戏项目。白居易的《观游鱼》云:“绕池闲步看鱼游,正值儿童弄钓舟。一种爱鱼心各异,我来施食尔垂钓。”儿童通过垂钓游戏,有利于心理素质的提高。

垂钓

现藏北京故宫博物院

Fishing,Beijing Palace Museum collection

《长春百子》(局部)中的儿童钓鱼情景

选自台北故宫博物院编《婴戏图》,宋　苏汉臣绘

Hundred Children Playing in Spring, painted by Su Hanchen, Song Dynasty (part) (excerpted from the Taipei Palace Museum. Painting of Children at Play)

磁州窑白地黑花孩儿垂钓纹枕

河北省邢台市曹演庄出土,现藏河北博物院,北宋

Porcelain Pillow with Children angling Design, Northern Song Dynasty, Hebei museum collection

（十）蹴鞠

蹴鞠是一种融竞争性、趣味性、观赏性于一体的游戏。蹴鞠不仅可以个人游戏，也可以集体游戏，深受男女老少的喜爱。吕洞宾有诗作云："没脚童儿，擅蹴戏球。"路德延《小儿诗》云："斗草当春径，争球出晚田。"这说明儿童蹴鞠在民间广泛流行。

（十一）步打球

步打球是从马球演化而来的，但其对抗性和激烈性远不如马球，所以更适合儿童参与，深受儿童喜爱。《元稹集》卷九《六年春遣怀八首》之七云："童稚痴狂撩乱走，绣球花仗满堂前。"描写了儿童进行步打球的场景。

（十二）摔跤

摔跤是一项异常精彩激烈的运动项目，深受儿童喜欢。摔跤不仅是力量的角逐，而且也是技艺与智慧的较量。它对儿童有着巨大的吸引力，孩子们对这项运动乐此不疲。

（十三）龙舟

龙舟是端午节开展的一项富有特色的节日娱乐活动。每当举行龙舟竞渡时，竞渡船为彩画的飞凫艇，只听得一声令下，赛艇竞发，鼓声齐鸣，奋勇争先，轮夺锦标，场面极其壮观。使得观者云集，万人空巷，其中不乏儿童参与、观赏龙舟竞渡。

《长春百子》（局部）中的儿童踢球情景

选自台北故宫博物院编《婴戏图》，宋 苏汉臣绘

Hundred Children Playing in Spring, painted by Su Hanchen, Song Dynasty (part) (excerpted from the Taipei Palace Museum. Painting of Children at Play)

蹴鞠图

宋

Painting of Playing Cuju, Song Dynasty

蹴鞠瓷枕

宋

Ceramic Pillow with Playing Cuju Painting, Song Dynasty

婴戏蹴鞠瓷枕

宋

Ceramic Pillow with Children Playing Playing Cuju Painting, Song Dynasty

婴戏蹴鞠四系罐

宋代磁州窑

Pot with Children Playing Playing Cuju Painting-1, unearthed from Cizhou Cave,Song Dynasty

婴戏蹴鞠四系罐

宋代磁州窑

Pot with Children Playing Playing Cuju Painting-2,unearthed from Cizhou Cave, Song Dynasty

开光婴戏蹴鞠

南宋吉州窑

Painting with Children Playing Cuju ,unearthed from Jizhou Cave, Southern Song Dynasty

蹴鞠

Playing Cuju

绣百子暗花罗方领女夹衣

北京昌平区定陵出土，现藏北京定陵博物馆

Hundred Children at Play Pattern on Woman's Jacket,unearthed from Ming tomb in Changping County ,Beijing Ding Tomb Museum collection

腰圆白地黑花童子蹴鞠纹枕

金

Pillow with Children Playing Cuju Painting, Jin Dynasty

儿童蹴鞠图

Painting with Children Playing Cuju

蹴鞠

Playing Cuju

绣百子暗花罗方领女夹衣

现藏北京定陵博物馆

Hundred Children at Play Pattern on Woman's Jacke,Beijing Ming Tomb Museum collection

蹴鞠象牙雕(局部)

清

Part of Ivory Carving, Qing dyansty

婴戏图

1999年山东省济南市出土，原址保存，金泰和元年

Painting with Children at Play,unearthed in Jinan City of Shandong Province in 1999,Jin Dynasty

婴戏 球戏

唐代童子击球图画毡，现藏日本奈良正仓院

Painting with Children Playing ball,Tang Dynasty, Japan's Nara Museum collection

蕉阴击球图

现藏北京故宫博物院，南宋

Painting of Children Playing Ball under Banana Tree, anonymous painter, Southern Song Dynasty, The Palace Museum collection

椭圆形童子击角球瓷枕

金

Porcelain Pillow with Boy Playing Ball Design, Jin Dynasty

山东泰山岱庙出土石刻画

宋

stone relief,unearthed from Dai Temple in Taishan Mountain of Shandong Province,Song Dynasty

相扑手

宋

Sumo Player,Song Dynasty

摔跤俑

河南博物馆征集，宋

Wrestler,Song Dynasty,Henan Museum collection

瓷器摔跤娃娃

清

Wrestling Doll of Porcelain ,Qing Dynasty

摔跤图

Wrestling

婴戏图
清　汪恭绘
Painting of Children at Play, painted by Wang Gong, Qing Dynasty

《长春百子》(局部)中的儿童摔跤情景

选自台北故宫博物院编《婴戏图》,宋　苏汉臣绘

Hundred Children Playing in Spring, painted by Su Hanchen, Song Dynasty (part) (excerpted from the Taipei Palace Museum. Painting of Children at Play)

龙舟夺标图

宋

Boat Race,Song Dynasty

嬉水图
甘肃瓜州榆林窟第 25 窟壁画，南壁，唐
Water Sports, wall painting of Yulin Cave No.25, Guanzhou of Gansu Province, Tang Dynasty

（十四）嬉水

嬉水几乎是儿童的天性。他们自幼喜欢嬉水，并从水中获得乐趣。北宋苏东坡的《日喻》一文载："南方多游人，日与水居也。七岁而能涉，十岁而能浮，十五而能游矣。"《稽神录》卷一《谢谔》载："进士谢谔，家于南康，舍前有溪，常常游戏之所也。谔为儿时，常梦浴溪中。"描述了进士谢谔自小喜爱嬉水，连做梦都在溪里游水。《卢子逸史》载："有少异儿，或三或五，引与游戏……与异儿群游海上。"描写了一群儿童在海中游泳。除文献记载，敦煌莫高窟的壁画也有不少反映儿童嬉水的画面。如中唐第 200、231 窟《观无量经变》中，绘有化生童子在荷花池中嬉水的场景；盛唐第 148 窟《药师经变》中，绘有 10 余童子正在水中嬉戏；晚唐第 196 窟《阿弥陀经变》中，也绘有数名童子在池中嬉水。佛教经变画中所绘的儿童在池中嬉水的场景，也是当时社会儿童嬉水娱乐的真实写照。

有关古代儿童游戏的历史除文献记载，出土文物和墓葬壁画亦有所反映。尤其是全国各地博物馆收藏的自宋至清的《婴戏图》，清晰地展示了古代盛行的各种儿童游戏，弥补了文字记载之不足，成为研究古代儿童游戏的珍贵资料。如《童子弈棋图》《童子蹴鞠图》《长春百子图》《水戏图》《冬日婴戏图》《秋庭婴戏图》《斗蟋蟀图》等，这些作品描绘了儿童在庭院中嬉戏的情景。其天真可爱、欢乐祥和的画面令人叹为观止，并被作为美学欣赏的对象。

总之，自古以来儿童都着迷游戏。儿童在游戏中表现出来的全神贯注、无忧无虑等特点令人难以忘怀。游戏反映了儿童自然的天性和潜在的能力，同时体现了古人寓教于乐的早期教育思想。

儿童通过游戏参与，得到兴趣性体验、自主性体验、胜任感或成就感、幽默感和因身体活动的需要满足而获得的生理快感等所构成的游戏性体验是游戏活动不可或缺的构成因素。游戏性体验实质上是一种主体性体验，是对游戏者主体性的肯定。因此可以说，游戏对儿童身体、认知、个性、社会性和情感等全面发展有着十分重要的作用。

（十五）踢石球

踢石球是一项古老的游戏。1956年，在考古发掘西安半坡遗址时出土了石球，其球体经人专门磨制，浑圆光滑。在山西夏县西阴村灰石岭原始人遗址也出土了一批陶球。这也许是最早的儿童踢球。从后来的《帝京景物略》有关踢石球的记载，可得到佐证。这是我国始祖球戏活动的萌芽。清代富察敦崇的《燕京岁时记》载：“十月以后，寒贼之子，琢石为球，以足蹴之，前后交击为胜。盖京师多寒，足指酸冻，儿童踢弄之，足以活血御寒，亦蹴鞠之类也。”清人翟灏的《通俗编》卷三一记载：“今小儿抟土为丸，置其一以为标，足蹴他丸击之，或用瓦球，或用胡桃，率以中者为胜。”这里指出了石球可用瓦球、胡桃等代之，同时也说明了踢石球游戏源自古代的蹴鞠。

踢石球的主要方法是，两人将两个石球置于地面，一人先将其中一个踢向远处，另一人接着踢石球，以尽量靠近前面所踢的石球，然后跟上再补踢一脚，若击中石球便为胜。

（十六）拔河

在古代，拔河一直是儿童喜欢的一项娱乐游戏活动，日常闲暇经常组织拔河比赛，不仅给儿童带来了欢乐，也是一种力量较量。

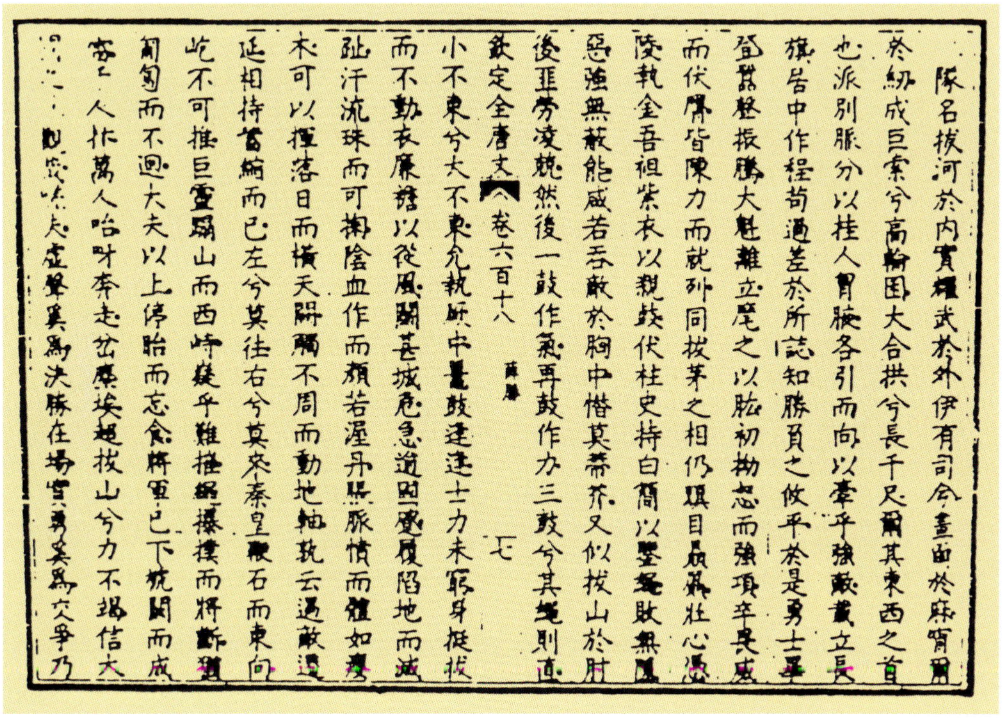
隊名拔河於內實耀武於外伊有司命壹由於麻罥
於紉成巨索兮高輪圍大合拱兮長千尺罥其東西之首
也派別脈分以挂人胸腋各引而向以牽乎強敵載立長
旗居中作程苟過差於所誌知勝負之攸平於是勇士畢
登嚣聲振騰大魁離立尾之以肱初拗怒而強項卒畏威
而伏膺皆陳力而就列同拔茅之相仍瞋目齊壯心憑
陵執金吾袒紫衣以親鼓伏柱史持白簡以堅斃敗無隱
惡強無蔽能威若吞敵於胸中偕其蒂芥又似拔山於肘
後匪勞凌兢然後一鼓作氣再鼓作力三鼓兮其繩則直
欽定全唐文　卷六百十八　薛勝　七
小不東兮大不東允執厥中量鼓逮士力未窮身挺拔
而不動衣縻𦆵以從風闕甚城危急道因壓覆陷地而滅
趾汗流珠而可掬陰血作而顏若渥丹嘿脈憤而體如瘳
木可以揮落日而橫天關爾不周而動地軸孰云過敵還
延相持皆緬而已左兮莫往右兮莫來秦皇鞭石而東向
屹不可推巨靈踢山而西峙疑乎難提絕摽摽而將斷還
局蹐而不迴大夫以上停眙而忘食將軍已下巃閎而底
容人人作萬人咍呼奔走怯嚷埃超拔山兮力不竭信大
劇歎息虛聲冥為決勝在場實為文爭乃

《拔河赋》书影
唐　薛胜
Book Pictures ,Ode for Tug, painted by Xue Sheng,Tang Dynasty

红釉葫芦瓷瓶

童子对弈图，现藏日本石川美术馆，清

Porcelain Bottle with Children Play Chess Design, Qing Dynasty, Ishikawa gallery, Japan

（十七）博弈

博弈是我国最为流行的一种游戏，其种类繁多，花样层出不穷。这项游戏广泛普及，深受社会各阶层人们的喜爱。据文献记载，我国自汉唐以来，涌现出不少博弈神童，在史籍《魏氏春秋》《南齐书》《宋书》《太平御览》中都有记载。

（十八）秋千

秋千是一种略带几分惊险的空中游戏，深受儿童喜爱。唐代诗人留下了大量描写秋千游戏的诗篇。遗存的许多古代绘画作品，亦展现了儿童在明媚的春光里荡秋千的情景。

《长春百子》（局部）中的儿童下棋情景

选自台北故宫博物院编《婴戏图》，宋　苏汉臣绘

Hundred Children Playing in Spring, painted by Su Hanchen, Song Dynasty (part) (excerpted from the Taipei Palace Museum. Painting of Children at Play)

（十九）毽子

踢毽子是儿童在冬季和春季进行的游戏活动。踢毽子一般会选较开阔的地方，许多儿童聚在一起轮流踢。比赛形式多种多样，一是比踢毽子的数量，以多者为胜；二是比时间，以毽子踢而不落地时间长者为胜；三是比花样、比难度，盘、拐、勾、旋、顶等踢法相比较，谁技巧性强谁胜。

（二十）舞蹈

手舞足蹈是儿童的天性。随着社会经济的发展，百姓生活的富裕，舞蹈得到了较大的发展。到了宋代，各类舞种已达数百种。同时也出现了不少儿童舞蹈，在石窟壁画、墓葬壁画及出土的文物中可以看到大量儿童舞蹈的图像。

婴戏图石球

清 汪恭绘

Painting of Children at Play, stone ball, painted by Wang Gong, Qing Dynasty

婴戏 秋千

Children at Play, Swing

《长春百子》(局部)中的儿童荡秋千情景

选自台北故宫博物院编《婴戏图》,宋　苏汉臣绘

Childern Play Swing, part of Chang Chun Bai Zi, painted by Su Hanchen, Song Dynasty

婴戏图
清　汪恭绘
Painting of Children at Play, painted by Wang Gong, Qing Dynasty

古代儿童秋千图

Children Playing Swing

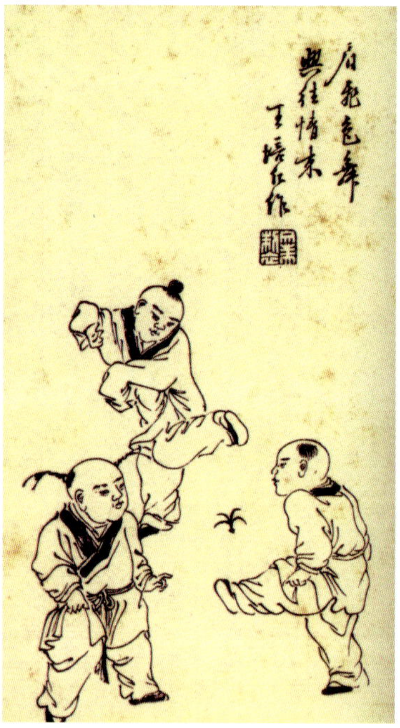

踢毽子

清　王培仁绘

Shuttlecock Kicking, Qing Dynasty,painted by Wang peiren

婴戏秋千图

Children Playing Swing

踢毽子

清　沈庆兰绘

Shuttlecock Kicking, Qing Dynasty, painted by Shen Qinglan

踢毽子图

清

Shuttlecock Kicking, Qing Dynasty

踢毽子

清

Shuttlecock Kicking, Qing Dynasty

舞蹈童女图

新疆高昌故城出土，宋

Dancing Girls, unearthed from Old City of Gaochang, Xinjiang, Song Dynasty

童子乐舞

甘肃敦煌敦煌榆林窟第 12 窟，五代

Dancing and Music boys,wall painting from the Yulin Cave 12, Dunhuang, Gansu Province, Five Dynasties

舞童纹瓷罐

现藏天津艺术博物馆，明

Porcelain Pot with Child Dancing Pattern,Tianjin Art Museum collection,Ming Dynasty

舞蹈童子

位于山西芮城县永乐宫纯阳殿神龙内栱眼壁，元

Dancing boys,wall painting from the Yongle Palace of Ruicheng village , Shanxi, Yuan Dynasty

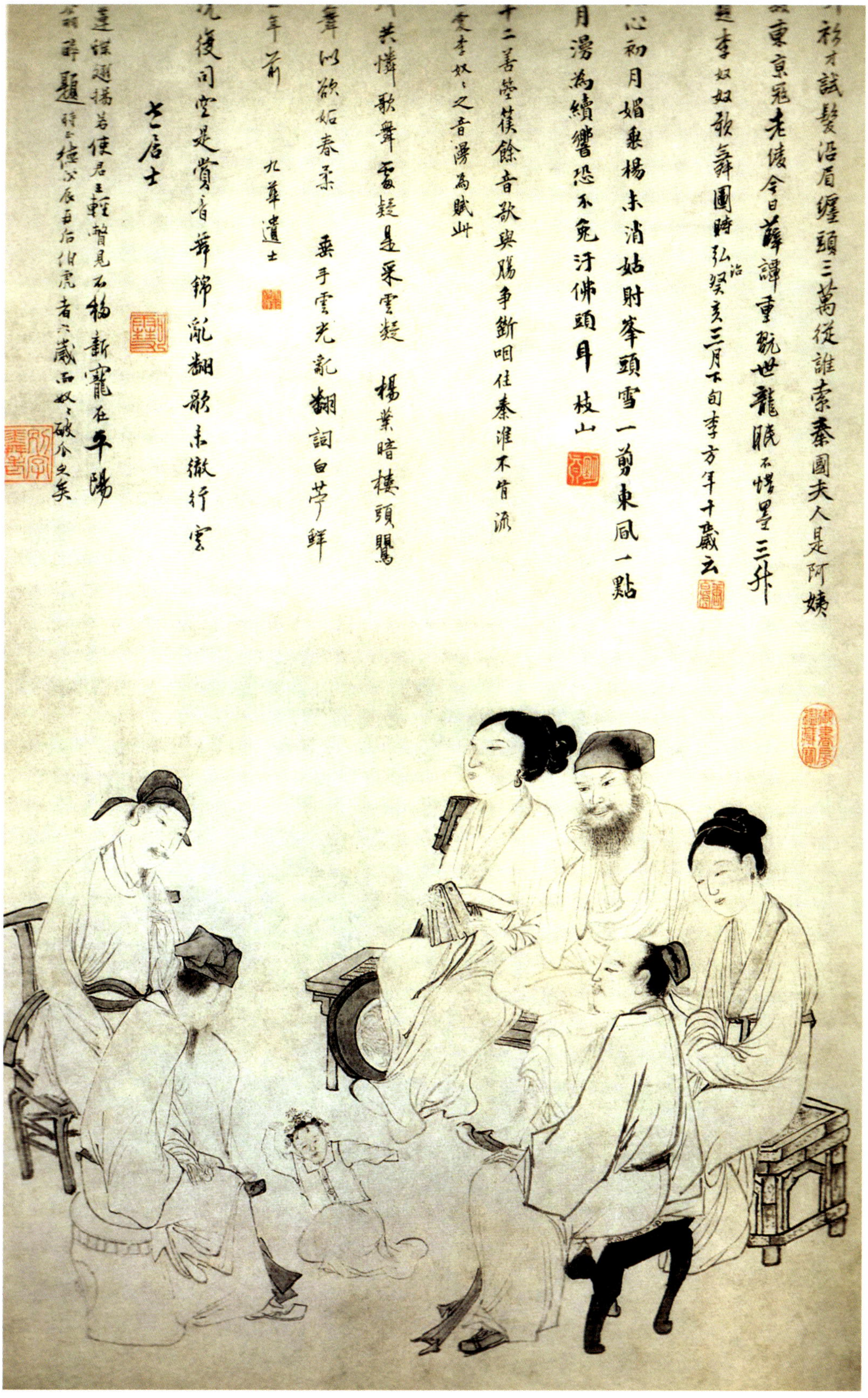

歌舞图

现藏北京故宫博物院，明　吴伟绘

Singing and dancing,painted by Wuwei, Ming Dynasty, Beijing Palace Museum collection

三、儿童综合性游戏

（一）招花

招花是一项追逐飘落花叶的嬉闹游戏。在古时候，每当杨树、榆树、柳树、桑树、梨树、杏树、枣树、李树等树木的花叶飘荡在空中时，最能引发儿童进行招花游戏。白居易曾作诗："谁能更学孩童戏，寻逐春风捉柳花。"

敦煌文献S.2832《愿文等范本》之三三《妹三（亡）日》载："桃李园中，招花绝影。"S.6613《九相观诗一本》之《童子相第二》云："华容艳阳日，绮服弄春风。招花宠爱量（良）难此（比），恩怜靡与同。" 敦煌文献P.5007《敦煌诗》载："歌谣再复归唐国，道舞春风杨柳花。"《卢相公咏廿四气诗》之《咏清明三月节》载："杨柳先飞絮，梧桐续放花。"因此，每年清明前后，当花絮飞飘时，儿童就会追逐空中的花絮游嬉。

童子采集花枝，用以供养佛和菩萨，尤其是密教修法是以花为供养物之一。在敦煌莫高窟中唐第112窟中，就绘有童子采花供佛的图像。画面表现了七名纯真的儿童，采集花枝，烘托出他们对佛的虔诚。因此，以花来供养佛是敦煌的宗教习俗。

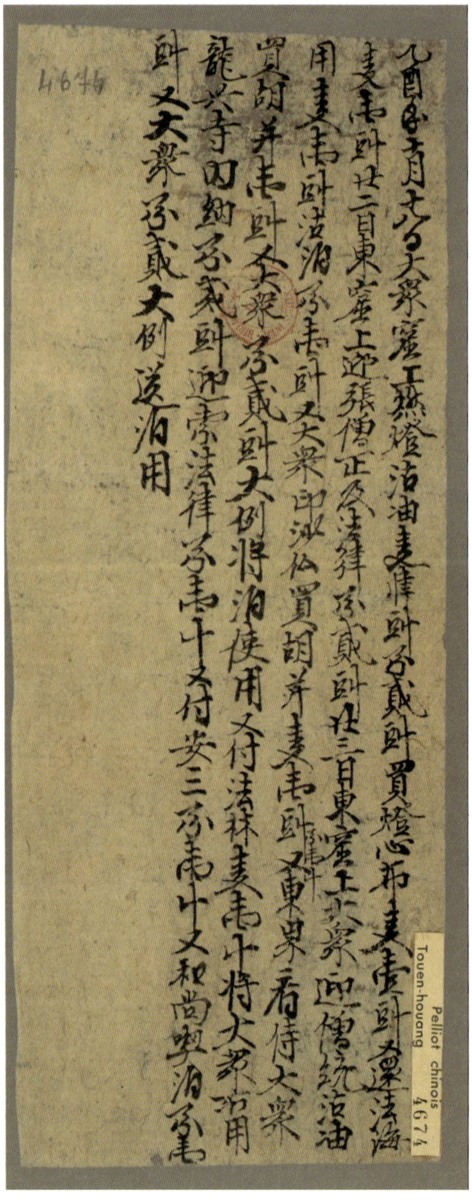

印沙
敦煌文献P.4674
Making Image of Buddha with Sand, Dunhuang Manuscript P.4674

（二）聚沙

聚沙是指在海边沙滩或沙漠印塔形或其他形状。这种印沙只需把有佛像或塔形的模子往沙土上一捺，即可完成。印沙时还需依照一定的仪规：用右手按印，左手持念珠记数，口诵真言。聚沙这一儿童游戏的玩法，在许多文献中略有记载。如白居易的《感悟妄缘，题如上人壁》载："……弄沙成佛塔，锵玉谒王宫。彼此皆儿戏，须臾即色空。"另据《妙法莲花经·方便品》载："乃至童子戏，聚沙为佛塔。"敦煌文献S.2832《愿

印沙图

敦煌莫高窟盛唐第23窟北壁

Buddha's Image in Sand,wall painting from the Mogao Cave 23 ,Dunhuang,Gansu, Tang Dynasty

文等范本》之三三《妹三(亡)日》载:“惟孩子禀乾坤而为质，承山岳已（以)作灵。惠和也,而(如)春花秀林;聪敏也,则秋霜并操。将谓宗枝永茂,冠盖重荣;岂期珠欲圆而忽碎,花正芳而降霜。致使聚沙之处,使伴无声;桃李圆中,招花绝影。或者池边救蚁,或者林下聚沙。游戏寻常,不逾咫尺。岂谓春芳花菓,横被需要霜霰之凋;掌上明珠,忽碎虎狼之口。嗟孩子八岁之容华,变作九泉之;艳比红莲白玉,化作荒交(郊)之土。”这是一篇兄长悼念妹妹的愿文,文中提到了多种游戏活动,其中就有聚沙游戏。敦煌文献S.6613《九相观诗》之《童子相》

《灌佛戏婴》中的庆祝佛日活动

现藏台北故宫博物院，宋　苏汉臣绘

Festivities , part of Guan Fu Xi Yin, painted by Su Hanchen,Song Dynasty,Taipai Palace Museum collection

婴戏图　捉迷藏

清　沈庆兰绘

?Hide-and-seek, painted by Shen Qinglan

载:“日月相催成幼童，五五三三作一蘂。虽角聚沙为佛塔，心中仍未辨西东。”《九相观诗一卷并序》之《第二观》载:“或聚沙来作米粜,或时觉走趁游风……巩城弄士(土)一丛丛。”敦煌文献《父母恩重经讲经文》载:“弄土雍泥向街里。”这都说明了敦煌古代儿童有玩聚沙游戏的习俗。

敦煌每年正月举办印沙佛会。P.3730V、S.6537V《立社条件》载:“逐年正月印沙佛一日,香花佛食,斋主供备。”S.0527《女人社再立条件》载:“社内正月建福一日……脱塔印沙。”当地举办印沙佛会是由寺院和官府负责,并提供食品。如P.4674载:“(十月廿三日)又大众印沙佛买胡并,麦一斗、粟一斗。”P.4907载:“辛卯年正月九日，孔库官社印沙佛,粟一斗。”敦煌文献P.3276V《杂斋文六篇》、P.2842《王梵志诗》亦载有印沙佛会的概况。

婴戏图 捉迷藏
选自《中华民间美术·年画卷》
Painting of Children at Play

敦煌莫高窟盛唐第23窟北壁下部《法华经变》画中,绘有四名儿童在田间玩聚沙游戏的场景。

(三)捉迷藏

捉迷藏是蒙住眼睛寻找躲藏者的一种儿童游戏。元稹的《杂记》之三云:

《长春百子》(局部)中的儿童藏猫猫情景
选自台北故宫博物院编《婴戏图》,宋 苏汉臣绘
Hundred Children Playing in Spring, painted by Su Hanchen, Song Dynasty (part) (excerpted from the Taipei Palace Museum. Painting of Children at Play)

推雪图

现藏北京故宫博物院,清 郎世宁等绘

Pushing the Snow, painted by Lang shining, Qing Dynasty, Beijing Palace Museum collection

婴戏图

清 汪恭绘

Painting of Children at Play, painted by Wang Gong, Qing Dynasty

“寒轻夜浅绕回廊，不辨花丛暗辨香。忆得双文胧月下，小楼前后捉迷藏。”描写的就是捉迷藏游戏。

（四）堆雪人

每当冬季下雪时，儿童就会聚在庭院玩堆雪人的游戏。堆雪人时，儿童手拿笤帚、铁锹之类的工具，将地上的积雪堆成一个坐地人形，用煤球或其他黑色物品做雪人的眼睛，头上还戴一顶帽子，一个胖乎乎的雪人就呈现在眼前了。此时，儿童就会爆发出一阵欢呼。

婴戏图

天籁阁旧藏，影戏图，宋

Painting of Children at Play, Song Dynasty, Tian Lai Ge collection

（五）木偶

在宋代，儿童玩木偶十分盛行，孟元老的《东京梦华录》、耐得翁的《都城纪胜》、吴自牧的《梦粱录》中都有记载。1976 年 7 月，在河南济源县考古发掘的一件宋代三彩瓷枕上，绘有一小儿坐地玩木偶的图像。另外在石窟壁画、明清画作中也绘有儿童玩木偶的图像。

（六）猧子

猧子在唐代是宠物狗。在敦煌文献《父母恩重经讲经文》中有描述："捉蝴蝶，趁猧子，弄土拥泥向街里。""三三结伴趁猧儿，贪逐胡（蝴）蝶抛家远。"路德延在《小儿诗》中对儿童玩猧子游戏做了更为生动的描述："莺雏金旋系，猧子彩丝牵。"另外在新疆吐鲁番阿斯塔纳唐墓出土的织物中有高昌少年趁猧子的图像。当时除了养猧子，还有养猫的。

（七）空竹

空竹游戏，又称"抖空竹""抖空钟""抖葫芦"等。《燕京杂记》载："京师儿童有抖空钟之戏，截竹为二短筒，中作小干，连而不断，实其两头，窍其中间，以绳绕小干，引两端而擞抖之，声如洪钟，甚为可听。"清人富察敦崇的《燕京岁时记》载："空钟者，形如车轮，中有短轴，儿童以双杖系棉线拨弄之，俨如天外晨钟。"《清代野记》载："京师儿童玩具，有所谓空钟者，即外省之地铃。"清代宫廷中十分流行空竹，无名氏的《玩空竹》诗咏："上元值宴玉熙宫，歌舞朝朝乐事同。妃子自矜身手好，亲来阶下斗空竹。"清人李虹若的《朝市丛载》也有抖空竹的记载："每逢庙集，以绳抖响，抛起数丈之高，仍以绳承接，演习各种身段。"当时抖空竹的花式越来越多，出现了"猴爬竿""回头望月""枯树盘根""倒爬树""鹞子翻身""飞燕入云"等高难度技巧。

空竹游戏老少皆宜，既能健身，又能娱乐，是我国的一项优秀的非物质文化遗产。

(八)老鹰捉小鸡

老鹰捉小鸡是多人儿童游戏。游戏开始前先分角色，一人当“母鸡”，一人当“老鹰”，其余的当“小鸡”。“小鸡”依次在“母鸡”后抓住衣服排成一队，“老鹰”站在“母鸡”对面，做捉“小鸡”姿势。“小鸡”紧紧抓住“母鸡”的衣服，尽量不被“老鹰”捉去。此游戏模仿性强，趣味性高，自古至今一直深受广大儿童喜爱。

骷髅幻戏图

现藏北京故宫博物院，南宋 李嵩绘

Kulou Huanxi Tu, painted by Li Song, Southern Song Dynasty, The Palace Museum collection

悬丝傀儡

选自《傀儡婴戏图》，南宋　刘松年绘

Puppet, from "Kuilei Yinxi Tu", painted by Liu Songnian, Southern Song Dynasty

双童图

出土于新疆吐鲁番阿斯塔纳 187 号墓，现藏新疆维吾尔自治区博物馆，唐

Double Children,unearthed from Astana tomb 187 ,Turpan City,Xinjiang, Tang Dynasty,Xinjiang Uygur Autonomous Region Museum collection

狸奴戏春图

现藏美国波士顿美术博物馆，宋

Servants Playing in Spring, anonymous painter, Song Dynasty, Boston Museum of Fine Art collection

婴戏图

清　汪恭绘

Painting of Children at Play, painted by Wang Gong, Qing Dynasty

绣百子暗花罗方领女夹衣

北京昌平区定陵出土，现藏北京定陵博物馆

Hundred Children at Play Pattern on Woman's Jacke,unearthed from Ming tomb in Changping of Beijing,Beijing Ming Tomb Museum collection

镶嵌钿加金银片童子滑板黑漆箱盖

现藏北京故宫博物院，清

Black Lacquer Box with Children at Play Design, Qing Dynasty

婴戏图镙钿加金银片黑漆箱

清初

Lacquer Box with Children at Play Design, Qing Dynasty

百子图局部

现藏英国国家博物馆,明

Hundred Children, part, Ming Dynasty, 16th century, L785cm, W24cm, The British Museum collection

瓷枕婴戏图

Porcelain Pillow with Children at Play Design

冬日婴戏图

现藏台北故宫博物院,南宋

Painting of Childrean at Play during Winter, anonymous painter, Southern Song Dynasty, Taipei Palace Museum collection

秋庭婴戏图

现藏北京故宫博物院,宋

Painting of Childrean at Play, anonymous painter, Song Dynasty, The Palace Museum collection

《长春百子》(局部)中的儿童抚琴情景

选自台北故宫博物院编《婴戏图》,宋　苏汉臣绘

Hundred Children Playing in Spring, painted by Su Hanchen, Song Dynasty (part) (excerpted from the Taipei Palace Museum. Painting of Children at Play)

《长春百子》(局部)中的儿童书写情景

选自台北故宫博物院编《婴戏图》,宋　苏汉臣绘

Hundred Children Playing in Spring, painted by Su Hanchen, Song Dynasty (part) (excerpted from the Taipei Palace Museum. Painting of Children at Play)

《长春百子》(局部)中的儿童演戏情景

选自台北故宫博物院编《婴戏图》,宋 苏汉臣绘

Hundred Children Playing in Spring, painted by Su Hanchen, Song Dynasty (part) (excerpted from the Taipei Palace Museum. Painting of Children at Play)

《长春百子》(局部)中的儿童欣赏字画情景

选自台北故宫博物院编《婴戏图》,宋 苏汉臣绘

Hundred Children Playing in Spring, painted by Su Hanchen, Song Dynasty (part) (excerpted from the Taipei Palace Museum. Painting of Children at Play)

《长春百子》(局部)中的儿童追逐情景

选自台北故宫博物院编《婴戏图》,宋　苏汉臣绘

Hundred Children Playing in Spring, painted by Su Hanchen, Song Dynasty (part) (excerpted from the Taipei Palace Museum. Painting of Children at Play)

婴戏图

现藏美国波士顿美术博物馆,宋

Painting of Children at Play, Song Dynasty, Boston Museum of fine art collection

婴戏图

现藏天津博物馆,宋　苏汉臣绘

Painting of Children at Play, Southern Song Dynasty, Tianjing Museum collection, H18.2cm, W22.8cm

蕉石婴戏图

现藏北京故宫博物院，宋

Painting of Childrean at Play, anonymous painter, Song Dynasty, Boston Museum of Fine Art collection

荷亭婴戏图

现藏美国波士顿美术博物馆，宋

Painting of Childrean at Play, anonymous painter, Song Dynasty, The Palace Museum collection

《百子图》团扇副本

现藏美国克利夫兰艺术博物馆，宋

Hundred Children, part, Song Dynasty, The American Cleveland Art Museum collection

婴戏图

现藏台北故宫博物院，宋

Painting of Children at Play,Song Dynasty,Taipei Palace Museum collection

婴戏

摹天籁阁

Painting of Children at Play, copy of Tian-lai-ge's Song Dynasty collection

婴戏　抛球

Children at Play, Throwing balls

捉柳花图

明　仇英

Catching Willow-cotton , Painted by Qiu Ying

豪家佚乐图卷局部之一

现藏南京博物院，清　杨晋绘

Haojia Yile Tu, part, painted by Yang Jin, painting on silk, Qing Dynasty

婴戏图

现藏北京故宫博物院

Painting of Children at Play, The Palace Museum collection

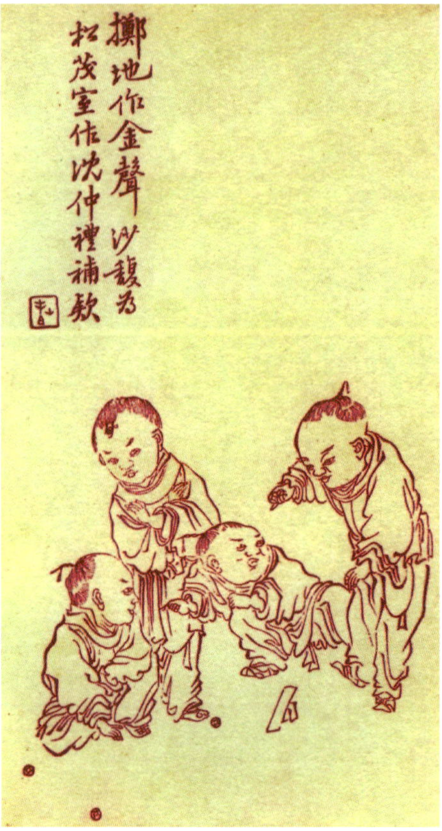

掷地作金声

清　沙山春绘

Throwing, Qing Dynasty

婴戏攀单杠图

清　沙山春绘

Children Playing Horizontal Bar, Qing Dynasty

婴戏杂耍图

清 汪恭绘

Painting of Children at Play, Painted by Wang Gong, Qing Dynasty

婴戏图

清 汪恭绘

Painting of Children at Play, painted by Wang Gong, Qing Dynasty

婴戏图

清 汪恭绘

Painting of Children at Play, painted by Wang Gong, Qing Dynasty

婴戏图

清 汪恭绘

Painting of Children at Play, painted by Wang Gong, Qing Dynasty

红地缂丝百子图帐料

现藏北京艺术博物馆，清

Tapestry material,Qing Dynasty, Beijing Art Museum collection

婴戏图

魏晋

Painting of Children at Play, Wei-Jin Dynasty

婴戏图

清

Painting of Children at Play, Qing Dynasty

红缎子绣百子图垫料

现藏北京故宫博物院，清

The Red Damasks for sewing,Qing Dynasty, Beijing Palace Museum collection

婴戏

Painting of Children at Play, painted by Feng Ning

粉彩婴戏图环耳瓶

现藏上海博物馆，清 乾隆

Bottle with painting of Children at play, Qing Dynasty, Shanghai ,Museum collection. H54.1cm,

粉彩婴戏图灯笼瓶

清

Bottle with painting of Children at play, Qing Dynasty

粉彩婴戏图兽耳卷口瓶

民国

Bottle with Painting of Children at play, the Republic of China

粉彩婴戏纹双兽耳方尊

现藏天津博物馆，清 同治

Zun with Painting of Children at Play, Qing Dynasty, Tianjin Museum collection. H31cm

粉彩婴戏图罐(一对)

清

Pot with painting of Children at Play (a pair), Qing Dynasty

油红地五彩描金婴戏图碗

现藏北京故宫博物院,清　嘉庆

Bowl with painting of Children at Play, Qing Dynasty, The Palace Museum collection

粉彩婴戏图碗(对)

清　嘉庆

Bowl with painting of Children at Play (a pair), Qing Dynasty

青花婴戏图瓷枕

清中期

Porcelain Pillow with Children at Play Design, Middle of the Qing Dynasty

婴戏图瓷枕粉彩青花

清

Porcelain Pillow with Children at Play Design (part), Qing Dynasty

小庭婴戏图

现藏台北故宫博物院

Painting of Children at Play in courtyard, Taipei Palace Museum collection

仿周昉《婴戏图》

宋

Painting of Children at Play, painted by Zhou Fang

婴戏图(货郎图)

明　计盛绘

Painting of Children at Play, painted by Ji Sheng, Ming Dynasty

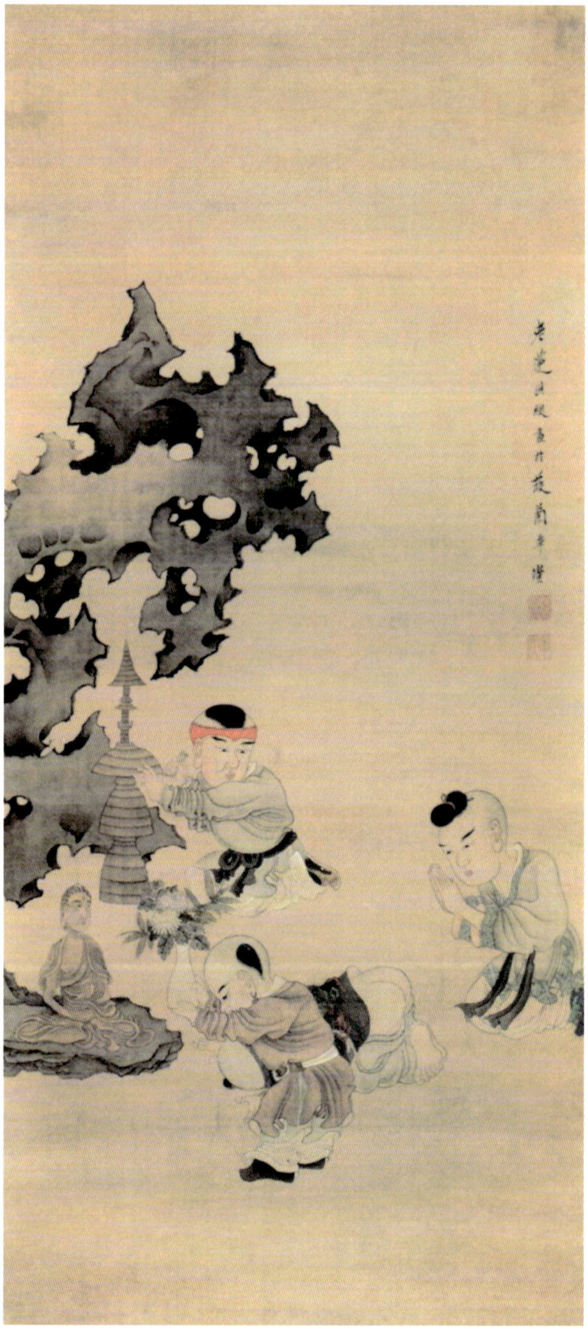

童子礼佛图

明　陈洪绶绘

Boy worshiping Buddha,painted by Chen hongshou, Ming Dynasty

货郎图

南宋　李嵩绘

Peddler,painted by Lisong, Southern Song Dynasty

荷亭婴戏图

宋

Painting of Children at Play in Lotus Pavilion, Song Dynasty

八子关灯图

现藏江苏省扬州博物馆，清　闵贞

Turn off the lights,painted by Minzhen,Qing Dynasty, Jiangsu Yangzhou Museum collection

辞旧迎新　爆竹声声

Farewell to the Past, Embrace the Future

刘海戏蟾

Liuhai Playing with Toad

豪家佚乐图

清

Recreational Activities of Wealthy Family,Qing Dynasty

洗浴

现藏西安博物院，唐

Bathing,Tang Dynasty, Xi;an Museum collection

玩鼓图

山东泰山岱庙出土石刻图，宋

Playing Drum, stone relief,unearthed from Dai Temple in Taishan Mountain of Shandong Province,Song Dynasty

踢瓶图

山东泰山岱庙出土石刻图，宋

Kicking Bottles,stone relief,unearthed from Dai Temple in Taishan Mountain of Shandong Province,Song Dynasty

结 论

本图录的八篇内容，也可以各自独立。由于所探讨的同属体育的源流问题，所以合成一书也自成体系。中华民族五千多年的悠久历史进程中，创造了灿烂辉煌的体育文化。在历史发展过程中，体育活动脱胎于实用型的生产劳动、军事训练和祭祀娱神活动等，成为一种独立存在的、具有“文化性”的主动。正是这种“文化性”使体育脱离了“实用生活”的范畴而获得了有别于“平常生活”的感觉和体验，从而进入人类“文化生活”的范畴。这也说明，人类体育的发展史，正是人类社会自身的文明、文化的发展进化史。更是传统思维方式和文化心理结构对体育的竞技形态及审美意识的多元影响。作为社会生活和文化的组成部分，古代体育呈现出以下特点：力量型、运动技能型的对抗性团队体育相对较少，个人技能技巧型游戏较多；博弈类、智力类、文字类高度发达和盛行；形成了独特的宴饮体育。这些特点构成了我国古代体育鲜明的“文化性格”。

我国古代体育的发展过程中，竞技对抗性和集体性的体育相对较少，而博弈类体育高度发达盛行的原因与我国尚文轻武、以儒术文士治天下为主导的社会政治、文化特征有关。一些体现阳刚尚武精神和力量型、竞技型的体育活动，主要流行于历朝历代的开国初期，具有强兵习武的军事训练功能，如蹴鞠、马球、摔跤、举重等。在历朝历代的衰落时期，体育活动往往呈现出阴柔、取巧求异的风格，致使技巧型、表演型体育盛行。

古代体育的演进过程中，还出现了另一个重要的“文化特性”。人们为了降低竞技活动对机体的伤害，开始制定体育规则，试图把体育竞赛的危险性降低到参与群体可以承受的程度。体育规则的产生是我国古人生存智慧的体现，是人们在共同生活中由于人们共同生活的需要而出现的。作为人类体育特有的文化品性的“体育的规则”来源于人类合理调节人际关系、保护群体利益的需要。可以说，体育中“规则”的出现，不仅标志着我国古代体育的进步，也标志着古人文明的进步。

因此，欲探讨中国古代体育的渊源和发展进程，首先要弄清楚什么是体育；同时，必须将整个体育史的研究纳入中华民族传统文化大背景之下进行，结合政治、经济、社会、宗教等现象来探讨体育形成多元因素的特征，如本体、巫术、生态、礼乐、神话、游戏、娱乐、竞技、军事、养生对孕育体育雏形的关联性。可以说，体育是人的身体文化。之所以说它是身体的文化，是因为在人的历史中，人一直在自觉且从未停止过对现实束缚的解脱和对身心的追求。这既是体育产生的原因，同时亦是体育存在的依据。因为人最自由的状态就是愉悦和审美的状态。愉悦和审美不仅仅是无功利的，同时又是无目的的。而能为人提供这种愉悦和审美的最佳形式便是体育。另外，还必须考虑世俗文化与宫廷文化的交会、本土文化与西方文化的融合对中国体育形成的影响。也就是说，研究中国体育史必须始于单元性而归结于综合性、整体性、有机性的考察与论证，要兼顾客观与微观的需要。对中国体育史的研究还必须操持正确的步骤和方法，建立缜密的组织架构，以防止出现杂乱无章、不得要领，而误入歧途。而进行上述这一切，又必须以对前辈时贤的研究得失有全面的认知和取舍为前提。唯有这样，才能别开生面地研索出体育渊源与产生的新观念、新论证。

凡此笔者不揣谫陋，以一得之愚，非敢唐突群贤，尚祈博雅君子有所教正。

后 记

我们都是体育人，自小接受专门的竞技体育训练。之后考入体育学院，修习体育教育专业，其中有两位先后攻读了硕士、博士。毕业后步入高校从事体育教学、运动训练、科学研究等工作，其中有的体育教育生涯已达四十余年或超过了半个世纪。体育是我们的人生，我们对它情有独钟，并乐此不疲！

对体育的发生、形成与发展我们有着浓厚的兴趣，因为，体育人文科学本来就应人出发，而游戏、娱乐与竞技正是人类最基本的生活内容。把生活层面的情趣提升到学问层面，又把学问贯穿到生活情趣之中，两者交织在一起很难截然分开。我们努力思考中国古代体育文化的精神究竟是什么？形成中国古代体育传统的价值何在？它在今天有什么意义？我们徜徉在中国体育历史中，不断从中国古老的视觉中发掘中国体育文化的内涵。从神话、岩画、彩陶、甲骨文、青铜器、简牍、汉魏墓葬砖画、唐宋金元的墓葬壁画、帛画、瓷器、铜镜、雕塑、古籍文献和文学作品等逐一展开，并收集整理了各种与体育有关的图像，分析研究它与神话、巫术、宗教、礼仪、狩猎的关系。

中国传统文化有着五千年的悠久历史。中华民族，不仅有一个文字记载的历史，而且有一个视觉图像叙述的历史。如《二十四史》《十三经注疏》《四库全书》，以及各种铭文、碑刻、简牍所书写的历史。同时还有一个视觉呈现的历史，如石窟壁画、墓葬画像石和画像砖、丝织品上的图画以及各种器物上的装饰图像，这些都是时代精神的反映。

文学和图像本来就是人类文化的两种载体。文字的记载，准确、翔实，代表当时的学者对历史的叙述和阐释，它往往是历史和民俗话语权力的表现。图像的方式，直观、形象、隐秘。自古以来，中国文化一贯重视文学和图像，河图洛书、铸鼎象物、左图右书，就是这一传统的表现。而体育图像也是一个民族文化的形象史诗，文字记载的又一个真幻世界。我们以文化学的视角，探讨体育图像的功能和意义，并从体育史的高度，阐发它在中国体育史的地位，分析其体育的特征，了解中国古人的生活和风俗，了解古代的游戏、竞技、娱乐与本体、祭祀、宗教、礼仪、狩猎之关系，可弥补文献之不足。当然，图像也不是文献的对应解释，因图像本身就包容着丰富的象征内涵和意义，它表现为现实世界的生活图景，从而构成了中华文化的根基。远古的蚩尤角抵、夸父追日、百兽率舞、冲狭燕濯、逆行连倒、距跃曲踊、矩游为乐、百戏竞技、鱼龙曼延、泼胡乞寒、迎神赛社、放鹰纵犬、围捕狩猎、宴饮乐舞、飞剑跳丸都应该是体育文化象征的源头。所以，了解体育文化首先就是要从人类的历史材料中梳理出一条象征符号的线索，再从考古学方面来确定其象征内涵。

这些年来，我们行走在祖国大江南北，并远涉东亚、中亚、欧美等国家进行实地考察和参观，拍摄了万余张珍贵的体育历史图片，利用各种时机参加学术交流，考察古代墓室、石窟壁画，参观各地的博物馆，走访考古研究所，查阅文献典籍等，从而使我们对已经熟知的古代体育图像又有了新的解读。本书努力还原从史前到明清中华民族的生活习俗和体育发展轨迹，使文史经典隐去的古代体育形式与历史文献过滤掉的体育历史场景，在数千年之后再现人间邂逅世人。

本书所探讨的“中国古代体育史”这一论题，其观点与方法与前辈时贤颇不相同，结论也颇异其趣，恳请本书读者仔细品味体育之伟大，体育所拥有的文化性。倘若通过阅读本书能够使得各位多少触及中国体育史所蕴含的巨大魅力，对思考中国体育问题有启发的话，作为作者来说将不胜荣幸。

孙麒麟（上海交通大学体育科学研究所所长，教授，博导）

毛丽娟（上海体育学院副院长，教授，博导）

李重申（兰州理工大学丝绸之路文化研究所所长，教授，硕导）

2015年5月

图版目录

第一篇　史前体育的发生

19 狩猎图 新疆多拉特岩画
Hunting, from rock paintings in Duo-la-te, Xinjiang Province
20 围猎 位于甘肃省嘉峪关市黑山四道鼓心沟
Hunting, from Jia Yu Pass of Gansu Province
21 围猎 位于宁夏中卫市东园乡北山大麦地
Hunting, rock painting in Da Mai Di, Ningxia Province
22 狩猎图 新疆多拉特岩画
Hunting, rock painting in Duo La Te, Xinjiang Province
23 猎牦牛 位于青海海北藏族自治州刚察县舍布齐沟
Hunting Yak, From She Bu Qi ditch of Gangcha County, Qinhai Province
24 骏马 位于新疆哈密地区巴里坤哈萨克自治县八墙子村
Horse, From Ba Qiang Zi village of Hami, Xinjiang Province
25 狩猎图 新疆哈密岩画
Hunting, rock painting in Hami City, Xinjiang Province
26 狩猎图 新疆哈密岩画
Hunting, rock painting in Hami City, Xinjiang Province
27 争战图 新疆哈密市泌城乡头工村岩画，公元 9 世纪
Warring, rock painting in Tou Gong village of Hami City, Xinjiang Province
28 双人舞图 宁夏贺兰山岩画
Dance for Two People, rock painting in Helan Mountain, Ningxia Province
29 庆丰收图 宁夏大麦地岩画
Harvest Celebration, rock painting in Da Mai Di, Ningxia Province
30 舞蹈图 位于甘肃省嘉峪关市黑山四道鼓心沟
Dancing, From Black Mountain, Jiayu Pass City of Gansu Province
31 连臂舞蹈图 宁夏贺兰山岩画
Dancing, rock painting in Helan Mountain, Ningxia Province
32 攀登岩画 宁夏贺兰山岩画
Climbing, rock paintings in Helan Mountain, Ningxia Province
33 舞人图 云南沧源岩画
Dancer, rock painting in Cangyuan, Yunnan Province
34 鸟首面具舞图 西藏日土岩画
Dancers with Bird Head Mask, rock painting in Ritu, Tibet
35 云南元江岩画
Rock painting in yuan river,Yunnan Province
36 舞蹈图 甘肃黑山岩画
Dancing, rock painting in Black Mountain, Gansu Province
37 男女对舞图 西藏日土岩画
Dancing Man and Woman, rock painting in Ritu, Tibet
38 舞蹈图 新疆阿尔泰富蕴县唐巴拉塔斯彩绘岩画
Dancing, rock painting in Tangbalatasi, Xinjiang Province
39 祈祷战争胜利舞图 广西花山岩画
Dancing for Praying the Victory of the War, rock painting of Hua Shan in Guangxi Province
40 百戏图 新疆阿勒泰市喇嘛昭乡雀儿沟岩画，公元前 5 世纪
Acrobatics, rock painting in Que Er Gou, Xinjiang Province, 5th century BC
41 舞蹈图(局部) 新疆呼图壁县康家石门子天山崖壁岩画，公元前 10 世纪
Dancing (part), rock painting in Tianshan Mountain, Xinjiang Province, 10th century BC
42 摔跤 中卫市北山大麦地，凿刻制作
Wrestling, Da Mai Di, Zhongwei City of Ningxia Province
43 摔跤 中卫市香山暖圈沟，凿刻制作
Wrestling, Nuan Quan Gou, Zhongwei City of Ningxia Province
44 叠罗汉 中宁县贺兰山南端余脉黄羊山黄羊湾，凿刻制作
Arhats Piling One by Another, from Helan Mountain of Ningxia Province
45 骑木滑行图 新疆阿勒泰五指神泉岩画
Sliding on Wood, rock painting in Altay, Xinjiang Province
46 群舞 福建省华安县沙建乡仙字潭
Group Dance, Xianzitan in Hua An County of Fujian Province
47 骑木滑行图 新疆阿勒泰五指神泉岩画
Sliding on Wood, rock painting in Altay, Xinjiang Province

第二篇 中国古代的休闲娱乐与游戏

76 游圆图壁画 章怀太子墓后室东壁北铺，唐
Tomb Wall Painting of a Garden Party, Tang Dynasty
77 东丹王出行图(局部) 绢本设色，美国波士顿艺术博物馆，五代 李赞华绘
Prince´s Travel, part, Museum of Fine Arts Boston collection, Five dynasties
78 八达游春图 绢本设色，现藏台北故宫博物院，五代 赵嵒绘
The spring outing, Taipei National Palace Museum collection, Five dynasties
79 杏园雅集图 现藏江苏省镇江市博物馆(此图另有一本现藏美国纽约大都会博物馆)，明 谢环绘
Gathering in the Garden, Museum of Zhengjiang, Jiangsu Province collection, Ming Dynasty
80 张萱虢国夫人游春图 现藏辽宁省博物馆，北宋 赵佶摹
The Spring Outing, Museum of Liaoning Province collection, The Northern Song Dynasty
81 仕女图 现藏北京故宫博物院，清 焦秉贞绘
Portrait of a Lady, Beijing Palace Museum collection, Qing Dynasty
82 明宣宗行乐图 现藏北京故宫博物院，明 商喜绘
Emporer Enjoying Pleasure of Life, Beijing Palace Museum collection, Ming Dynasty
83 踏歌图(局部) 立轴，水墨绢本，现藏北京故宫博物院，宋 马远绘
Singing(part), Song Dynasty, painted by Mayuan,The Palace Museum collection
84 踏歌 彝族树下踏歌图
Singing, the Yi nationality people singing under trees
85 踏舞图 敦煌莫高窟第156窟壁画，晚唐
Dancing,wall painting of Mogao Cave No.156, Dunhuang of Gansu Province, Late Tang Dynasty
86 高山族风俗图(局部) 现藏中国国家博物馆，清
Folk Custom of Gaoshan Nationality, part, Qing dyansty, The National Museum of China collection
87 登山图 甘肃敦煌莫高窟第14窟壁画，主室南壁，唐
Mountain Climbing, wall painting of Mogao Cave No.14, South wall of main chamber, Dunhuang of Gansu Province, Late Tang Dynasty
88 登高乐游图 古代风俗百图，唐
Mountain Climbing, Ancient custom images, Tang Dynasty
89 登高图 甘肃敦煌莫高窟第61窟壁画，西壁，五代
Mountain Climbing-2, wall painting of Mogao Cave No.61,West Wall,Dunhuang of Gansu |Province, Five Dynasty
90 彩绘登高图(瓷板画) 清
Mountain Climbing painted by colored, Qing Dynasty
91 登高图 现藏北京故宫博物院
Mountain Climbing,Beijing Palace Museum collection
92 登高图 《雍正皇帝十二月令行乐图》中的登高图(局部)，清
Mountain Climbing, "Yongzheng emperor enjoy life in 12 months"(part), Qing Dynasty
93 观梅图 现藏北京故宫博物院，清 禹之鼎
Watching Prunus Mume, Beijing palace museum collection, Qing Dynasty
94 杜甫《陪王侍御同登东山最高顶，宴姚通泉，晚携酒泛江》 现藏北京故宫博物院，明 金琮绘
Accompanying Offcial, Beijing palace museum collection, Ming Dynasty
95 垂钓画像石 现藏四川省乐山市崖墓博物馆，东汉
Sculpture of Fishing, Museum of Leshan, Sichuan Province collection, The Eastern Han Dynasty
96 钓鱼图 内蒙古清水河塔尔梁墓壁画，墓室西北壁，五代
Fishing, Tomb Wall painting, Five dynasties
97 渔父图 现藏北京故宫博物院，元 吴镇
Fisherman, Beijing palace museum collection, Yuan Dynasty
98 寒江独钓图 宋 马远
Fishing, "Hanjiang Dudiao Tu", Song Dynasty, painted by Mayuan
99 松溪钓艇图 现藏北京故宫博物院，元 赵雍
Fishing Boat on Songxi Brook, painted by Zhao Yong, Yuan Dynasty, H30cm, W52.8cm, The Palace Museum collection
100 钓鱼仕女图 清
Lady Fishing, Qing Dynasty
101 秋江垂钓图 绢本、设色，现藏上海博物馆，元 盛懋
Fishing, Shanghai Museum collection, Yuan Dynasty
102 渔夫图 明 吴伟
Fishing, "Fisherman", Ming Dynasty, painted by Wuwei
103 唐诗画谱 明万历晚期集雅斋原刻，后世多有翻刻
Drawings for Tang Dynasty´s Poems, Ming Dynasty
104 垂钓图 现藏上海博物院，明 尤求

Cockfighting, unearthed from Ji An Koguryo tomb in Jilin Province, 4th century
134 《陶庵梦忆 斗鸡社》书影 明 张岱
Introduction of book, Ming Dynasty
135 明皇斗鸡图 现藏美国波士顿美术博物馆
Ming Emperor Cockfighting Figure, preserved in Boston´s Museum of Fine Arts now, USA
136 粉彩瓷盘 中国江西景德镇,现藏大英博物馆,清
Painted procelain Plate, Made in Jingdezhen of Jiangxi Province, Qing Dynasty, preserved in British Museum now
137 婴戏图瓷枕 宋
Porcelain Pillow with Children at Play Design, Song Dynasty
138 婴戏图瓷枕 宋
Porcelain Pillow with Children at Play Design, Song Dynasty
139 《扬州鼓吹词 斗鸭池》书影 清 吴绮绘
Introduction of book, Qing Dynasty
140 戏鸭图 出于陕西礼泉县李震墓第三过洞东壁,现藏陕西昭陵博物馆, 唐
Duck Fighting, wall painting of Li Zheng tomb in Liquan County of Shaanxi Province, H100cm, W4cm, Tang Dynasty, preserved in Shaoling Museum of Shaanxi Province now.
141 儿童骑竹马 《长春百子》(局部)中的儿童骑竹马情景,选自台北故宫博物院编《婴戏图》,宋 苏汉臣绘
Hundred Children Playing in Spring, painted by Su Hanchen, Song Dynasty (part) (excerpted from the Taipei Palace Museum. Painting of Children at Play)
142 逗鸟 敦煌莫高窟第9窟,晚唐
Playing with bird, wall painting of Mogao Cave No.9, Dunhuang of Gansu Province, Late Tang Dynasty
143 斗鹌鹑 现藏中国国家图书馆,明代版画
Quail Fighting,wood engraving, Ming Dynasty, National Library of China collection
144 蟋蟀图 现藏北京故宫博物院
Cricket, Beijing Palace Museum collection
145 东宁陈氏番俗图 现藏中国国家博物馆,陈氏俊 绘
Folk Custom of Dongning, National Museum collection
146 斗兽图 汉代画像石
Animal fighting, Painted Stone, Han Dynasty
147 斗牛图 唐 戴嵩
Bullfight, painted by Dai Song, Tang Dynasty
148 斗牛图 选自明代王圻《三才图会》
Bullfight, Ming Dynasty
149 斗牛图 现藏云南省博物馆,明
Bullfight, Anonymous painter, Ming Dynasty, preserved in Yunnan museum
150 白苗斗牛图 传出自李宗昉《黔苗图说》,现藏湖南省博物馆
Bullfight, Hunan Museum collection
151 训豹图 1971年陕西省乾县懿德太子墓第一过洞东壁,唐中宗神龙二年(706年)
Training a Leopard, wall painting of Prince Yide´s tomb in Qian County of Shaanxi Province, Tang Dynasty. Height 201cm, wide 363cm.
152 猎虎图 山西沂州九原岗北朝壁画墓 北朝
Hunting a Tiger, wall painting of Jiu-yuan-gang´s Northern Dynasty tomb in Shanxi Province, Northern Dynasty
153 女史箴图(局部) 现藏大英博物馆,汉
Admonitions of the Court Instructress to Palace Ladies, part, British Museum collection
154 流民图 现藏美国檀香山博物馆,明 周臣
The refugees, The Honolulu Museum collection, Ming Dynasty
155 山鬼图 现藏北京故宫博物院,清 罗聘
Ghost, Beijing Palace Museum collection, Qing Dynasty
156 洗象图 现藏北京故宫博物院,清 丁观鹏
Washing elephant, Beijing Palace Museum collection, Qing Dynasty
157 刺熊图 现藏北京故宫博物院,清 金廷标
Bear, Beijing Palace Museum collection, Qing Dynasty
158 斗鹤图 现藏北京故宫博物院,清 华喦
Cranes, Beijing Palace Museum collection, Qing Dynasty
159 黄釉胡人戏狮圆扁壶 山西太原市玉门沟出土,现藏山西博物馆,唐
Flat Kettle with Hu People Playing with Lion Design, Tang Dynasty, H28cm, W16.5, R5.5, Shaanxi museum collection
160 训狮图浮雕 内蒙古呼和浩特出土,辽
Training Lion, stone relief, excavated from Huhehaote City, Inner Mongolia, Liao Dynasty

161 百子嬉春图 现藏北京故宫博物院,宋
Hundred Children Play at Spring, anonymous painter, Song Dynasty, The Palace Museum collection
162 庆典乐舞壁画 西藏古格王国遗址白殿,公元 15—16 世纪
Dancing, White palace of the site of Guge kingdom, Tibet, 15th–16th century
163 寿山走会图中的舞狮
The Lion Dance
164 辽东狮舞 清 吴友如
Lion Dance in Liao Dong, painted by Wu Youru, Qing Dynasty
165 瓷器纹样舞狮子 清
Lion Dance, procelain pattern, Qing Dynasty
166 狮子 位于北京法海寺大雄宝殿扇面墙背面东部,文殊菩萨左下部,明
Lion, located in the great buddha´s hall of Fahai Temple, Beijing, Ming Dynasty
167 百子闹元宵 木雕
Hundred of Children at Play in Lantern festival, wooden relief
168 迎春图(舞狮) 现藏首都博物馆, 清 黄瑞鹤
Lion Dance, painted by Huang Ruihe, Qing Dynasty, The Captial Museum of China collection
169 舞狮图 16 世纪舞狮图(西藏古格王国宫中壁画)
Lion Dance in 16th centry A.D., Palace wall painting, Guge Kingdom, Tibet
170 舞龙 清代年画中的舞龙图
Dragon Dance in New Year´s Picture of Qing Dynasty
171 童子舞龙
Dragon Dance by kids
172 粉彩凸雕婴戏纹螭耳瓶 现藏北京故宫博物院,清 嘉庆
Bottle with Children at Play Design, Qing Dynasty, the Palce Musem collection
173 粉彩婴戏纹瓶 现藏北京故宫博物院,清 乾隆
Bottle with Children at Play Design, Qing Dynasty, the Palce Musem collection
174 粉彩婴戏图如意口瓶 清 乾隆
Bottle with Children at Play Design, Qing Dynasty
175 青花婴戏图将军罐 清 乾隆
Pot with painting of Children at play (a pair), Qing Dynasty
176 鎏金舞马衔杯纹银壶 银器,陕西西安何家村出土,现藏陕西历史博物馆,唐
Horse Dance, Gold plating silver pot with horse dance pattern, Tang Dynasty, preserved in Shaanxi History Museum now
177 陶驯马俑和马 现藏中国国家博物馆,唐
Earthenware Horse and Trainer, China National Museum collection, Tang Dynasty
178 汴京宣德楼前演象图 现藏故宫博物院
Training Elephants, Song Dynasty, The Palace Museum collection
179 太子走象奔马图壁画摹本 山西省太原市崇善寺大雄宝殿两披长廊壁,明
Prince Riding Elephant and Horse, copy of wall painting on the Chongshan Temple in Taiyuan City of Shanxi Province, Ming Dynasty

第三篇 益智游戏

180 六博汉简 北大藏
Six-throwing-chopsticks, Peking University collection
181 六博图 汉
Six-throwing-chopsticks Board Game
182 秦代六博局图案 甘肃省天水市秦墓出土
Six-throwing-chopsticks Board Game Pattern, excavated from Tianshui Qin tomb, Qin Dynasty
183 六博画像砖 东汉
Six-throwing-chopsticks Board Game, painted brick, Eastern Han Dynasty
184 西汉牙质六博棋子 北京市大葆台出土
Six-throwing-chopsticks Board Game pieces, excavated in Beijing , Wastern Han Dynasty
185 六博宴饮图 出于河南偃师市辛村壁画墓中室西壁北部,西汉
Six-throwing-chopsticks Board Game during Banquet, wall painting of Xin village of Henan Yanshi, Western Han Dynasty
186 彩绘木雕六博俑 1972 年甘肃省武威市磨嘴子 48 号墓出土,现藏甘肃省博物馆,西汉
Color painted wooden game Figurines, excavated in Gansu Province 1972, Gansu Province Museum collection, Western Han Dynasty
187 西汉彩绘六博俑 现藏陕西省汉阳陵博物馆
Color painted wooden game Figurines, Hanyang Tomb Museum collection, Shaanxi Province

188 长沙马王堆汉墓出土六博棋具 现藏湖南省博物馆
Six-throwing-chopsticks Board Game Set, Hunan Province Museum collection
189 铜四人博戏俑 广西西林县普驮粮站出土,现藏广西壮族自治区博物馆,西汉
Copper Four Figures Gambling, Western Han Dynasty, Guangxi Museum collection
190 仙人六博画像砖(局部) 东汉
Six-throwing-chopsticks Board Game, painted brick, Eastern Han Dynasty
191 错金银四神博局纹镜 现藏北京故宫博物院,东汉
Immortals playing Chess design Mirror, Beijing Palace Museum collection, Eastern Han Dynasty
192 神人驯兽博棋乐舞画像镜 现藏北京故宫博物院,东汉
Immortals Traing, Playing Chess, Dancing Design Mirror, Beijing Palace Museum collection, Eastern Han Dynasty
193 陶质六博俑 美国纽约莉莲·斯卡露丝收藏,汉
Six-throwing-chopsticks Board Game,Pottery figure, Han Dynasty, privated collection, New York City of USA
194 绿釉陶六博俑 1972 年河南灵宝市张湾村 3 号墓出土,现藏河南博物馆,东汉
Six-throwing-chopsticks Board Game,Pottery figure, H24.2cm, Eastern Han Dynasty, Henna museum collection
195 东汉绿釉六博棋俑 河南灵宝市出土
Chess playing Figurines, Excavated in Lingbao City, Henan Province
196 铜六博棋盘 西汉
Bronze checkerboard, Western Han Dynasty
197 六博画像砖 东汉
Six-throwing-chopsticks Board Game, painted brick, Eastern Han Dynasty
198 仙人六博画像砖 东汉
Six-throwing-chopsticks Board Game, painted brick, Eastern Han Dynasty
199 仙人六博画像石 四川新津县崖墓出土,原石棺已毁,东汉
Six-throwing-chopsticks Board Game, stone relief, Eastern Han Dynasty, excavated from Sichuan.H57cm, W99cm
200 六博画像石 江苏省铜山县台上村征集,现藏江苏省徐州汉画像石艺术馆,东汉
Six-throwing-chopsticks Board Game, Eastern Han dynsty, Xuzhou Han Stone Engravings Gallery
201 六博画像石拓本 陕西省绥德县出土,汉
Stone rubbing paint of Six-throwing-chopsticks Board Game,Excavated in Suide Shaanxi Province, Han Dynasty
202 六博画像砖 东汉
Six-throwing-chopsticks Board Game, painted brick, Eastern Han Dynasty
203 彩绘樗蒲砖画,甘肃省嘉峪关魏晋 7 号墓,位于中室东壁第一层第五块砖,1973 年清理发掘,M7 出土,魏晋
Chupu, wall painting of Wei and Jin Dynasty´s tomb of Jiayuguan City´s No.7, Wei and Jin Dynasty (220-420)
204 博弈图 甘肃莫高窟第 159 窟壁画,东壁门侧,唐
Playing Chess, wall painting of Mogao Cave No.156, Dunhuang of Gansu Province, Tang Dynasty
205 铜博茕(博具) 1968 年河北满城汉墓出土
Gambling Tools, excavated from Mancheng City Han Dynasty tomb in 1968, Hebei Province
206 彩绘樗蒲砖画 甘肃高台县许三湾魏晋墓
Painted brick with Chupu Design, Xusanwan tomb in Gaotai County of Gansu Province
207 彩绘樗蒲砖画 甘肃高台县许三湾魏晋墓
Painted brick with Chupu Design, Xusanwan tomb in Gaotai County of Gansu Province
208 博戏图 选自布达拉宫 清
Gambling Game, from the Potala Palace, Qing Dynasty
209 象牙雕双陆棋子 唐
Chess Pieces Made of Ivory, Tang Dynasty
210 双陆木棋盘 新疆吐鲁番县阿斯塔那第 206 号古墓出土,公元 7 至 10 世纪
Chess Borad, excavated from Aatana Tomb No. 206 in Xinjiang Province, 7th - 10th century
211 木制漆涂双陆 辽
Painted Wooden Chess, Liao Dynasty
212 紫檀双陆棋盘与棋子 现藏内蒙古博物院,辽
Wooden Chess Board and Pieces, Inner Mongolia Province Museum collection, Liao Dynasty
213 内人双陆图 绢本、设色,现藏台北故宫博物院,唐 周昉(传)
Playing Chess, Taipei Palace Museum collection, Tang
214 弈双陆图 甘肃敦煌莫高窟第 7 窟壁画,东壁门南,唐
Playing Chess, wall painting of Mogao Cave No.7, Dunhuang of Gansu Province, Tang Dynasty
215 麻将图 选自布达拉宫(局部) 清
Mahjong, from the Potala Palace, Qing Dynasty
216 弈围棋图 甘肃敦煌莫高窟第 454 窟壁画,东壁,宋
Weiqi, wall painting of the Mgao Cave No.454, east wall, Dunhuang of Gansu Province, Song Dynasty

217 围棋石盘 陕西咸阳市汉阳陵出土

Stone Weiqi Board, exvacated from Hanyang tomb in Xianyang City, Shaanxi Province

218 白釉围棋盘 河南安阳市张盛墓出土，现藏河北博物院，隋

Chess Board, Zhangsheng tomb in Anyang City of Henan Province, Sui Dynasty, preserved in Hebei Museum now

219 陶棋盘与蚌棋子 现藏西北大学博物馆藏，唐

Pottery Chess Board and Pieces, Northwestern University Museum collection ,Tang Dynasty

220 木围棋盘 新疆吐鲁番县阿斯塔那第206号古墓出土，公元7—10世纪

Wooden Chess Board, excavated from Aatana Tomb No. 206 in Xinjiang Province, 7th – 10th century

221 棋几 现藏日本正仓院

Chess Table, Shosoin collection, Japan

222 烂柯图 绘于荷叶形磁盘，宋

Lanke Tu, painted on the plate,Song Dynasty

223 荷亭对弈图 现藏北京故宫博物院，南宋

Heting Duiyi Tu, Southern Song Dynasty, H22.5cm, W23.8cm, The Palace Museum collection

224 银茶具 1987年4月陕西省扶风县法门寺塔基地宫出土，现藏法门寺博物馆，唐

Silver Tea Service, Tang Dynasty, Famen Temple Museum collection

225 十八学士图（局部） 中国古代名家仇英作品

Eighteen Scholars (part), painted by Qiu Ying

226 弈围棋图 甘肃瓜州榆林石窟第32窟壁画，北壁，五代

Weiqi, wall painting of the Yulin Cave No.32, north wall, Guazhou of Gansu Province, Five Dynasty

227 十八学士图 现藏台北故宫博物院，宋

Eighteen Scholars, L173.6cm, W103.1cm, Song Dynasty, Taipei Palace Museum collection

228 书画图 绢本、设色，现藏日本东京国立博物馆，元 任仁发（传）

Painting and calligraphy, painted by Ren Renfa ,painting on silk, Yuan Dynasty,Tokyo National Museum collection

229 重屏会棋图 绢本、设色，现藏北京故宫博物院，五代 周文矩（传）

Playing Chess, painted by Zhou Wenju, painting on silk, Five Dynasty, The Palace Museum collection

230 临宋人画 现藏上海博物馆，明 仇英

Copy of Song Dynasty´s Painting, painted by Qiu Ying, Ming Dynasty, H27.2cm, 25.5cm, Shanghai Museum collection

231 竹亭对棋图 现藏辽宁省博物馆，明 钱榖

Playing Chess in Bamboo Pavillion, painted by Qian Gou, Ming Dynasty, H62.1cm, W32.3cm, Liaoning Museum collection

232 荷亭消夏图（局部） 绢本、设色，宋 赵伯驹

Enjoying the Lotus Flowers in Summer, part, painted by Zhao Boju, painting on silk, Song Dynasty

233 三老对弈图 河北宣化张文藻墓，辽

Three Old Men Playing Chess, unearthed from Zhang wenzao´s tomb in Xuanhua of Hebei Province,Liao Dynasty

234 番王礼佛图 现藏北京故宫博物院，元

Minority Chief Worshiping Buddha, Yuan Dynasty,The Palace Museum collection

235 雜画 现藏上海博物馆，明 张路

Za Hua, painted by Zhang Lu, Ming Dynasty, H31.6cm, W58.3cm, Shanghai Museum collection

236 华山五老图 明

Five Honorabl Old Men of Huashan Mountain, Ming Dynasty

237 烂柯图 纸本、墨笔 现藏北京故宫博物院，明 徐渭

Chess Playing, painted on paper,Ming Dynasty, Beijing Palace Museum collection

238 弈棋图 现藏北京故宫博物院，清 任熊

Chess Playing, painted by Renxiong, Qing Dynasty, The Palace Museum collection

239 人物花鸟图 现藏北京故宫博物院，清 任颐

Figures, Flowers and Birds, painted by Ren Yi, Qing Dynasty, The Palace Museum collection

240 《坐隐先生精订捷径弈谱》插图 此图为《弈谱》卷前附图，六页连式，明万历三十七年（1609）环翠堂刊本，现藏中国国家图书馆

Illustration of Zuoyin Xiansheng Jingda Jiejing Yipu, Ming Dynasty, National Library of China collection

241 十八学士登瀛洲图（局部） 清 孙祜等

Scholars Ascending Yinzhou(part),painted by Sun Hu,Qing Dynasty

242 屏风画 甘肃敦煌莫高窟第454窟壁画，清

Screen,wall painting of the Mgao Cave No.454, Dunhuang of Gansu Province, Qing Dynasty

243 碁经 敦煌抄卷S.5574，现藏大英博物馆，北周

Classics of Chess, Dunhuang Manuscript S.5574, Northern Zhou Dynasty, now in the British Museum

244 碁经 敦煌抄卷S.5575，现藏大英博物馆，北周

Classics of Chess, Dunhuang Manuscript S.5575, Northern Zhou Dynasty, now in the British Museum

245 碁经 敦煌抄卷S.5576，现藏大英博物馆，北周

Classics of Chess, Dunhuang Manuscript S.5576, Northern Zhou Dynasty, now in the British Museum
246 西园雅集图 宋 马远
Meeting in West Garden,painted by Mayuan Song Dynasty
247 深山会棋图 绢本、设色，现藏天津市艺术博物馆，清 王云
Playing Chess in Mountain, painted by Wang Yun, painting on paper, Qing Dynasty,Tianjin Municipal Art Museum collection
248 屏风画 甘肃敦煌莫高窟第 454 窟壁画，清
Picture on the Screen, No.454 cave of Mogao Caves in Dunhuang City, Gansu Province, Qing Dynasty
249 东山报捷图 现藏广州美术馆，清
Reporting Good News in East Mountain, Qing Dynasty, Guangzhou Art Museum collection
250 松下对弈图 绢本、设色，清 郑岱
Playing Chess under the Tree, painted by Zhengdai, painting on silk, Qing Dynasty
251 弈围棋图 瓷器，清
Weiqi, porcelain, Qing Dynasty
252 香山九老图 清 吴嘉猷
Nine Honorable Old Men in Xiangshan Mountain,painted by Wujiayou,Qing Dynasty
253 西园雅集图 清 华嵒
Meeting in West Garden,painted by Huayan, Qing Dynasty
254 郑成功弈棋图 绢本、设色，现藏中国历史博物馆，清 黄梓
Chess, painted by Huang Zi, painting on silk, Qing Dynasty, Chinese History Museum collection
255 仕女弈棋图，粉彩瓷瓶画，清
Vase with Lady Play Chess Design, Qing Dynasty
256 松下弈棋图（残） 青花瓷盘，清
Playing Chess under the Tree,porcelain, Qing Dynasty
257 弈棋图 银提梁壶刻画，现藏北京故宫博物院，清 乾隆
Playing Chess , Qing Dynasty, The Palace Museum collection
258 对弈图 黄杨木雕笔筒，清 吴之璠
Chess, painted by Wuzhi fan, Qing Dynasty
259 弈棋 现藏广州美术馆，清 苏六朋
Playing Chess ,Painted by Suliu peng, Qing Dynasty, Guangzhou Art Museum collection
260 铜质象棋子 宋
Bronze Pennants of Chess,Northern Song Dynasty
261 瓷质象棋子 南宋
Ceramic Pennants of Chess , Sourthern Song Dynasty
262 象棋 清
Chess,Qing Dynasty
263 铜象棋子 陕西出土，北宋
Bronze Pennants of Chess kept in Historical Museum of Shaanxi, Northern Song Dynasty
264 对弈 位于山西洪洞县水神庙明应王殿西壁北部上层，元
Playing Chess, Hongtong County of Shaanxi Province, Yuan Dynasty
265 蒙古象棋 元
Mongolian Chess,Yuan Dynasty
266 《三才图会》中的象棋棋谱 明
Chinese Chess Manual, Ming Dynasty
267 象棋 现藏中国体育博物馆，清
Chinese Chess, Qing Dynasty, China sport museum collection
268 陶质象棋模型 广东省大埔县湖寮圩吴六奇墓出土，清
Chinese Chess, Pottery model from Wu liuqi tomb, Guangdong Province, Qing Dynasty

第四篇 中国古代的竞技体育

269 彩绘陶立射俑 陕西省咸阳市韩家湾狼家沟村出土，现藏陕西历史博物馆，西汉
Painted Pottery Figure, Shooting, Western Han Dynasty, Shaanxi History Museum collection
270 绿釉狩猎纹陶壶 陕西省西安市郭家村出土，现藏中国国家博物馆，东汉
Pottery Pot with Hunting Pattern,unearthed from Guojia Village ,Xi´an,Shaanxi, China National Museum collection,Western Han Dynasty
271 狩猎壁画 陕西省西安市西安理工大学西汉壁画墓墓室东壁，西汉
Hunting , Wall painting of Western Han tomb, Located in Shaanxi University of Technology
272 人物升仙 骑射画像石，陕西省米脂县党家沟出土，现藏陕西省米脂县博物馆，东汉
Riding and Shooting, stone relief, Eastern Han Dynasty, Mizhi County Museum of Shaanxi Province

273 荷塘 渔猎画像砖，四川彭州市三界镇收集，现藏四川博物馆，东汉
Lotus Pond and Fishing, Painting on brick, Eastern Han Dynasty, Sichuan Museum collection
274 狩猎壁画 陕西省西安市西安理工大学西汉壁画墓墓室东壁，西汉
Hunting , Wall painting of Western Han tomb, Located in Shaanxi university of technology
275 狩猎壁画 陕西省西安市西安理工大学西汉壁画墓墓室东壁，西汉
Hunting , Wall painting of Western Han tomb, Located in Shaanxi university of technology
276 狩猎 车马出行彩绘画像石，陕西神木县大保当 23 墓出土，现藏陕西省考古研究所，东汉
Hunting, Stone relief, East Han Dynasty, Dabaodang tomb No.23 of Shenmu County, Shaanxi Province
277 狩猎 车马出行彩绘画像石，陕西神木县大保当 23 墓出土，现藏陕西省考古研究所，东汉
Hunting, Stone relief, East Han Dynasty, Dabaodang tomb No.23 of Shenmu County, Shaanxi Province
278 山水狩猎图 山西大同市智家堡村北魏墓，北魏
Hunting, excavated from Northern Wei Dynasty tomb in Zhijiapu village of Datong City, Shaanxi Province
279 射猎图 敦煌莫高窟第 301 窟壁画，北周
Hunting,wall painting of the Mgao Cave No.301, Dunhuang of Gansu Province, Northern zhou Dynasty
280 戈射图 1992 年内蒙古鄂托克旗凤凰山 1 号墓出土，原址保存，东汉
Hunting, Eastern Han Dynasty,Unearthed in Fenghuang Mountain of Inner Mongolia Province in 1992
281 围猎图 1999 年内蒙古鄂托克旗凤凰山 1 号墓出土，原址保存，东汉
Hunting, Eastern Han Dynasty,Unearthed in Fenghuang Mountain of Inner Mongolia Province in 1999
282 李广射虎图 1995 年出土，现藏甘肃省文物考古研究所
Liguang Shoots the Tiger, Western Jin Dynasty, L31cm, W15.8cm, Archaeological Institute of Gansu Province collection
283 射熊图 新疆克孜尔石窟第 188 窟壁画，7 世纪
Shooting a Bear, wall paintging from Kizil Grottoes No.188, Xinjiang Province, 7th century
284 射象图 新疆克孜尔石窟第 206 窟，东甬道内侧壁
Shooting Elephants, wall paintging from Kizil Grottoes No.206, Xinjiang Province
285 射靶图 敦煌莫高窟 419 窟壁画，隋代
Shooting Target ,wall painting of Mogao Cave No.419, Dunhuang of Gansu Province, Sui Dynasty
286 猎羊图 甘肃省嘉峪关市新城 7 号墓前室东壁，西晋
Hawk, excavated from Xincheng tomb No.7 in Jiayuguan City of Gansu Province, Western Jin Dynasty
287 狩猎 吉林省集安市洞沟古墓群禹山墓区中部角抵墓，原址保存，高句丽（4 世纪中叶）
Hunting, wall painting of the Ji An Koguryo tomb in Jilin Province, 4th century
288 敕勒川狩猎图 内蒙古和林格尔县北魏壁画墓，北魏
Hunting, wall painting from Northern Wei tomb in Inner Mongolia Province, Northern Wei Dynasty
289 猎图 1970 年吉林省集安市洞沟古墓群长川墓区 1 号墓出土，原址保存， 高句丽（6 世纪）
Hunting, wall painting of the Ji´an Koguryo tomb in Jilin Province, 4th century
290 狩猎图 山西忻州九原岗北朝壁画墓，北朝
Hunting,wall painting in Xinzhou City´s JiuYuangang tomb in Shanxi Province,North Dynasty
291 狩猎图 山西忻州九原岗北朝壁画墓，北朝
Hunting,wall painting in Xinzhou City´s JiuYuangang tomb in Shanxi Province,North Dynasty
292 猎鹿图 山西忻州九原岗北朝壁画墓，北朝
Hunting,wall painting in Xinzhou City´s JiuYuangang tomb in Shanxi Province,North Dynasty
293 狩猎图 山西太原市晋源区王郭村虞弘墓石椁座后壁下栏，隋
Hunting, wall painting on a stone outter coffin, Sui Dynasty, Yuhong tomb in Shaanxi Province
294 石椁壁画狩猎图 山西太原市晋源区王郭村虞弘墓石椁座后壁，隋
Hunting, wall painting on a stone outter coffin, Sui Dynasty, Yuhong tomb in Shaanxi Province
295 骑射纹银杯 现藏巴黎吉美国立亚洲艺术博物馆，唐
Silver Cup with Shooting Design, H7.67cm, Tang Dynasty, Musée national des Arts asiatiques-Guimet, Paris
296 八瓣仕女狩猎纹银杯 唐
Silver Cup with the Picture of Court Ladies Shooting , Tang Dynasty
297 八角形狩猎纹镜银背 唐
Octagonal Mirror, Tang Dynasty
298 狩猎纹镜 现藏北京故宫博物院，唐
Hunting Profiling Mirrors,North Han Dynasty,Beijing Palace Museum collection
299 渔猎博局纹镜 现藏北京故宫博物院， 东汉
Hunting Profiling Gambling Mirrors ,North Han Dynasty,Beijing Palace Museum collection
300 狩猎图 陕西三原县李寿墓壁画，唐
Hunting,wall painting in Lishou´s tomb in Shaanxi Province,Tang Dynasty
301 射猎图 敦煌莫高窟第 98 窟壁画，五代
Hunting,wall painting in the Mogao caves NO.98, Five Dynasty

302　彩绘木箭菔射虎图　公元 7 至 10 世纪

Shooting Tiger, 7th-10th century

303　绿色狩猎纹印花纱　新疆吐鲁番阿斯塔那北区 105 号墓出土，现藏新疆维吾尔自治区博物馆，唐

Voile with printed Hunting Pattern, excavated from Astana Tomb No.105, Xinjiang Museum collection

304　骑马图　星宿图卷（南宋摹本），唐　梁令瓒

Riding,painted by lianglinzan ,Tang Dynasty

305　织金瑾　公元 8—10 世纪，鄯善县鲁克沁出土，现藏吐鲁番博物馆

Gilt Brocade, 8th-10th century, Tulufan Museum collection

306　备猎图　内蒙古敖汉旗贝子府镇喇嘛沟辽墓墓室西壁，辽

Hunting, wall painting of Lamagou tomb in Inner Mogolia, Liao Dynasty

307　射猎图　甘肃敦煌莫高窟第 346 窟壁画，南壁，五代

Hunting, wall painting of the Mogao Cave No.346, south wall, Dunhuang of Gansu Province, Five Dynasty

308　讲武习射　辽

Teaching Martial Art and Learning shooting, Liao Dynasty

309　出猎图（局部）　现藏台北故宫博物院，辽

Hunting(Part),Taipai Museum collection,Liao Dynasty

310　出猎图　现藏台北故宫博物院，辽

Hunting,Taipai Museum collection,Liao Dynasty

311　负箭持弓人物图　1989 年河北省宣化下八里二区辽墓 2 号出土，原址保存，辽

Injured Archer, In 1989 unearthed in Xuanhua Liao tomb NO.2 in Hebei Province, Liao Dynasty

312　弓箭图　1944 年内蒙古阿鲁科尔沁旗东沙布日台乡宝山村 1 号墓出土，原址保存，辽天赞二年（923）

Bow and arrow,in 1944 unearthed in A Lu KeErQing tomb NO.1 in Inner Mogolia, Liao Dynasty

313　骑射图　1995 年内蒙古敖汉旗玛尼罕乡七家村 1 号墓出土，现藏敖汉旗博物馆，辽

Riding and Shooting,in 1995 unearthed in AoHanQi tomb NO.1 in Inner Mogolia, AoHanQI Museum collection

314　骑士图　1995 年内蒙古敖汉旗玛尼罕乡七家村 1 号墓出土，现藏敖汉旗博物馆，辽

Rider, In 1995 unearthed in AoHanQi tomb NO.1 in Inner Mogolia, AoHanQI Museum collection

315　元世祖出猎图　现藏台北故宫博物院，元

Emporer Riding,Yuan Dynasty, Taipai Palace Museum collection

316　骑射图　现藏台北故宫博物院，金

Riding and Shooting, Jin Dynasty, Taipai Palace Museum collection

317　二骏图　现藏北京故宫博物院，金　杨微

Two Horse,painted by Jinhui, Jin Dynasty,Beijing Palace Museum collection

318　狩猎图（摹本）　1982 年辽宁省朝阳市十二台营子乡袁台子村壁画墓出土，原址保存，摹本现藏辽宁省博物馆，前燕

Hunting (Facsimile),In 1982 unearthed in wall painting tomb in Chaoyang City of Liaoning Province,Liaoning Museum collection,Former Yan Dynasty

319　西岳降灵图　卷四（局部），现藏北京故宫博物院，北宋

Worshiping Fairy in Huashan Mountain,Northern Song Dynasty,Beijing Palace Museum collection

320　西岳降灵图　卷五（局部），现藏北京故宫博物院，北宋

Worshiping Fairy in Huashan Mountain, Beijing Palace Museum collection

321　清高宗丛薄围猎图　现藏北京故宫博物院

Emperor(Gaozong) Hunting,Beijing Palace Museum collection

322　乾隆帝射猎图　现藏北京故宫博物院

Hunting by Emperor Qianlong of Qing Dynasty,Beijing Palace Museum collection

323　明宣宗射猎图　现藏北京故宫博物院

Hunting by Emperor Xuanzong of Ming Dynasty, Beijing Palace Museum collection

324　木兰图卷　合围，现藏北京故宫博物院

Mulan Hunting Field, Beijing Palace Museum collection

325　宣宗马上像　明

Emperor Xuanzong on horse, Ming Dynasty

326　清人画弘历猎鹿横轴　现藏北京故宫博物院

Emperor Shooting Deer,painted in Qing Dynasty, Beijing Palace Museum collection

327　清人画弘历戈飞图　现藏北京故宫博物院

Emperor Dagger,painted in Qing Dynasty,Beijing Palace Museum collection

328　清人画弘历落雁图　现藏北京故宫博物院

Emperor Hunting Wild goose,painted in Qing Dynasty,Beijing Palace Museum collection

329　清人画弘历瑞虎图　现藏北京故宫博物院

Emperor Shooting Tiger,painted in Qing Dynasty,Beijing Palace Museum collection

330　清人画弘历南鹿图　现藏北京故宫博物院

Emperor ShootinDeer,painted in Qing Dynasty,Beijing Palace Museum collection

331　清人画弘历射狼图　现藏北京故宫博物院

Emperor Shooting Wolf,painted in Qing Dynasty,Beijing Palace Museum collection

332　清人画弘历射兔图　现藏北京故宫博物院

Emperor Shooting Rabbit,painted in Qing Dynasty,Beijing Palace Museum collection

333　驯马图　现藏北京故宫博物院

Training Horse,Beijing Palace Museum collection

334　乾隆帝一发双鹿图　现藏北京故宫博物院

Shooting two Deers with one Arrow by Emperor Qianlong of Qing Dynasty,Beijing Palace Museum collection

335　乾隆帝射箭图　现藏北京故宫博物院,清　王致诚绘

Archery by Emperor Qianlong of Qing Dynasty,Beijing Palace Museum collection

336　木兰围猎图　巴黎吉美国立亚洲艺术博物馆,清　郎世宁

Hunting in Mulan Hunting Field,painted by Langshining ,Qing Dynasty, Musée national des Arts asiatiques-Guimet collection

337　射九重鼓图　位于山西省繁峙县岩山寺文殊殿西壁中部,金

Shooting Nine-Drums,wall painting in Yanshan Temple in Shaanxi Province ,Jin Dynasty

338　内午朝门《阅射》诗刻

Review Shooting in Inner Wuchao Door, stone relief

339　阿玉锡持矛荡寇图　现藏北京故宫博物院

Ayuxi Fighting the enemy with Spear,Beijing Palace Museum collection

340　彩绘陶骑马狩猎佣　陕西西安市灞桥区唐金乡县主墓出土,现藏陕西省西安市文物保护考古所,唐

Painted Pottery Hunting Figurines on Horseback, Tang Dynasty, Xianzhu tomb in Xi´an City, Shaanxi Province, Now in Xi´an Archaeology Institue

341　彩绘陶骑马狩猎佣　陕西西安市灞桥区唐金乡县主墓出土,现藏陕西省西安市文物保护考古所,唐

Painted Pottery Hunting Figurines on Horseback, Tang Dynasty, Xianzhu tomb in Xi´an City, Shaanxi Province, Height 33.5cm, Now in Xi´an Archaeology Institue

342　彩绘陶猎骑胡佣　陕西乾县李仙蕙墓出土,现藏陕西历史博物馆,唐

Painted Pottery Hunting Figurines on Horseback, Tang Dynasty, Li Xianhui´s tomb in Qian County, Shaanxi Province, Height 30.3cm, Shaanxi history museum collection

343　箭俑　陕西乾县懿德太子李重润墓出土,现藏陕西历史博物馆,唐

Arrow Figurines,Tang Dynasty, Li Chongrong´s tomb in Qian County, Shaanxi Province, Shaanxi History Museum collection

344　射铁猪　甘肃敦煌莫高窟第61窟壁画,西壁佛传故事,五代

Archery, wall painting of the Mogao Cave No.61, west wall, Dunhuang of Gansu Province, Five Dynasty

345　射鼓　甘肃敦煌莫高窟第61窟壁画,西壁佛传故事,五代

Shooting Drum, wall painting of the Mogao Cave No.61, west wall, Dunhuang of Gansu Province, Western Wei Dynasty

346　射鼓图　甘肃敦煌莫高窟第290窟壁画,窟顶西披,北周

Shooting Drum, wall painting of the Mogao Cave No.290, west slope of the ceiling, Dunhuang of Gansu Province, North Zhou Dynasty

347　蒙古国藏清代绘画中射箭比赛的场面

Archery Competition,painted in Qing Dynasty,Inner Mongolia Province collection

348　射箭　现藏俄罗斯圣彼得堡艾尔米塔什博物馆

Archery, Winter Palace Museum collection

349　鹰擒天鹅图　现藏南京博物院,明　殷偕

Hawk Catch Swan,painted by Yinxie ,Ming Dynasty, Nanjing Museum collection

350　架鹰驯鹞图　1971年陕西省乾县乾陵懿德太子墓出土　现藏陕西历史博物馆,唐神龙二年

Falconry-hunting Training Harrier,Tang Dynasty, Lichongrong tomb in Qian County, Shaanxi Province, Shaanxi History Museum collection

351　枫鹰雉鸡图　现藏北京故宫博物院,南宋　李迪

Falconry-hunting Pheasant,painted by Lidi, Southern Song Dynasty,Beijing Palace Museum collection

352　架鹰图(摹本)　内蒙古库伦旗奈林稿公社前勿力布格村6号墓出土,壁画原址保存,摹本现藏通辽市博物馆,辽

Falconry-hunting,unearthed from tomb N0.6 of Kulun County Nailingao village ,Inner Mongolia,Liao Dynasty,Tongliao Museum collection

353　苍鹰逐兔图　绢本、设色,现藏南京博物院,明

Goshawk Chasing Rabbit, painting on silk, Ming Dynasty,Nanjing Museum collection

354　猎鹰图　敦煌莫高窟第156窟壁画,晚唐

Hunting Eagle,wall painting in Mogao cave NO.156 ,Dunhuang of Gansu Province, Late Tang Dynasty

355　春猎图　明

Hunting in Spring,Ming Dynasty

356　放鹰图　甘肃省嘉峪关市新城6号墓,西晋

Hawk, excavated from Xincheng tomb No.6 in Jiayuguan City of Gansu Province, Western Jin Dynasty

357 驾鹰图 2000年甘肃省高台县骆驼城苦水口1号墓出土，现藏高台县博物馆，魏晋

Falconry-hunting,unearthed from tomb of Luotuocheng,Gaotai,Gansu,Wei-Jin Dynasty

358 鹰猎 白沙乡箭峡墓出土，现藏清水县博物馆

Falconry, From Jianxia Tomb, Qingshui County Museum

359 架鹰 白沙乡箭峡墓出土，现藏清水县博物馆

Falconry, From Jianxia Tomb, Qingshui County Museum

360 顾绣猎鹰图 现藏北京故宫博物院，清

Guxiu Falconry-hunting,Qing Dynasty,Beijing Palace Museum collection

361 春秋时期宫廷贵族举行射礼示意图

Aristocracy Holding Shooting Ceremony in Sping and Autumn Period(770BC-476BC)

362 秋射 居延出土，汉

Shooting in autum,unearthed in Juyan ,Han Dynasty

363 鹰、弩、拜谒图 2009年陕西省靖边县杨桥畔镇杨桥畔二村南侧渠树壕汉墓出土，现藏陕西省考古研究院，新朝（8—23）

Hawk, Crossbow and Paying Respects,unearthed from Qushuhaohan tomb in Jingbian village,Shaanxi Province,Xin Dynasty, Shaanxi Archaeology Institute collection

364 车马图 陕西咸阳市秦都3号宫殿遗址出土，现藏陕西咸阳市文物保护中心，秦

Horsemen,unearthed from Qindu NO.3 Tomb in Xianyang ,Shaanxi Province,Qin Dynasty, The Center of Xianyang Heritage Conservation collection

365 河南省安阳殷墟孝民屯南地M7号车马坑发掘现场及车马坑内的铜饰物

The excavation site and bronzes of horse tunnel in NO.M7 carriages of Anyang tomb in Henan Province

366 斧车图 汉画像砖

Axe Carriages, picture on brick,Han Dynasty

367 山西侯马上马墓地3号车马坑平面、剖面图及出土的青铜器

A plan and Sectional view of the horse tunnel and unearthed bronzes in NO.3 tomb of Shanxi Marquis

368 皂盖朱左轓车图 河南荥阳苌村汉墓壁画

Light carriage vehicles with black Cover ,unearthed from Chang village tomb in Xingyang City

369 河南荥阳苌村汉墓出土

Unearthed from Chang village tomb in Xingyang City,Henan Province

370 白盖轺车图 河南荥阳苌村汉墓壁画

Light carriage vehicles with white Cover ,unearthed from Chang village tomb in Xingyang City,Henan Province

371 车马出行图 河南洛阳朱村东汉墓壁画

Horsemen Trip,wall painting of Eastern Han tomb in Luoyang ,Henan Province

372 辎车画像砖 四川成都市曾家包汉墓出土，现藏四川省成都市博物馆，东汉

Carriages, stone relief, Eastern Han Dynasty, Chengdu Museum, Sichuan

373 战车侍从画像砖 四川成都出土，现藏四川博物院，东汉

Chariot and Attendants, stone relief, Eastern Han Dynasty, H30cm, W48cm, Sichuan Museum collection

374 辎车画像砖 四川成都市羊子山出土，现藏四川省成都市博物馆，东汉

Carriages, stone relief, Eastern Han Dynasty, Chengdu museum, Sichuan

375 水陵攻战 车骑画像石，出于山东嘉祥县武宅山村武氏祠，现藏山东省嘉祥县武氏祠文物管理所，东汉

Battle, stone relief, Eastern Han Dynasty, Management Unit of Wu-shi-ci Cultural Relics, Shandong Province

376 出行图 河北省安平逯家庄东汉壁画墓出土，原址保存，东汉熹平五年

Travelling,unearthed from wall painting tomb in Anping village,Hebei Province,Eastern Han Dynasty

377 出行图 河北省安平逯家庄东汉壁画墓出土，原址保存，东汉熹平五年

Trip,unearthed from wall painting in tomb in Anping County,Hebei Province,Eastern Han Dynasty

378 车马出行图 出于内蒙古鄂托克旗凤凰山1号墓墓室西壁左侧下部，东汉

Horsemen´s Trip, Eastern Han Dynasty,unearthed from Fenghuang Mountain tomb in Etuokeqi ,Inner Mongolia Province

379 导车图 出于河南洛阳市朱村壁画墓墓室南壁中下部，三国

Guiding Carriage,unearthed from wall painting tomb in Zhu village of Luoyang,Henan Province,Three Kingdoms Dynasty

380 皂盖轺车图 出于河南荥阳市王村镇苌村汉墓前室壁画，东汉

Light Carriage Vehicles with Black Cover ,unearthed from Chang village tomb in Xingyang City,Henan Province,Eastern Han Dynasty

381 牧马图 1972年内蒙古和林格尔县新店子乡小板申村东汉壁画墓出土，原址保存，东汉

Wrangler,unearthed from wall painting tomb in Xindianzi village and inner Mogolia,Eastern Han Dynasty

382 车马出行图 1995年河南荥阳市王村镇苌村汉墓出土，原址保存，东汉

Horsemen trip,unearthed from Chang village tomb in Xingyang City,Henan Province,Eastern Han Dynasty

383 马车图 出于陕西省定边县郝滩乡四十里铺村1号墓墓室东壁，现藏陕西省考古研究院，东汉

Horsemen,unearthed from Haotan NO.1 Tomb in Dingbian village ,Shaanxi Province,Eastern Han Dynasty, Shaanxi Archaeological Institute collection

384 出行图 彩绘砖画，嘉峪关魏晋古墓

Travelling,picture on brick,Jiayuguan,Gansu,period of the Wei-Jin Dynasties

385 出行图 1992年内蒙古鄂托克旗凤凰山1号墓出土，原址保存，东汉

Horsemen's Trip, Eastern Han Dynasty,Unearthed from Fenghuang Mountain tomb in Etuokeqi ,Inner Mongolia Province

386 出行图 1992年内蒙古鄂托克旗凤凰山1号墓出土，原址保存，东汉

Horsemen's Trip, Eastern Han Dynasty,unearthed from Fenghuang Mountain tomb in Etuokeqi ,Inner Mongolia Province

387 神人车马画像镜 现藏北京故宫博物院，东汉

God Chariots,Portrait Mirror, Eastern Han Dynasty,Beijing Palace Museum collection

388 御车图 现藏北京故宫博物院，东晋 顾恺之

Royal Carriage,painted by Gu Kaizhi, Eastern Jin Dynasty, Beijing Palace Museun collection

389 铜车马 现藏甘肃省博物馆，西晋

Bronze chariots, Western Jin Dynasty, Gansu Museum collection

390 击壤图 《三才图会》中的击壤图，明

Whipping a Top, Ming Dynasty

391 杨柳青年画

Picture for Celebrating Spring Festival Painted in Yang-liu-qing village of Tianjin City

392 隔城投象 位于山西繁峙县岩山寺文殊殿西壁中部，画面表现年轻的释迦牟尼力大无比，手托白象抛于城外的故事，金

Elephant Lifting, wall painting of Yanshan Temple, Fanzhi County of Shanxi Province, Jin Dynasty

393 掷标图 甘肃敦煌莫高窟第61窟壁画，甬道南壁，五代

Javelin Throwing, wall painting on the south wall of the corridor of No.61 Cave in Mogao Grottoes in Dunhuang, Gansu Province, the Five Dynasties

394 太子举象图壁画摹本 山西省太原市崇善寺大雄宝殿两掖长廊壁画，明

Elephant Lifting, copy of wall painting of Chongshan Temple, Taiyuan City of Shanxi Province, Ming Dynasty

395 竞走汉简 敦煌悬泉置遗址出土

Walking Race, Han Dynasty wooden tablets

396 漆奁彩绘出行图局部 1987年湖北省荆门市包山大冢出土，战国

Painted Box with Travel Figure Design, excavated from Jingmen City in Hubei Province, Warring States period

397 跳马图 甘肃敦煌莫高窟第61窟壁画，西壁下部，五代

Vaulting Horse, wall painting of Mogao Cave No. 61, Dunhuang, Five Dynasty

398 河南新野出土汉代广场百戏画像砖

Acrobatics, stone relief, Eastern Han Dynasty,unearthed from Xinye County in Henan Province

399 贵族娱乐、竞技图 马鞍山朱然墓出土，汉代

Aristocratic Entertainment and Athletics, unearthed from Zhuran tomb in Ma'an Mountain, Han Dynasty

400 周中铭神人杂技乐舞画像镜 现藏北京故宫博物院，东汉

Mirror withAcrobatic Music and Dance Pattern,Eastern Han Dynasty, the Palace Museum collection

401 石棺浮雕乐舞百戏图 出于山西榆社，北魏

Dance and Acrobatics, stone relief on coffin, Yushe of Shaanxi Province, Northern Wei Dynasty

402 平索戏车 车骑出行画像砖，河南新野县樊集乡出土，现藏河南博物馆，东汉

Acrobatics, stone relief from Xinye County of Henan Province, Eastern Han Dynasty, Henan Museum collection

403 缘竿画像砖 东汉

Acrobatics, stone relief, Eastern Han Dynasty

404 百戏图 陕西省靖边县杨桥畔镇杨桥畔二村南侧渠树壕汉墓出土，现藏陕西省考古研究所，东汉

Acrobatics,unearthed from Haohan Tomb in Jingbian County ,Shaanxi Province,Eastern Han Dynasty, Shaanxi Archaeological Institute collection

405 橦技俑 陕西西安市灞桥区新筑乡出土，唐

Balancing a Pole Figure, excavated from Baqiao of Xi'an City, Shaanxi, Tang Dynasty

406 橦技图 甘肃敦煌莫高窟第9窟壁画，西壁 唐

Balancing a Pole on the Head, wall painting of the Mogao Cave No.9, east slope of the ceiling, Dunhuang of Gansu Province, Tang Dynasty

407 百戏 顶杆 史苇湘临摹，刘萨劭瑞像图72窟，五代

Balancing a Pole on the Head, copy of wall painting of the Mogao Cave No.72, Dunhuang of Gansu Province, Five Dynasty, painted by Shi Weixiang

408 橦技图 甘肃敦煌莫高窟第85窟壁画，窟顶东披，晚唐

Balancing a Pole on the Head, wall painting of the Mogao Cave No.85, east slope of the ceiling, Dunhuang of Gansu Province, Late Tang Dynasty

409 甘肃敦煌莫高窟第156窟壁画 窟顶东披,唐
Wall painting of the Mogao Cave No.85, east slope of the ceiling, Dunhuang of Gansu Province, Tang Dynasty
410 顶杆图 甘肃敦煌莫高窟第61窟壁画,南壁,五代
Balancing a Pole on the Head, wall painting of the Mogao Cave No.61, Dunhuang of Gansu Province, Five Dynasty
411 顶竿倒立木桶 1961年新疆吐鲁番阿斯塔纳古墓出土,唐
Balancing a Pole on the Head, unearthed from Astana tomb,Turpan ,Xinjiang,Tang Dynasty
412 宪宗元宵行乐图卷(局部) 现藏中国历史博物馆,明
Emporer Xianzong Enjoying Lantern Spring, part, Ming Dynasty, China History Museum collection
413 天津天后宫皇会图 现藏天津历史博物馆, 清
Huang Hui Tu, Qing Dynasty, Tianjin History Museum collection
414 盘舞杂技画像砖 四川彭州市太平乡出土,现藏四川博物馆,东汉
Acrobatics, stone relief, excavated form Pengzhou City of Sichuan Province, Eastern Han Dynasty
415 三彩叠罗汉 西安市长安区郭社镇出土,唐
Human Piling, excavated from Changan of Xi´an City, Shaanxi, Tang Dynasty
416 叠罗汉 甘肃敦煌莫高窟第220窟壁画,南壁,初唐
Arhats Piling one by another, wall painting of the Mogao Cave No.220, south wall, Dunhuang of Gansu Province, Tang Dynasty
417 彩绘陶杂技盘 山东济南市无影山1号西汉墓出土,现藏山东省济南市博物馆,西汉
Pottery Plate with Acrobatics Design, excavated from Wuyin Mountain Tomb No.1 in Jinan, Han Dynasty, Jinan Museum collection
418 叠罗汉 甘肃敦煌莫高窟第217窟壁画,北壁,唐
Arhats piling one by another, wall painting of the Mogao Cave No.217, north wall, Dunhuang of Gansu Province, Tang Dynasty
419 彩绘陶百戏俑尊 河南省洛阳市七里河出土,现藏河南省洛阳市文物工作队,东汉
Pottery Acrobatics Figure, excavated from Luoyang City, Eastern Han Dynasty, Luoyang Management of culture relic, collection
420 百戏 汉代红陶倒立百戏俑,河南济源市轵城出土
Acrobatics, Pottery Figure with headstand position, excavated from Jiyuan City of Henan Province, Han Dynasty
421 壁画 1977年甘肃省酒泉市丁家闸出土,魏晋
Wall Painting ,unearthed from Ding jiazha of Jiuquan City ,Gansu,Wei-Jin Dynasties
422 倒立图 新疆克孜尔第77窟
Inverted Figure, wall painting of Kizil Cave No.77, Xinjiang Province
423 倒立 甘肃敦煌莫高窟第220窟壁画,南壁,唐
Inverted Figure, wall painting of the Mogao Cave No.220, south wall, Dunhuang of Gansu Province, Tang Dynasty
424 倒立 甘肃敦煌莫高窟第79窟壁画,窟顶北坡,唐
Inverted Figure, wall painting of the Mogao Cave No.79,north slope of th ceiling, Dunhuang of Gansu Province, Tang Dynasty
425 橦技俑 西安市长安区郭社镇出土,现藏西安市博物院,唐
Balancing a Pole Figure, excavated from Changan of Xi´an City, Shaanxi, Tang Dynasty
426 百戏图 1992年内蒙古鄂托克旗凤凰山1号墓出土,原址保存,东汉
Acrobatics,Eastern Han Dynasty,Unearthed from Fenghuang Mountain tomb in Etuokeqi ,Inner Mongolia Province
427 杂技画像石 重庆永川区出土,现藏重庆市永川区文物保护管理所,东汉
Acrobatics, stone relief, excavated from Chongqin, Eastern Han Dynasty
428 百戏 白沙乡箭峡墓出土,现藏清水县博物馆
Acrobatics,unearthed from Jianxia tomb in Baisha village,Qingshui Museum collection
429 明宪宗元宵节行乐图(局部)
Emperor Xianzong Entertaining Lantern Festival (part)
430 划舟 《寒食篇》,敦煌文献P.3608-5
Rowing, "Han Shi Pian", Dunhuang Manuscript P36.8-5
431 龙池竞渡图 现藏台北故宫博物院,元
Boat Race, painted by Wang Zhenpeng, Yuan Dynasty, Taipei Palace Museum collection
432 龙舟夺标图 元
Boat Race, painted by anonymous painter, H30.2cm, W 243.8cm, Yuan Dynasty
433 端阳龙舟 明
Dragon Boat Festival,Ming Dynasty
434 龙舟竞渡 选自清院本《十二月令图轴》
Dragon Boat Race
435 龙舟 清
Dragon Boat, The Qing Dynasty
436 龙舟 清
Dragon Boat, The Qing Dynasty
437 观竞渡 清

Watching Paddling Race,Qing Dynasty
438 弄潮 清
Playing Tide,Qing Dynasty
439 游泳图 甘肃敦煌莫高窟第 257 窟壁画，后部平棊顶，北魏
Swimming, wall painting of the Mogao Cave No.257, Dunhuang of Gansu Province,Northern Wei Dynasty
440 游泳者 新疆克孜尔石窟第 114 窟壁画，主室圈顶西壁，公元 4 世纪
Swimming, wall painting of Kizil Cave No.114, Xinjiang Province, 4th Century A.D.
441 游泳图 甘肃敦煌莫高窟第 420 窟壁画， 隋
Swimming, wall painting of the Mogao Cave No.420, Dunhuang of Gansu Province,Sui Dynasty
442 《赛泳图》壁画 选自布达拉宫，清
Swimming, wall painting of the Potala Palace, Tibet, Qing Dynasty
443 拖床冰嬉图 现藏北京故宫博物院，清
Picture of Playing Ice, Qing Dynasty, Tha Palace Museum collection
444 《冰嬉图》卷局部 现藏北京故宫博物院，清
Part of Picture of Playing Ice , painting on silk, L35.2cm, W581cm, Qing Dynasty, Tha Palace Museum collection
445 《冰嬉图》卷局部 现藏北京故宫博物院，清
Part of Picture of Playing Ice , painting on silk, L35.2cm, W581cm, Qing Dynasty, Tha Palace Museum collection
446 举象图 甘肃敦煌莫高窟第 61 窟壁画，西壁，五代
Elephant Lifting, wall painting of Mogao Cave No.61, Dunhuang of Gansu Province, Five Dynasty
447 举象图 甘肃敦煌莫高窟第 290 窟壁画，窟顶人字披，北周
Elephant Lifting, wall painting of Mogao Cave No.290, Dunhuang of Gansu Province, Northern Zhou Dynasty
448 翘关图 甘肃敦煌莫高窟藏经洞第 17 窟出土的幢幡画，现藏英国国家博物馆，唐
Weightlifting, painting on silk banner from the Mogao Cave No.17, Dunhuang of Gansu Province, Tang Dynasty (now in British Museum,London)
449 举象图 甘肃敦煌莫高窟藏经洞第 17 窟出土的幢幡画，现藏英国国家博物馆，唐
Elephant Lifting, painting on silk banner from the Mogao Cave No.17, Dunhuang of Gansu Province, Tang Dynasty (now in British Museum,London)
450 举铁钟图 甘肃敦煌莫高窟藏经洞第 17 窟出土的幢幡画，现藏英国国家博物馆，唐
Iron-bell Lifting, painting on silk banner from the Mogao Cave No.17, Dunhuang of Gansu Province, Five Dynasty (now in British Museum,London)
451 骑象举铁板 甘肃敦煌莫高窟第 61 窟壁画，西壁，五代
Horsemanship, wall painting of Mogao Cave No.61, Dunhuang of Gansu Province, Five Dynasty
452 托举力士石雕 河南省洛阳市龙门石窟万佛洞西壁雕像，唐
Weightlifting, Stone sculpture of Longmen Cave, Wanfo Dong, Luoyang of Henan Province, Tang Dynasty
453 当户铜俑灯 1968 年河北省满城县中山靖王刘胜墓出土，西汉
Dang Hu Copper Light Figure, excavated from Liu Sheng tomb in Mancheng County of Hebei Province, Western Han Dynasty
454 骑马举铁板 甘肃敦煌莫高窟第 61 窟壁画，西壁，五代
Horsemanship, wall painting of Mogao Cave No.61, Dunhuang of Gansu Province, Five Dynasty
455 举重 举象、擎钟图壁画，敦煌莫高窟 61 窟，五代
Bell Lifting, wall painting of Mogao Cave No.61, Dunhuang of Gansu Province, Five Dynasty
456 举重 石锁，清
Weightlifting, Qing Dynasty
457 隔城抛象图壁画 山西省太谷县净信寺壁画，清
Elephant Lifting, wall painting of Jingxin Temple, Taigu County of Shaanxi Province, Qing Dynasty
458 举重 双石，清
Weightlifting, Qing Dynasty
459 举重 清代《北京民间风俗百图》中的街头举石卖艺的人
Weightlifting, Qing Dynasty
460 搬石竞赛图壁画（西藏拉萨布达拉宫壁画局部） 清
Lift Stone Race, wall painting of the Potala Palace, Qing Dynasty
461 《鞠城铭》书影 汉 李尤
The picture Inscription Playing Cuju City ,painted by Li You, Han Dynasty
462 蹴鞠 敦煌文献 P.2619，现藏法国国家图书馆
Playing Cuju, P.2619 of Donghuang Literature,The French National Library collection
463 画像石 陕西绥德出土，汉
Stone Reliefs, unearthed in Suide of Shaanxi Province,Han Dynasty
464 蹴鞠图 明
Playing Cuju, part of Picture of Emperor Xuanzong´ Entertaining , painting on silk, Ming Dynasty

465 蹴鞠图 宋太祖赵匡胤与他的五位臣子蹴鞠的情形，宋
Playing Cuju , Song Dynasty
466 铜镜 现藏中国历史博物馆，宋
Bronze Mirrors, Song Dynasty, Chinese History Museum collection
467 牙雕踢球图笔筒 现藏安徽博物院，宋
Ivory Brush Pot with Playing Cuju Design, Song Dynasty, Anhui Museum collection
468 蹴鞠图 明刻本《三才图会》
Playing Cuju, illustration of Sansai Zue, Song Dynasty
469 蹴鞠图 宋刻本《事林广记》
Playing Cuju, illustration of Shi Lin Guang Ji, Song Dynasty
470 蹴鞠图 设色纸本，钱选《宋太宗蹴鞠图》，现藏上海博物馆，元
Emperor Song Taizong Playing Cuju , painting on paper, painted by Qian Xuan, Yuan Dynasty, Shanghai Museum collection
471 钟馗蹴鞠图 清 顾洛
Zhongkui Playing Cuju Tu, painted by Gu Luo, Qing Dynasty
472 蹴鞠图 《清明上河图》局部，明 仇英
Playing Cuju, excerpted from Visting River during the Qing Ming Festival(part) ,painted by Qiu Ying,Ming Dynasty
473 蹴鞠图陶枕 宋
Pottery Pillow with Playing Cuju Painting, Song Dynasty
474 打马球 砖画，四川成都平原地区出土，唐
Playing Polo,picture on brick,unearthed from plain area of Chengdu,Sichuan Province,Tang Dynasty
475 马球图 出于陕西富平县宫里镇南陵村节愍太子墓墓道西壁，唐
Playing Polo, Prince Jie-min´s tomb, Fuping County of Shaanxi Province, Tang Dynasty
476 渤海象牙马球 现藏美国国家博物馆
Ivory Polo in Bohai Sea, National Museum of US collection
477 马球 现代塔吉克民族使用的马球
Polo, used by modern Tajik nationalities
478 胶胎马球 唐
Polo, Tang Dynasty, excerpted from China Cultural Relics News
479 唐代福州球场山亭记碑
Stele, Fuzhou Ball court, Tang Dynasty
480 打马球（书仪） 敦煌文献 S.5636，现藏英国国家博物馆
Polo, Dunhuang Manuscript S.5637, British Museum collection
481 彩绘陶打马球群俑 陕西西安市出土，现藏陕西历史博物馆，唐
Playing Polo Figure, excavated from Xi´an of Shaanxi Province, Tang Dynasty, Shaanxi History Museum collection
482 马球图（局部） 陕西乾县章怀太子墓墓道西壁壁画，唐
Polo,(part), wall painting of Prince Zhanghuai tomb,Shaanxi Province, Tang Dynasty
483 马球图 2004 年陕西省富平县北吕村西北唐嗣虢王李邕墓出土，现藏陕西省考古研究院
Polo, unearthed from Liyi´s tomb in Fuping County,Shaanxi Province, Shaanxi Institute of Archaeology collection
484 马球图（局部） 陕西乾县章怀太子墓墓道西壁壁画，唐
Polo,(part), wall painting of Prince Zhuanghuai tomb,Shaanxi Province, Tang Dynasty
485 陶打马球俑 陕西临潼区关山古墓出土，唐
Playing Polo Figure, excavated from Guanshan Tomb of Shaanxi Province, Tang Dynasty
486 《长安城大明宫含光殿马球场石志》拓本 陕西西安市大明宫遗址出土，唐
Stone Rubbing, Nian Guang hall of Daming Palace site, Shaanxi Province, Tang Dynasty
487 持马球杆图 陕西西安市东郊王家坟唐安公主墓壁画揭取，甬道东壁，唐
Hold Hockey Stick, copy of wall painting of Princess Tang´an´s tomb in Shaanxi Province, Tang Dynasty
488 东汉马球砖图 徐州出土
Bricks with Picture of Playing Polo, unearthed from Xuzhou City in Jiangxu Province, Eastern Han Dynasty
489 东汉马球砖图 徐州出土
Bricks with Picture of Playing Polo, unearthed from Xuzhou City in Jiangxu Province, Eastern Han Dynasty
490 唐三彩打马球
Tri-colored glazed pottery of playing Polo ,Tang Dynasty
491 打马球图（摹本） 1990 年内蒙古敖汉旗宝国吐乡皮匠沟辽代 1 号墓壁画，辽
Polo, wall painting (copy) from Pijianggou tomb No.1, Inner Mogolia, Liao Dynasty
492 打马球纹镜 现藏北京故宫博物院，盛唐
Polo Profiling Mirrors,Tang Dynasty,Beijing Palace Museum collection
493 驴鞠 现藏国外
Playing Cuju on donkey, collected by museum outside China

494　打马球画像砖雕　1983 年山西襄汾县曲里村出土，金
Playing Polo, brick relief, excavated from Quli village of Shanxi Province in 1983, Jin Dynasty
495　打马球画像砖雕　1983 年山西襄汾县曲里村出土，金
Playing Polo, brick relief, excavated from Quli village of Shanxi Province in 1983, Jin Dynasty
496　打马球画像砖雕　1983 年山西襄汾县曲里村出土，金
Playing Polo, brick relief, excavated from Quli village of Shanxi Province in 1983, Jin Dynasty
497　打马球画像砖雕　1983 年山西襄汾县曲里村出土，金
Playing Polo, brick relief, excavated from Quli village of Shanxi Province in 1983, Jin Dynasty
498　宋人马球图（摹本）　绢本水墨设色，　现藏英国维多利亚?阿尔贝蒂博物馆，明
Polo, painting on silk (copy), Ming Dynasty (V&A Museum collection, UK)
499　游骑图卷（局部）　现藏北京故宫博物院，唐
Riding ,Tang Dynasty,Beijing Palace Museum collection
500　彩绘打马球俑　现藏香港徐氏艺术馆，唐
Painted Figurines Playing Polo, Tang Dynasty, Hsu museum of art collection
501　打马球菱花镜　现藏北京故宫博物院，唐
Mirror with Palying Polo Decoration, Tang Dynasty, the Palace Museum collection
502　打马球休息图　内蒙古清水河塔尔梁墓壁画，墓室西北壁，五代
Ball Crutches,wall painting from Ta erliang tomb in Qingshui river,inner Mogolia, westnorth wall,Five Dynasty
503　打马球石刻　宋
Playing Polo, stone carving, Song Dynasty
504　打马球画像砖　现藏中国体育博物馆，宋
Playing Polo, brick relief, L25cm, W24cm, H4.5cm, preserved in China Sports Museum, Song Dynasty
505　唐代墓志　西安市出土，民间收藏
The Epitaph of Tang Dynasty, unearthed in Xi´an ,Nongovernmental collection
506　唐代墓志　西安市出土，民间收藏
The Epitaph of Tang Dynasty, unearthed in Xi´an ,Nongovernmental collection
507　辽代木质家具马球图
Wooden Furniture of Polo,Liao Dyansty
508　马球之戏
Polo Show
509　唐玄宗击球图　李龙瞑摹，清
Emperor Tang Xuanzong Playing Polo, copy by Li Longming, Qing Dynasty
510　步打　宋
Stepping Playing Polo,Song Dynasty
511　步打球图　甘肃瓜州榆林窟第 15 窟壁画，南壁，唐
Playing Ball, wall painting of Yulin Cave No.15, Guazhou of Gansu Province, Tang Dynasty
512　明刻本《丸经》书影　现藏中国国家图书馆
Illustration of pill ,Ming Dynasty,Chinese National Museum collection
513　捶丸　现藏北京故宫博物院，清
Thumping Pill, Qing Dynasty,Beijing Palace Museum collection
514　捶丸　位于山西洪洞县水神庙明应王殿西壁北部，元
Thumping Pill, Song Dynasty
515　角抵纹透雕铜饰　1955 年陕西省长安县客省庄出土，战国
Wrestling, Bronze trinket, excavated from Chang´an County in Shaanxi Province, the Warring States period (475-221 BCE)
516　角抵　现藏甘肃省张掖市高台县博物馆，魏晋
Wrestling, Gaotai County Museum collection,Wei-Jin Dynasty
517　角抵　1974 年吉林集安出土，高句丽（4 世纪中叶）
Wrestling, wall painting of the Ji´an County´s Koguryo tomb in Jilin Province, 4th century
518　相扑　佛幡绢画，甘肃敦煌莫高窟藏经洞 17 窟，现藏英国国家博物馆，唐
Sumo wrestling, from the Mogao Cave 17, Dunhuang of Gansu Province,Tang Dynasty,kept in the British Museum
519　角抵　帛画，山东临沂金雀山出土，西汉
Wrestling, painting on silk, excavated from Linyi, Shandong Province, Western Han Dynasty
520　角抵　甘肃敦煌莫高窟第 61 窟壁画，　西壁　，五代
Wrestling, wall painting of the Mogao Cave No.61, Dunhuang of Gansu Province, Five Dynasty
521　角抵　甘肃敦煌莫高窟第 61 窟壁画，西壁，五代
Wrestling, wall painting of the Mogao Cave No.61, Dunhuang of Gansu Province, Five Dynasty
522　墓室东壁壁画　吉林省集安市洞沟古墓群禹山墓区中部角抵墓，原址保存，高句丽（4 世纪中叶）
Tomb wall painting, wall painting of the Ji An Koguryo tomb in Jilin Province, 4th century

523 《较量图》壁画 选自布达拉宫，清
Competition, wall painting of the Potala Palace, Qing Dynasty
524 墓室东壁壁画 吉林省集安市洞沟古墓群禹山墓区中部角抵墓，原址保存，高句丽（4世纪中叶）
Tomb wall painting, wall painting of the Ji´an County´s Koguryo tomb in Jilin Province, 4th century
525 角抵 壁画，吉林省集安市高句丽舞踊墓
Wrestling, wall painting of the Ji´an County Koguryo tomb in Jilin Province, 4th century
526 摔跤 甘肃敦煌莫高窟第290窟壁画，窟顶西坡，北周
Wrestling, wall painting of the Mogao Cave No.290, Dunhuang of Gansu Province, Northern Zhou Dynasty
527 蹭脚图 现藏首都博物馆，清代
Wrestling,Qing Dynasty,The Beijing Capital Museum collection
528 清代藏族摔跤壁画， 西藏桑耶寺壁画
Wall painting of Tibetan Wrestling ,Qing Dynasty
529 相扑 绢画，甘肃敦煌莫高窟藏经洞17窟，现藏法国国家图书馆，唐
Sumo Wrestling, painting from the Mogao Cave No.17, Dunhuang of Gansu Province, Tang Dynasty, (Preserved in National Library of France)
530 角抵图 《清明上河图》（局部），明 仇英绘
Wrestling, Visiting River in Tomb-sweeping Festival (part), Ming Dynasty, painted by Qiu Ying
531 相扑佣 陕西渭南市出土，金
Sumo Figurine, excavated from Weinan City of Shaanxi Province, Jin Dynasty
532 摔跤图 现藏北京故宫博物院，清代
Wrestling, Qing Dynasty, Beijing Palace Museum collection
533 便桥会盟图 现藏北京故宫博物院，元 陈及之绘
Alliance in Bian Bridge,painted by Chen Jizhi, Yuan Dynasty,Beijing Palace Museum collection
534 马上杂耍画像石（拓本） 现藏山东省石刻艺术博物馆，汉
Vaudeville on Horse, collected in Shandong Stone Carving Museum, Han Dynasty
535 马术 宋
Horsemanship, The Song Dynasty
536 舞马纹镜 现藏北京故宫博物院，盛唐
Mirror with Dancing Horse Pattern Design, Tang Dynasty, the Palace Museum collection
537 神人马术乐舞画像镜 现藏北京故宫博物院，东汉
Mirror with Music and Dance Pattern Design,Tang Dynasty, the Palace Museum collection
538 酱釉乐舞纹瓷注子 1980年安康市出土，唐
Zhu Zi with Music and Dance Pattern, excavated from Ankang City in 1980, Tang Dynasty
539 马术 甘肃敦煌莫高窟第61窟壁画，佛传故事（西壁南起第六扇屏风），五代
Horsemanship, wall painting of Mogao Cave No.61, Dunhuang of Gansu Province, Five Dynasty
540 马术图 清
Equestrianism, Qing Dynasty
541 马术 甘肃敦煌莫高窟第61窟壁画，西壁下部，五代
Horsemanship, wall painting of Mogao Cave No.61, Dunhuang of Gansu Province, Five Dynasty
542 马术 敦煌莫高窟第61窟，佛传故事（西壁南起第六扇屏风），五代
Horsemanship, wall painting of Mogao Cave No.61, Dunhuang of Gansu Province, Five Dynasty
543 马戏和狩猎图 1995年河南省荥阳市王村乡苌村汉墓出土，原址保存，东汉
Circus and Hunting,unearthed from Chang village tomb in Xingyang City,Henan Province,Eastern Han Dynasty
544 马术图（局部） 现藏北京故宫博物院
Equestrianism(part), The Palace Museum collection
545 马术图（局部） 现藏北京故宫博物院
Equestrianism(part), The Palace Museum collection
546 蒙古国藏清代绘画中射箭比赛的场面
Archery Competition,painted in Qing Dynasty, Mongolia Province collection

第五篇 中国民族、民间、民俗中的武术

547 平索戏车 车骑出行画像砖，河南新野县樊集出土，现藏河南博物馆，东汉
Acrobatics, stone relief from Xinye County of Henan Province, Eastern Han Dynasty, Henan Museum collection
548 习武画像砖 现藏加拿大多伦多市皇家安大略博物馆，东汉
Practising Kungfu, stone relief, H34.7cm, Eastern Han Dynasty, Royal Ontario Museum in Toronto, Canada
549 骑马武术图（摹本） 1960年河南省新密市打虎亭村西2号墓出土，原址保存，东汉
Horse Riding Performance,unearthed from Da Hu Ting tomb NO.2,Xinmi,Henan, Eastern Han Dynasty
550 红地对人兽树纹罽袍 新疆尉犁县营盘15号墓出土，现藏新疆文物考古研究所，汉

Robe with Human, Animal and Tree Design, Han to Western Jin period, Archaeological Institute of Xinjiang Province collection

551 操练图 甘肃敦煌莫高窟第 332 窟壁画，南壁西部，初唐

Training, wall painting of Mogao Cave No.217, Dunhuang of Gansu Province, Tang Dynasty

552 操练图 甘肃敦煌莫高窟第 217 窟壁画，南壁，盛唐

Training, wall painting of Mogao Cave No.34, Dunhuang of Gansu Province, Tang Dynasty

553 枪 甘肃敦煌莫高窟第 256 窟壁画，主室南壁，北周

Spear, Wall painting of the Mogao Cave No.256, Dunhuang of Gansu Province,Northern Zhou Dynasty

554 出行图（局部） 1979 出于山西省太原市南郊王郭村北齐娄睿墓出土，现藏山西博物院，北齐武平元年（570）

Travelling (part),unearthed from Lourui tomb in Wangguo village, Taiyuan City, ShanxiProvince, Beiqi Dynasty,Shaanxi Museum collection

555 出行图（局部） 1979 出于山西省太原市南郊王郭村北齐娄睿墓出土，现藏山西博物馆，北齐武平元年（570）

Travelling (part),unearthed from Lourui tomb in Wangguo village, Taiyuan City, Shanxi Province, Beiqi Dynasty,Shanxi Museum collection

556 骑马图 甘肃省嘉峪关市新城 3 号墓出土，原址保存，魏晋

Riders,unearthed from Xincheng tomb 3 in Jiayuguan City, Gansu Province,Wei-Jin Dynasty

557 习武图 敦煌莫高窟 285 窟，西魏

Practising Kungfu,wall painting of Mogao Cave No.285, Dunhuang of Gansu Province, Western Wei Dynasty

558 习武图 敦煌莫高窟 285 窟，西魏

Practising Kungfu, wall painting of Mogao Cave No.217, Dunhuang of Gansu Province, Western Wei Dynasty

559 陶武士俑 江苏南京市富贵山出土，现藏南京市博物馆，东晋

Pottery Warrior, excavated from Langjia Mountain tomb in Nanjing City, Eastern Jin Dynasty, Nanjing Museum collection

560 陶武士俑 江苏南京市郎家山墓葬出土，现藏南京市博物馆，东晋

Pottery Warrior, excavated from Fugui Mountain tomb in Nanjing City, Eastern Jin Dynasty, Nanjing Museum collection

561 舞剑图 甘肃敦煌莫高窟第 112 窟壁画，东壁，唐

Sword Wielding ,wall painting of Mogao Cave No.112 Dunhuang of Gansu Province, Tang Dynasty

562 列戟图 陕西乾县章怀太子墓壁画揭取，第二过洞东壁，唐

Guard Of Honor, wall painting of Lishou Tomb in Sanyuan County of Shaanxi Province, Tang Dynasty

563 人首马身武士像挂毯复原像 现藏新疆博物馆，唐

Human Head with Horse Body warrior, remake tapestry

564 相利善剑 居延出土，汉

Sword, unearthed from Juyan, Han Dynasty

565 剑图 甘肃敦煌莫高窟第 45 窟壁画，南壁，盛唐

Fencing, Wall painting of the Mogao Cave No.45, Dunhuang of Gansu Province, Peak Tang Dynasty

566 三尺龙泉剑 敦煌文献 P.3821-2

Sword, Dunhuang Manuscript P.3821-2

567 三尺龙泉剑 敦煌文献 P.3821-3

Sword, Dunhuang Manuscript P.3821-3

568 《康熙南巡图》局部 清 王翚等绘

Emperor Kangxi′s South Inspection Tour (part), painted by Wang Hui and others, Qing Dynasty

569 弹弓图 选自明代王圻《三才图会》

Slingshot, excerpted from Wang Qi′s painting, Ming Dynasty

570 练剑 甘肃敦煌莫高窟第 61 窟壁画，西壁 ，五代

Fencing, wall painting of the Mogao Cave No.61, Dunhuang of Gansu Province, Tang Dynasty

571 攻城甲骑图 出于吉林集安市三室墓第一室北壁右上部，高句丽（4 世纪）

Hunting, wall painting of Wuyong Tomb in Ji′an City of Jilin Province, 4th century

572 士马交战画像砖 山西侯马市董海墓出土，现藏山西省考古研究所，金

Battle, stone relief, excavated from Donghai Tomb in Shanxi Province, Jin Dynasty, Archaeological Institue of Shanxi collection

573 百戏 飞叉、武术，明代踏青时节的杂技表演

Martial Arts and Stage Performances,Ming Dynasty

574 兵器图 魏晋时期壁画

Weapons, painted bricks,Wei and Jin period (220-420)

575 兵器图 魏晋时期壁画

Weapons, painted bricks, Wei and Jin period (220-421)

576 弓箭 公元前 3 世纪至公元 5 世纪

Bow and Arrow, 3rd century to 5th century B.C.

577 木箭杆与竹箭杆 兵器构件，1985 年西藏札达县古格遗址出土，分治时期

Wooden Arrow Shaft and Bamboo Arrow Shaft, excavated from Guge Kingdom site, Tibet, during the ununited period

578 铁镞 兵器构件，985 年西藏札达县古格遗址出土，分治时期

Iron Arrowheads, excavated from Guge kingdom site, Tibet, Fenzhi period
579 鸭嘴哨箭 现藏北京故宫博物院，清
Arrow with duckbill whistle, Qing Dynasty, Beijing Palace Museum collection
580 弓和箭
Bow and Arrow
581 方骨包箭 现藏北京故宫博物院，清
Arrow,Qing Dynasty, Beijing Palace Museum collection
582 弩弓箭 现藏北京故宫博物院，清
Crossbow and Arrows, Qing Dynasty, Beijing Palace Museum collection
583 六孔鈚箭 现藏北京故宫博物院，清
Arrow with six-holes,Qing Dynasty, Beijing Palace Museum collection
584 马头刀 1965年陕西省绥德县出土，商代晚期
Kinfe with Horse Head Decoration, excavated from Suide of Shaanxi Province, Late Shang Dynasty
585 折背羊首柄铜刀 新疆新源县查布哈渠出土，现藏新疆博物馆
Bronze Knife with a Goat head, excavated from Chabu haqu of Xinjiang Province, Xinjiang Museum collection
586 弧背鹿首铜刀 哈密市花园村出土，现藏哈密博物馆
Bronze Knife with a Bear Head, excavated from Hami City of Xinjiang Province, Xinjiang Museum collection
587 银鞘藏式短刀 清
Tibetan Snickersneem, Qing Dynasty
588 钢剑 兵器，清
Steel Sword, Weapon, Qing Dynasty
589 清高宗御用剑剑箱 现藏北京故宫博物院，清
Sword Box of Emperor Gaozong of Qing Dynasty,Qing Dynasty, The Palace Museum collection
590 清高宗御用刀刀箱 现藏北京故宫博物院，清
Knives Box of Emperor Gaozong of Qing Dynasty ,Qing Dynasty, The Palace Museum collection
591 彩绘童子对棍图漆盘 朱然墓出土
Colored Plate with children playing,unearthed Zhuran´s tomb
592 玉扳指 现藏北京故宫博物院，清
Jade Thumb Ring, Qing Dynasty, The Palace Museum collection
593 飞武兵器 现藏北京故宫博物院，清
Weapons,Qing Dynasty, The Palace Museum collection
594 阿虎枪 现藏北京故宫博物院，清
Ahu Spear ,Qing Dynasty, The Palace Museum collection
595 杵式铁鞭 现藏北京故宫博物院，清
Iron Scourge ,Qing Dynasty, The Palace Museum collection
596 铜锤 现藏北京故宫博物院，清
Copper Hammer,Qing Dynasty, The Palace Museum collection
597 红鲨鱼皮鞘出云箭 现藏北京故宫博物院，清
Arrow with Red sharkskin Sheath,Qing Dynasty, The Palace Museum collection
598 木柄钺斧 现藏北京故宫博物院，清
Axe,Qing Dynasty, The Palace Museum collection
599 青龙偃月刀 现藏北京故宫博物院，清
Green Dragon Crescent Blade,Qing Dynasty, The Palace Museum collection
600 飞柄飞虎斧 现藏北京故宫博物院，清
Axe with Wooden Handle ,Qing Dynasty, The Palace Museum collection
601 铜吞龙钺斧 现藏北京故宫博物院，清
Axe,Qing Dynasty, The Palace Museum collection
602 黑人武士俑 新疆吐鲁番阿斯塔纳第336号墓出土，宋
Warrior,unearthed from Astana tomb 336, Turpan,Xingjiang,Song Dynasty
603 战争图 敦煌莫高窟285窟，西魏
Fighting,wall painting from the Mogao Cave 285, Dunhuang ,Gansu, Western Wei Dynasty
604 防御兵器 1985年西藏札达县古格遗址出土，分治时期
Defense Weapon, unearthed from Guge ruins in Zhada, Tibet
605 习武图 甘肃敦煌莫高窟第61窟，五代
Drilling,wall painting from the Mogao Cave 61, Dunhuang ,Gansu, Five Dynasties
606 武术壁画 内蒙古土默特右旗灵觉寺，明
Martial Art ,wall painting from Lingjue temple in Tumote,inner Mogolia,Ming Dynasty
607 清人画平定准部战略册 现藏北京故宫博物院

第六篇 中国传统运动养生术

635　刷牙图　甘肃敦煌莫高窟第 159 窟壁画，中唐
Brushing Teeth, wall painting of Mogao Cave No.159, Dunhuang of Gausu Province, Tang Dynasty,
636　如厕图　甘肃敦煌莫高窟第 209 窟，北周
To the toilet,wall painting of Mogao Cave No.209, Dunhuang of Gausu Province, Northern Zhou Dynasty
637　医病图　甘肃敦煌莫高窟第 76 窟，宋
Medical Treatment ,wall painting of Mogao Cave No.76, Dunhuang of Gausu Province, Song Dynasty
638　观花图　现藏北京故宫博物院
Watching Flowers, The Palace Museum collection
639　元宵行乐图　现藏北京故宫博物院，清
Entertainment in Lantern festival, Qing Dynasty, The Palace Museum collection
640　望月思乡
Looking at the moon and missing home
641　赏月
Admiring the Moon

第七篇　中国古代妇女体育

642　斗草图(局部)　现藏辽宁省博物馆，明
Grass Game(part),Ming Dynasty,Liaoning Museun collection
643　斗草图　现藏北京故宫博物院，明　仇英
Grass Game,painted by Qiuying ,Ming Dynasty, The Palace Museun collection
644　斗百草　清代大家庭中的端午斗草活动
Flower Game
645　斗花图
Flower Game, Ming Dynasty
646　楼台乞巧　宫廷中的乞巧活动，现藏北京故宫博物院
Activities in Chinese Valentine´s Day, Beijing Palace Museum collection
647　桐阴乞巧　在桐树下把花针投放水中以求巧，选自《月曼清游图册》
Activities in Chinese Valentine´s Day
648　秋千图　古代风俗百图，五代
Swing, Five Dynasty
649　秋千图　现藏北京故宫博物院，明　仇英
Swing, painted by Qiuying ,Ming Dynasty, The Palace Museun collection
650　秋千图　清
Swing, Qing Dynasty
651　秋千图　周鲲等绘《汉宫春晓图》(局部)，清
Swing, part of the painting "Hangong Chunxiao Tu", painted by Zhou Kun etc.
652　月漫清游图之九　绢本设色，现藏南京博物院，清　陈枚绘
Yueman Qingyou Tuzhi-9, painting on silk, painted by Chen Mei, Qing Dynasty, Nanjing museum collection
653　洒线绣绿地五彩仕女秋千图　现藏北京故宫博物院，明
Swing, L35cm, W32.5cm, Ming Dynasty, The Palace Museum collection
654　秋千图　清
Swing, Qing Dynasty
655　秋千图　选自明代王圻《三才图会》
Swing, painted by Wang Qi, Ming Dynasty, excerpted from "Sansai Zue"
656　清代象牙雕杨柳秋千图　现藏北京故宫博物院
Swing, The Palace Museum collection
657　放风筝图
Painting of Flying kites
658　十美放风筝　杨柳青年画
Shimei Flying kites.Willow younger picture
659　仕女硬翅风筝　清
Ladies kites,Qing Dynasty
660　舞蹈　壁画，山东东平 M1 东汉墓
Dancing,wall painting of Dongping M1 tomb in Shandong Province
661　经变舞伎　甘肃敦煌莫高窟第 220 窟壁画，北壁，唐
Dancer, wall painting of Mogao Cave No.221, Dunhuang of Gausu Province, Tang Dynasty
662　胡旋舞　李其琼临摹，甘肃敦煌莫高窟第 341 窟壁画，唐
Minority Dancer´s Whirling Dance, wall painting of Mogao Cave No.341, Dunhuang of Gausu Province, Tang Dynasty, copy by

Li Qiqiong

663　修定寺塔塔砖　现藏美国旧金山亚洲艺术博物馆，唐

Temple Brick of Xiuding Temple.Tang Dynasty,kept in Asian Art Museum of San Francisco

664　歌舞图　出于吉林省集安市舞踊墓墓室东壁右侧，高句丽(4 世纪)

Singing and Dancing, wall painting of Wuyong tomb in Ji´an City of Jilin Province. 4th century

665　乐舞图　新疆石窟壁画，现藏俄罗斯圣彼得堡艾尔米塔什博物馆

Dance and Music Scence,wall painting from Xinjiang Grottoes(now Ermitage Museum of St.Petersburg,Russia)

666　乐舞　陕西省礼泉县烟霞新村李勣墓壁画墓室东壁，唐

Dance and Music, wall painting of Liji´s tomb in Li County of Shaanxi Province, Tang Dynasty

667　舞伎　洛阳龙门石窟八作司洞

Dancer, Bazuosi Cave of Longmen Grottoes, Luoyang City, Tang Dynasty

668　吉祥天女　公元 6—8 世纪，出于新疆策勒县丹丹乌里克遗址

Lakshmi, wall painting of Dan´dan´oilik site,Xinjiang Province, 6th-8th century

669　舞人　西藏布达拉宫，清

Dancer, Qing Dynasty, Potala Palace in Tibet

670　乐舞壁画　西藏夏鲁寺，元代

Dance and Music, wall painting of Xialu Temple, Tibet, Yuan Dynasty

671　舞蹈纹青花瓷壶　现藏内蒙古民族博物馆，元

Blue and White Porcelain Pot with Dancing Design, Yuan Dynasty, Inner Mongolia Province folk museum collection

672　园林嬉戏　位于山西平遥县镇国寺三佛楼东壁，明

Playing at Garden, wall painting of San Fo building in Pingyao County of Shaanxi Province, Ming Dynasty

673　胡旋舞对舞(李其琼临摹)　甘肃敦煌莫高窟第 341 窟壁画，唐

Minority´s Whirling Dance, wall painting of Mogao Cave No.341, Dunhuang of Gausu Province, Tang Dynasty, copy by Li Qiqiong

674　汉宫春晓图卷(局部)　现藏台北故宫博物院，明　仇英

Spring Morning in Emperor´s Palace of Han Dynasty, part, painted by Qiu Ying, Taipei Palace Museum collection

675　经变舞伎　甘肃敦煌莫高窟第 19 窟壁画，五代

Dancer, wall painting of Mogao Cave No.19, Dunhuang of Gansu Province, Five Dynasty

676　胡旋舞人纹锦　内蒙古阿鲁科尔沁旗小井子辽墓出土，现藏内蒙古自治区阿鲁科尔沁旗博物馆，辽

Brocade with Spinning Dance Pattern, Liao Dynasty, Alukeerqin Bannar Museum collection, Inner Mogolia

677　乐舞　西藏布达拉宫，清

Dance and Music, Qing Dynasty, Potala Palace in Tibet

678　舞蹈图　西藏布达拉宫，清

Painting of Dancing, Qing Dynasty, Potala Palace in Tibet

679　高跷秧歌图　现藏首都博物馆，清

Stilt Yangko, Qing Dynasty, The Captial Museum of China collection

680　供养天女　公元 15 世纪，位于西藏札达县古格故城坛城殿西壁

Offering Apsara, wall painting of Tancheng palace in Guge Kingdom Site in Tibet, 15th century

681　供养天女　位于西藏札达县古格故城依估洞东壁下部北侧

Offering Apsara, wall painting of Yigu Hole in Guge Kingdom Site in Tibet

682　卓歇图　现藏北京故宫博物院藏，五代

Zhuo Xie Tu (part), painted by Hu Gui, Five Dynasty, The Palace Museum collection

683　采莲图局部　现藏北京故宫博物院，清

Collecting Lotus, part, painting on silk, Qing Dynasty, The Palace Museum collection

684　《长春百子》(局部)中的儿童戏水情景　选自台北故宫博物院编《婴戏图》，宋　苏汉臣绘

Childern Playing in Water, part of Chang Chun Bai Zi, painted by Su Hanchen, Song Dynasty

685　姚大梅诗意图之一　现藏北京故宫博物院，清

Poetic Picture ,Yaodamei,Qing Dynasty, Beijing Palace Museum collection

686　仕女投壶图　清

Lady Pitch-pot, Qing dyansty

687　投壶图　南宋

Painting of Throwing Pot, Southern Song Dynasty

688　玉带钩　秦

Jade Belt Hook, Qin Dynasty

689　玉带钩　西汉

Jade Belt Hook, Western Han Dynasty

690　青白玉嵌宝石带钩　明

Belt Hook with Jade Inlaid stones,Ming Dynasty

691 黑漆彩螺钿仕女游艺图屏风局部 现藏南京博物院,明
Lady with Mother-of-pearl Jewelry Pattern on Screen(part) ,Ming Dynasty, Nanjing Museum collection
692 十美踢球 桃花坞年画,清
Playing, New Year pictures of Taohuawu, Qing Dynasty
693 古代女子蹴鞠图 清
Ancient Women Play Playing Cuju Picture
694 蹴鞠图铜镜 现藏湖南省博物馆,宋
Bronze Mirror with Playing Cuju Pattern, Song Dynasty, China history Museum collection
695 少女蹴鞠图白瓷枕 1954 年河北省邢台市出土,金
White Porcelain Pillow with ladies play Playing Cuju,unearthed in 1954,Xintai,Hebei, Jin Dynasty
696 洒线绣蹙金龙百子戏女夹衣图案局部 1958 年北京市昌平明定陵出土,明
Children at Play Pattern on Woman´s Jacket, part, Ming Dynasty
697 蹴鞠 现藏北京故宫博物院,宋
Playing Cuju, Song Dynasty, Beijing Palace Museum collection
698 彩绘描金击球俑 现藏上海博物馆,唐
Playing Polo Figure, Tang Dynasty, Shanghai Museum collection
699 马球俑 1948 年由夏蕙姬丝女士赞助购藏的四件击球俑,现藏美国肯萨斯市纳尔逊·雅坚斯艺术博物馆
Playing Polo Figure,Nelson-Artkins Museum of Art,Kansas City,U.S.A. collection
700 彩绘骑马击球俑群 陕西长安区南里王村唐韦泂墓出土,唐
Playing Polo Figure, excavated from Weijiong Tomb of Shaanxi Province, Tang Dynasty
701 彩绘打马球俑 现藏巴黎吉美亚洲艺术博物馆,唐
Colored Pottery Figurines Playing Polo , Tang Dynasty,Asian Art Museum collection
702 彩绘打马球俑 现藏巴黎吉美亚洲艺术博物馆,唐
Colored Pottery Figurines Playing Polo , Tang Dynasty,Asian Art Museum collection
703 彩绘打马球俑 法国人罗杰阿森伯格藏,唐
Colored Pottery Figurines Playing Polo , Tang Dynasty,Roger Berg Assen collection
704 彩绘打马球俑 现藏巴黎吉美亚洲艺术博物馆,唐
Colored Pottery Figurines Playing Polo , Tang Dynasty,Asian Art Museum collection
705 彩绘打马球俑 现藏巴黎吉美亚洲艺术博物馆,唐
Colored Pottery Figurines Playing Polo , Tang Dynasty,Asian Art Museum collection
706 彩绘打马球俑 现藏巴黎吉美亚洲艺术博物馆,唐
Colored Pottery Figurines Playing Polo ,Tang Dynasty,Asian Art Museum collection
707 打马球图 陕西杨温墓壁画,唐
Playing Polo , Tang Dynasty,Asian Art Museum collection
708 唐明皇击鞠图 清 丁观鹏绘
Painting of Emperor Xuanzong of Tang Dynasty Playing Cuju,painted by Ding Guanpeng ,Qing Dynasty
709 打马球国画 清
Women Playing Polo, traditional Chinese painting
710 唐人马球图(国画) 广州中西书画研究院 刘景双绘
Tang Dynasty People Playing Polo, traditional Chinese painting,, painted by Liu Jinshuang
711 无图名 张世彦漆画
Zhang Shiyan´s Lacquer Painting
712 垂丸 藏北京故宫博物院,宋
Thump Pill, Song Dynasty,Beijing Palace Museum collection
713 妇女踢球 明
Women Play Ball Picture, Ming Dynasty
714 内人双陆图 现藏北京故宫博物院
Painting of Woman Playing Two Chess Game, The Palace Museum collection
715 仕女双陆图 清
Lady Playing Two Chess Game, Qing Dynasty
716 双陆
Two Chess Game
717 博弈图 汉宫春晓图之三(局部),明 仇英绘
Gambling, part of Hangong Chunxiao Tu, painted by Qiu Ying
718 女子弈棋
Lady Playing Chess
719 弈棋仕女图 绢画,出土于新疆吐鲁番阿斯塔那 189 号墓,现藏新疆维吾尔自治区博物馆,唐
Lady Playing Chess, painting on silk, excavated from Astana tomb No.189, Tang Dynasty, Xinjiang Museum collection

720 博弈图 仕女屏之七《玉局敲闲》(局部),绢本设色,现藏中央工艺美术学院,清
Gambling, part of Yuju Qiaoxian Tu, painted by Chen Zi, painting on silk
721 廊下弈棋的宫女
Court Maid Playing Chess
722 月漫清游图之十 绢本设色,现藏南京博物院,清 陈枚绘
Yueman Qingyou Tuzhi-10, painting on silk, painted by Chen Mei, Qing Dynasty, Nanjing museum collection
723 闲敲棋子图 现藏天津市艺术博物馆,清
Painting of Playing chess,Tianjin Art Museum collection,Qing Dynasty
724 群芳雅娱图 清
Painting of Ladies Entertainment,Qing Dynasty
725 仕女自弈图 现藏北京故宫博物院,清
Painting of Lady Playing Chess alone,Qing Dynasty, Beijing Palace Museum collection
726 弈棋 古代贵族妇女们弈棋、观棋
Playing Weiqi, ancient women playing chess and watching chess
727 粉彩仕女对弈瓶
Vase Painted with Lady Playing Chess Design
728 对弈图 现藏天津人民出版社
Chess ,Tianjin People's Publishing house collection
729 对弈图
Playing Chess
730 观鸟捕蝉图 出于陕西乾县章怀太子李贤墓前室西壁南侧,唐
Watching Birds Catching?a Cicada, wall painting of Prince Lixian Tomb in Qian County of Shaanxi Province
731 贵妃晓妆 绢本设色,现藏北京故宫博物院,明 仇英绘
Guifei Xiaozhuang, painting on silk, painted by Qiu Ying, Ming Dynasty,The Palace Museum collection
732 扑蝶仕女图 现藏北京故宫博物院,清
Pudie Shinv Tu, painting on paper, painted by Chen Zi, Qing Dynasty, The Palace Museum collection
733 豳风图册之一 八月剥枣 绢本设色,现藏南京博物院,清 吴求绘
One of the Bin Feng Tu Ce, Peeling jujube in August, painting on silk, painted by Wu Qiu, Qing Dynasty, Nanjing Museum collection
734 花朝节
Birthday of all flowers
735 观灯行乐 现藏北京故宫博物馆
Watching Lanterns l,Beijing Palace Museum collection
736 庭院观花 选自《清史图鉴》
Watching Flowers in Courtyard ,excerpted from Illustrated Book of Qing Dynasty's History
737 簪花仕女图卷(局部) 现藏辽宁省博物馆,唐
Portrait of Flower-wearing Maids (part), painting on silk, Painted by Zhou Fang, H180cm, W47cm, Liao Ning museum collection
738 孙思邈诊脉图
Painting of Song Simiao diagnosing
739 出浴图 清
Taking a Bath ,Qing Dynasty
740 盆菊幽赏图
Admiring Chrysanthemums
741 赏月
Admiring the Moon
742 元宵赏宫灯 现藏北京故宫博物院
Watching Lanterns in Lantern festival,Beijing Palace Museum collection
743 台球 清 吴友如绘
Billiards,painted by Wu Youru, Qing Dynasty
744 扑蝶图 清
Flapping Butterflies,Qing Dynasty

第八篇 中国古代儿童体育

745 骑竹马 甘肃敦煌佛爷庙湾 39 号魏晋墓西壁
Riding a Bamboo Pole, wall painting of Wei -Jin tomb 39 in Dunhuang City,Gansu Province
746 弹弓 《使榜》,敦煌文献 P.2598
Slingshot, Dunhuang Manuscript P.2598

747　侠弹图　现藏英国国家博物馆，元　钱选绘

Slingshot, painted by Qian Xuan ,Yuan Dynasty, British National Museum collection

748　《长春百子》(局部)中的儿童骑竹马情景　选自台北故宫博物院编《婴戏图》，宋　苏汉臣绘

Hundred Children Playing in Spring, painted by Su Hanchen, Song Dynasty (part) (excerpted from the Taipei Palace Museum. Painting of Children Riding a Bamboo Pole)

749　《康熙南巡图》局部　现藏北京故宫博物院，　清　王翚等绘

Emperor Kangxi´s South Inspection Tour, Painted by Wang Hui, part, Qing Dynasty, The Palace Museum collection

750　骑竹马　晚唐

Children Riding a Bamboo Pole, wall painting of Mogao Cave No.9, Dunhuang, Late Tang Dynasty

751　彩绘婴戏碗(局部)　金

Bowl with Children at Play Design, part, Jin Dynasty

752　婴戏图骑竹马瓷枕　清

Porcelain Pillow with Children Riding a Bamboo Pole Design, Qing Dynasty

753　十四子婴戏图骑竹马　明

Painting of fourteen Children at Play, riding a Bamboo Pole, Ming Dynasty

754　青花婴戏纹盖罐　北京市朝阳区洼里出土，现藏首都博物馆，明嘉靖

Blue and White Porcelain Pot with Children at Play Design, Ming Dynasty, The Capital ,Museum of China collection

755　婴戏图骑竹马-1　清　汪恭绘

Children Riding a Bamboo Pole, painted by Wanggong, Qing Dynasty

756　婴戏图骑竹马-2　清　汪恭绘

Children Riding a Bamboo Pole, painted by Wanggong, Qing Dynasty

757　粉彩婴戏罐　清

Pot with Painting of Children at play, Qing Dynasty

758　豪家佚乐图卷局部之二　现藏南京博物院，清　杨晋绘

Wealthy Family´s Entertainments, part, painted by Yang Jin, painting on silk, Qing Dynasty, Nanjing Museum collection

759　《长春百子》(局部)中的儿童斗草情景　选自台北故宫博物院编《婴戏图》，宋　苏汉臣绘

Hundred Children Playing in Spring, painted by Su Hanchen, Song Dynasty (part) (excerpted from the Taipei Palace Museum. Painting of Children at Play)

760　群婴斗草图轴

Painting of Children playing Grass Game

761　斗草　范成大《四时田园杂兴》中的《春日杂兴图》

Grass Game, "Sishi Tianyuan Zaxing" painted by Fan Chengda

762　婴戏图　清　汪恭绘

Painting of Children at Play, painted by Wang Gong, Qing Dynasty

763　风筝　明代放纸鸢图，选自中国古代风俗百图

Kite, Ming Dynasty

764　婴戏图放风筝　明

Painting of Children Flying Kites, Ming Dynasty

765　青花婴戏罐

Blue and White Procelain Pot with Children at Play Design

766　八角形瓷枕　金

Procelain Pillow with Children at Play Design, Jin Dynasty

767　儿童放鹞图

Painting of Children Freeing Harrier

768　婴戏　暗花罗方领女夹衣上的鞭陀螺团，北京市昌平明定陵出土

Children at Play Pattern on Woman´s Jacket,unearthed from Ming tomb ,Changping, Beijing

769　暗花罗方领女夹衣上的抖空竹图案　北京市昌平明定陵出土

Children Shaking Diabolo Pattern on Woman´s Jacke,unearthed from Ming tomb ,Changping, Beijing

770　抽陀螺

Spinning Top

771　婴戏图　清　汪恭绘

Painting of Children at Play, painted by Wang Gong, Qing Dynasty

772　《敦煌录》关于鸣沙山的记载　敦煌文献 S.5448-8，现藏英国国家博物馆

Record of Mingsha Mountain, Dunhuang Manuscript S.5448-8, British Museum collection

773　《长春百子》(局部)中的儿童斗虫情景　选自台北故宫博物院编《婴戏图》，宋　苏汉臣绘

Hundred Children Playing in Spring, painted by Su Hanchen, Song Dynasty (part) (excerpted from the Taipei Palace Museum. Painting of Children at Play)

774　童子捕捉蚂蚱画枕　元

Pillow with Children Catching Grasshopper, Yuan Dynasty
775 斗蟋蟀图盘
Cricket-fighting
776 喜叫哥哥 杨柳青年画
Happy in Calling Brother,Willow youth picture
777 婴戏图 斗蟋蟀
Painting of Children Playing Cricket Fighting
778 斗蟋蟀 现藏北京故宫博物院
Cricket-fighting, Beijing Palace Museum collection
779 斗蟋蟀 敦煌文献 P.2554
Cricket-fighting, Dunhuang Manuscript P.2554
780 秋庭戏婴图
Painting of Chlidren at Play in Courtyard
781 婴戏图 斗蟋蟀
Painting of Children Playing Cricket-fighting
782 跳索 宣画,辽墓
Rope Skipping, unearthed from tomb of Liao Dynasty
783 跳绳 古代儿童跳绳
Rope Skipping
784 《长春百子》(局部)中的儿童捉蝴蝶情景 选自台北故宫博物院编《婴戏图》,宋 苏汉臣绘
Hundred Children Playing in Spring, painted by Su Hanchen, Song Dynasty (part) (excerpted from the Taipei Palace Museum. Painting of Children at Play)
785 垂钓 现藏北京故宫博物院
Fishing,Beijing Palace Museum collection
786 《长春百子》(局部)中的儿童钓鱼情景 选自台北故宫博物院编《婴戏图》,宋 苏汉臣绘
Hundred Children Playing in Spring, painted by Su Hanchen, Song Dynasty (part) (excerpted from the Taipei Palace Museum. Painting of Children at Play)
787 磁州窑白地黑花孩儿垂钓纹枕 河北省邢台市曹演庄出土,现藏河北博物院,北宋
Porcelain Pillow with Children angling Design, Northern Song Dynasty, Hebei museum collection
788 《长春百子》(局部)中的儿童蹋球情景 选自台北故宫博物院编《婴戏图》,宋 苏汉臣绘
Hundred Children Playing in Spring, painted by Su Hanchen, Song Dynasty (part) (excerpted from the Taipei Palace Museum. Painting of Children at Play)
789 蹴鞠图 宋
Painting of Playing Cuju , Song Dynasty
790 蹴鞠瓷枕 宋
Ceramic Pillow with Playing Cuju Painting, Song Dynasty
791 婴戏蹴鞠瓷枕 宋
Ceramic Pillow with Children Playing Playing Cuju Painting, Song Dynasty
792 婴戏蹴鞠四系罐 宋代磁州窑
Pot with Children Playing Playing Cuju Painting, unearthed from Cizhou Cave, Song Dynasty
793 婴戏蹴鞠四系罐 宋代磁州窑
Pot with Children Playing Playing Cuju Painting, unearthed from Cizhou Cave, Song Dynasty
794 开光婴戏蹴鞠 南宋吉州窑
Painting with Children Playing Cuju ,unearthed from Jizhou Cave, Southern Song Dynasty
795 蹴鞠
Playing Cuju
796 绣百子暗花罗方领女夹衣 北京昌平区定陵出土,现藏北京定陵博物馆
Hundred Children at Play Pattern on Woman´s Jacket,unearthed from Ming tomb in Changping County ,Beijing Ding Tomb Museum collection
797 腰圆白地黑花童子蹴鞠纹枕 金
Pillow with Children Playing Cuju Painting, Jin Dynasty
798 儿童蹴鞠图
Painting with Children Playing Cuju
799 蹴鞠
Playing Cuju
800 绣百子暗花罗方领女夹衣 现藏北京定陵博物馆
Hundred Children at Play Pattern on Woman´s Jacke,Beijing Ming Tomb Museum collection
801 蹴鞠象牙雕(局部) 清

Part of Ivory Carving, Qing dyansty

802 婴戏图 1999年山东省济南市出土，原址保存，金泰和元年

Painting with Children at Play,unearthed in Jinan City of Shandong Province in 1999,Jin Dynasty

803 婴戏 球戏 唐代童子击球图画毡，现藏日本奈良正仓院

Painting with Children Playing ball,Tang Dynasty,Japan's Nara Museum collection

804 蕉阴击球图 现藏北京故宫博物院，南宋

Painting of Children Playing Ball under Banana Tree, anonymous painter, Southern Song Dynasty, The Palace Museum collection

805 椭圆形童子击角球瓷枕 金

Porcelain Pillow with Boy Playing Ball Design, Jin Dynasty

806 山东泰山岱庙出土石刻画 宋

stone relief,unearthed from Dai Temple in Taishan Mountain of Shandong Province,Song Dynasty

807 相扑手 宋

Sumo Player,Song Dynasty

808 摔跤俑 河南博物馆征集，宋

Wrestler,Song Dynasty,Henan Museum collection

809 瓷器摔跤娃娃 清

Wrestling Doll of Porcelain ,Qing Dynasty

810 摔跤图

Wrestling

811 婴戏图 清 汪恭绘

Painting of Children at Play, painted by Wang Gong, Qing Dynasty

812 《长春百子》(局部)中的儿童摔跤情景 选自台北故宫博物院编《婴戏图》，宋 苏汉臣绘

Hundred Children Playing in Spring, painted by Su Hanchen, Song Dynasty (part) (excerpted from the Taipei Palace Museum. Painting of Children at Play)

813 龙舟夺标图 宋

Boat Race,Song Dynasty

814 嬉水图 甘肃瓜州榆林窟第25窟壁画，南壁，唐

Water Sports, wall painting of Yulin Cave No.25, Guanzhou of Gansu Province, Tang Dynasty

815 《拔河赋》书影 唐 薛胜

Book Pictures ,Ode for Tug,painted by Xue Sheng,Tang Dynasty

816 红釉葫芦瓷瓶 童子对弈图，现藏日本石川美术馆，清

Porcelain Bottle with Children Play Chess Design, Qing Dynasty, Ishikawa gallery, Japan

817 《长春百子》(局部)中的儿童下棋情景 选自台北故宫博物院编《婴戏图》， 宋 苏汉臣绘

Hundred Children Playing in Spring, painted by Su Hanchen, Song Dynasty (part) (excerpted from the Taipei Palace Museum. Painting of Children at Play)

818 婴戏图石球 清 汪恭绘

Painting of Children at Play, stone ball, painted by Wang Gong, Qing Dynasty

819 婴戏 秋千

Children at Play, Swing

820 《长春百子》(局部)中的儿童荡秋千情景 选自台北故宫博物院编《婴戏图》，宋 苏汉臣绘

Childern Play Swing, part of Chang Chun Bai Zi, painted by Su Hanchen, Song Dynasty

821 婴戏图 清 汪恭绘

Painting of Children at Play, painted by Wang Gong, Qing Dynasty

822 古代儿童秋千图

Children Playing Swing

823 踢毽子 清 王培仁绘

Shuttlecock Kicking, Qing Dynasty,painted by Wang peiren

824 婴戏秋千图

Children Playing Swing

825 踢毽子 清 沈庆兰绘

Shuttlecock Kicking, Qing Dynasty, painted by Shen Qinglan

826 踢毽子图 清

Shuttlecock Kicking, Qing Dynasty

827 踢毽子 清

Shuttlecock Kicking, Qing Dynasty

828 舞蹈童女图 新疆高昌故城出土，宋

Dancing Girls, unearthed from Old City of Gaochang, Xinjiang,Song Dynasty

829　童子乐舞　甘肃敦煌榆林窟第 12 窟，五代

Dancing and Music boys,wall painting from the Yulin Cave 12, Dunhuang, Gansu Province, Five Dynasties

830　舞童纹瓷罐　现藏天津艺术博物馆，明

Porcelain Pot with Child Dancing Pattern,Tianjin Art Museum collection,Ming Dynasty

831　舞蹈童子　位于山西芮城县永乐宫纯阳殿神龙内栱眼壁，元

Dancing boys,wall painting from the Yongle Palace of Ruicheng village , Shanxi, Yuan Dynasty

832　歌舞图　现藏北京故宫博物院，明　吴伟绘

Singing and dancing,painted by Wuwei, Ming Dynasty, Beijing Palace Museum collection

833　印沙　敦煌文献 P.4674

Making Image of Buddha with Sand, Dunhuang Manuscript P.4674

834　印沙图　敦煌莫高窟盛唐第 23 窟北壁

Buddha's Image in Sand,wall painting from the Mogao Cave 23 ,Dunhuang,Gansu, Tang Dynasty

835　《灌佛戏婴》中的庆祝佛日活动　现藏台北故宫博物院，宋　苏汉臣绘

Festivities , part of Guan Fu Xi Yin, painted by Su Hanchen,Song Dynasty,Taipai Palace Museum collection

836　婴戏图　捉迷藏　清　沈庆兰绘

Hide-and-seek, painted by Shen Qinglan

837　婴戏图　捉迷藏　选自《中华民间美术·年画卷》

Painting of Children at Play

838　《长春百子》(局部)中的儿童藏猫猫情景　选自台北故宫博物院编《婴戏图》，宋　苏汉臣绘

Hundred Children Playing in Spring, painted by Su Hanchen, Song Dynasty (part) (excerpted from the Taipei Palace Museum. Painting of Children at Play)

839　推雪图　现藏北京故宫博物院，清　郎世宁等绘

Pushing the Snow, painted by Lang shining, Qing Dynasty, Beijing Palace Museum collection

840　婴戏图　清　汪恭绘

Painting of Children at Play, painted by Wang Gong, Qing Dynasty

841　婴戏图　天籁阁旧藏，影戏图，宋

Painting of Children at Play, Song Dynasty, Tian Lai Ge collection

842　骷髅幻戏图　现藏北京故宫博物院，南宋　李嵩绘

Kulou Huanxi Tu, painted by Li Song, Southern Song Dynasty, The Palace Museum collection

843　悬丝傀儡　选自《傀儡婴戏图》，南宋　刘松年绘

Puppet, from "Kuilei Yinxi Tu", painted by Liu Songnian, Southern Song Dynasty

844　双童图　出土于新疆吐鲁番阿斯塔纳 187 号墓，现藏新疆维吾尔自治区博物馆，唐

Double Children,unearthed from Astana tomb 187 ,Turpan City,Xinjiang,Tang Dynasty,Xinjiang Uygur Autonomous Region Museum collection

845　狸奴戏春图　现藏美国波士顿美术博物馆，宋

Servants Playing in Spring, anonymous painter, Song Dynasty, Boston Museum of Fine Art collection

846　婴戏图　清　汪恭绘

Painting of Children at Play, painted by Wang Gong, Qing Dynasty

847　绣百子暗花罗方领女夹衣　北京昌平区定陵出土，现藏北京定陵博物馆

Hundred Children at Play Pattern on Woman's Jacke,unearthed from Ming tomb in Changping of Beijing,Beijing Ming Tomb Museum collection

848　镶嵌钿加金银片童子滑板黑漆箱盖　现藏北京故宫博物院，清

Black Lacquer Box with Children at Play Design, Qing Dynasty

849　婴戏图镙钿加金银片黑漆箱　清初

Lacquer Box with Children at Play Design, Qing Dynasty

850　百子图局部　现藏英国国家博物馆，明

Hundred Children, part, Ming Dynasty, 16th century, L785cm, W24cm, The British Museum collection

851　瓷枕婴戏图

Porcelain Pillow with Children at Play Design

852　冬日婴戏图　现藏台北故宫博物院，南宋

Painting of Childrean at Play during Winter, anonymous painter, Southern Song Dynasty, Taipei Palace Museum collection

853　秋庭婴戏图　现藏北京故宫博物院，宋

Painting of Childrean at Play, anonymous painter, Song Dynasty, The Palace Museum collection

854　《长春百子》(局部)中的儿童抚琴情景　选自台北故宫博物院编《婴戏图》，宋　苏汉臣绘

Hundred Children Playing in Spring, painted by Su Hanchen, Song Dynasty (part) (excerpted from the Taipei Palace Museum. Painting of Children at Play)

855　《长春百子》(局部)中的儿童书写情景　选自台北故宫博物院编《婴戏图》，宋　苏汉臣绘

Hundred Children Playing in Spring, painted by Su Hanchen, Song Dynasty (part) (excerpted from the Taipei Palace Museum.

Painting of Children at Play)

856 《长春百子》(局部)中的儿童演戏情景 选自台北故宫博物院编《婴戏图》,宋 苏汉臣绘

Hundred Children Playing in Spring, painted by Su Hanchen, Song Dynasty (part) (excerpted from the Taipei Palace Museum. Painting of Children at Play)

857 《长春百子》(局部)中的儿童欣赏字画情景 选自台北故宫博物院编《婴戏图》,宋 苏汉臣绘

Hundred Children Playing in Spring, painted by Su Hanchen, Song Dynasty (part) (excerpted from the Taipei Palace Museum. Painting of Children at Play)

858 《长春百子》(局部)中的儿童追逐情景 选自台北故宫博物院编《婴戏图》,宋 苏汉臣绘

Hundred Children Playing in Spring, painted by Su Hanchen, Song Dynasty (part) (excerpted from the Taipei Palace Museum. Painting of Children at Play)

859 婴戏图 现藏美国波士顿美术博物馆,宋

Painting of Children at Play, Song Dynasty, Boston Museum of fine art collection

860 婴戏图 现藏天津博物馆,宋 苏汉臣绘

Painting of Children at Play, Southern Song Dynasty, Tianjing Museum collection, H18.2cm, W22.8cm

861 蕉石婴戏图 现藏北京故宫博物院,宋

Painting of Childrean at Play, anonymous painter, Song Dynasty, Boston Museum of Fine Art collection

862 荷亭婴戏图 现藏美国波士顿美术博物馆,宋

Painting of Childrean at Play, anonymous painter, Song Dynasty, The Palace Museum collection

863 《百子图》团扇副本 现藏美国克利夫兰艺术博物馆,宋

Hundred Children, part, Song Dynasty, The American Cleveland Art Museum collection

864 婴戏图 现藏台北故宫博物院,宋

Painting of Children at Play,Song Dynasty,Taipei Palace Museum collection

865 婴戏 摹天籁阁

Painting of Children at Play, copy of Tian-lai-ge's Song Dynasty collection

866 婴戏 抛球

Children at Play, Throwing balls

867 捉柳花图 明 仇英

Catching Willow-cotton , Painted by Qiu Ying

868 豪家佚乐图卷局部之一 现藏南京博物院,清 杨晋绘

Haojia Yile Tu, part, painted by Yang Jin, painting on silk, Qing Dynasty,

869 婴戏图 现藏北京故宫博物院

Painting of Children at Play, The Palace Museum collection

870 掷地作金声 清 沙山春绘

Throwing, Qing Dynasty

871 婴戏攀单杠图 清 沙山春绘

Children Playing Horizontal Bar, Qing Dynasty

872 婴戏杂耍图 清 汪恭绘

Painting of Children at Play, Painted by Wang Gong, Qing Dynasty

873 婴戏图 清 汪恭绘

Painting of Children at Play, painted by Wang Gong, Qing Dynasty

874 婴戏图 清 汪恭绘

Painting of Children at Play, painted by Wang Gong, Qing Dynasty

875 婴戏图 清 汪恭绘

Painting of Children at Play, painted by Wang Gong, Qing Dynasty

876 红地缂丝百子图帐料 现藏北京艺术博物馆,清

Tapestry material,Qing Dynasty, Beijing Art Museum collection

877 婴戏图 魏晋

Painting of Children at Play, Wei-Jin Dynasty

878 婴戏图 清

Painting of Children at Play, Qing Dynasty

879 红缎子绣百子图垫料 现藏北京故宫博物院,清

The Red Damasks for sewing,Qing Dynasty, Beijing Palace Museum collection

880 婴戏

Painting of Children at Play, painted by Feng Ning

881 粉彩婴戏图环耳瓶 现藏上海博物馆,清 乾隆

Bottle with painting of Children at play, Qing Dynasty, Shanghai ,Museum collection. H54.1cm,

882 粉彩婴戏图灯笼瓶 清

Bottle with painting of Children at play, Qing Dynasty

883 粉彩婴戏图兽耳卷口瓶 民国
Bottle with Painting of Children at play, the Republic of China
884 粉彩婴戏纹双兽耳方尊 现藏天津博物馆，清 同治
Zun with Painting of Children at Play, Qing Dynasty, Tianjin Museum collection. H31cm
885 粉彩婴戏图罐（一对） 清
Pot with painting of Children at Play (a pair), Qing Dynasty
886 油红地五彩描金婴戏图碗 现藏北京故宫博物院，清 嘉庆
Bowl with painting of Children at Play, Qing Dynasty, The Palace Museum collection
887 粉彩婴戏图碗（对） 清 嘉庆
Bowl with painting of Children at Play (a pair), Qing Dynasty
888 青花婴戏图瓷枕 清中期
Porcelain Pillow with Children at Play Design, Middle of the Qing Dynasty
889 婴戏图瓷枕粉彩青花 清
Porcelain Pillow with Children at Play Design (part), Qing Dynasty
890 小庭婴戏图 现藏台北故宫博物院
Painting of Children at Play in courtyard, Taipei Palace Museum collection
891 仿周昉《婴戏图》 宋
Painting of Children at Play, painted by Zhou Fang
892 婴戏图（货郎图） 明 计盛绘
Painting of Children at Play, painted by Ji Sheng, Ming Dynasty
893 童子礼佛图 明 陈洪绶绘
Boy worshiping Buddha,painted by Chen hongshou, Ming Dynasty
894 货郎图 南宋 李嵩绘
Peddler,painted by Lisong, Southern Song Dynasty
895 荷亭婴戏图 宋
Painting of Children at Play in Lotus Pavilion, Song Dynasty
896 八字关灯图 现藏江苏省扬州博物馆，清 闵贞
Turn off the lights,painted by Minzhen,Qing Dynasty, Jiangsu Yangzhou Museum collection
897 辞旧迎新 爆竹声声
Farewell to the Past, Embrace the Future
898 刘海戏蟾
Liuhai Playing with Toad
899 豪家佚乐图 清
Recreational Activities of Wealthy Family,Qing Dynasty
900 洗浴 现藏西安博物院，唐
Bathing,Tang Dynasty, Xi;an Museum collection
901 玩鼓图 山东泰山岱庙出土石刻图，宋
Playing Drum, stone relief,unearthed from Dai Temple in Taishan Mountain of Shandong Province,Song Dynasty
902 踢瓶图 山东泰山岱庙出土石刻图，宋
Kicking Bottles,stone relief,unearthed from Dai Temple in Taishan Mountain of Shandong Province,Song Dynasty

参考文献

[1](汉)班固.汉书[M].北京:中华书局,1962.
[2](唐)令狐德棻.隋书[M].北京:中华书局,1973.
[3](唐)杜佑.通典[M].杭州:浙江古籍出版社,1988.
[4](后晋)刘煦.唐书[M].北京:中华书局,1975.
[5](宋)孟元老.东京梦华录[M].上海:古典文学出版社,1957.
[6](宋)李昉.太平广记[M].长沙:岳麓书社,1996.
[7](元)脱脱,等.宋史[M].北京:中华书局,1977.
[8](元)陶宗仪.南村辍耕录[M].沈阳:辽宁教育出版社,1998.
[9](明)胡文焕.山海经图[M].上海:上海古籍出版社,1994.
[10](明)钱古川.百夷传校注[M].昆明:云南人民出版社,1980.
[11](清)张廷玉.明史[M].北京:中华书局,1974年出版。
[12](清)阮元.十三经注疏[M].杭州:浙江古籍出版社,1998.
[13](清)彭定求.全唐诗[M].上海:上海古籍出版社,1986.
[14](英)弗雷泽.金枝[M].北京:中国民间文艺出版社,1987.
[15]陈兆复.古代岩画[M].北京:文物出版社,2002.
[16]常任侠.中国舞蹈史话[M].上海:上海文艺出版社,1983.
[17]蔡丰明.游戏史[M].上海:上海文艺出版社,1997.
[18]陈梦家.汉简缀述[M].北京:中华书局,1980.
[19]常任侠.丝绸之路与西域文化艺术[M].上海:上海文艺出版社,1981.
[20]崔乐泉.中国古代体育图录[M].北京:中华书局,2004.
[21]岑仲勉.隋唐史[M].北京:中华书局,1980.
[22]曹兵武.考古与文化[M].北京:文物出版社,1999.
[23]陈公柔.关于居延简牍的发现和研究[J].考古,1960(1).
[24]陈杰.考古学百问[M].上海:上海古籍出版社,2002.
[25]陈连庆.居延汉简札记[J].东北师范大学学报,1983(3).
[26]陈萌生、陈安槐.体育大辞典[M].上海辞书出版社,2000.
[27]陈序经.匈奴史稿[M].北京:中国人民大学出版社,2007.
[28]成复旺.神与游物[M].北京:中国人民大学出版社,1992.
[29]长北.传统艺术与文化传统[M].福州:福建教育出版社,2013.
[30]曹琦.世界三大宗教[M].北京:中国社会科学出版社,1991.
[31]盖山林.中国岩画学[M].北京:书目文献出版社,1995.
[32]郭泮溪.中国民间游戏与竞技[M].上海:三联书店,1996.
[33]郭双林.中华赌博史[M].北京:中国社会科学出版社,1995.
[34]谷世权.中国体育史[M].北京:北京体育大学出版社,1997.
[35]郭英德.世俗的祭礼[M].北京:国际文化出版公司,1988.
[36]贺西林.古墓丹青[M].西安:陕西人民出版社,2001.
[37]韩国磐.隋唐五代史论集[M].北京:三联书店,1979.
[38]何双全.居延新简释粹[M].兰州:兰州大学出版社,1988.
[39]蒋英炬.汉代画像石与画像砖[M].北京:文物出版社,2001.
[40]季羡林.敦煌学大词典[M].上海:上海辞书出版社,1998.
[41]金大陆.体育美学:人·运动·未来[M].上海:上海人民出版社,2008.
[42]刘秉果.蹴鞠——世界最古老的足球[M].北京:中华书局,2004.
[43]李重申.敦煌古代体育文化[M].兰州:甘肃人民出版社,2000.
[44]李重申.中国马球史.[M].兰州:甘肃教育出版社,2009.
[45]刘广生.中国邮驿民展史[M]北京:人民邮电出版社,1986.
[46]卢元镇.中国体育社会学[M].北京:北京体育大学出版社,1996.
[47]林梅村.汉唐西域与中国文明[M].北京:文物出版社,1998.
[48]李金梅.丝绸之路体育图录[M].兰州:甘肃教育出版社,2008.
[49]刘晓路.中国帛画[M]北京:中国书店出版社,1993.
[50]欧阳予倩.唐代舞蹈[M].上海:上海文艺出版社,1980.
[51]钱忠书.谈艺录[M].北京:中华书局,1983.
[52]钱穆.中国文化史导论[M].北京:商务印书馆,1994.
[53]任半塘.敦煌歌辞总编[M].上海:上海古籍出版社,1987.
[54]任半塘.唐戏弄[M].上海:上海古籍出版社,1984.
[55]任殿雷.中西医文化的撞击[M].南京:南京出版社,2013.
[56]孙新周.中国原始艺术符号的文化破译[M].北京:中央民族大学出版

社，1998.
[57]石云涛.三至六世纪丝绸之路的变迁[M].北京：文化艺术出版社，2007.
[58]唐圭璋.全宋词[M].北京：中华书局，1965.
[59]调露子.角力记[M].北京：人民体育出版社，1997.
[60]王定璋.中国民间游戏赌博习俗[M].成都：四川人民出版社，2003.
[61]王克芬.中国舞蹈发展史[M].上海：上海人民出版社，1989.
[62]王炳华.丝绸之路考古研究[M].乌鲁木齐：新疆人民出版社，1993.
[63]王宏凯.中国古代游艺[M].北京：人民教育出版社，1995.
[64]翁士勋.二十五史体育史料汇编[M].北京：北京体育大学出版社，1997.
[65]王子今.邮传万里——驿站与邮递[M].长春：长春出版社，2004.
[66]王嵘.西域文化的回声[M].乌鲁木齐：新疆青少年出版社，2003.
[67]王谠.唐语林[M].北京：中华书局，2007.
[68]巫鸿.武梁祠——中国古代画像艺术的思想性[M].北京：三联书店，2001.
[69]王国维.宋元戏曲考[M].上海：东方出版社，1996.
[70]向达.唐代长安与西域文明[M].北京：三联书店，1957.
[71]许慎.说文解字[M].北京：中华书局，2000.
[72]许倬云.中西文明的对照[M].杭州：浙江人民出版社，2013.
[73]于左.玩在唐朝[M].北京：中华书局，2008.
[74]于文杰.艺术发生学[M].上海：上海人民出版社，1995.
[75]余太山.两汉魏晋南北朝正史西域传研究[M].北京：中华书局，2003.
[76]余英时.士与中国文化[M].上海：上海人民出版社，2003.
[77]张次溪.清代燕都梨园史料[M].北京：中国戏剧出版社，1991.
[78]郑汝中.敦煌壁画乐舞研究[M].兰州：甘肃教育出版社，2002.
[79]郑有国.中国简牍学综论[M].上海：华东师范大学出版社，1989.
[80]张岱年.中国文化概论[M].北京：北京师范大学出版社，1994.
[81]张广德.导引养生功标准教程[M].北京：北京体育大学出版社，2000.
[82]张惠利.中西文化概论[M].天津：天津大学出版社，2002.
[83]张荣明.道佛儒思想与中国传统文化[M].上海：上海人民出版社，1994.
[84]张文儒.中国兵学文化[M].北京：北京大学出版社，1997.
[85]赵建军.人类文明史·体育卷[M].长沙：湖南人民出版社，2001.
[86]朱瑞熙，等.辽宁西夏金社会生活史[M].北京：中国社会科学出版社，1998.
[87]朱渊清.中国出土文献与传统学术[M].上海：华东师范大学出版社，2001.
[88]朱存明.汉画像之美[M].北京：商务印书馆，2001.
[89]宗白华.中国艺术意境之诞生[M].上海：上海人民出版社，1981.
[90]朱狄.艺术的起源[M].北京：中国青年出版社，1999.
[91]欧阳询.艺文类聚[M].上海：上海古籍出版社，2013.
[92]崔乐泉.图说中国古代体育[M].北京：世界图书出版公司，2007.
[93]王巨山.非物质文化遗产概论[M].北京：学苑出版社，2012.
[94]刘青弋.中国舞蹈通史[M].上海：上海音乐出版社，2012.
[95]崔乐泉.中国体育通史[M].北京：人民体育出版社，2008.
[96]徐光冀.中国出土壁画全集[M].北京：科学出版社，2012.
[97]金维诺.中国美术全集[M].安徽：黄山书社，2010.
[98]阮元.十三经注疏[M].北京：中华书局，2009.
[99]李季芳.中国大百科全书·体育卷[M].北京：中国大百科全书出版社，1982.
[100]李重申.敦煌古代体育图库[M].兰州：甘肃教育出版社，2011.
[101]陈小蓉.中国传统运动养生图典[M].北京：中国大百科全书出版社，2011.
[102]王永平.游戏、竞技与娱乐[M].北京：中华书局，2010.
[103]王文宝.中国民间游戏[M].北京：华龄出版社，2010.
[104]殷伟.女子游艺[M].北京：文物出版社，2003.
[105]顾鸣塘.斗草、藏钩[M].上海：上海古籍出版社，1994.
[106]高丙中.中国民俗概论[M].北京：北京大学出版社，2009.

主記車